国家出版基金项目
NATIONAL PUBLICATION FOUNDATION
"十三五"国家重点
图书出版规划项目

晚清思想史资料选编 1840—1911

第四卷

主编　郑大华　俞祖华

选编　刘　平　俞祖华　贾小叶

　　　任　青　刘　纯　周　游

　　　马守丽　朱映红　郑大华

岳麓书社·长沙

七、　早期维新思想家的维新思想

导　论

  早期维新派是从洋务派中分化而来的思想派别。他们早年或居留港澳、口岸，或出洋出使、留学，或办理外交、洋务，或投身外企、洋行，接触了西方资本主义文明，掌握了一些近代科学技术与社会科学知识，产生了学习西方、变革社会的维新思想。在十九世纪六七十年代，他们作为洋务派的幕僚、下属与洋务运动的支持者、参加者，与洋务派官僚有着相似的思想主张，如都希望通过学习西方先进科技实现富国强兵，都希望发展工商业以改变中国积弱不振的状况，都赞同通过创办新式学堂或派出留学以培养人才，等等。但在1884—1885年中法战争发生后，尤其是十九世纪八十年代末九十年代初，早期维新派发展成为洋务运动的批评者、抨击者，进而提出了经济上力主"商办"、政治上学习君主立宪等更为进步、带有发展资本主义鲜明色彩的观点言论。早期维新派，相比于1895年甲午中日战争失败后以"公车上书"为起点登场的维新派，在思想理论的系统性、完整性、深刻性上有些差距，且没有能够像康有为、梁启超等维新派那样将思想主张付诸实践。

  早期维新派的代表人物及主要著作有：（1）冯桂芬，字林一，号景亭，江苏吴县（今苏州）人。其代表作是他于咸丰十一年（1861）写成的《校邠庐抗议》，书成后先由作者自刊，并抄录若干副本，在一部分对洋务感兴趣的士大夫中传阅；光绪二年（1876）《校邠庐抗议》刊行，左宗棠为该书作序；光绪二十四年（1898）五月二十九日，光绪皇帝下旨"着荣禄迅即饬令刷印一千部"。该书涉及当时社会在官吏吏治、教育科学、财赋税收、水利建设、军事力量等方面的问题，所提出的"以中国之伦常名教为原本，辅以诸国富强之术"等思想，对洋务派有很大影响，被资产阶级维新派奉为先导。冯桂芬的其他著作有《显志堂集》《说文解字段注考证》《弧矢算术细草图解》《西算新法直解》等。（2）王韬，字紫诠，号仲弢等，江苏长洲（今苏州）人。著有《弢园文录外编》《弢园尺牍》《漫游随录图记》等。《弢园文录外编》集中反映了王韬的变革思想，该书有多种刊本，常见的有1882年、1883年刊本，1897年病重的王韬在上海将此书重新校订印行，内封署"丁酉仲夏弢园老民刊于沪上"，折缝有"弢园藏版刊，遁叟手校本"字样。书中有《变法》上、中、下三篇和《变法自强》上、中、下三篇等政论，在近代思想史上较早提出"变法"的口号。（3）薛福成，字叔耘，号庸盦，江苏无锡人。著有《庸盦文编》《续编》《外编》《庸盦海外文编》《筹洋刍议》《出使四国日记》，《庸盦笔记》《出使奏疏》《出使公牍》等书，其著作基本已编入《庸盦全集》。他在1879年所著的《筹洋刍议》最能反映其洋务思想和早期改良思想，全书分为《约章》《边防》《邻交》《利器》《敌情》《藩邦》《商政》《船政》《矿政》《利权》（一、二、三、四）和《变法》，共14篇。（4）郑观应，本名官应，字正翔，号陶斋，广东香山（今中山）人。著有《易言》《盛世危言》［印行20多次，重要版本有光绪二十年（1894）的五卷本、二十一年（1895）的十四卷本、二十六年（1900）的八卷本。夏东元教授所编的《郑观应集》，当中《盛世危言》文本乃其上三个权威性版本之综合本］等著作。《盛世危言》初版封面题写"首为商战鼓与呼"，该著作提出"工商立国""习兵战不如习商战"，强调"欲攘外，亟须自强；欲自强，必先致富；欲致富，必首在振工商"，系统阐述了发展资本主义工商业的思想。（5）陈炽，原名家瑶，字次亮，晚号瑶林馆主，江西瑞金人。著有《庸书》《续富国策》等著作。他于光绪十九年至光绪二十年间（1893—1894）撰成《庸书》，分内外两篇。内篇论及农田、水利、政治、军事、边防、海口、学校、书院、宗教等；外篇论及议院、报馆、工商、铁路、轮船、驿传、外交、巡捕、天文、格致、电学、西医等。主张改革封建专制政体，仿行西法，设立议院；改科举，兴学校；主张关税自主，建议设立商部，制定商律，保护民族工商业。该书对维新变法运动具有直接影响。（6）马建忠，别名干，学名马斯才，字眉叔，江苏丹徒（今镇江市丹徒区）人。主要著作有《适可斋记言记行》（或名《适可斋纪言纪行》），另其所著《马氏文通》为中国第一部较系统的语法著作。《适可斋记言记行》初版为清光绪二十二年（1896）上海易草堂石印本，该书集中反映了马建忠的改革思想。（7）陈虬，原名国珍，字庆宋，号子珊，后改字志三，号蛰庐，浙江乐清人。著有《治平通议》（包括《治平三议》《经世博议》《救世要议》等），提出了"欲图自强，首在变法""创设议院以通下情"等主张。《治平通议》写成于光绪十七年（1891），并在两年后出版，共8卷，由《经世博议》《救时要议》《东游条议》《治平三议》《蛰庐文略》组成。其中《经世博议》为"变法"纲领，是全书核心，主张全面变革是全书主题，认为立国在富，御夷在强，提出设官钞、定国债、开新埠、垦荒地、广商务等"富之策"十四条；变官制、扼要塞、开铁路等"强之策"十六条。而"治之法"则是开议院、广言路、更制举、培人才等。（8）邵作舟，安徽绩溪人。著有《邵氏危言》，启迪民智、倡导向西方学习。（9）何启，广东南海人；胡礼垣，广东三水人。他们合写了《新政论议》《中国先睡后醒论书后》等论文，并合编为文集《新政真诠》。（10）汤寿潜，原名震，字蛰先（或叫蛰仙），浙江山阴天乐乡（今属杭州）人。其成名作《危言》（1890年初版，1892年再版），与郑观应的《盛世危言》、邵作舟的《邵氏危言》并称为三大"危言"，是甲午战争以前宣传维新思想的重要著作。他后来成为清末立宪派的领袖人物，因争路权、修铁路而名重一时。

　　学界整理出版的早期维新思想家文集有：由湖南人民出版社、岳麓书社出版的"走向世界丛书"中的薛福成著《出使四国日记》（湖南人民出版社1981年）、薛福成著《出使英法义比四国日记》（岳麓书社1985年）、王韬著《漫游随录·扶桑游记》（湖南人民出版社1982年）等；由中华书局出版的"中国近代人物文集丛书"中的《陈炽集》（赵树贵、曾丽雅编，1997年）、《郑观应集》（夏东元编，2013年）、《马建忠集》（王梦珂点校，2013

年）、《陈虬集》（胡珠生编，2015 年）；由中国人民大学出版社出版的"中国近代思想家文库"中的《冯桂芬卷》（熊月之编，2014 年）、《王韬卷》（海青编，2013 年）、《郑观应卷》（任智勇、戴圆编，2014 年）、《薛福成卷》（马忠文、任青编，2014 年）、《马建忠 邵作舟 陈虬卷》（薛玉琴、徐子超、陆烨编，2015 年）、《陈炽卷》（张登德编，2015 年）、《汤寿潜卷》（汪林茂编，2015 年）、《宋育仁卷》（王东杰、陈阳编，2015 年）；辽宁人民出版社出版的"中国启蒙思想文库"中的《采西学议——冯桂芬 马建忠集》（郑大华点校，1994 年）、《新政真诠——何启 胡礼垣集》（郑大华点校，1994 年）、《弢园文录外编》（楚流、书进、风雷选注，1994 年）、《筹洋刍议——薛福成集》（徐素华选注，1994 年）、《盛世危言》（陈志良选注，1994 年）；中州古籍出版社出版的"醒狮丛书"中的《校邠庐抗议》（戴扬本评注，1998 年）、《弢园文录外编》（陈恒、方银儿评注，1998 年）、《盛世危言》（王贻梁评注，1998 年）等。其他还有《适可斋记言》（马建忠著，张岂之、刘厚祜校点，中华书局1960 年），《薛福成选集》（丁凤麟、王欣之编，上海人民出版社1987 年），《郑观应集》（夏东元编，上海人民出版社1982、1988 年），《陈虬集》（胡珠生辑，浙江人民出版社1992 年），等。

1. "穷则变，变则通"：早期维新思想家的变易思想

引　言

　　变易观念是中国传统文化的核心思想与优良传统，其基本内容是强调发展变化、与时俱进。早期维新派继承"穷则变，变则通，通则久"的传统变易观，同时吸取西方进化思想，用以论证必须随着时代的变化进行相应的"变法"，进行相应的社会变革；还以变易思想反对复古守旧、墨守成规，批判守旧势力的昧于时势、拒绝变革。早期维新派对近代发生的巨大而深刻的"变局"有着清醒的认识，意识到面对"变局"唯有变通、变革才有出路，呼吁根据时代变化进行变法、维新，通过变革改变中国处于落后、劣势的局面。冯桂芬在《校邠庐抗议·自序》中指出："为治者将旷然大变，一切复古乎？曰：不可！古今异时，亦异势。"王韬发表了《变法》（上、中、下）系列文，提出了"变局"论与"变法"的口号。他指出："天开泰西诸国之人心，而畀之以聪明智慧，器艺技巧，百出不穷，航海东来，聚之于一中国之中。此固古今之创事，天地之变局。""汉承秦弊，不能尽改。自是以后，去三代渐远。三代之法不能行于今日。如其泥古以为治，此孔子所谓生今之世而反古之道者也。"（《变法上》）又指出：《易》曰：'穷则变，变则通。'知天下事未有久而不变者也。上古之天下，一变而为中古；中古之天下，一变而为三代……至今日，而泰西大小各国无不通和立约，叩关而求互市，举海外数十国，悉聚于一中国之中，见所未见，闻所未闻，几于六合为一国，四海为一家；秦、汉以来之天下，至此而又一变。呜呼！至今日而欲办天下事，必自欧洲始。"（《变法中》）薛福成认识到"方今中外之势，古今之变局也"（《上曾侯相书》）。他在《变法》篇中指出："世变无穷，则圣人御变之道，亦与之无穷。生今之世，泥古之法，是犹居神农氏之世而茹毛饮血，居黄帝之世，御蚩尤之暴而徒手搏之，辄曰：'我守上古圣人法也。'"郑观应多次引用《易经》中"穷则变，变则通，通则久"的思想，批判"天不变道亦不变"的社会历史观。他指出："今泰西数十邦叩关互市，入居内地，此乃中国非常之变局，三千年来所未有也。"（《易

言·通使》）"惟今昔殊形，远近异辙，海禁大开，梯航毕集，乃数千年未有之变局。"（《盛世危言·增订新编凡例》）中国应当顺应变局，"夫欲制胜于人，必尽知其成法，而后能变通，而后能克敌"（《易言·西学》）。早期维新派的时代观、变易观，成为其呼吁在经济、政治、文化等各方面进行变革的哲学基础与理论前提。早期维新派的具有近代意义的变易进化历史观，是从古代的传统变易史观到近代进化历史观转变的一个中间环节。

冯桂芬

校邠庐抗议·自序

三代圣人之法，后人多疑为疏阔，疑为繁重，相率芟夷屏弃如弁髦敝屣，而就其所谓近功小利者，世更代改。积今二千余年，而荡焉泯焉矣。一二儒者欲挟空言以争之，而势恒不胜。迨乎经历世变，始知三代圣人之法，未尝有此弊。夫而后恍然于圣人之所以为圣人也。试略举数事言之。

以亿万人自养则有余，以一人养千百人则不足。观于今日，奉军国则民力竭，养兵勇则国力又竭。而始知圣人兵农合一，车徒马牛甲兵出自民间之法之善也。取士何以始泽宫，射御何以登六艺？观于今日文臣不知兵，武士不晓事，而始知圣人文武不分之法之善也。什而取不及一，视古为少，倍蓰而当一，视古转多，观于今日倍征无艺，而始知圣人百亩而彻之法之善也。土宜出于地而无穷，远物限于地而难致。观于今日运道阻，天庾空，而始知圣人四百里粟、五百里米之法之善也。食为民天，有食斯有民。水为谷母，治田先治水。观于今日水利塞，稻田少，民受其饥，而始知圣人尽力沟洫之法之善也。世之盛衰在吏治，治之隆污在人才。观于今日科目不得人，而始知圣人乡举里选之法之善也。郅治必先亲睦，百行莫先孝弟。观于今日期功陌路，富贵贫贱不相恤，而始知圣人宗以族得民之法之善也。廉远堂高，笺疏有体，九重万里，呼吁谁闻。观于今日谏诤设专官，民隐不上达，而始知圣人悬鞀建铎庶人传语之法之善也。权所属，则末秩亦将逞志，用不赡，则中材不能无求。观于今日俸薄官贪，而始知圣人分田制禄之法之善也。天下有亿万不齐之事端，古今无范围不过之法律。观于今日则例猥琐，案牍繁多，而始知圣人不铸刑书之法之善也。开边拓土，石田不耕，长驾远驭，鞭长莫及。观于今日夷患不已，而始知圣人守在四夷之法之善也。术业以不专而疏，心思以不用而锢。观于今日器用苦窳，借资夷裔，而始知圣人梓匠名官、仓庾世氏之法之善也。此类尚多，更仆难数。

然则，为治者将旷然大变，一切复古乎？曰："不可！古今异时，亦异势。"《论语》称损益，《礼》称不相沿袭，又戒生今反古。古法有易复，有难复；有复之而善，有复之而不善。复之不善者，不必论；复之善而难复，即不得以其难而不复。况复之善而又易复，更无解于不复。去其不当复者，用其当复者，所有望于先圣后圣之若合符节矣。桂芬读书十年，在外涉猎于艰难情伪者三十年。间有私议，不能无参以杂家，佐以私臆，甚且羼以夷说，而要以不畔于三代圣人之法为宗旨。志此者有年。一官无言责，怀欲陈之而未有路。乃者乡居，偶一好事，创大小户均赋之议，辄中金壬所忌，固宜绝口不挂时政。重以衰病，逡巡无用世之望，惧遂泯没，爰以避地暇日，笔之于书。凡为篇四十，旧作附者又二。用后汉《赵壹传》语，名之曰《抗议》。即位卑言高之意。明知有不能行者，有不可行者。夫不能行则非言者之过。而千虑一得，多言或中，又何至无一可行！存之以质同志云尔。咸丰十一年冬十月吴县冯桂芬自序。（《校邠庐抗议》上篇）

王　韬

变法上

泰西人士尝阅中国史籍，以为五千年来未之或变也。夫中国亦何尝不变哉！巢、燧、羲、轩，开辟草昧，则为创制之天下；唐、虞继统，号曰中天，则为文明之天下；三代以来，至秦而一变；汉、唐以来，至今日而又一变。西人动讥儒者墨守孔子之道而不变，不知孔子而处于今日，亦不得不一变。盖孔子固圣之时者也，观其答颜子之问为邦曰：行夏之时，乘殷之辂，服周之冕。于三代之典章制度，斟酌得中，惟求不悖于古以宜乎今而已。于答子夏之问，则曰：殷因于夏礼，所损益可知也；周因于殷礼，所损益可知也；其或继周者，虽百世可知也。此孔子盖言其常也，而非言其变也。言其常，则一王继治，有革有因，势不能尽废前代之制而不用；言其变，则未及数百年而祖龙崛起，封建废而为郡县，焚诗书，坑儒士，乐坏礼崩，法律荡然，亦孔子之所未及料者也。汉承秦弊，不能尽改，自是以后，去三代渐远，三代之法不能行于今日。如其泥古以为治，此孔子所谓生今之世而反古之道者也。由此观之，中国何尝不变哉！即欧洲诸国之为治，亦由渐而变，初何尝一蹴而几，自矜速化欤？

铜龙沙漏、璇玑玉衡，中国已有之于唐、虞之世；钟表之法，亦由中国往；算法借根方，得自印度；火器之制，宋时已有，如金人之守汴、元人之攻襄阳，何尝不恃炮火，其由中国传入可知也。其他如火轮舟车，其兴不过数十年间而已，而即欲因是笑我中国之不能善变，毋乃未尝自行揆度也欤！吾知中国不及百年，必且尽用泰西之法而驾乎其上。盖同一舟也，帆船与轮舶迟速异焉矣；同一车也，驾马与鼓轮远近殊焉矣；同一军械也，弓矢刀矛之与火器胜败分焉矣；同一火器也，旧法与新制收效各别焉矣；同一工作也，人工与机器难易各判焉矣。无其法，则不思变通，有其器，则必能仿效。西人即不从而指导之，华人亦自必竭其心思材力以专注乎此。

虽然，此皆器也，而非道也，不得谓治国平天下之本也。夫孔之道，人道也；人类不尽，其道不变。三纲五伦，生人之初已具，能尽乎人之分所当为，乃可无憾。圣贤之学，需自此基。舍是而言死后，谁得而知之？亦谁得而见之？况西国所谓死后获福者，其修亦必裕于生前。然则仍是儒者作善降祥，作不善降殃之说耳。故吾向者曾谓：数百年之后，道必大同，盖天既合地球之南朔东西而归于一天，亦必化天下诸教之异同而归于一源。我中国既尽用泰西之所长，以至取士授官，亦必不泥成法，盖至此时不得不变古以通今者，势也，而今则犹未也。今如有人必欲尽废古来之制作以遂其一时之纷更，言之于大廷广众之中，当必以其人非丧心病狂，决不至是。

呜呼！世人皆明于既往而昧于将来，惟深思远虑之士，乃能默揣而得之。天心变于上，则人事变于下。天开泰西诸国之人心，而畀之以聪明智慧，器艺技巧，百出不穷，航海东来，聚之于一中国之中，此固古今之创事，天地之变局。诸国既恃其长，自远而至，挟其所有以傲我之所无，日从而张其炫耀，肆其欺凌，相轧以相倾，则我又乌能不思变计哉！是则导我以不容不变者，天心也；迫我以不得不变者，人事也。如石之转圜于崇冈，未及坠地，犹谓其难，而不知其一落千仞也。况今者我国已自设局厂，制造枪炮，建置舟舶，一切悉以西法从事。招商局既建，轮船遍及各处，而洋务人员辄加优擢，台湾、福州已小试电气通标之法，北方拟开煤铁诸矿。所未行者，轮车铁路耳，则或尚有所待也。此皆一变之机也。

惟所惜者，仅袭皮毛，而即嚣然自以为足，又皆因循苟且，粉饰雍容，终不能一旦骤臻于自强。不知天时有寒暑而不能骤更，火炭有冷暖而不能立异，则变亦非一时之所能也，要之，在人而已矣。尽人事以听天心，则请决之以百年。（《弢园文录外编》卷一）

变法中

《易》曰："穷则变，变则通。"知天下事未有久而不变者也。上古之天下，一变而为中古；中古之天下，一变而为三代。自祖龙崛起，兼并宇内，废封建而为郡县，焚书坑儒，三代之礼乐典章制度，荡焉泯焉，无一存焉，三代之天下至此而又一变。自汉以来，各代递嬗，征诛禅让，各有其局，虽疆域渐广，而登王会列屏藩者，不过东南洋诸岛国而已，此外无闻焉。自明季利玛窦入中国，始知有东西两半球，而海外诸国有若棋布星罗；至今日，而泰西大小各国无不通和立约，叩关而求互市，举海外数十国，悉聚于一中国之中，见所未见，闻所未闻，几于六合为一国，四海为一家；秦、汉以来之天下，至此而又一变。

呜呼！至今日而欲办天下事，必自欧洲始。以欧洲诸大国为富强之纲领、制作之枢纽，舍此，无以师其长而成一变之道。中西同有舟，而彼则以轮船；中西同有车，而彼则以火车；中西同有驿递，而彼则以电音；中西同有火器，而彼之枪炮独精；中西同有备御，而彼之炮台水雷独擅其胜；中西同有陆兵水师，而彼之兵法独长。其他则彼之所考察，为我之所未知；彼之所讲求，为我之所不及，如是者，直不可以偻指数。设我中国至此时而不一变，安能埒于欧洲诸大国，而与之比权量力也哉！

然而，一变之道难矣！以今日西国之所有，彼悍然不顾者，皆视以为不屑者也。其言曰：我用我法以治天下，自有圣人之道在。不知道贵乎因时制宜而已，即使孔子而生乎今日，其断不拘泥古昔而不为变通，有可知也。今观中国之所长者无他，曰因循也，苟且也，蒙蔽也，粉饰也，贪罔也，虚憍也；喜贡谀而恶直言，好货财而彼此交征利。其有深思远虑矫然出众者，则必摈不见用，苟以一变之说进，其不哗然逐之者几希！盖进言者必美其词曰：中国人才之众也，土地之广也，甲兵之强也，财力之富也，法度之美也，非西国之所能望其项背也。呜呼！是皆然矣。特彼知人才之众，而不知所以养其人才以为我用；知土地之广，而不知所以治其土地以为我益；知甲兵之强，而不知练其甲兵以为我威；知财力之富，而不知所以裕其财力，开源节流，以出诸无穷而用之不匮；知法度之美，而不知奉公守法，行之维力，不至视作具文。凡此皆其蔽也，故至今日而言治，非一变不为功。

变之之道奈何？其一曰取士之法宜变也。帖括一道，至今日而所趋益下，庸腐恶劣不可向迩。乃犹以之取士，曰制科，岁取数千百贸然无知之人，而号之曰士。将来委之以治民，民其治乎？故我曰：取士之法不变，则人才终不出。

其一曰练兵之法宜变也。今之陆营水师，其著于籍者，有名而无实，当事者以兵不足恃，又从而募勇，能聚而不能散。今天津驻防之兵至十万，虽足以拱卫神京，翼保畿辅，以壮声威而遏觊觎，而他处海防均须整顿，绿旗满营，水师战舰，皆当易器械，更船舶，使之壁垒一新，而不得仍以戈矛弓矢从事。苟仍其旧而不早为之计，是谓以不教民战，无殊驱之就死地也。故我曰：兵法不变，则兵不能强。

其一曰学校之虚文宜变也。今所设教谕训导，小邑一人，大邑两人，虚糜廪粟，并无所事。且其人，类皆阘冗无能，龙钟寡耻，不足为士之表率。书院山长只取声誉，以所荐之荣辱为去留，而每月所课，不过奉行故事而已。是朝廷有养士之名，而无养士之实也。是反不若汉时所立国子监，天下士子犹得读书于其中也。

其一曰律例之繁文宜变也。昔高祖入关，其与民约，不过曰法三章耳。近世之吏，上下其手，律例愈密而愈紊，不过供其舞文弄法已耳。拘牵文义，厥弊日滋，动曰成例难违，旧法当守，而一切之事都为其所束缚驰骤矣。是朝廷有行法之名，而无奉法之实也。是不如减条教，省号令，开诚布公，而与民相见以天也。

凡是四者，皆宜亟变者也。四者既变，然后以西法参用乎其间，而其最要者，移风易俗之权操之自上，而与民渐渍于无形，转移于不觉。盖其变也，由本以及末，由内以及外，由大以及小，而非徒恃乎西法也。（《弢园文录外编》卷一）

变法下

治天下者，当立其本而不徒整顿乎末，当根乎内而不徒恢张于外，当规于大而不徒驰骛乎小。盖天下气运之开，以时而变，而天下情事之繁，亦以时而异。

试以西法一端言之，今与昔异，而中外之情，亦已阅时而不同。昔者惟在崇尚西法，立富强之本，以为收效即在目前；即泰西人士，亦并以为西学振兴正在今日。以中国之大而师西国之长，集思广益，其后当未可限量，泰西各国，固谁得而颉颃之！今沿海各直省皆设有专局，制枪炮，造舟舰，遴选幼童出洋肄业，自其外观之，非不庞洪彪炳，然惜其尚袭皮毛，有其名而鲜其实也。福州前时所制轮舶，悉西国古法耳，不值识者之一噱；他处所造机掠，转动之妙，不能不赖乎西人之指授。而窥其意，则已嚣然自足，辄以为心思智慧足与西人匹，或且过之而有余矣。夫枪炮则在施放之巧，舟舰则在驾驶之能，行阵之器固不可不利，而所以用利器者则在人也。今公使简矣，领事设矣，皇华之选，络绎于道。或恐有仪、秦其人，逞游说以恣簧鼓，而徒以口舌得官者，更恐有夤缘攀附，奔竞钻营，而得附于其间者。所谓才者未必才，所谓能者未必能，徒碌碌因人成事而已。故今日我国之急务，其先在治民，其次在治兵；而总其纲领，则在储材。诚以有形之仿效，固不如无形之鼓舞也；局厂之炉锤，固不如人心之机器也。

朝廷设官西土，要宜郑重其始，一切当以正途人员；苟流品太杂，恐亵国体。其有掣肘之处，则先以西人副之，为之披榛辟莽。至若通商口岸所有中外交涉案牍，往来文移，宜汇辑成书，颁示遐迩，其后更译以西文。一旦有事，当局者可援别案以为折辩之地，而此中亦有所主持，此亦讲求洋务之一道也。总之，凡事必当实事求是，开诚布公，可者立行，不可行者始终毅然不摇。夫天下事，从未有尚虚文而收实效者。翻然一变，宜在今日。

若夫治民，必由牧令始；治兵，必由团练始。牧令之贤否，则先在慎简督抚，甄别才能，考察勤惰。才者不次迁擢，不才者立予罢黜，此固督抚之事也。至于治兵，则难言之矣。宜先改营规，易军制，汰兵额，异器械，必如李光弼之临阵，壁垒一新而后可。然论者必议其更张。蒙则谓今日练兵若不以西法从事，则火舰、火器亦徒虚设耳。不独水师当变，即陆军亦当变也；不独绿营当变，即旗丁满兵亦当变也。且也，长江水师与洋海水师不同，我国须于长江水师之外，专设海军，然后内可以防奸，外可以御侮。

储材之道，宜于制科之外，别设专科，以通达政体者为先，晓畅机务者为次。即以制科言之，二场之经题宜以实学，二场之策题宜以时务，与首场并重，庶几明体达用，本末兼赅，此寓变通于转移之中，实以渐挽其风气而裁成鼓励之。四五科之后，乃并时文而废之，则论者不议其骤革矣。肄习水师武备，国家宜另设学校，教之以司炮驾舟、布阵制器，俾其各有专长。习之于平日，用之于临时。其遣发至泰西者，尤不可专在一国，以示兼收而并效。

以上宜力求整顿，勿作具文。民心既固，兵力既强，而后所有西法，乃可次第举行。今日简公使、设领事，岁縻朝廷数十万金，议者或论其太骤，或惜其徒费。不知中外隔阂，非此不能消息相通，未始无裨于大局。特不在其事，而在其人也，此则由乎上善为之用耳。焜耀敦槃，折冲樽俎，必有郭隗、毛遂其人者出焉；衔命中朝，宣威异域，必有班定远、傅介子其人者出焉。

或者以为西法不足恃，何以西人用之足以雄长欧洲，争衡天下？不知泰西诸邦国小而民聚，其民心齐而志固，同仇敌忾，素蓄于中。在其国内，各事其事，各业其业，雍雍然其气静谧而专壹，故国易以治。夫岂徒恃乎器艺技巧、繁术小慧，遂足以收效也哉？（《弢园文录外编》卷一）

变法自强上

呜呼！余今者观于中外交涉之故，而不禁重有感焉。泰西诸国通商于中土，亦既三十余年矣，而内外诸当事者，多未能洞明其故，若烛照数计而龟卜，其于利害之所系，昏然如隔十重帘幕。其有规恢情势，斟酌时宜，能据理法以折之者，虽未尝无人，而不知彼之所谓万国公法者，必先兵强国富，势盛力敌，而后可入乎此。否则束缚驰骤，亦惟其所欲为而已。

故知乎此，则惟先尽其在我者，而后徐及其他。如讲求武备，整顿海防，慎固守御，改易营制，习练兵士，精制器械，此六者实为当务之急。而文武科两途皆当变通，悉更旧制，否则人才不生。其次则在裕财用，如开矿铸银，尚机器，行纺织，通商于远许，贸易于国中者，皆得以轮舶，而火轮、铁路、电气、通标，亦无不自我而为之，凡泰西诸国之所眈眈注视、跃跃欲试者，一旦我尽举而次第行之，俾彼无所觊觎艳羡其间，此即强中以驭外之法也。

上之所好，下必甚焉，雷厉风行，安见其有不可者？设或不然，动遵故例，拘守成法，因循苟且，不知变迁，则我中国当自承其弊。何则？泰西诸国之群集而环伺我者，有迫之以不得不然之势也。且此之所变者，特其迹焉而已，治国之道固无容异于往昔也，如是，谓之战胜于朝廷。况乎当今之时，处今之势，固非闭关自大时也。

泰西诸国之入居中土，有公使，有领事，有水师，有陆兵，战舰艨艟不绝于道。而我国之至西土者，落落如晨星，其有折冲乎樽俎，辉煌于敦槃者，未闻有人也。其达彼此之情意，通中外之消息者，则有日报，时或辨论其是非，折衷其曲直。有时彼国朝廷采取舆论，深悉群情，亦即出自日报中。窃以为此亦可从而仿效者也。中外交涉之事，时时可刊之日报中，俾泰西之人秉公持论其间，是岂无所裨益者？

与欧洲近日情形，其强弱大小，亦已了然如指上螺纹。普、俄、英、法，此四国者，皆于中土关系至重者也。三十年前所患者在英、法，而在今日所患者尤在普、俄。俄之于北方，如黑龙江，如新疆，固已形见者也。普则犹未著其端倪，迩者以晏拿帆船遇害被劫一事，普国立意索偿。识者以为交邻之道，玉帛、干戈二者实相倚伏。盖和则以玉帛相将，战则以兵戎相见，理无两立，事不并行。然则图治其间者将奈何？则将应之曰：开诚布公，相见以天，必谨必速，毋诈毋虞，又何患之有？至于英、法东来，皆于东南洋设立埠头以为外府，而普、俄则无之。今俄方注意于北方，筹度经营，未遑兼顾。普则欲图之久矣，特无间可乘耳。诸国通商之局，英为最巨，设一旦兵事或起，岂独无所碍欤？不知英固早计及乎此也。普、俄之骎骎驰骋于中土，岂英、法之所喜？特恐一旦事势所会，即英、法亦有不得不退听者。浸假普、法释嫌，英、俄结好，此固欧洲之福，而天下之深忧。总之，欧洲升平之局，识者以为恐未能持久，而亚洲变故之生，亦岂人事之所能逆忆。惟先尽其在我，以听之于天而已。尽其在我，则莫先乎变法自强。今日之当变者有四：一曰取士，二曰练兵，三曰学校，四曰律例。（《弢园文录外编》卷一）

变法自强中

然则取士当若何？曰：欲得真才，必先自废时文始。夫人幼而学，壮而行，出其家修，即为廷献，今乃以无用之时文为进身之阶，及问其何以察吏，何以治民，则茫然莫对也。所习非所用，所用非所长，则何不以有用之时，讲有用之学？大抵必如前代科目法，区为数门：首曰孝悌贤良，次曰孝廉方正，三曰德著行修，四曰茂才异等。此四者，皆由乡举里选，国家不必试其文章，但当优其奖励，以厚风俗，以端教化。至所以考试者，曰经学，曰史学，曰掌故之学，曰词章之学，曰舆图，曰格致，曰天算，曰律例，曰辨论时事，曰直言极谏，凡区十科，不论何途以进，皆得取之为士，试之以官。至武科，亦宜废弓刀石而改为枪炮。其上者则曰有智略，能晓悉韬钤，深明地理，应敌之机，制敌之命；其次曰勇略，能折冲御侮，斩将搴旗；其次曰制器，造防守之具，明堵御之宜；其建筑炮台、制造机器，悉统诸此，务足以尽其所长。凡此文武两途兼收并进，务使野无遗贤，朝无幸位，而天下之人才自然日见其盛矣。

然则练兵当若何？曰：陆营必废弓矛，水师必废艇舶；而一以枪炮为先，轮船为尚，然后兵可强也。其为兵，曰步兵、骑兵，其为队，曰枪队、炮队。平日练之，自无不精，临时用之，自无不准，而后命中及远，足以攻坚而蹈瑕。水师则首在乎驾驶，必其能冲涉波涛，稔悉台飓，测量风云沙线，足寄以众人之命，乃可充其任也。其船之小者，用于内河，船之大者，用于沿海，至铁甲战舰，用以守御。无不资水火二气之力，而专恃双轮之迅驶。惟其驾之已稔，自必操之在握，而后渡海入洋，足以御风而破浪。陆营、水师之练兵，一以西法为南针，必使其心志定，步伐齐，队伍肃，常若临大敌而可用也。此外汰冗兵，减军额，厚饷糈，俾足有以养赡其身家。驻防之兵，居于营屋，一仿西国之制度，然后营汛各兵方非虚设。兵勇之外益以团练，依古守望相助之法。平日按期练兵，无得间断，而近地团练民兵，亦可入而学习。如是则兵皆可用之兵，而民亦可用之民，一旦有事，不至于仓皇无措；而民与兵和，兵与民习，亦不至兵民相凌，至生事端。能如是而兵不强者，吾弗信也。

然则设立学校，以收教士之实效，当若何？曰：学校书院之设，当令士子日夜肄习其中，必学立艺成而后可出也。其一曰文学，即经史、掌故、词章之学也，经学俾知古圣绪言，先儒训诂，以立其基；史学俾明于百代之存亡得失，以充其识；掌故则知古今之繁变，政事之纷更，制度之沿革；词章以纪事华国而已。此四者，总不外乎文也。其二曰艺学，即舆图、格致、天算、律例也。舆图能识地理之险易，山川之厄塞；格致能知造物制器之微奥，光学、化学悉所包涵；天算为机器之权舆；律例为服官出使之必需，小之定案决狱，大之应对四方，折冲樽俎。此四者，总不外乎艺也。文、艺两端，皆选专门名家者以为之导师，务归实用，不尚虚文，辩论时事，直言极谏。此二者，以觇其作吏之断裁，立朝之风节而已。于是士有以教，亦有以养，自无不奋矣。此外则有武备院、繁术院，用以教武科营弁，使之各成其材。

然则废律例之繁文而用律例之精意当若何？曰：今天下之所谓吏者，必尽行裁撤而后可。内自京师，外至直省，大自六部，小至州县，举二百余年来牢不可破之积习，悉一扫而空之。而以为士之明习律例者，以充其任，甄别其勤惰，考校其优劣，三年无过，授以一官，以鼓励之。凡昔日之拘文牵义，以一字为重轻，借片言为轩轾，得以上下其手者，悉付之于一炬而后大快。州县监狱，必大加整顿，罪囚拘系，无得虐待，夏冬之间所以体恤罪囚者，毋作具文。州县胥役，限以定数，毋得逾百人。凡此者，皆所以扩清积弊也。（《弢园文录外编》卷一）

变法自强下

居今日而论中州大势，固四千年来未有之创局也。我中朝素严海禁，闭关自守，不勤远略，海外诸国至中华而贡献者，来斯受之而已，未尝远至其地也。以故天下有事，其危常系西北而不重东南。自与泰西诸国通商立约以来，尽舟航之利，历环瀛之远，视万里有如咫尺，经沧波有同衽席，国无远近，皆得与我为邻。如英，如俄，如普，如法，皆欧洲最强莫大之国也。今以中国地图按之，则俄处西北，最为逼近；西南有英属之印度，毗接云南；而法兵业驻越南，则南界又复连属。诸国并以大海为门户，轮舟所指，百日可遍于地球，于是纵横出入，骎骎乎几有与中国鼎立之势，而有似乎春秋时之列国。惟是中国方当发、捻、回、苗之扰，前后用兵几二十余年，甫经平定。然则以艰难拮据之际，而与方盛之诸强国相邻，设非熟思审处，奋发有为，亟致富强，以图自立，将何以善其后乎？

夫风会既有不同，即时事贵知所变。日本，海东之一小国耳，一旦勃然有志振兴，顿革平昔因循之弊，其国中一切制度，概法乎泰西，仿效取则，惟恐其入之不深。数年之间，竟能自造船舶，自制枪炮，练兵、训士、开矿、铸钱，并其冠裳、文字、屋宇之制，无不改而从之。民间如有不愿从者，亦听焉。彼以为此非独厚于泰西也，师其所长而掩其所短，亦欲求立乎泰西诸大国之间，而与之较长絜短，而无所馁也。否则，行舟于海，彼则用轮而我则用帆，迟速不同矣；行兵于行阵，彼则用枪炮，而我则用刀矛，命中制胜又不同矣；彼以训练节制之师，我以跳荡拍张、漫无纪律之士当之，乌有不败者哉？此强弱之不同也；彼则出地宝，扩财源，而我任听其然，不知搜取，徒知征之于民而已，此贫富之不同也。故日本乃亟思变计也，然则我中国曷不返其道而行之哉？我中国地大物博，幅员之广，财赋之裕，才智之众，薄海内外皆莫与京。溯乎立国规模，根深蒂固，但时异势殊，今昔不同，则因地制宜，固不可不思变通之道焉。

其道奈何？曰：毋因循也，毋苟且也，毋玩愒也，毋轻忽也，毋粉饰也，毋夸张也，毋蒙蔽也，毋安于无事也，毋溺于晏安也，毋狃于积习也，毋徒袭其皮毛也，毋有初而鲜终也，毋始勤而终怠也。必有人焉，深明制治之道，周知通变之宜而后可。否则，机器固有局矣，方言固有馆矣，遣发子弟固往美洲攻西学矣，行阵用兵固熟练洋枪矣，而何以委靡不振者仍如故也，洞明时变大有干谋者，仍未能见其人也！徒令论者以为西法不足效而已。或以为糜费也，或以为多事也，或以为无益于上而徒损于下也。呜呼！是非西法之不善，效之者未至也，所谓变之之道未得焉。彼言者直坐井窥天，以蠡测海耳，西法必不受过也。且夫西法者，治之具，而非即以为治者也。使徒恃西人之舟坚炮利，器巧算精，而不师其上下一心，严尚简便之处，则犹未可与权。盖我所谓师法者，固更有进焉者矣，彼迂腐之儒又何足以知之哉！

说者又谓中朝制度迥越寻常，前代谟猷姑勿具论，即如我国家康、雍、乾三朝，圣德兵威，奢惕殊俗，式廓版图，讫乎化外，而一时简贤任能，张弛互用，三代以下不逮焉，复何论乎汉、唐。今诚一意讲求，励精图治，先有以明天下兵民之志，而后规复河运，酌禁鸦片，则闭关谢客，亦何不可自固我围，而奚必鳃鳃焉学习西法也哉？子之所云，适足以贻笑于豪杰之士而自点耳。不知时之所尚，势之所趋，终贵因事制宜，以权达变。天时人事，皆由西北以至东南，故水必以轮舟，陆必以火车，捷必以电线，然后全地球可合为一家。中国一变之道，盖有不得不然者焉。不信吾言，请验诸百年之后。（《弢园文录外编》卷二）

薛福成

筹洋刍议·变法

窃尝以谓自生民之初，以迄于今，大都不过万年而已。何以明之？以世变之亟明之也。天道数百年小变，数千年大变。上古狉榛之世，人与万物无异耳。自燧人氏，有巢氏、包羲氏、神农氏、黄帝氏，相继御世，教之火化，教之宫室，教之网罟耒耜，教之舟楫、弧矢、衣裳、书契，积群圣人之经营，以启唐、虞，无虑数千年，于是鸿荒之天下，一变为文明之天下。自唐、虞讫夏、商、周，最称治平。洎乎秦始皇帝，吞灭六国，废诸侯，坏井田，大泯先王之法。其去尧、舜也，盖二千年，于是封建之天下，一变为郡县之天下。嬴秦以降，虽盛衰分合不常，然汉、唐、宋、明之外患，不过曰匈奴，曰突厥，曰回纥、吐蕃，曰契丹、蒙古，总之不离西北塞外诸部而已。降及今日，泰西诸国，以其器数之学，勃兴海外，履垓埏若户庭，御风霆如指臂，环大地九万里，罔不通使互市。虽以尧、舜当之，终不能闭关独治。而今之去秦、汉也，亦二千年，于是华夷隔绝之天下，一变为中外联属之天下。夫自群圣人经营数千年，以至唐、虞，自唐、虞积二千年，以至秦始皇，自始皇积二千年，以至于今，故曰不过万年也，而世变已若是矣。世变小，则治世法因之小变；世变大，则治世法因之大变。夏之尚忠始于禹，殷之尚质始于汤，周之尚文始于文、武、周公，阅数百年，则弊极而变，或近至数十年间，治法不能无异同。故有以圣人继圣人，而形迹不能不变者，有以一圣人临天下，而先后不能不变者。是故惟圣人能法圣人，亦惟圣人能变圣人之法。彼其所以变者，非好变也，时势为之也。今天下之变亟矣，窃谓不变之道，宜变今以复古；迭变之法，宜变古以就今。呜呼！不审于古今之势，斟酌之宜，何以救其弊？且我国家集百王之成法，其行之而无弊者，虽万世不变可也。至如官俸之俭也，部例之繁也，绿营之窳也，取士之未尽得实学也，此皆积数百年末流之弊，而久失立法之初意。稍变则弊去而法存，不变则弊存而法亡。是数者，虽无敌国之环伺，犹宜汲汲焉早为之所。苟不知变，则粉饰多而实政少，拘挛甚而百务弛矣。若夫西洋诸国，恃智力以相竞。我中国与之并峙，商政矿务宜筹也，不变则彼富而我贫；考工制器宜精也，不变则彼巧而我拙；火轮、舟车、电报宜兴也，不变则彼捷而我迟；约章之利病，使才之优绌，兵制阵法之变化宜讲也，不变则彼协而我孤，彼坚而我脆。昔者蚩尤造兵器，侵暴诸侯，黄帝始作弓矢及指南车以胜之；太公封齐，劝其女红，极技巧，通鱼盐，海岱之间，敛袂往朝。夫黄帝、太公，皆圣人也，其治天下国家，岂仅事富强者，而既厕于邻敌之间，则富强之术，有所不能废。或曰："以堂堂中国，而效法西人，不且用夷变夏乎？"是不然。夫衣冠、语言、风俗，中外所异也；假造化之灵，利生民之用，中外所同也。彼西人偶得风气之先耳，安得以天地将泄之秘，而谓西人独擅之乎？又安知百数十年后，中国不更驾其上乎？至若赵武灵王之习骑射，汉武帝之习楼船，唐太宗驾驭蕃将与内臣一体，皆有微旨存乎其间。今诚取西人器数之学，以卫吾尧、舜、禹、汤、文、武、周、孔之道，俾西人不敢蔑视中华。吾知尧、舜、禹、汤、文、武、周、孔复生，未始不有事乎此，而其道亦必渐被乎八荒，是乃所谓用夏变夷者也。或又曰："变法务其相胜，不务其相追。今西法胜而吾学之，敝敝焉以随人后，如制胜无术何？"是又不然。夫欲胜人，必尽知其法而后能变，变而后能胜，非兀然端坐而可以胜人者也。今见他人之我先，猥曰不屑随人后，将跬步不能移矣。且彼萃数百万人之才力，掷数千万亿之金钱，穷年累世而后得之，今我欲一朝而胜之，能乎？不能乎？夫江河始于滥觞，穹山基于覆篑。佛法来自天竺，而盛于东方；算学肇自中华，而精于西土。以中国人之才智视西人，安在其不可以相胜也？在操其鼓舞之具耳。噫！世变无穷，则圣人御变之道，亦与之无穷。生今之世，泥古之法，是犹居神农氏之世而茹毛饮血，居黄帝之世，御蚩尤之暴而徒手搏之，辄曰："我守上古圣人法也。"其不惫且蹶者几何也！且今日所宜变通之法，何尝不参古圣人之法之精意也。（《中国近代史资料丛刊·戊戌变法》第一册）

郑观应

自强论

中国当此危极之时，而求安图治，上下皆知非自强不可，而自强非变法不可。论者谓变法之易，莫如专制政治。所言不为无见，然蒙谓专制政治，究不如立君政治之公。何则？专制政治即君主之国，乾纲独断，令出而人莫敢违。是惟开创之君，圣神英武，知人善任，百官不敢舞弊，书吏不敢营私，虽用压力而天下治安。若在守成之主，暴虐淫逸，昏昧无知，全恃威重，不顾是非，坐使奸蠹弄权，吏胥舞法，而天下大乱。观汉高祖之所以兴，秦二世之所以亡，可知治乱之原矣。立君政治者，即君民共主之国，政出议院，公是公非，朝野一心，君民同体，上无暴虐之政，下无篡逆之谋。英、德二国驯致富强，日本变法借材异域，比利士、瑞士列入万国保护之中，遵斯道耳。古云："有治人而后有治法。"可与专制政治互相发明。惟纯常子《自强论》云："有治法而后有治人。"则与立君政治为近矣。

今朝廷有更新之诏，微闻主议者略举数端曰：亲贵游历；科举改章；广设学校；考取优生，肄业泰西，各专一艺；讲武备；开议院；改律例；定商律、报律；开报馆；译西书；改官制；设巡捕；广邮政；维持圜法；广开矿产；行印花；用民兵；重农工；保商务；开银行；行钞票等事。凡此皆二十年前余《易言》《危言》中分类论及，惜守旧者恶谈西法，维新者不知纲领。而政府志在敷衍，惮于改革，不求中外利病是非，只知安富尊荣，保其禄位。行政之人尤安于苟且，无论如何美政，由朝廷饬下督、抚，由督、抚饬下司、道，由司、道饬下府、县。府、县召书吏以一纸告示城乡，略加新名饰耳目，此外寂无举动矣。甚或前任所为，后任裁撤。虽创之费巨，成之日久，皆所勿恤。此由于中国从无立君政治耳。夫立君政治，除俄、土二国外（专制政体，在今日称各国例外之政体，将来亦不得不变。俄早议有宪法，但未行耳），文明诸国无不从同（惟君主与民主之国，宪法微有不同）。查日本宪法，系本其国之成法，而参以西法，中国亟宜仿行，以期安攘。或谓恐失君权，不知君主之国，如英、德议院，所议之事与君不合者，可置不行。昔英儒矮利斯托路氏云："政府之强大，古则尚力，今则尚德，反是则势涣国衰。"故皆设宪法而开议院。沪上葡萄牙国总领事华君告余曰："中国欲拒外侮，务在合群。我国穷民少，全得此益。"中国不能自强，由于上下离心。篇中拟立宪法，冀当轴者合群图治，以顺人心，虽参用西法，实亦三代之遗规也。（《盛世危言》卷一）

陈　炽

上李鸿章书

户部山东司七品京官陈炽顿首之书：

大人阁下：

窃炽闻近日朝鲜内乱，王妃被戕，国王不知所在，北洋电报催马道建忠迅速回津，谓朝鲜之事非彼不可。以炽观之，此次朝鲜之乱久在意中，欲仍以马建忠当之，恐不惟无益，而反有其损也。炽之友有王某及徐某者，向随吴筱轩军门驻其地，客岁领饷来京与炽言曰：高丽之乱不旋踵矣，王妃淫秽，国王暴戾，其国之臣与民皆不服也。大院君之事，中国兵行诡道，其力虽屈，而其志不挠，国人称大院君曰太公，有谈及太公，虽肩挑负贩之细民无不痛哭流涕者。兼通商事属创始，朝鲜土产无多，财尽民穷，祸将立见。又曰：马建忠驻朝鲜两月余耳，日索歌妓数人侍酒，朝鲜人以诱禽大院君之故恨之，以狎妓之故鄙之，幸马道即行，吴公留驻，否则，乱未可平也。王、徐二君皆非妄语者，而其言如此，故此之乱有六征焉：思大院君之德，一也；恶王妃之淫乱，二也；不愿通商，三也；中国有法夷之事，四也；吴筱帅既率，断其后者，威望不足以镇之，五也；朝鲜今岁大荒，饥民乘乱而起，六也。

炽闻前月间大院君卒于保定，此信若确，朝鲜民思之愈切，痛之愈深，则其恨马建忠亦愈甚。蜂虿有毒，况大国乎？万一反戈相向，奋臂当车，即无意外之虞，已失字小之义，况俄人垂涎于北，倭人伺隙于南，虎视眈眈，蓄心已久，皆思因利乘便，抗我颜行，彼知力不能敌我，或乃引寇入室，反颜事仇，忘我国家二百年卵翼之恩，而肆志以图一逞，内忧外患迭起循生。此时法夷之难未平，转饷之劳已极，将无可选，兵不能分，南顾方殷，东隅又失，其事尚堪问乎？炽传闻耳食，不得其详。合肥相国成竹在胸，当已别操胜算。惟炽区区之意，窃谓怀柔小国之道，终以收人心为本，如大院君尚在，应即请旨立以为君，申之以约束，责以招抚，威福自我，彼亦无所恨焉。如果已亡，宜请旨加恩而盛礼送归其国，迅速调兵定乱，择贤者而立之，庶可以安集众心，一劳永逸，若仍倚马道，以权谲再图侥幸，恐惊弓之鸟，防备已周，能藩之衈，猜嫌转甚，构乱稍久，敌国从而生心，虽有智者，将无以善其后也。一隅之见，是否有当，付祈钧鉴。（《陈炽集》）

上清帝万言书

军机章京户部员外郎陈炽谨呈：

为中倭苟且行成，后忧方大，请一意振作，变法自强，以巩皇图而湔国耻，敬陈管见，仰恳据情代奏事。

窃自中倭构衅以来，内外臣工，仓皇电慑，始也欺敌而败，继乃听客所为，忽战忽和，举棋不定。募兵则驱羊饲虎，筹饷则剜肉补创。倚淮军，而淮军溃；倚湘军，而湘军又溃。遂至丧师失地，台破船沉，威旅之天险既夷，渤海之堂奥尽失。财殚力屈，三次求和，终至赔费万万金，割地数千里，驻兵勒索，开埠通商。以倭奴蕞尔小邦，遂能力制中朝。受此亘古未有之奇辱，使我中国之人，自上达下，稍有人心者，无不摧心失志，怀愤含羞，痛哭呼天，不能自已。今之论者，或集矢于北洋，或归咎于政府，或责备于主兵任事诸臣，固也，而不尽然也。盖此次之错误，在未战之先；而此中之关系，在既和之后也。

道光、咸丰以前，无论已；自庚申以还，知泰西各邦之国富兵强，未易为敌矣，于是开译署、设洋关、筹海防、遣公使。言战守者，以枪炮台船为事；讲应付者，以语言文字为长。而于西人政教之本原，富强之实效，慨乎其未之有及也。当事者，狃于西人之意在通商，而不思得地也，又时存一用夏变夷之见，而惟恐或变于夷也。以为我苟如是，是亦足矣。其弊遂至于有器而无人，有名而无实。虽有利炮坚台，鱼雷铁甲，委而去之，反为敌用。糜亿兆金之巨款，掷数十载之光阴，而铸此中外绝无仅有之大错，掩饰诋欺之咎，不能为李鸿章宽也。法越之役，法酋耻〔孤〕拔毙于闽海，继之者，情形不熟，未及进攻，北洋遽以为北洋海防大有可恃。十年之内，迁延迟重，因循苟且，不复留意人才，有纵言时事者，中外怫然，以为大戒。积薪厝火，忽焉若忘，成此疲敝尪羸之世界。寝〔浸〕至良臣殂谢，宿将凋零，强敌生心，伏戎在莽，而环顾内外，竟无一深明大略，缓急可恃之人。一旦外患乘之，谋非素定，士非素习，骄兵贪将，相率逃亡；从而招募市人，罗掘商款，赏罪错乱，操纵失宜，处处让人，着着落后。以此言战，能乎？不能。既不能战，则惟有偿金割地，以求和耳。盖数十年国家之倚北洋也太重，北洋之忘战负国也太深，一局残棋，势成孤注，此注既掷，虽欲背城借一，而有所不能。所谓错误在未战之先者，此也。

近今五十载，西人讲求武备，争奇竞巧，几于日新月异，而岁不同。轮舟、铁路、电报、火器四事，孰为之？天为之也。环地球九万里，人力必有所穷，非此不足以混一万邦，纵横四海也。而通商五十年，蹙我藩屏，尚不敢窥我堂奥者，荡平粤、捻之声威，有以隐戢其骄气，以为中国水师虽怯，而陆兵尚强，涉远劳师，恐所得不偿所失耳，而不意轻举妄动，远交近攻，窥我之隐微，而导彼之先路者，有一倭奴在也。今我所恃者淮军，而淮军如此；所恃者湘军，而湘军又如此。此后中国虽大，人民虽众，水陆万里，备多力分，何所恃而能有以自立？彼东、西两洋，五六强国，耽耽虎视，又何疑何畏，而不相率瓜分？言念及兹，寒心酸鼻。

闻此次倭奴亦有主战、主和两传。主战者，外部陆奥宗光为之首；主和者，内阁伊籐〔藤〕博文为之冠。李鸿章既抵马关，陆奥仍持战议，谓倭兵必须径抵北京，乃可使中国君民心服口服，永无翻悔。伊籐〔藤〕且不然，此次倭兵所以处处得手者，由中国总军旅诸大员，皆年老庸懦无能之辈耳。兵抵北京，则此辈非死即逃，否则撤换，另易一班力强年富、熟悉时务者为政，转恐狡狯难制，不能为所欲为，不如姑留此辈，将就成和，则中国数十年间，断无报复之望。

哀哉！堂堂中国，受制小夷，轻侮欺凌，至于此极。此后如尚不发愤为雄，求贤自辅，将永在倭奴掌握中耳。谁非人子，谁非人臣，稍有天良，能无切齿？所谓关系在既和之后者，此也。

虽然，天下事，祸兮福所倚，福兮祸所伏。盛之极者，衰之机也；剥之复者，终之始也。谨惟我圣祖列宗，二百余年深仁厚泽，人心未泯，天眷方隆。当日之能平内乱者以此，今日之不畏外患者亦以此。经此一番折辱，则数十载固执迂拘之论，既一扫而空，即三十年敷衍粉饰之非，亦不攻自破。此后我皇上奋于上，众庶怒于下，群僚百执事，洗心涤虑，坚忍愤发于中。欲振作，必须自强；欲自强，必须变法。以筹国用、罗人才为始事，以练民兵、开议院为成功。运以精心，持以定力，期以二十年，而不报倭奴今日之仇，出泰西各国之上，臣不信也。

盖中国之所难者，在民气太弱，积弊太深，改弦更张太晚。而中国之所易者，在地大物博，事权归一，则举而措之裕如耳。微臣侍直枢垣，十年以来，伤心蒿目，常慨盈廷聚讼。主守旧者，鄙夷西法；主维新者，厌薄中朝。欲折衷二说之间，求一救时之要策。当法越事定，曾上东三省练兵之议，虽仰蒙采纳，而额数过少，不足以建威销萌。然去岁亦赖有此军，故辽沈虽沦，而陪京无恙。使果有三万精兵，领以宿将，则建瓴之势，足以救援高丽而有余。善奕者有闲〔间〕闲布子，人一着而全局皆灵者，此之谓也。刻下和议已成，无容返〔反〕悔。我皇上天锡勇智，值此时艰，中国废兴存亡之机，决于今日，惟望乾纲独揽，力排众议，一意自强，任贤勿贰，去邪勿疑，以巩皇图，而湔国耻。诎于此者申于彼，否于始者泰于终，知几其神，殷忧启圣，我列祖列宗在天下之灵，实式凭之矣。不揣冒昧，谨条上今日之所急者，次其先后，厘为七条。中有未尽者，复分细目。涓流土壤，得补高深，惟不敢以巧言虚辞，荧惑视听。管蠡之见，是否有当，伏乞圣明采择施行，天下幸甚。

（一）下诏求言

夷狄之患，自古恒有。然木必先腐而后虫生，罕有堂堂中国，七鬯无惊，而受制于蕞尔小邦如今日者。中国之屈辱，可谓深矣。夫亲上死长之心，亦斯民之天性也。唐之德宗，猜忌之主也。及朱泚之乱，播迁奉天，用陆贽之言，贬己自责。山东各军，闻者陨涕，不旋踵而乱贼遂平。况我皇上仁圣聪明，天下臣民，咸思效死，苟略仿其意，以鼓舞斯民，决计变法自强，与天下更始，则民心愈固，民气愈强。视听既专，趋向自一，虽有强敌，其奈我何？此宜先固民心者一也。

天地生才，本足敷国家之用。所患者，堂廉隔之，科目拘之。才思效用，而上故抑之；上思用才，而下又去之。及至有事之时，需才孔亟，而非相知有素，则浮薄干进者，得售其欺。即其人果系真才，而来自田间，素无威望，事故骤属，其不至偾事者几希。故人才者，必留意于平时，而后可济用于临事者也。至于求才之法，仍不外虞廷之敷奏以言，明试以功，二者而已。粤、捻之乱，楚才辈出，用之不穷，岂当日之人才多，而今日之人才少哉？因骆震〔秉〕章、胡林翼，在湖北、湖南，分立储才馆，献策之人，来者不拒，其切实可采者，款留馆中，何处缺人，即行派往。既已著立功效，即量其才之大小，授以任之轻重。故一时人才，风发飙举，督抚提镇，功业烂然，皆当日馆中之食客也。彼仅守一隅，而犹能如是，而况天下之大，万民之众？世亦患无伯乐耳，岂患无千里之马乎？惟都中各署，拘守成规，可以安常，不能应变。去年中倭事起，设立督办军务处，以一事权，应请旨扩充规模，选立参佐，仿储才馆之例，于京师择地建屋，以处贤才。明谕中外官民，如有所见，均准取具同乡官印结，至署呈递。

言无可采，批示遣归；如果切实，可见施行，传见考验，即留署中，优给薪水。何路需才，奏准发往，著立功绩，再予保升。此宜先求人才者二也。

西人之言曰：天下万国，最贪者，中国之官；最坏者，日本之民；而各官廉俸，亦无如中国之少者，阳靳之而阴纵之，岂国家设官为民之本意哉？宜请旨饬下各部会议，将冗员裁汰，而实缺廉俸，按品增加。虽九品微员，每岁事畜之资，非五百金不能自给。层累而上，一品，必须万金；外任需用较多，须加一倍。自此以后，将一切陋规杂费，概行裁革，还之民间。有违制收受者，杀无赦。国家所费，每岁只多数百万金，而上励僚属之廉隅，下培闾阎之元气，外免邻国之讥弹，一举而三善皆备。此宜先清吏治者三也。

惟资格所拘，良难骤破，请于三年之内，大开言路，慎选真才，均储之督办军务处。一面请饬下部院督抚各大臣，先将候补人员，认真考察，庸恶陋劣者去之，其无所短长者，均资令回籍候选。然后考察实任各员，必须夙著廉能，留心教养，上补国是，下益民生，方准保升留任。老迈贪劣者去之，其庸庸窃位者，亦令以原品致仕。内外须去三分之一，而后维新之政治乃成。至司道以上各官，表率群僚，关系尤重。惟望我皇上认真考察，操此意以进退之，期以三年，气象当幡然一变矣。此宜先破资格者四也。

至一切变法自强之道，中国因循日久，耳目未经，骤而变之，恐聚讼纷纭，易生疑沮。虽临之以谕旨，而事无专责，迁延推妄，仍属空言。应请饬下出使大臣，督率翻译随员，将泰西政治之不同于中国者，别类分门，详加翻译，然后审择其可行者，交廷臣会议，参酌旧制，事在必行，准古宜今，增立官职，建立衙署，以为经久之规，则措正施行，更无扞格矣。此宜先专成者五也。

（二）阜财裕国

天下事法积生弊，弊积法立，故庄周有刍狗已陈之喻。而强弩之末，不能复穿鲁缟者，势使然也。今之言筹饷者，曰〔日〕期期于捐纳、厘金两事。曩在户部，核计内外捐款，岁止百余万金，而国与民，阴受其害。厘金收数，岁岁短绌，每岁不足千二百万金，而商民怨嗟，道路侧目，此亦刍狗已陈而强弩之末矣。有若曰：百姓足，君孰与不足；百姓不足，君孰与足？非迂论也，实至言也。今赔款至二万万金之多，自应先清此款，民情方得定，国计方得纾。此次倭奴勒索，中朝滇缅，仿普法之事：普勒法款五千兆佛郎，合中国银数十五万万两。本定三年归楚，法民发愤，按丁抽派，每人出二十佛郎，未及一年，即已清款。近今二十载，法国俨然富强，皆幸此款早清，不致受其盘剥。应请仿法国之法，合中国四万万人，每人各派一元；贫者由富者承管，承管至十万人者，赏给头品顶戴；万人以上，均奏明请旨，锡以特恩；其不足万人者，则照捐款虚衔，定其差等；至十万人以外，赏以异数殊荣，予虚衔不捐实职。明谕天下，咸使闻知，嗣后停捐减厘，与天下休息。此款既清，而后为开源节流、立自强之根本也。

中国旧法，以节流为主：裁额兵也，撤河防也，改漕折也，汰冗员也，节浮费也，定服章也，禁靡费金、银、铜三品也，皆可毅然行之，而决无流弊者也。新法以开源为主：设商部也，行钞法也，开矿政也，铸银钱也，垦荒田也，种树木也，修铁路也，广轮舟也，征烟酒税也，立书信馆也，收牌费房屋捐也。二者兼营，行之不倦，五年之后，百姓当岁增二十万万金之生计，国家当岁益二万万金之度支，既富且强，可以操券。日本，东瀛小国耳，其疆域不及中国江南一省。十年前出口之货，三千万元，仅及中国三分之一。自用西法，广开利赖，去岁出口之货，二万余万元，已加中国之半。明效大验，有如此者。而非我皇上神明独断，仿效西法，得人而理不为功，此泰西政教之根原，富强之本计，而独惜中国之人，掩聪塞明，惛然不悟也。

（三）分途育才

今欲自强，必须变法，而欲变法，首在得人。天下事，盖有知之而不能行者矣，未有不知而能行者也。中国王大臣中，自曾纪泽外，真知西法者，寥寥无人。张之洞知之，而凌杂棼乱之弊不免；其余虽有知之者，然职居下位，学少专门。天下虽宽，遂有乏才之患，则在上者，无以养之而教之故也。日本资遣出洋学生，与中国年分相等，惟中国废于半途，彼则镇〔锲〕而不舍，前后出洋者，至二千余人之多。故行政用人，左宜右有，遂致堂堂中国，受制小夷，则一学一不学故也。

今宜请旨饬下各省学政，拣选聪颖诸生，年在二十岁以内，通古今，识大体，身体壮实，自愿出洋者，丰其资给，遣送来京，先在总署同文馆中学习各国语言文字，随出使大臣，分赴各国大学堂，分门学习，每岁以百人为额，期以十载，学成而归，赏给举人，一体会试。即不中者，必因材器使，任以事权，此一途也。中国通商各埠，一律提款建立书院，延聘中西宿儒，分门教习，每堂至少以三百人为额，先须考验华文，通达者，乃准入学。经费半给于官，半给于民，必优必丰，无遗无溢，学成之后，赏给秀才，一体乡试。考验之后，即试而不中，亦予文凭，俾得作为正途，各谋生计，然后逐渐推广，遍设于内地各城，此又一途也。至亲王大臣子弟中，如有天性高明，自愿出洋学习者，准其随时呈报，派员考验，华文通达，性行淑均，官给资斧，随使出洋，分门学习；或不任劳苦，只能出洋游历者，亦给以资。他时海外归来，予以事权，一切均有把握矣。中外大小各员，考核才能，亦准援照办理，此又一途也。惟是育才甚难，而中国此时需才甚急，迟之又久，又安能悬缺待人？宜于通商各埠，设立翻书局，专译西国士、农、工、商、兵、刑、政治一切有用诸书，译照华文，颁行天下学宫书院，使天下读书明理之士，皆得通知海外之情形。而出使各馆翻译随员，除日行公事外，亦专以翻译西书，定其劳绩之殿最。不及三载，而西方书籍，皆译华文，天下之通习华文者，皆得熟悉西事矣，此又一途也。

如此分途教育，五年之后，应请旨明谕天下，专以时文帖括，考取秀才，自乡、会试以上，均分政事、文学、天算、地舆、兵法、刑律、工艺、格致、水师、商务、农业、整理十二科，分门考核，科目名色，仍依旧制，勿庸更张，则民听不疑，而人才辈出矣。

（四）改制防边

自中国开战以来，风鹤之警，达于畿辅。论者鉴于庚申之变，纷纷然，请迁都，议避寇，以至束手无策，苟且求和，咸归咎于中国京城距海太近之故。今辽西已失，旅顺不还，恐言事诸臣又将重议迁都之举。而不知泰西诸国，除俄距海较远外，英、法、德、美之都城，其距海均不过二三百里，各国犬牙相错，朝发夕至，在在可虞，而不闻衅端一开纷纷迁避者。国之能自立与否，在乎人之能自强不自强耳。我能往，寇亦能往。历代迁都，苟且偷安，罕能自振者，则迁都之议断不可行也。无已，则无事之日，于太原、西安、洛阳三处，速立行宫，暇豫游巡，问民疾苦，如黄帝之周游天下，以师兵为营卫，则亦庶乎其可矣。

今辽左虽还，而朝鲜已失，神京腹背，徒〔陡〕觉单寒。应专设一大臣，常驻旅顺，而金复海盖，摩天岭等处，均宿重兵，威海一隅，仍隶海军提督，与旅顺互相援应，以固渤海之防。此应改者一也。

热河为京师左辅，东三省后援，应选知兵重臣，以劲兵驻扎其地，务农讲武，教练边民。山海关、唐山、大沽、小沽，均驻兵兴屯，增筑堡垒，仍展筑火轮车路，以捷往来。此应改者二也。

东三省孤悬在外，倭南俄北，窥伺堪虞，应拣大臣操练三万劲兵，驻扎适中之地，屯田开矿，增辟利源，仍筑铁路，与旅顺联络一气，有事时，呼应始灵。此应改者三也。

山东登、莱各府，万山重叠，然北之莱州，距京甚近，南之胶州，直抵运河，应添一提督，驻扎烟台，而胶、莱分设两镇，以顾海军之后，而固山左之防。此应改者四也。

台湾属倭以来，而海防亦为一变，似宜以福建兼隶粤督，东洋兼辖浙江，而海州、崇明、舟山、香山等处，均增设总镇。此应设者五也。

然欲水陆合力，永保无虞，则北洋、中洋、南洋三枝海军终须添设。北洋之威海、旅顺，中洋之吴淞、舟山，南洋之马江、箱馆，均可建船坞，筑炮台，驻兵舶。俄人西伯利亚铁路既成，日本终须与我并力，英人顾念大局，亦须联合中国以拒之。苟一意自强，期以十年，不患不作东方之盟主，虽赔费割地，无伤也。

（五）教民习战

自同治壬申、癸酉之间，普法一战，而泰西之兵制大变，战国之局势遂成矣。初，普败于法，法王拿破伦限制额兵不得逾万，普王维廉及其相俾思麦，乃作内政，籍民为兵，自老弱、残、疾、疯子优免外，无论何人，均入兵籍，置立队长，就地教练，不领饷银，事毕，缴械于官。十六岁至二十六岁，为战兵；二十六岁至三十六岁，为守兵；过此以往，乃得自便。普法之战，法兵九十余万，不为不多，而普人倾国兴师，调至二百余万，法人一蹶不振，国破王擒，赔费割地，有甚于今日中倭之役。寡固不可以敌众也，法人知其如此，乃亦教练民兵，有事时，可调至三百八十万；普人畏其报复，乃联合南北德意志，大加教练，数至四百二三十万人；

自余奥斯马加、意大利、日斯巴尼亚，相率效尤，各有民兵二三百万不等。此即古人寓兵于农之本意，平日无养兵之费，临时无教战之劳，意美法良，莫过于此。然犹曰相距太远，于中国风马无关耳。惟俄罗斯国势，首尾二万余里，亦效德国教练民兵，通国有民兵七百余万，他日铁路成后，雄兵数百万，囊括席卷，高屋建瓴，我中国东北、西北一带，疆陲何以自立？十年前，日本亦师其意，民兵额数，不过二十万人，及战事既开，我则转饷募兵，天下骚动，彼则左宜右有，措之裕如，终止上国天威，屈于寻常之小丑者，一则未雨绸缪，一则临渴掘井故也。日本且如此，而况俄人？日本二十万民兵，且无以应之，而况俄人七百万之众？水流湿，火就燥，欧州〔洲〕各国，势均力敌，不得不改道而之东。中国地大物博，而兵形寡弱如此，尚不汲汲然效西法，练民兵，购置军装，教以战阵，不及十年，俄人铁路既成，惟有坐以待发〔毙〕而已。

然中国数万万之众，四百人之内得一人为兵，其数已及千万，只须于沿海、沿边各省，合中国保甲团练之意，以仿行西法，教练民兵，兵已不可胜用。宜请旨饬下出使大臣，密商德国政府，将其民兵规制，细加翻译，必详必明，即延聘德弁来华，会同沿边督抚，编查教练，先行于东三省、直隶、山东、山西、陕西、甘肃、新疆、青海、西藏、四川、云南各处，而后渐及于东南。万里边陲，同时并奉〔举〕，优免之例，不免稍宽，小民可与乐成，难与图始，应请明旨，先期晓谕，事在必行，仍宜兴地利，筑炮台，广电音，开铁路，庶刑〔形〕格势禁，消息灵通，邻敌虽强，不敢妄相窥伺矣。

（六）筑路通商

人情习近而忘远，非独中国为然也。西人铁路初兴，亦复众谤群疑，交相沮格，及路成而后，百业俱兴，硗确之区，变为饶富，土货日出，商路日通，上下四旁，交受其益，于是向之疑且谤者，涣然释，默然惭，哑然自笑其无谓焉。今之中国，何以异是？

而言铁路于今日，尤有不可不开，且不能不亟开者：环中国四面，皆我强敌，皆有轮船、铁路，声东击西，朝发夕至，独中国株守旧法，顽钝不灵。譬如一城，攻城者，以健马往来，忽南忽北，而守城者，徒步应之，势常不及，必四面皆有名将劲兵而后可，一或疏虞，全城瓦解矣。今西北、东北，则俄之铁路来矣；西南之西藏、云南、广西，则英、法之铁路至矣。西人之言曰：俄人之铁路，专主用兵；美国之铁路，专主通商；惟英、法、德三国之铁路，则通商与用兵俱便。俄人耽耽虎视，其意可知，西伯利亚铁路一成，西北安有宁日？又，西人借款以修铁路，各国皆踊跃应之，利息既廉，即可以铁路作抵；而最不愿借款用兵，使有用之金银，变为无用之弹丸、火药。一有利而无害，一有害而无利故也。

中国此时，帑藏空竭，商务不通，应请乾断，毅然决然，创修铁路。如虑巨款难筹，可将微息贷诸英、德，以造成之路为抵，每年入息，逐渐归债。以汉口至京为干路，而分一枝，以达汴梁，至清江浦；分一枝通陕、甘，以入四川；京城则东接东三省，而西抵山西，大致不过二千万镑。而各路皆成以后，骨节灵通，毫无阙滞，无事则通商，有事则用兵，使万里中原，期成殷富，四方外患，不敢凭陵，我国家亿万载无疆之休，实基于此。去岁中倭构衅，彼〔运〕兵转饷，困顿艰难，使当日铁路早成，何至着着让人，坐受其弊？彼妄相挠阻者，亦可以憬然悟矣。

（七）变法宜民

精枪快炮、铁船、鱼雷，一切机器制造之外，西人之长技，而实西法之皮毛也，无其人以用之，则有器与无器等，今日中倭之事可见矣。西人之本原何在？曰在政教、农桑、树蓺、水利有经，所以养民者，如彼其备也；学塾、书楼、博物有院，所以教民者，如彼其详也。野无遗贤，朝无幸位；上无过举，下无冤民。迹其制度文化，往往暗合于三代圣王之古法。东海西海，心理皆同，其所以化行侪美，浚〔凌〕驾一时，国富兵强，纵横四海者，皆确有其本焉，安可以海外小夷而弃之也？约而举之，有数事焉，皆中国所必应变通取法者：

一曰学部。西人别类分门，举国皆学，有不学者，罪其父母。广建书楼，荟萃中外古今典籍，派员经理，许人入内纵观，钞写无禁。并设博物院，集海外飞、潜、动、植诸物，以资多识，而广异闻。一切统于学部，中国可酌改国子监制度以兼之。

二曰矿政部。改革之政，必资财用，而财用不出于人，即出于地。中国五金、煤、铁之矿，蕃庶甲于五洲，徒以封禁者多，无人经理，永弃地下，以资盗粮。宜请明旨，一律弛禁，听其开采，办有成效，再行征税设官，专派户部侍郎一员经理。

三曰农桑部。各国土狭人稠，地无遗利，不得不借力于工商。中国之地广远膏腴，开渠种树，察土宜、兴地利之法，亦浸久而自失其传。即如蚕桑一端，九州仅存什一，凡木棉、加非、茶叶、烟叶、葡萄及一切材木百果之类，如教民广种，皆可大收利权。愚民无知，而官不过问，一听其自生自灭、徒使阿芙蓉流毒几遍寰区，此何说也！宜专派户部侍郎专管农桑，主之于内，而派同知、通判、主簿各闲官，劝之于外，扰民者重其罚，有成效者速其迁。

四曰商部。太古粟帛交易，老死不相往来，土狭人稀，而需用寡也。自汉以后，境土渐拓，民间百货，非商不通，咸、同之间，借厘金之款以平贼；通商伊始，资海关之税以设防。财用半出于商，则商务之盛衰，即国计之盈虚所系也。而官吏惟知抑商、制商，无一保商之政，商人无可控诉，乃转倚洋人为护符，丛雀渊鱼，何堪设想。亟宜仿泰西设立商部，于省会、各大埠均立商政局，由各县公举公正董事以充之，而总其成于关道。所欲与聚，所恶弗施，有冤抑者，径由商部上达天听。译行泰西商律，保护维持。

五曰衢路。泰西有街衢道路之官，即古者虞人之职也。《洪范》言：会极归极，必推本于王道之正直荡平者，何哉？譬之一身，土地犹肌肤也，财货犹膏血也，而街市、沟渠、桥梁、道路之属，犹脉络之流行也。人身脉络阻塞凝滞，则膏血不通，而痿痹不仁之疾起矣，安得以为细故也而忽之？宜专派一工部侍郎主持其事，先以京城为主，就地筹款，清理经营；各省、府、州、县、乡、村，均专派一闲员经理，按年课其功罪，毋等故事奉行。仍用巡捕，常川梭巡，追捕盗贼，一切均仿泰西办理。

六曰工艺。西人常谓中国出洋，只有生货，无熟货，故隐受巨亏。生货者，土产如丝、茶之类是也；熟货者，制造工作之类是也。现在缫丝织布，渐有转机；然［招］商局行轮二十年，仍用西人驾驶。宜派一工部侍郎专管，令各局提款，创设学堂，仍仿泰西新章，有能制一新奇器物，有益民生，可以行销外国者，准于所在呈报商政局，送京考验，奖以金牌，许其专利。

七曰刑律。中国刑法太重，徒绝人为善之阶，笞杖一端，尤为酷吏杀人之具。西人商于中国者，有罪审判，不服华官，实于国威有损。宜翻译西律，派人学习，饬刑部大臣，参酌定制，务持轻重之平，庶中外商民永无冤滥。

八曰善堂。泰西新法，于寒贫、鳏寡、老弱、废疾，不惟集款以养之，并设法之教之，意美法良，实与三古遗规相仿。宜译仿规条，派大臣专管。中国贫民过多，并宜于种树、作工、垦荒诸务，设法疏通，开辟利源，以资补救。

九曰火政。保险、煤、电灯、自来水各事，皆可保令物业便利闾阎，劫除疾疫。虽古时所未有，而实古圣王虑鲜怀余之心，亦即通商以后，万国大同，所必不可无之事。并宜分类译出，颁之天下，次第举行。

十曰议院。泰西议院之制，以英为最优：有上议院，国家爵命之官也；有下议院，民间公举之绅也。每举一事，下院议之，上院酌之，而君主行之。国用偶亏，只须询谋金同，亿万金钱，一呼可集；政归公论，人有定评；上下相准，永永不敝，所谓合亿万人为一心也。惟兹事体大，须俟十年之后，学校大成，然后开院仿行，以立万世无疆之业。

以上十者，略举大凡，其细目宏纲，未易一时枚举。此皆泰西政教之胜于中国者，无惑乎彼强而我弱，彼安而我危，彼攸往咸宜，我所如辄沮。泰西凌我，而无以报之；东洋仿泰西而侮我，又当之辄沮也。或者不悟，昧昧然归咎于天意之适然，是犹父母有病，明明有药可治，有医可延，而束手坐视其不之救，忠臣孝子之居心，固如是乎？以上十则，皆救急之良方，自强之要策。我皇上苟能先几烛照，得人而任，决意举行，则不出三年，已有成效之可见，十年一小成，二十年一大成，然而国不富，兵不强，吏治不日清，民生不日厚，君威不日振，国势不日张者，未之有也。以中国土地之膏腴，人民之灵智，物产之蕃昌，如日进无疆，锲而不已，固不必务勤远略，而他日万方玉帛，咸拱中区，四海君民，来朝上国，同轨同文同伦之盛治，刻期操券，均在意中。其理速于置邮，其事易于反掌，而其本则在我皇上化裁通变，自强不息之一心。

说者必谓，费既偿矣，地既割矣，此后财尽民穷，计日可待，安能再得亿万金之巨款，购此无数利炮精枪，鱼雷铁舰，固此渤海之防务，成此北洋之海军？而不知中国谈洋务三十年，误于得粗而遗精，舍本而逐末，故财殚力瘏也，拱手而让之他人。使当同治初年，早知培养人才，改革政事，以立富强之根本，时至今日，成效昭著，已当凌〔凌〕驾英、俄，何至俯首降心，受辱于区区之日本哉！虽然，中国为数千年旧国，相沿太久，积习太深，改弦更张，原非易易。不经此一番挫折，正恐盈廷聚讼，众口难调，虽有良谟，终成画饼。故必尽夺其所恃，虽欲夸张自大而不能；必势处于万难，即欲苟且偷安而不可得。而复举新革故，乃免违言，错节盘根，乃别利器，故曰天也，非人之所能为也。此皆我前皇恩泽，深入人心，上符天眷，故于俄人铁路未成之际，务使一东瀛小国，警觉中朝，不欲使俄人师百万，卷甲长驱，出我不意，而攻我不备。此中盈虚消且〔长〕之机，诚非昏庸固执之陋儒，所得窥其万一者也。惟是变与不变之间，即为中国兴废存亡之所系，若自此以往，依然苟安旦夕，敷衍因循，则不及十年，必有四裂五分之祸。

微臣备员枢直，奔走内廷，既已确有所知，诚不忍缄默不言，坐视倾覆危亡之惨。明知越职言事，触犯忌讳，国有常刑，然朝廷养士二百余年，当此大利大害，间不容发之际，若竟无一人能知之，能言之，亦古今之深耻也。既已披肝沥胆，将积年所病，痛陈于君父之前，虽退就斧锧，更无所恨。伏乞据情代奏，无任悚惶迫切之至。(《普天忠愤集》卷二）

胡燏棻

变法自强疏

奏为因时变法，力图自强，谨条陈善后事宜，恭折仰祈圣鉴事。

臣闻五帝殊时，不相沿乐，三王异世，不相袭礼，盖穷变通久，因时制宜之道不同也。上年倭人肇衅，陆师屡挫，海军继失，寇焰猖狂，神人共愤。我皇上不忍两国生灵久罹锋镝，以大字小，舍战言和。虽两害从轻，计不能不出于此。然自古驭外之策，断无一意主和可以久安之理。唐于吐蕃，宋于金人，是其明鉴。今辽河以东，失地千里，虽由俄、德、法三国合起而争，许还故土，但倭人仍有从容商议之理，恐不免枝节横生。台湾交地，近复激成变端，倭人能否不起责言，固难预料。然此风一开，事变一日亟一日。及今而不思改计，窃恐数年之后，大局更不堪设想。

目前之急，首在筹饷，次在练兵。而筹饷练兵之本源，尤在敦劝工商、广兴学校。伏查国家赋税所入，岁有常经，今忽添此二万万两之兵费，非借洋债，从何措置？以最轻利息六厘计算，每年需息银一千二百万两，而陆续偿还本银，尚不在此数。且自上年用兵以来，关内外各路添兵购械，所借华、洋商款，应偿本息，已属不少。此外奉、直两省善后事宜，仍须节节增修，次第兴举。北洋海军，亦不能不从新创办，以图补苴。约计购船置械，非数千万金不能成军。此后水陆所需，每岁又不下千余万金。入者只有此数，出者骤然加增，虽日责司农以筹画度支，亦恐无从应付。窃观泰西各国，无论军饷工程，千万之需，咄嗟立办。何者？藏富于民，多取之而不为虐，而民亦乐输以奉其公。彼其器械日制而日精，商务日开而日盛，水陆之兵日练而日强，盖董劝之始，国家设各项学校以培植之，艺术既成，分各项官守以任使之，故民有人人自奋之思，治有蒸蒸日上之势。今中国土地之广，人民之众，物产之饶，为泰西各国所未有。办理洋务以来，于今五十年矣，如同文方言馆、船政制造局、水师武备学堂，凡富强之基，何尝不一一仿行？而迁地弗良，每有淮橘为枳之叹。固由仅袭绪余，未窥精奥，亦因朝廷所以号召人才者，在于科目。天下豪杰所注重者，仍不外乎制艺、试帖、楷法之属，而于西学，不过视作别途。虽其所造已深，学有成就，亦第等诸保举议叙之流，不得厕于正途出身之列，操术疏斯收效寡也。

日本一弹丸岛国耳，自明治维新以来，力行西法，亦仅三十余年。而其工作之巧，出产之多，矿政、邮政、商政之兴旺，国家岁入租赋共约八千余万元。此以西法致富之明效也。其征兵、宪兵、预备、后备之军，尽计不过十数万人，快船雷艇总计不过二十余号，而水陆各军，皆能同心齐力，晓畅戎机，此又以西法致富强之明效也。反镜以观，得失利钝之故，亦可知矣。今士大夫莫不以割地赔费种种要挟为可耻，然今时势所逼，无可如何，则惟有急谋雪耻之方，以坐致自强之效耳。昔普、法之战，法之名城残破几尽，电线铁路处处毁裂，赔偿兵费计五千兆佛兰克，其数且十倍今日之二万万两。然法人自定约后，上下一心，孜孜求治，从前弊政，一体蠲除，乃不及十年，又致富强，仍为欧洲雄大之国，论者谓较盛于拿破仑之时。今中国以二十二行省之地，四百余兆之民，所失陷者不过六七州县，而谓不能复仇洗耻，建我声威，必无是理。但求皇上一心振作，破除成例，改弦更张，咸与维新。事苟有益，虽朝野之所惊疑，臣工之所执难，亦毅然而行之；事苟无益，虽成法之所在，耳目之所习，亦决然而更之。实心实力，行之十年，将见雄长海上，方驾欧洲。旧邦新命之基，自此而益巩，岂徒一雪割地赔费之耻而已！

臣之愚昧，何敢挟其刍荛之见，轻言变法。但纵观世运，抚念时艰，痛定思痛，诚恐朝野上下，高谈理学者，狃于清议，鄙功利为不足言；习于便安者，又以为和局已定，泄沓相仍。设或敌国外患，猝然再举，更虑抵御无方。然则卧薪尝胆，求艾疗疴，其尚可稍缓须臾耶？微臣早夜焦思，今日即孔孟复生，舍富强外亦无立国之道，而舍仿行西法一途，更无致富强之术。用敢不揣冒昧，就管见所及，举筹饷、练兵、重工商、兴学校数大事，敬为我皇上缕析陈之。

一、开铁路以利转输也。中国铁路之议，屡举屡废。自经此次军事，利钝之故，昭然共见。应请援照前两广督臣张之洞原议，自汉口至京，开办干路。顾办法次第，必当先定大纲。第一在劝立公司。准民间自招股本，而一切窒碍之处，如买地勘界等类，必须官为保护。第二在勘明道里。从前原议，北自芦沟桥至正定，南自汉口至信阳州，分头举办。查汉口自信阳，山路崎岖，工费较巨，不若取道襄阳，地势平坦。其铁轨渡河之路，尤宜在郑州以西、荥阳以东，以出山险、经流不改之处。既渡河则东循淇卫，西倚太行，北行而达保定，地高路平，较为稳固。第三在多开支路。自汉口至京，迤长三千里，若仅有干无支，则贸易必不旺，商旅必不多，其势亦难持久。窃谓支路宜分三段：南路由光山、固始出六安，以载茶叶，由应城、京山、安陆出荆门、当阳，以运煤铁；西路由怀庆出轵关，经蒲、解以达关陇；东路由开封、归德过宿、泗以抵清江。如此则天下大局，若网在纲，商务工务，漕务军务，莫不四通八达。第四在议定规制。自高脚铁轨之制出，而火车一变；自电气传力之机出，而火车又一变。今俄人自加斯滨海达珲春一路，即系用高脚轨电气车之法。今创办之初，宜择其至便至捷者为之，以免他日纷纷改造，又有我钝彼利之叹。迨办成后，每年除公司费用、修理经费外，所余利银，官收其什一之税。诚能各省一律举行，则公家岁可得数百万金，而且东西南北，节节流通，土物日出，商务日旺，厘金关税亦日饶。是每岁所增入者，又不下数百万金。一旦疆场有事，运饷运兵，朝呼夕至。今日寓强于富之道，计无有切于此者矣。

一、铸钞币、银币以裕财源也。昔元明以钞票为虐政者，则以一纸空券，欲抵巨万现银，情同诳骗耳。西国以钞币便民者，则以有一万之银，始发一万之票，无丝毫虚浮也。中国不自设银行，自印钞票，自铸银币，遂使西人以数寸花纹之券，抵盈千累万之金，如汇丰、德华、有利等洋行之钞票是也。以低潮九成之银，易库纹十成之价，如墨西哥、吕宋、日本等国之洋钱是也。今诚能于各省通商口岸，一律设局自铸，金、银、铜三品之钱，颁定相准之价，垂为令甲，一面于京城设立官家银行，归户部督理；省会分行，归藩司经理；通商码头，则归关道总核。购极精之器，造极细之纸，印行钞票，而存其现银于银行。妥定章程，明颁谕旨，俾民得以钞币两项，完纳租赋税厘。至各省旗兵、绿营、防营之饷，京外文武百官之廉俸，亦即以钞币两项，分搭匀拨，而尤必各处银行于出入授受之间，随时查核，不至钞溢于银，并绝无毫厘短折，方能取信于人，持之久远。惟用人必须按照西法，用商务之章程，杜官场之习气，慎选精明廉洁之人，综计出入。其余亦须摒绝情面，皆由公举，不得私荐，方免弊窦。至于放息，责成殷实保人，一有亏折，惟保人代偿押款，则值十押七，一经逾期，拍卖偿抵，不足仍向欠户追还。果能照此认真办理，实力奉行，其收回利权，孳生息款，计每岁盈余之数，至少当在千万以上。此诚今日至要之务，不可忽视者也。

一、开民厂以造机器也。中国各省设立制造、船政、枪炮、子药等局，不下十余处，向外洋购买机器物体，不下千百万金，而于制造本源，并未领略。不闻某厂新创一枪，自造一炮，能突过泰西；不闻某局自制一机器，能创垂民用。一旦有事，件件仍须购自外洋，岂真华人之智不及西人哉？推其病源，厥有三故：各厂之设也，类依洋人成事，而中国所延洋匠，未必通材，往往仅晓粗工，不知精诣，袭迹象而遗神明，其病一。厂系官办，一切工料资本，每岁均有定额。即有自出心裁，思创一器者，而所需成本，苦于无从报销。且外洋一器之成，如别色麻之钢、克鹿卜之炮，或法经数易，或事更数手，成本费数十万金，然后享无穷之利，垂久大之业。今中国之工匠既无坚忍之力，国家又别无鼓舞之途，遂事事依样葫芦，一成不变，其病二。外洋各厂之工头匠目，均系学堂出身，学有本源，而其监督总理之人，无不晓畅工艺，深明化、重、光、电、算数之学，故能守法创法，精益求精。今中国各局总办提调人员，或且九九之数未谙，授以矿质而不能辨，叩以机栝而不能名，但求不至偷工减料，已属难得，器械利钝，悉听工匠指挥，茫无分晓，其病三。窃谓中国欲借官厂制器，虽百年亦终无起色。必须准各省广开民厂，令民间自为讲求。如国家欲购枪炮、船械、机器，均托民厂包办包用，其试不如式者，虽定造亦必剔退，则人人有争利之心，亏本之惧，自然专心致志，实力讲求，以期驾夫西制之上。如此则漏卮既塞，一有兵事，取求易给，不至为洋商垄断居奇，受重价之累，且不至为敌人沮港揽舟，冒行海之险矣。

一、开矿产以资利用也。中国煤铁五金，遍地皆是，从前业经各处招商开办，乃卒至股本耗折、成效毫无者，非矿之不可开，实办之不得法耳。夫办矿之要，又有四：第一在重聘矿师。西洋实有学问之矿师，其国中且延至不及，故往往不愿来华。其愿来者，不过外托行家，阴图渔利，迨一悟其欺妄，而全局已隳。故欲开矿，当先求师，欲求师，当先重聘。第二在慎选矿地。夫贵州铁质非不佳也，乃转运至千里以外，则成本重而其价昂矣；漠河金苗非不旺也，乃地处极边，百货腾贵，则工作难而出数少矣。故开矿之地，必须择其水陆交通转运便利之处，则人工往来，易于招集，物件辐辏，易于求取。第三在细考矿质。同一矿也，而质有良楛，即价分贵贱，故往往资本同而获利不等。即使当日者以开平矿物〔务〕之规模资本，而开齐鲁淄潍之佳矿，则今日获利当倍蓰于此矣。第四在厚集矿本。夫资本出于富家，则原有置产业贻子孙之心。资本出于市侩，则无非借股票低昂，为买办空盘之计，收效稍迟，即弃如敝屣。从前公司为股票牵掣，一倾百倒，皆由于此。故招散股不如招大股，招商股不如招官股，而其大要尤在办理之得人，必须正大光明，赤心为国，绝无一毫私见，否则矿不成则害在公家，矿既成则利归私室。初次选择，断不可瞻徇情面。果能于此四者，讲求尽善，而谓矿务不能办，矿利不可求，必无是理。况将来欲广造铁路，则处处需铁需煤。欲自铸钱币，则各局需金需银需铜。欲自开民厂，铸枪炮机器，则各需五金及硝磺铅汞等质。是招股开矿，实今日之最大利源也。

一、折南漕以节经费也。查京师支用，以甲米为大宗，官俸仅十之一。八旗兵丁，不惯食米，往往由牛录章京领米易钱，折给兵丁，买食杂粮，约南米一石，仅合银一两有奇，官俸亦然。四品以上尚多亲领，其余领米票以转卖米铺，每石亦一两有奇。夫南漕自催科征调，督运验收，经时五六月，行路数千里，竭百姓无数之脂膏，聚吏胥无数之蟊贼，耗国家无数之开销，运至京仓，至每石之值，通扯或十两或五六两不等，而及其归宿，乃为易银一两之用，此实绝大漏卮。徒以冗官蠹吏，中饱所在，积习不改，此真可为长太息者也。推原其故，朝廷深思远虑，以为岁无南漕二百万石流通市中，则一切杂粮必牵掣而骤贵，兵民有受其饥者，故不惜繁费而为此。然自轮船畅行以后，商米北来，源源不绝，利之所在，人争趋之。市中有米，与宫中有米同，则少米之患，在今时可以无虑。谓宜通行各省，改征折色，其耗费一概带征，并归藩库起解。至旗丁京官应领俸米，或援照成案，则每石折银一两四钱。或按照市价，则每石折银亦不过二两有奇。而一切漕河之工程，海运之经费，漕督、粮道以下之员弁兵丁，仓场侍郎、监督粮厅以下之胥吏差役，皆可一律裁汰蠲除。是国家岁省数百万开销，反多数百万盈羡。而官兵两项所领实银，且较增于从前领票转卖之值。公私两途，一举而均得大利。有益于国，无损于民，亦何惮而不为哉？即使虑及岁饥乏食，则每年提出盈余银数十万两，在津兑买南米，存储通仓，新陈互易，以为有备无患之计，其事亦轻而易举。如虑海疆有事，运道或至梗阻，恐将来官商两病，则更不然。盖名为官米，则敌船可以捕拿；名为商米，虽仇国亦不能阻截。公法具在，有例可援，是可不必顾虑也。

一、减兵额以归实际也。粤捻事平以后，绿营之无功效，已可显见，而老成持重，动以不裁为言，于是有减兵增饷之议，各省或变绿营而为练军。今倭事敉平，则练军之有无功效，又可显见。乃犹坐养此数十万无用之民，耗此数千万有用之饷，一旦有事，各省仍纷纷募勇，是兵外加兵，饷外加饷，国用安得而不绌？夫绿营之所以不能遽裁者，徒以水有汛，陆有铺，缉捕防守有专责耳。殊不知近年绿营兵饷，藩库入不敷出，往往饷有按照七八成或五成核放者。每兵每月仅领银数钱，平日不敷养赡，多以小卖营生，巡缉俱属虚文。况各省水陆聚会之区，如闽浙之渔商，则雇船出洋自护矣，是汛兵亦无用。直省之会城，则另谋保甲守望等局以巡缉矣，是铺兵亦无用。为今之计，莫如酌地方之繁简，裁其老弱，按年先裁二成，五年裁竣，国家岁可省千万余金。即以此款责成直省，按照西法，先挑老兵子弟，择其年力精壮、粗识之无者，另行创练新军。现任实缺提镇参游，如尚可造就者，即充统领营官之任，否则一概裁去。如此一转移间，化无用为有用。国无坐食之费，兵有精练之实。尚虑水陆各汛铺务一无专责，或将保甲守望等局，仿照西国巡捕之制，城乡市镇，人物辐辏之区，所设巡捕由官守督率，而分稽查之职于绅董，事更可得实际。但求朝廷排斥群疑，破除成例，毅然行之，未有不立见功效者也。

一、创邮政以删驿递也。中国各省皆设驿站铺递，每年支销钱粮计三百余万金。其实各省之奏牍公文所递有限，而仕宦往来之所扰滋多。至督抚则更有提塘职差，每一职差抵京，费以百十两计。民间所开信馆，索资既巨，又多遗失，此公私两困也。查泰西各国，莫不由国家设立邮政局，往来函牍，公私一体，权其分量之轻重，定给递费之多寡，由邮政部刊刻信票印花出售。凡寄信者，预先购买，用时取黏信角，投入信箱，有人按时收取。此法不断〔但〕省驿站之费，而且岁获盈余，为泰西各国进项之一大宗，亟应仿照办理。其第一办法，则先借招商局为发轫之始。每船各派专司文报一人，通商十九口岸，均设分局，管理公私信件，则纠合民间各信局而为之。内地各码头、各市镇，令信局一家承包。其第二办法，则借电报局为推广之路。凡有电报分局地方，亦派一人在局专司文报，代为递送。至未设电报各处，亦照前法，令信局一家承包。其第三办法，则俟火车畅行，再借铁路公司为往来之总汇。凡干路支路，火车停卸之处，各派一人在局专司其事。至将来欲遍行内地，各镇各埠尽可广设分局，派人经理。如此则若网在纲，无远弗届。现在地球各国，其邮政章程，通为一例，到处流行，公私递费，并无多寡之殊，即日本亦在其列。就英国而论，每年邮部除用费外，计赢英金一百数十万镑。独吾中国未尝仿行，急宜参考西制，从速举办，庶每岁可省驿站三百万之耗费，而收邮部数百万之盈余。如以为京外各官，因公来往京师，例须乘驿，恐一旦删去驿站，致多窒碍，则更为掩耳盗铃之谈。今东南十余省，凡官员来往无不雇坐轮船，独山东、山西、河南、陕、甘五省，尚有官站耳。若计其道里远近，人数多寡，由户兵二部酌给路费，沿途听其自雇车马。在应差各官，实所深愿，更无庸多虑。

一、创练陆兵以资控驭也。此次东征，兵非不多，而一无足恃。则非兵之不任战，实由统将太多，每遇战事，往往心志不齐，互相掣肘，动如唐朝九节度之师。夫东召宿将，西起老臣，此募十营，彼募万人，譬之治疾，一人有病，延医满室，寒热杂投，断无不毙之理。而尤有积习之应行痛改者，厥有四端：昔年淮楚诸将起自田间，志在杀贼，人皆朴诚，弊端尚少。承平以后，统兵大将骄奢淫佚，濡染已深，军需日增，勇额日缺，上浮开，下克扣，百弊丛生。兵之口粮，尚未能养赡一身，谁肯效命疆场？以致万众离心，遇贼纷纷溃散，此病一也。从前粤捻之乱，军火未精，将领只需勇气百倍，易于取胜。今则泰西官兵之选，必先由各营学馆出身，其所考各学有本国文、腊丁文、法文、地理学、几何学、代数学、古今史学、三角法、信手绘图法，国家平日重视此选，民间亦以得选为荣。其千把总之职，略如中国词林之清望，故能学余于事，人余于学。今中国先事一无培植，一闻招募，各营员皆以钻谋为能事，不以韬钤为实政。是兵官先不知战，安望教兵以战，此又一病也。西国之讲求武备者，凡枪炮新器一出，试而能佳，即通饬各营改用一律。今中国本地无著名之厂，件件购自外洋。承平之日，部臣以款绌为难，先事未能预备，及变起仓猝，疆臣各办乃事，但以购得军火为贵，未能详求。以致同属一军，而此营与彼营之器不同。前膛后膛，但期备数，德制奥制，并作一家。所由一旦临阵，号令不能画一，施放不能取准，此又一病也。考西国每经一战，则列阵之体一改；每创一器，则行阵之式一更。今中国一切攻守之法，又沿旧习，湘楚各军尚有以大旗刀矛为战具者，并有持新器而茫然不知用法者，犹得师心自用，以为昔年曾经战阵，即无不能御之敌，承讹袭谬，沿而不改，此又一病也。今欲创练新军，宜通饬各省一律改练近年新出之西法。而其大要，先在直省设立武备学堂，行取各州县武生武举，考其汉文通顺、年力精壮者，选令入塾，给以养赡，即聘洋员为之教习。三年后，由洋教习考给文凭，然后由堂分派入营，充当哨官。其学问尤杰出者，充当营官。从此或将武科乡试，亦以枪炮命中为去取，则将才辈出，不患有兵而无官。现在都守以下候补各员，其有汉文通顺、情愿投入学堂充当学生者，亦一体办理，此训官之法也。至募兵不可太杂，今各处所招之勇，急于成军，不暇选择，乞丐无赖，混杂其中，艺未练成，驱以赴敌，一经临阵，望风而遁，反以利器资敌，沿途更肆焚劫。日后又投别军，仍蹈前辙，以至屡战屡败。欲救其弊，必先由本籍地方官，查取住址亲族，年在十六以上、二十以下者，方许入营当勇，以杜将吏逃亡之弊。到营时先验身材，不入格者当即剔退。既成阵伍，先练步法手法，次练打准，并练行军操法。年满四十者，给以一年饷银，令归乡里。在营之年，三年给假，准其回籍，但一闻征调，虽在假内，即须立至，此练兵之法也。其统领营哨各官之薪水，欲杜其克扣之弊，必须从丰；兵勇之饷项，亦宜分别加增，由各省督抚设立粮台，按月由粮台点名发给。设粮台短发，准统领官申详告诉，以杜侵扣。成军之始，应发号褂、棉袄、皮衣等件，均不扣钱，恤其饥寒，方能得其死力，此放饷之法也。新练各军，取用机器，宜因时制宜，改归一律。就近年新制而论，步枪以曼里夏毛瑟小口者为佳，马枪以可尔脱为佳，轻炮以克虏伯格鲁森为佳，快炮以拿登飞尔哈乞开师为佳，此简器之法也。至兵数多寡，统计北洋宜练兵五万人为一大枝，南洋宜练兵三万人，广东、湖北宜练兵二万人，其余各省每省有万人，已敷调遣。务需扫除积弊，习练操法，统归一律，庶几征调乃能得力也。

一、重振海军以图恢复也。中国创设海军之初，原议沿海七省，后先举办，只因经费不充，故以北洋为发轫之始。春间威海继陷，舟师全没，虽由诸军之不力，抑亦援师之莫继也。夫泰西各国皆以铁甲快船之坚利，雄长五洲，故就今日之情事以观，凡地球近海之邦，苟非海军强盛，万无立国之理。查中国从前办法，与西制多有不同，其受病亦即在此。西国之制，海军可以节制陆路，而陆路不能节制海军。盖洋面辽阔，军情瞬息百变，必非陆路所能知也。今中国则海军提督须听疆臣之指挥矣，其不同者一。西国海军提督，必由水师学堂出身，积累而升，其于重、化、汽、算、天文、地理各学，无一不通，无项不熟，为各船兵官所服，故志趋合而号令行。今就北洋而论，如已革提督丁汝昌，本系淮军陆将，水师学问毫无根柢，平日各兵官本轻视之，一旦临敌，无论其不知水战之法，即日知之，亦安能号令各船，其不同者二。各国兵船，岁岁考求新理，精益求精。凡旧械之不合式者，必更易之；新器之可致用者，必训练之。今中国如橹雷之裙网，甫经购置，尚不知法。上年大东沟之战，以攻铁甲所用之尖弹，击倭人钢皮之快船，故倭船难受创而无大损，是用器简器之不审也，其不同者三。今欲重振海军，宜于购械而外，改定章程，选求将帅，仿照泰西成规，海军提督但听枢府之号令，不受疆臣之节制。两国既下战书，即许便宜行事。尤应沿海各省一律举办，无事则分道巡游，有事则联为一气，不得稍分畛域。今春威海告急，南洋兵轮坐视而不之救，重为泰西诸邦所姗笑。急宜统筹全局，俟办理稍有端绪，应合沿海七省，特简总统大员。庶使筋节灵通，声气联络，一方告警，全军立至矣。目前办法，应先向英国延聘水师宿将，如昔年琅威理其人者。并多设水师学堂以储人材，然后派学成各生，或出洋游历，或代备资斧，分寄各国兵船，以资习练。天下无不可办之事，但求实心实力以行之耳。

一、设立学堂以储人材也。泰西各邦，人材辈出，其大本大源，全在广设学堂。商有学堂，则操奇计赢之术日娴；工有学堂，则创造利用之智日辟；农桑有学堂，则树艺饲畜之利日溥；矿务有学堂，则宝藏之富日兴；医有学堂，则生养之道日进；声、光、化、电各项格致有学堂，则新理新物日出而不穷；水师、陆师各项武备有学堂，则战守攻取日习而益熟。乃至女子亦有塾政，聋哑亦有教法，以故国无弃民，地无废材，富强之基，由斯而立。至其学堂之制，不必尽由官设，民间绅富亦共集资举办，但国家设大书院以考取之。今中国各省书院义塾，制亦大备，乃于八股试帖诗赋经义而外，一无讲求。又明知其无用，而徒以法令所在，相沿不改，人材消耗，实由于此。

拟请特旨通饬各直省督抚，务必破除成见，设法变更。弃章句小儒之习，求经济匡世之材，应先举省会书院归并裁改，创立各项学堂，将现在京师总署、上海制造局已译各种西学之书，分印颁发；一面仍广译格致、新闻及近年新出西史，延积学之西士及中国久于西学有成之人，为之教习。尤必朝廷妥定考取章程，垂为令典，务使民间有一种之学，国家即有一途之用。数年以后，民智渐开，然后由省而府而县，递为推广，将大小各书院，一律裁改，开设各项学堂。即民间亦必有自行集资设立者。将见海内人士，喁喁向风。而谓一切工商制造之法、货财之利、水陆之军，不能媲美欧洲，臣不信也。日本自维新以来，不过一二十年，而国富民强，为泰西所推服，是广兴学校、力行西法之明验。今日中国关键，全系乎此。盖人材为国家根本，盛衰之机，互相倚伏，正不得谓功效之迂远也。

以上各条，或变通旧制，或创行新法，臣愚亦何敢谓言尽属可行。第变通尽利，力求富强之道，舍此不图，更无长策。自来殷忧起圣，多难兴邦，时局转移之机，正在今日。伏愿皇上法五帝三王制作之遗意，敕下部臣疆臣通筹合议，断自宸衷，俯采而施行之，上以固亿万年有道之基，下以慰薄海臣民之望，臣不胜战栗迫切之至。谨恭折具陈，伏乞皇上圣鉴，训示施行。谨奏。(《中国近代史资料丛刊·戊戌变法》第二册)

2. "以通商为大经，以制造为本务"：早期维新思想家的经济思想

引 言

早期维新派主张大力发展经济，实现富国富民，解决国计民生需求。他们认为富国是强国之本，"国既富矣，兵奚不强"，必须"借商以强国，借兵以卫商"。他们提出"商为国本"，"工商立国"，"欲制西人以自强，莫如振兴商务"，力主发展民族工商业。他们认为，中国积贫积弱的原因，很大程度上是外国资本主义对华进行的经济侵略，因此，一面要提振国防能力与实力，与西方资本主义国家进行"兵战"；一面必须致力于发展民族工商业，"习兵战不如习商战"，要敢于与西方资本主义国家进行"商战"。他们批判了中国传统的"重农抑商"思想，反对清政府限制资本主义工商业发展的政策，主张鼓励民间"商办"；主张放宽对民间发展工商业的限制，做到"人尽其材""地尽其利""物畅其流"，真正促使民族经济迅速发展。冯桂芬提出了一些促进经济发展的主张，如在《兴水利议》《垦荒议》等文中，提出兴修水利，在北方各省推广水稻，在地广人稀的地区，暂时使用机械耕种；在《筹国用议》《折南漕议》《利淮盐议》和《改土贡议》等文中提出改革旧的漕运、盐政、土贡制度，实行南漕折银和票盐制；在《均赋税议》中提出减轻苏松太地区的田赋，革除田赋征收中的弊端，改革厘捐之弊以利商品流通等。王韬提出要"除弊""兴利"，"诸弊既除，百利乃兴。辟车路以通平陆，设电线以速邮传，开矿务以采煤铁五金，铸钱圆以便商民、足国用，行西北屯田之法以实营伍、赡额兵，制机器以兴织造，许民间用轮舶以达内河，立公司以贸易于外洋"（《除弊》）。薛福成提出西人谋富强以工商为先，中国要实现富强也"惟有自理其商务而已"，要兴"贩运之利"，发展运输业；要兴"艺植之利"，发展农业；要兴"制造之利"，发展工业。（《商政》）他还提出要与洋人"争利"，"外洋少获一分之利"，中国就能"自食一分之力"。郑观应批驳了中国传统社会中流传的"农本商末"观念，指出："英之君臣又以商务开疆拓土，辟美洲，占印度，据缅甸，通

中国，皆商人为之先导。彼不患我之练兵讲武，特患我之夺其利权。凡致力于商务者，在所必争。可知欲制西人以自强，莫如振兴商务。安得谓商务为末务哉？"（《商务三》）据此，他提出了与西方资本主义列强进行"商战"的主张。与郑观应将"商战"与"兵战"并提相似，陈炽认识到"夫中外之局，和与战而已矣，通商与用兵而已矣"。为了改变"利权尽失，受制于人"的局面，陈炽主张设商部、立商律，以官护商，以律保商。他建议："宜仿泰西各国，增设商部，管以大臣，并立商律、商情、商平、商税四司，分任其事。商律者，保商之政也。"（《庸书·商部》）他还提出了保护关税、取消厘金、设立公司及专利制度、办商报、设商校等保商护商的措施。马建忠提出了"民富而国自强"、发展对外贸易、引进外资等经济思想。其他思想家对发展民族工商业，也多有论述。到了后期，早期维新派发展资本主义工商业的经济思想，与洋务派官僚的"求富"思想，形成了鲜明区别。他们力主"商办"，发出了"官办不如商办""官督商办势如虎""以商人纠股设立公司为根本"的呼声，与洋务派官僚以"官督商办"伤害民间资本的做法大相径庭。

冯桂芬

均赋税议

謁言乎绘图以均赋税也。赋税不均，由于经界不正，其来久矣。宋熙宁五年，重修定方田法，分五等定税（《宋史·食货志》，又《王洙传》）。明万历八年，度民田用开方法，以径围乘除截补（《钦定通鉴纲目》三编）。康熙十五年，命御史二员诣河南、山东，履亩清丈，山东明藩田以五百四十步为亩，今照民地，概以二百四十步为亩（《皇朝文献通考》）。乾隆十五年，申弓步盈缩之禁，部议惟直隶、奉天遵部弓尺，并无参差，至山东、河南（可见康熙十五年之举仍属具文）、山西、江西、福建、浙江、湖北、西安等省，或以三尺二三寸、四尺五寸至七尺五寸为一弓，或以二百六十弓、七百二十弓为一亩，长芦盐场三尺八寸为一弓，三百六十弓、六百弓、六百九十弓为一亩，大名府以一千二百步为一亩。若令各省均以部定之弓为亩，倘大于各省旧用之弓，势必田多缺额，小于旧用之弓，势必须履亩加征，一时骤难更张，应无庸议，嗣后有新涨、新垦之田，务遵部颁弓尺，不得仍用本处之弓（《大清会典》）。不特朝廷宽大之恩，卓乎不可及，亦见当时部臣深明大体有如此。惟是旧田、新田截然为二，终非同律度量衡之意也，惜当时不将各省田亩一切度以工部尺，而增减其赋以就之，不尤善之善者乎？今吴田一亩，多不敷二百四十步，甚有七折、八折者，《林文忠公疏稿》（见《兴水利议》）所谓南方地亩狭于北方者此也。

盖自宋以来，所谓清丈者，无非具文矣，皆由不知前议罗盘定向、四隅立柱之法为之范围，有零数无都数，可分不可合，或盈或缩，甚或隐匿，百弊丛生。（丈书泥于梯田阔狭折半之法，方田十亩斜剖为二，可成十一亩，余可类推。又遇巉山，宜用圆锥求面术，亦丈书所未必知。《苏州府志》载吴县办清丈，久之以山多难丈中寝，可为笑柄。故丈田亦必略知算术，不可专恃丈书。）不能若网在纲，必至治丝而棼。

诚如前议绘图之法而用之，然后明定亩数（北省有六亩为一垧，四十二亩为一绳等名目，亦应删除），用顾氏炎武所议，以一县之丈地，敷一县之粮科（见《日知录》）。即朱子通县均纽，百里之内轻重齐同之法（见《朱子文集》卷十九条奏经界状），按亩均收，仍遵康熙五十年永不加赋之谕旨，不得借口田多，丝毫增额。如是则豪强无欺隐，良懦无赔累矣。

又旧例各县税则至数十等之多，于国无益，于民非徒无益，而于吏胥隐射转换则大有益。图成之后，地形高下，水口远近，犁然在目，应请各州县就境内用宋法分五等定税，亦绝弊之善术。

又《日知录》所列州县有去治三四百里者，有城门外即邻境者，有县境隔越如《周礼》所谓华离之地者，按图稽之，并改甚易。是之谓平天下，是之谓天下国家可均。（《校邠庐抗议》上篇）

罢关征议

谚云：关无善政。今验之而信。过而不留，散而无纪，主关者不能一一临视之也。即能之，而丈量之不谙，货值之不别，隐匿转换之不可知，虽视犹不视也。于是乎寄耳目于一切之人，自僎从而吏胥、而差役、而拉纤人等（商吏不相识，其居间人曰拉纤）。千百辈之身家妻子，攒食于一关矣。闻粤海故事，司阍二人月支薪水各八百两，签押四人半之。余执事及各小口长随，以千数有差。此固非他关所有。然浮费之多，莫甚于关，亦可想见。至完税之法，试以所闻浒墅关一端言之。运米百石者，关吏教之报三十石。验过则云实米四十石，应倍罚作八十石，仍少完二十石；若实报百石，所费且不止百石，其弊如此。大抵田赋之数，民之所出者二三，而国之所入者一。关税之数，民之所出者十，而国之所入者一。然而州县浮收，往往滋事，而关税则否者，农心齐，商心不齐也；农不可他适，不可徙业，商可他适，可徙业也；农不能增其获以偿赋，商能增其价以偿税也；农之所谓二三者，多加乎一之外，商之所谓十者，不甚加乎一之外也。故关之弊，不甚病商而转以蠹国。

承平既久，生齿益繁，需用益多，通商益广。以理言之，关税宜倍增。乃数十年来，征数日绌，亏空日多，转不及曩时所定户、工二部四百六十万之额（通商各口在外）。其咎安在？尝阅英国《财赋志略》，咸丰二年，岁入四千八百余万，内关税一千八百余万。又云："六年岁入七千余万。"不言关税若干。一通事云："七千余万中，关税之增最多。"夫彼国通商增广，固不止中华，而中华实大宗。彼增而我无增，不惟无增，而且益减，何哉？不实征，不实解也。夫彼之能实征实解者，吾见之江海关矣。货物进口，彼鬼役持帐来易我单，即凭单令我役运岸。不闻运单中所无之一物，亦不闻自运一物（亦有奸商漏税，当别论）。夫以今日之夷焰，若以吾吏、吾商处之，必十漏七八，我亦无如何，而彼不为也。于我关如此，即于彼关可知。往尝谓洋钱重七钱三分，实纹六钱五分，余铅八分。中国行用，辄当银八钱以上。其中国仿造者，虽无铅，亦不行。何则？识其为夷制，即可信其有实银六钱五分。若彼杂以铜铅，亦非我所能识别，而彼决不为，是以通行。侯官林文忠公造银饼，初亦便用。未几，即质杂。市中析之为零银，银饼遂废。又今夷市我购彼货，先银后货，彼役购我货，先货后银。甚有寄贩名目，与货后，辄扬帆西去。一年为期，赢缩惟彼所命者。要之，彼不能信，我断不敢与之交易。而通商之局散矣。

夫子曰："言忠信，虽蛮貊可行。"不谓蛮貊能信，我乃为蛮貊所行，可为太息！今观于关务而益慨然于彼之能信，我之不能信也。夫我之不能信，为隐微深痼之疾，非一朝夕之故。骤欲其洗心革面，断有所不能。莫若举各关而尽撤之。京门则复讯而不征之法，以税额入诸厘捐，以代各关。责成地方官会同绅董治之。厘捐立法尚新，依为蟊蠹者宜少。即亦散而无纪，尚非过而不留。脱有弊窦，有踪迹可寻，有人证可指。比之关政，彼善于此。特不得多设卡栅，招引关蠹，无关之名，有关之实而已。且厘捐者，市征也。《王制》："市廛而不征，关讥而不征。"孟子言文王治岐，关市讥而不征，而《周礼》有关市之征。是其法必始于殷之衰。文王去之，周公又行之，春秋、战国无改。（《管子·霸形篇》"关讥而不征，市书而不赋"，是管子亦尝去之。）孟子欲复文王之治以复古，虽以周公之法而不谓然也。即今制固亦有关征，无市征也。（落地税以济关征之穷，非市征。）增厘捐，而关市并征矣。厘捐之弊，恐将如宋陈遘之经制钱、翁彦国之总制钱，久而不革，择一而废之，又曷可缓哉！（《校邠庐抗议》上篇）

筹国用议

古不以银为币。唐时用银，不过蛮市。明初用钞用钱，禁用银。中叶后，银始通行。顾氏炎武著论，用钱废银，意在复古，余往时见银价日贵，农田出谷，而国课征银，准折消耗，民不聊生，未尝不以顾氏之论为善。

乃自五口通商，而天下之局大变。从此以银为币之势已定，虽五帝三王复起，不能改也已。盖今以合地球九万里为一大天下，中国仅十有五分之一耳。其十有四用银，而其一不用银，犹之十有七省用银，而一省不用银，行乎不行乎？曩尝谓市易之事，贵征贱，贱征贵，势之所趋，有莫适为主，而一成不可变者。即如钞币一法，虽以天子之命，不行斯不行耳。严刑峻法曾不足动其毫末。征诸古而皆然，验之今而益信。且夫钞亦幸而不可行耳。若其可行，则银且尽为诸夷所有。一旦有事，钞币无从支银，百万资财，俄顷片楮。而银之重中于人心，权势遂尽移于有银之诸夷。几何不为闽省前年之事！（行钞令下，闽省发银若干万，立官店以司出纳，凡以钞支钱者无折无扣，钞遂通行。兵饷数十万，皆领钞不支银，他款亦然。藩库充仞，一旦寇警，支银者踵至，不给即汹汹滋事，乃倾库与之，仅以无事，此亦行钞印之一鉴。）

然则居今日而言裕国，宜何从？曰：仍无逾于农桑之常说，而佐以树茶、开矿而已。西北水利，已具前议。又不独西北也。大江以南之农，恒勤，大江以北之民，多惰。山左舒君梦龄，宰皖北，以地多旷土，募江苏人教民耕之。（明洪武三年，徙苏松嘉湖杭州无业者，田临濠，凡四千余户，给牛种资粮以遣之，三年不征税，续徙者亦如是，当是时徙民最多。）民辄曰："必尔始得食，宁饿死耳。"噫，何论东豫哉！是宜劝之，董之，务有以变之，俾无旷土而后已。且也，东南诸省兵燹之后，流离死亡，所在皆是。孑遗余黎，多者十之三四，少者十不及一人。少即田荒，田荒即米细。必有受其饥者。是宜以西人耕具济之。或用马，或用火轮机，一人可耕百亩。或曰：我中华向来地窄民稠，一用此器，佣趁者无所得食，未免利少而害多。以今日论之，颇非地窄民稠之旧。则此器不可常用，而可暂用也。又中国积岁兵荒，丝市减十之六七，而夷船所购，数倍往时。故蚕桑之利，近年更普。往尝谓古无棉布，以麻葛为布，故老者非帛不缓，而桑与农并重。至拔茶树桑，传为善政。更由当时以绢为币之故。自木棉入中国，似蚕桑非贫民急务矣。然由今日观之，则茶桑又并为富国之大原也。上海一口，贸易岁四五千万，而丝茶为大宗。彼以雅片洋货相抵犹不足，必以银补之。设使彼有雅片，我无丝茶，中国早不支矣。劝桑亦具前议。至茶宜于山石起巉不能生他木之处。若推广种茶，其利不可胜计。开矿一事，或疑矿税病民，矿徒扰民，且碍风水。不知风水渺茫之说，非经国者所宜言。开矿非利其税，即经费之外，全以与民，不失为藏富之道。矿徒非贼比，在驾驭得人而已。诸夷以开矿为常政，不闻滋事。且夷书有云：中国地多遗利。设我不开，而彼开之，坐视其捆载而去，将若之何！又夷书动言雅片害人，宜禁。将来和议既固，理晓诸夷，彼禁贩运，我禁吸食。即仍修吸食者，斩之。旧令亦未尝不可徐议之也。裕国之道，不外乎此。（《校邠庐抗议》下篇）

王　韬

兴利

中国地大物博，于地球四大洲中最为富强，特当轴者不能自握其利权，自浚其利薮，而亟为之兴利焉耳。迂拘之士动谓朝廷宜闭言利之门，而不尚理财之说。中国自古以来重农而轻商，贵谷而贱金，农为本富而商为末富。如行泰西之法，是舍本而务末也。况乎中国所产足以供中国之用，又何假外求而有俟乎出洋贸易也哉？呜呼！即其所言农事以观，彼亦何尝度土宜，辨种植，辟旷地，兴水利，深沟洫，泄水潦，备旱干，督农肆力于南亩，而为之经营而指授也哉？徒知丈田征赋，催科取租，纵悍吏以殃民，为农之虎狼而已。徒有其名而无其实，又复大言而不惭，此真今日士子之通病也。如是天下何由而治？盖富强即治之本也。仓廪实而知礼节，衣食足而知荣辱，民既能自谋其生以优游于盛世，自然可静而不可动，故舍富强而言治民，是不知为政者也。西北之地，古帝王之所兴，建都立业，南向以驭天下，初何尝转输于东南。今河道日迁，水利不讲，旱则赤地千里，水则汪洋一片，民间耕播至无所施。此当相地所宜，而为民谋生聚之道，使其所产足以自给，或种木棉，或兴织纴，以补其所绌，亦或一道也。

　　利之最先者曰开矿，而其大者有三。一曰掘铁之利。中国产铁之处不可胜计，盖矿中有煤则必有铁。今中国业经设立船厂、炮局、机器所，无不需铁以资熔铸，必取之于英，是以利界外人也。今我自开铁矿，则一可省各处厂局无穷使费，二可铸造枪炮，建制铁甲、战舰、火轮、兵舶，三可创造各种机器，四可兴筑轮车铁路，而亦可售之于西人，以夺其利。一曰掘煤之利。中国煤矿遍处皆是，西人向者曾遣格致之士细行考察，知中国一省之所产，足以抵欧罗巴一洲而有余。开矿出煤，于中西皆有裨益。何则？西国轮舶往来中土，其所用之煤皆自远运至，其费不赀，一旦设有不给，轮船即不可行，贻误非轻，若中国有煤，则彼取资甚便。西人每请中国开煤矿而不请中国开铁矿，其深谋秘虑，已可窥见其隐。英人本国虽仅屹然三岛，而以煤铁之利雄于欧洲，其煤铁多贩运于各国。中国既有煤铁，则彼贸易亦必稍减。且我有煤铁，而出口之价稍昂，彼亦无如我何，而我得以独收其利矣。一曰开五金之利。云南产铜，山东、山西产金，而烟台一带尤旺，粤东产水银，四川产银，此法人近日周历其地而知之，曾已绘图贴说，邮寄其国。中国诚能亟为开掘以足国课，而广铸金、银、铜三品之钱以便民用，俾易于流通，又何必全恃西国之银圆欤？其次曰织纴之利。织纴必以机器为先，事半而功倍，巧捷异常，而其利无穷。宜度各省所有之物产而设立机房，如织绒则设于天津、直隶，以取口外之羊毛，织布则设于上海、苏州，以就其地之木棉，织绸则设于湖郡、杭州，以购其地之蚕丝。西人贸易于中土者，不过以匹头为大宗，或我自织，则物贱而工省，且无需乎轮船之转运，其价必贬，西人又何能独专其利欤？此外则一曰造轮船之利。令民间自立公司，购置轮船，用以往来内河，转输货物，装载人客，既无虞乎盗贼，亦不费乎日时，此皆轮船之小者也。其大者，亦可上溯乎长江而远至于外洋，载运各货以贸易于欧洲各国，久而行之，其利自溥。一曰兴筑轮车铁路之利。今南北道阻，货物贱之征贵，贵之征贱，每苦其贩运之烦劳，道途之辽远。自有轮车，而远近相通，可以互为联络，不独利商，并且利国。凡文移之往来，机事之传递，不捷而速，化驰若神。遏乱民，御外侮，无不恃此焉。如谓敌国资其铁路而反可长驱直进，适以因之自敝，此殆不然。铁路虽蜿蜒千里，轮车虽势若奔电，而去其寻丈之路，即车不能纳轨，轮不能骤驰，或投石而斩木焉，即为之阻，又何虑之有？或谓开矿则足以扰民，是监于明代之失，而因噎废食也。夫岂无善法以维持之欤？或曰机器行则夺百工之利，轮船行则夺舟人之利，轮车行则夺北方车人之利。不知此三者，皆需人以为之料理，仍可择而用之，而开矿需人甚众，人民皆可借以糊口。总之，事当创始，行之维艰，惟能不惑于人言，始能毅然而为之耳。诸利既兴，而中国不富强者，未之有也。（《弢园文录外编》卷二）

设电线

中国急务在于裕商力，修兵备，固边防，造战舰，筑车路，设电音。六者难以一时并举，要当次第倡行。留心时事者，已不惮词费，刺刺不休，而闻者抑亦耳熟能详，几目为老生常谈矣。虽然，时未至而议筹办，则嫌过于张皇也；时既至而犹有待，则将坐失事机也。过于张皇则劳民伤财，反贻讥于作无益以害有益；坐失事机则纵敌玩寇，终必至于进难战而退难守。譬如奕〔弈〕棋，一子错下，则全局俱失。所关非小，不可不察也。我国家近拟于各省整顿海防，诚却敌之谋，安邦之策，然亟宜筹办者则莫如电线。

　　夫电线传递信息，最为神速，夫人知之，然亦知海防非得此，无以侦寇踪而集战舶乎？夫沿海险隘，有炮台而无战舶，则炮台亦成钝物；有战舶而无电线，则战舶亦属玩器。何则？中国海疆辽阔，各省险要之区，即分兵驻守，而每苦于势分而力薄。若与敌国构衅，彼得窥探我之虚实，猝来攻击，所恃者有战舶以往来游奕，分途救护耳。然购造一战舶，动费十数万金，各省只可筹设三五艘，借资防守，又必分泊各处，期秉其厄塞，壮其声势。若是则敌人何难侦知我船泊在何处，潜约其船，猝出不意，合而攻我。苟无电线以报警，则各省无由得知，何能倍道来援。一船有失，所费不赀，而各处为之夺气，此则事之最可危者也。

　　且无电线，而敌船窥探海道，倏忽出没，亦难以追踪而蹑迹，不能预约水师为遏防，阴有以销其觊觎之心，显有以沮其侵伐之计，是又非所以弭患于无形，防害于已著也。欧洲之国，英、俄形势可称劲敌，论巧则俄不如英，量力则英不如俄，两相当亦两相忌也。两国水师当无事时，彼此蹑后，互相窥伺动静。倘俄以两艘兵舶出海，英亦以两艘或三艘随而缀之，英之兵舶出海，俄亦如是，随时以电线传报信息，刻刻预备，隐如开仗者然。故两国虽不相下，而均无罅隙可乘，终不能得所借手以求逞志也。

　　今者中国时局日异而岁不同，倭则狙伺于东南，俄则虎视于西北。若不设法，亟使中原各处势成常山之蛇，率然首尾相应，腹背相护，则一处有警，将全省震动，一省有事，将天下惊惶，何以使海波不扬，烽烟永熄也哉？津沽为水道入京门户，宜先由海底建一电报，通于两江、吴淞等处，由是而浙、闽，由是而粤东，凡属海疆重地，莫不建设周密，四通八达，无远弗届，务期消息瞬息可通。无事则各国战船驶进入口，立刻报知督抚大员，以便速派师船侦其何往，察其何为；有事则专报军情，或往援以歼敌，或犄角以壮威，或要截其来助之船，或袭击其撤退之卒，则敌虽勇悍善战，而深入重地，未必遽能得志也。且各国公使皆聚于京师，遇有交涉之事，办理稍形龃龉，动辄下旗决战，立发电音回国，调取兵船，专事恫喝。若无电线，则各省大吏茫未有知，即知亦难刻期集事，而仓猝之际，被其蹂躏者必多矣，观于道、咸年间故事，即可恍然悟矣。然则电线一事实关至要，不当乘时亟设也哉！

洋务在用其所长

呜呼！天下大矣，人才众矣，未得以囿于一方，限于一国，稍有所知，辄嚣然而自足也。泰西诸国，通商中土四十余年，其人士之东来者，类多讲求中国之语言文字，即其未解方言者，亦无不于中土之情形了如指掌，或利或弊，言之无不确凿有据。而中国人士，无论于泰西之国政民情、山川风土，茫乎未有所闻，即舆图之向背、道里之远近，亦多有未明者。此固无足深怪，独不解其于中国之事，如河漕、兵刑、财赋诸大端，亦问之而谢未遑焉。何则？时文累之也。即有淹博之士，亦惟涉猎群圣贤之经籍，上下三千年之史册而已。故吾尝谓，中国之士博古而不知今，西国之士通今而不知古。然士之欲用于世者，要以通今为先。

今日中国之所以治内者，在练兵法，达民情；所以治外者，在御侮而睦邻。此四者要不过综其大纲，其余如通商、理财、制器成物，亦当次第举行。夫我中国乃天下至大之国也，幅员辽阔，民族殷繁，物产饶富，苟能一旦奋发自雄，其坐致富强，天下当莫与颉颃。顾富强之效，则在开矿辟地，造电气通标，筑轮车铁路，俾中国之大，远近可以互相联络，仓卒有变，调兵遣舶，数日而可至。其险要之处，则以重兵扼守，汰冗军，练劲旅，通中国之地，以雄兵三十万守之，可以无敌于天下，强邻悍国虽有觊觎，亦不敢发。自此，可措天下于磐石之安，而致苞桑之固。

今欧洲诸国，通商中土，跋扈飞扬，几不可制，凡有所要求干请，强以必从，其骄凌桀骜之气，常若俯视一切。何则？以交际之道未得也。苟能开诚布公，可者予之，而不可者拒之，即至万不得已而用兵，亦可有恃以无恐。能如是，诸国亦谁敢侮我者？虽然，睦邻之道亦不可不讲也。遣使驻都，设立领事于贸易之地。民间往来内河，尽许用轮船。有出洋贩运于诸国者，华官皆为之保卫，或为先路之导。此外开矿务，垦旷地，筑铁路，皆与民共其利，务俾民情得以自达，而不至于上下隔阂，则民间忠义之气自能奋发于无形。

泰西各国制造电线，由其国都以达中土，邮筒传递，顷刻可通，而中国独无之，未免相形见绌矣。故中国而有志振兴，及今尚未晚也。近日一二西人以其所知教导我国之人，不可谓非热心锐志者，苟能师各国之所长，兼收并蓄，悉心致志，务在探其阃奥，而勿徒袭其皮毛，安见其遽出西人下哉？美为泰西之雄国，其所建电气通标，独多于各邦，而美国总统尚以大西洋海底虽有电报相通，往来香港，然乃英国所设，报资甚重，不若新筑电线于太平洋，通日本以达中土，则美邦独擅其利，而秘事不至于外闻，又岂复受英人之所制。由是观之，美人之谋国，思深虑远如此。其欲造电线也，计自嘉厘符尼亚邦而至哈维岛约六千二百四十里，由哈维岛至般宁岛约九千七百二十里，自般宁岛至日本之横滨约一千五百里，自横滨至上海约三千七十五里，其道之纡回辽远，总计二万一百九十里，功程浩大，可谓不惮其难者矣。然则我中国，即于电线一节已远不及泰西，复何论其他？乃犹鳃鳃然侈口夸示于人，谓能仿效西法，采取众长，不且贻笑于远方也哉。呜呼！何不返而自思，以力图振作也欤。（《弢园文录外编》卷二）

建铁路

电气通标，轮车铁路，西国以为至要之图，而中国以为不急之务，且以为中国断不能行，亦断不可行。或谓愚民惑于风水之说，强欲开辟，必致纷然不靖，是以利民者扰民也，此不宜者一也。或谓轮车之路，凿山开道，遇水填河，高者平，卑者增，其费浩繁，将何从措，即使竭蹶而为之，徒足以病民而害国，此不宜者二也。

呜呼！是殆中国未之行耳，中国之民未之见耳。设使由少以成多，由近以及远，暂行试办，安见其必多窒碍乎？吴淞车路之成，英国大臣闻之，设宴相延，为中国捧觞称庆，以为此不过小试其端，而往来之盛，驰行之捷，俾民间见之，知其意美法良，所愿将来推行尽利，中国十八省中无不皆遍，则四通八达，商贾之转输无阻，信音之邮递匪遥，其为裨益于民生国计，岂浅鲜哉。盖开通铁路，既为中国之利，而通商于其地之诸国，亦无不利，岂独英一国为然哉？今计英国一国之中，所有铁路里数，回环曲折，各处相通，约略五万余里。建造之费计金钱七百十八兆镑〔磅—后同〕，每岁往来之客计不下五百有七兆，其所收之资约金钱六十兆镑，而除经费之外，可溢余利二十五兆有奇。西国之例，铁路属于公司者则余利归于公司，属于国家者则归于国家，而赁地之项，公司当按岁输于国库。或国家有军旅之事，铁路归于国家统辖，若为敌国所毁，则事平偿其所值。且地属国家，国家欲出资购诸公司，亦无不可。故轮车铁路之利国利民，莫可胜言。且铁路之所至，亦即电线之所通，其消息之流传，顷刻可知。况乎轮车载客之利少而载货之利多，一岁中贸易场中所获之利，不知凡几，公司所得赢余不过二十五兆，若较之客商，百分中之一耳。且国家于有事之时，运饷糈，装器械，载兵士，征叛逆，指日可以集事。何则？以兵警军情传递甚速，彼此应援，捷于呼吸也。然则，轮车铁路安见其不可行哉！英国、中土，易地皆同也。

况乎今日泰西通商中土，骤增口岸，轮舟之利已穷矣。外海则自潮琼而达于沈辽，长江则自镇江而迄乎重庆，凡轮舟所能至之地，无不至焉。吾谓创建轮车铁路，即权舆于此矣。何则？长江一带，许其建埠头载货物者凡六城，则以后小火轮船必将络绎于长江，或将伺间乘隙，请入内港。所设领事远在云南，由大理而至重庆，相距尚遥，非以车路通之不能捷达，势必由云南以至重庆，由重庆以至汉口，由汉口而分南北两途以达于各处。十余年前，轮车铁路公司早已绘图贴说，志在必行。英国驻京公使以英商之意未免出之太骤，故未代为之请，明知请之必不能行也。今则凡可以用轮船者，无不为英商足迹之所已经，而所专心致志者，则在轮车而已。使其小为经营，必先试行于通商口岸，以利往来，上海吴淞其已事可援也。

夫天下事，未有不受之以渐而图之以豫者，惟明者能料之于先，识者能见之于著。三十年之后，其事机又将一变乎？或者谓轮车铁路未尝不利于国家，便于商贾，与其因西商之请而为之，不若我中国之自为。然而执持成法，拘泥宪章者，恐其议格不能行也。审势揆时，非出自西人，则中国断不自为之耳，此贾生所为痛哭流涕长太息者也。（《弢园文录外编》卷三）

薛福成

创开中国铁路议

窃惟政莫先于利用，功莫大于因时。上古生民之初，山无蹊隧，泽无舟梁，百里之内，有隔阂不相通者。圣人者出，刳木为舟，剡木为楫，舟楫之利以济不通，服牛乘马，引重致远以利天下。迄于今日，泰西诸国，研精器数，创为火轮舟车，环地球九万里，无阻不通。盖人心由拙而巧，器用由朴而精，风气由分而合，天地之大势，固如此也。方舟车之未创也，人各止其域，安其俗，至老死不相往来。若居中古以后，弃舟车而不用，是犹谋食而屏末粮，御寒而毁衣裳也，必冻且馁矣。今泰西诸国，竞富争强，其兴勃焉，所恃者火轮舟车耳。轮舟之制，中国既仿而用之，有明效矣。窃谓轮车之制不行，则中国终不能富且强也。考轮车之创于西洋也，康熙年间，英国北境以马车运煤，始作木轨以约车轮；迨道光十年，造成铁路，始以火轮车载客载货。其法愈研愈精，获利不赀，煤铁价减四之三，因得肆力制造，扩充诸务，遂以雄长欧洲，既而推行于俄、法、德、奥、美诸大国。即如美邦新造，四十年前，尚无铁路，今通计国中六通四达，为路至二十一万里。凡垦新城，辟荒地，无不设铁路以导其先；迨户口多而贸易盛，又必增铁路以善其后。开国仅百年，日长炎炎，几与英、俄相伯仲。盖闻美之旧金山，乘轮车至纽约，为程万一千里，行期不过八日，是万里而如数百里之期也；旅费不过洋银百余枚，是万里而如千余里之费也。是故，中国而仿行铁路，则遐者可迩，滞者可通，费者可省，散者可聚。请稍言其崖略：

今天下大势，江淮以南多水路，江淮以北多陆路。南方诸省，其地非尽饶沃，其民殷阜，此无他，以其支河别港，纵横贯注，而百货得以流通也。北方诸省，其地非尽硗瘠，其民贫苦，此无他，以其沙多水淤，道里修阻，而百货不能流通也。迩者岁入财赋，洋税千数百万两，厘金千数百万两，大约在南方者什九，在北方者什一。诚能于西北诸省多造铁路，俾如江南之河渠，经纬相错，则贫者可变为富。即东南诸省，得铁路以通水道所不达，则富者可以益富，厘税之旺，必且数倍曩时。此便于商务者一也。自有轮船以来，江浙漕粮，改行海运，而国与民两便。然议者犹欲规复河运，以防海道之不测。与其掷重资以复河运，不如招商股以开铁路。铁路既成，譬如人之一身，血脉贯通，则百病尽去。且昔日西征之师，转运费逾千万。今年晋豫荐饥，山西米价腾踊，每石需银至四十余两。设令有铁路可运，由津至晋千余里，核计西人运价，每石不过三两左右，合之天津米价，亦不过六两以外耳。今以转运无路，而价昂辄逾七倍，是饥民之死于沟壑者，亦至七倍之多也。岂不哀哉？设令轮车盛行，则漕运也，赈粮也，军饷也，皆不劳而理、不费而捷矣。此便于转运者又一也。曩者海氛不靖，动辄调兵远省，经年累月，仅乃成行。筹粮筹费，拮据不遑，比其稍集，而彼又不知何往。所以未及交绥，情势已为之大绌。何则？彼萃而攻，兵虽少而见有余；我分而守，兵虽多而形不足。彼有轮船以资遄发，故一动而诸路受其警；我无轮车以利征调，故悉锐而一路尚难固也。昔普之攻法也，其初静以待动，示不用兵，逮闻法将伐普，始以电报召诸将，不十日而数十万之师，毕入法境，遂使法人不及措手。此铁路之为用大也。诚令及时兴造，一旦有事，虽云贵、甘肃之兵，半月可集。然则中国而有铁路，即令每省养兵一万，合十八行省计之，无异处处有十八万之兵也。中国而无铁路，即令每省养兵十万，而汊港纷歧，防不胜防，仍犹虺者之不能起，跛者之不能行也。矧此制一行，中国虽裁防兵之太半，而声势联络，日见其强。他日即以裁兵之费增营铁路，复收铁路之利以供国用，一举而三善备焉。此便于调兵者又一也。且今中国兴举之事不为不多，然皆必得铁路以济其穷者，何也？凡远水之区，洋货不易入，而土货不易出。今轮船所不达之处，可以轮车达之，出入之货愈多，则轮船之懋迁益广，此与轮船相表里者也。煤铁诸矿去水远者，以轮车运送，斯成本轻而销路畅，销路畅而矿务益兴，从此煤铁大开，经营铁路之费亦益省，此与矿务相表里者也。轮车之驰，日千余里，其行倍于驿站最速之马，从此文书加捷，而民间寄信章程，用西法经理，俾与铁路公司相附丽，其利甚溥，并可稍裁驿站，协济铁路之费，此与邮政相表里者也。方今闽、沪诸厂，入款日绌，出款日增，无自然之利，而专待拨公帑，未有能持久者也。今宜令出洋学徒，研究铁路利病，数年之后，各厂竟可自造。推行既广，则制者修者，日至而不穷。议定章程，按给工价之外，津贴厂费若干。较之购自外洋，既省运费，又免缓急不时之虞。各厂得此把注，亦可经久不废，此又与机器诸厂相表里者也。夫开铁路之便，如此其广，否则不便如彼其多。是故西洋诸国视建铁路，与城郭宫室等。近以区区之日本，亦复锐意营造。然而中国独瞠乎居后者，何也？则囿于见闻，而异议有以阻之也。议者皆曰：铁路若开，恐引敌入室也；恐夺小民生计也；恐当路之冲，冢墓必遭迁徙，禾稼必被薰灼也。不知此皆揣摹影响而不审于事实者也。昔普之攻法也，阴遣死士，先坏其国中铁路。法人行师濡滞，终以是败。若果足为敌用，普人何不留为入法之涂，而必坏之乎？然则铁路者，所以征兵御敌，而不能为敌用者也。是故，当总路扼要之处，必驻营以守之；每段十里五里，设巡役以瞭之；所以防护之者至周且密。设有不测，则坏其一段而全路皆废，只一举手之劳耳。恶能为敌用哉？且铁路公司既设，于是有修路之工，有驾驶之人，有巡瞭之丁，有路旁短送之马车，有上下货物伺候旅客之夫役。计其月赋工糈，八口之家，足以自赡。缘路则可增设旅店。其饶于财者，可以广买股分，坐权子母，是皆扩民生计者也。乃谓为夺民生计，谬矣。若夫迁冢墓、薰禾稼之说，殆指洋人言之。然惟中国不为，故洋人惜良法之不行，欲代中国倡行之。中国先自举动，则万国公法，固无干人自主之权者。且中国政务，以顺民心为本。其冢墓当道者，稍迁回以避。铁路宽者不过盈丈，狭者数尺，两旁稍营余地，岂有薰灼之患？二者皆拘墟之臆说，其无足虑甚明。由是言之，此事不为，则永无创辟之机。何也？成见终难遽融也。为之，则必有振兴之日，何也？习俗可以渐化也。往岁吴淞口之开路也，南方士大夫见惯不惊，渐有称其便利者，是风气亦在倡之而已。

夫滥觞之水，可为江河，勾萌之达，可被山阿。西洋诸国，五十年前，亦犹今日之中国。为今之计，宜有以稍倡其端，以新中国人之耳目，则数十百年后，不患不如今日之西洋也。且西洋铁路虽长，其始或数十里，或数百里，皆由积累以成通衢。今宜择繁盛密迩之区，试办一二，俾民观听日洽，鼓舞于不自知。夫掷数百万之帑项，以开千古非常之功，此庸人所惊，而圣人所必为也。民俗既变，然后招商承办，官为掌其政令，定其税额，恤其隐情，而辅其不逮，可以渐推渐广，渐续渐远。自京师而西，可为路以达太原，南可为路以达汴梁，东南可为路以达清江浦。由太原而西，可接而达于西安，于兰州，于蜀滇黔。汴梁而南，可接而达于汉口，于长沙，于桂林。清江浦而南，可接而达于苏皖，于江西，于浙闽广。由是再极于四周，错综交互，无远弗届。如是而不联遐僻于呼吸，变贫弱为富强者，未之有也。而要其发轫之端，必自近地始。然斯事至繁且赜，其始行之有变通之法，有杜渐之宜，有推广之功，一不慎则弊端立见。兹谨议其大指，而略具条目如左：

一、平地开路百里，合计买地填路，及一切工程物料，置备火车机器之费，约需银四十万两。近闻开平矿务议开铁路，而居民虑其不便。盖以铁路绵亘不断，其两旁虽筑路拱，以留原有之直路。然民车农车，与夫牛驴耕具，势不得越路而往来，则横路不可不开也。当此造端之始，必以便民为本，他日扩充营建，乃不至有所阻挠。将欲便民，莫若用旱桥之一法。俾铁路出桥上，而行人车马皆出桥下。其布置之疏密，宜相度形势，或十余里，或数里而建一桥。因其故道，勿令隔绝，则民无怨言。虽因此多费数万金，固势所不能已也。开平矿政既有功效，则磁州、荆门、大冶诸矿，亦可仿行矣。

一、自大沽至天津，水路纡曲，逾二百里。若由陆路开径道，不过百里。似宜筹经费，集商股，修一铁路，与水道相辅并行。俾民闻见日多，数年之后，运载渐旺，他处必有闻风而起者。未始非为山覆篑之一助也。

一、中国士大夫不知铁路为何物，骤闻是说，不免疑骇，及目见之，则此事本甚平常，无足惊异。从前吴淞口铁路，若留至今日，则知其利者必渐多。今既先创造天津、大沽一路，则自吴淞至上海，自临清至张秋，自清江浦至桃源之仲兴集，自周家口至汴梁，自常山至玉山，自袁州之芦溪至萍乡，自江山越仙霞岭至浦城，自南安越大庾岭至南雄，皆可渐次经营。以便商旅，以利转运，以裕税课。统计成本，约皆在百万两内外。无论或招商股，或筹官款，皆易集事。商民既见惯不惊，或可渐推渐广，以收日积月累之功。

一、外洋铁路有双单行之别。双行者可以一往一来。单行者，或今日往而明日来，或半日往而半日来。双行之路，占地宽不过一丈二尺；单行之路，占地七尺。此路虽在官道之中，既须填筑加高，与官道判若两涂。自于官道中车马行人，无拥挤磕碰之患，其十字午贯之路，除建旱桥一法外，又有于两旁设立栅门，瞭望火车将至，则闭栅以止行人，俟火车既过，然后启栅。其法不如旱桥之尽善，而用费亦可稍简。至造路之费，地价亦其大宗。如有田庐侵碍官道者，当不惜重价以偿贫民。万一坟墓田庐，不愿迁徙，自当设法绕避，勿稍勉强。必使官吏尽知此意，则绅民自无阻挠矣。

一、买地筑路，议不得损民坟墓，侵民田庐，以顺民心。然非常之原，黎民所惧。彼傍路之人，疑夺其生计，必出死力以相挠。近闻闽省创办电线，恒被乡民毁坏，然彼不过耗费工程而已。若铁路受损，动关数十百人之性命，其势尤危。今立法在何处开路，宜就地先招股分，不得则以商股充之。其辟路人工，路旁巡役，与夫搬卸货物，伺应旅客，均先招用近地之人，不足则另募以补之，以为拓民生计之明证。夫土著之人，耳目易周，呼应易灵，且一人业此，足化十人，十人足化百人，推而至于无穷。则不费财而民心可大附，此要结于无形之术也。

一、洋人于中国铁路，望之甚殷。或虑内地贸易繁盛，彼又将请添口岸。不知西洋诸国，本无内地开口岸之例。即日本铁路渐兴，不闻洋人之有他求。若因此而辍要务，是犹虑人借贷，而不自理其田产也。其究也，必将借贷于人而不可得。且今经营内地铁路，洋货得我之转输，而销路益畅，我得洋货之附益，而转运益多，固属一举两利。洋人有执照游历内地者，亦听其附我轮车。总之，守定约章，无瑕可蹈，彼断不能为意外之请也。

一、铁路创办之始，似不能不购之外洋，又不能不雇用一二洋人。然宜饬令闽、沪诸厂，招募华匠，刻意研求。有知此中窾要，及能驾驶火车者，给厚糈以鼓舞之。庶数年之后，可以自造自修，不至授柄于人，亦不至一旦有事，猝然停废。公司股分，宜仿轮船招商局之例，不得转卖洋人。非惟豫防流弊也，保中国自主之权，当如此也。

一、火车大行之后，各州县驿站，渐次酌裁，其费可供铁路之用。惟州县办公，颇有仰给驿站者，宜查明有驿州县，向得余费若干，由铁路公司如数津贴，以为办公之用。如是则官与商浃洽，公事不至掣肘矣。

一、外洋有铁路新式，其窄不过一尺内外，地势不必修平，下栽木桩为架，上置浮梁，梁上铺铁为辙。辙与轮相辖，两旁复有平轮，夹木梁而行，以防倾侧。用以运兵载粮，费省工速。其木架随时可搭，不用可拆，如涉水之有浮桥，所以济急一时也。近者普法之战、俄土之战，均用此路以运军储。盖仓卒之秋，修治铁路，非惟费多，亦且不暇，不若用窄路之为便。他日有不虞之事，仿而行之，亦事半功倍之道也。（《庸盦文编》卷二）

洋货加税免厘议

窃查洋货加税免厘一事，福成己卯夏间所拟《筹洋刍议》内有《利权》四篇，论之颇详。今总理衙门与威使订定值百抽十，而议者果以为不便，其间得失利病，各关局必且详言之。至其事之关系尤巨，而其理显然易见者，请再略陈梗概。考光绪六年各关贸易总册，进口正税共收银二百三十八万余两，洋货半税共收银二十六万余两。而光绪五六年间，户部册报各省岁收百货厘金将及一千二百万两，即使洋货厘金仍居三分之一，亦当得四百万两。今若加税免厘，则半税亦在所免之列，是每岁当短收厘金及半税银四百二十六万余两，而多收洋税银二百三十八万余两，以彼易此，通计每岁亏折银一百八十八万两，而落地坐贾等税不与焉，此其较然易明者也。若夫饷源偏重于洋关，动为外人所牵制，挠我自主之权，其弊一；各省少挹注之资，外权渐移于户部，而疆事益难措注，其弊二；一旦有兵荒大事，无可设法以应缓急，其弊三；土货冒洋货以漏捐，而各卡之稽查不易，则土货厘金亦必大绌，其弊四；厘金减半，而各卡仍不能裁减，所需经费，必尽取盈于土货，是因欲畅销洋货，而使土货独受其累，与外洋轻出口税重进口税之意正相反，其弊五。凡此五弊，皆为天下大局计，而非仅为一隅一时一事计也。且以二百三十余万两之洋税，散之各关，不见其多，其于原定各处之协饷，固不能多解丝毫也。若各省所收厘金，则淮军月饷，与北洋海防经费，恃为大宗，今骤阙此四百万之巨款，各省停减协饷，有辞可执，恐每岁少解淮饷，必在四五十万两以外，少解北洋经费，必在三四十万两以外，是洋货免厘之害，中于淮军与北洋者尤甚也。淮军与北洋受其病，亦天下大局之病也。虽然，斯议也，中外大臣商之数年，彼此相让，递增递减而定为此数。今再为请益则不可，若骤欲驳罢，则我转居失信之名，各国使臣必不允也。是莫如用钤制之术，使之无辞以难我，自不得不罢论矣。钤制之法，其说有三：一曰立约之时，声明试办一二年后，如于中国饷项大有亏损，即当改复旧章，或再议增加税数，如此则中国虽受其病，不过一二年，犹愈于约章一定而后悔难追也；一曰进口税值百抽十，于地球各国税额尚属最轻，此次立约亦须声明每逢修约之期，但许中国议加，不准洋商求减，万一中国遇有大事，仍得仿外洋捐饷之例，

就洋货酌量抽捐，如此则洋人必甚不愿，然按之公法，揆之理势，我固气
壮而辞直也；一曰各卡虽不能抽洋货之厘，而不能不防土货冒洋货，与洋
货夹带土货之弊，应与议立章程，严密稽查，洋货每过一卡，须验票盖戳
给单而后放行，如此则洋商以稽留为苦，又必不愿也，然我自立防弊之法，
彼亦不能阻也。综兹三说，与之磋磨，坚持不变，彼能从我，则于前所云五
弊者，尚可收补救之功；彼不从我，亦可互相抵制，必因意见不合而终寝斯
议，此以不拒拒之也，我无废弃前议之名，而彼不能不就我范围矣。福成因
中国贫富强弱之机，在此一举，辄敢效其区区之愚。是否有当，伏惟裁察。
（《庸盦海外文编》卷一）

用机器殖财养民说

凡人用物，薪其质良价廉，此情之所必趋，势之所必至，非峻法严刑
之所能禁也，非令名美誉之所能劝也，非善政温辞之所能导也。西洋各国，
工艺日精，制造日宏，其术在使人获质良价廉之益，而自享货流财聚之效，
彼此交便，理无不顺。所以能致此者，恃机器为之用也。

有机器，则人力不能造者，机器能造之；十人百人之力所仅能造者，一
人之力能造之。夫以一人兼百人之工，则所成之物必多矣。然以一人所为
百人之工，减作十人之工之价，则四方必争购之矣；再减作二三人之工之
价，则四方尤争购之矣。然则论所成之物，一人可兼十百；论所获之价，
一人可兼二三。加以四方之争购其物，视如减十减百之便利，而谓商务有
不殷盛，民生有不富厚，国势有不勃兴者哉？

中国人民之众，十倍西洋诸国，议者谓广用机器，不啻夺贫民生计，俾
不能自食其力。西洋以善用机器为养民之法，中国以屏除机器为养民之法。
然使行是说也，必有人所能造之物，而我不能造者；且以一人所为之工，必
收一人之工之价，则其物之为人所争购，必不能与西人之物相抗也明矣。自
是中国之货，非但不能售于各国，并不能售于本国；自是中国之民，非但不
能自食其力，且知用力之无益，亦遂不自用其力；自是中国之民，非但不能
成货以与西人争利，且争购彼货以自供其用，而厚殖西人之利。然则商务有
不衰歇，民生有不凋敝，国势有不陵替者哉。是故守不用机器调济贫民之说

者，皆饥寒斯民困厄斯民者也。此从前闭关独治之说，非所施于今日也。

必也研精机器以集西人之长，兼尽人力以收中国之用，斟酌变通，务使物质益良，物价益廉，如近年日本之夺西人利者。则以中国之大，何图不济？

余观西洋用机器之各厂，皆能养贫民数千人或数万人。盖用机器以造物，则利归富商；不用机器以造物，则利归西人。利归富商，则利犹在中国，尚可分其余润以养我贫民；利归西人，则如水渐涸而禾自萎，如膏渐销而火自灭，后患有不可言者矣。（《庸盦海外文编》卷三）

振百工说

古者圣人操制作之权以御天下，包牺、神农、黄帝、尧、舜、禹、周公，皆神明于工政者也。故曰：备物致用，立成器以为天下利，莫大乎圣人。圣人之制，四民并重，而工居士农商之中，未尝有轩轾之意存乎其间。虞廷飏拜垂叟，斯伯与皋、夔、稷、契同为名臣。《周礼》冬官虽阙，而《考工》一记，精密周详，足见三代盛时工艺之不苟。周公制指南针，迄今海内外咸师其法。东汉张衡文学冠绝一时，所制仪器，非后人思力所能及。诸葛亮在伊吕〔尹〕伯仲之间，所制有木牛流马，有诸葛灯，有诸葛铜鼓，无不精巧绝伦。宋明以来，专尚时文帖括之学，舍此无进身之涂，于是轻农工商而专重士。又惟以攻时文帖括者为已尽士之能事，而其他学业，蔚然罔省，下至工匠，皆斥为粗贱之流，浸假风俗渐成，竟若非性粗品贱不为工匠者。于是中古以前，智创巧述之事，阒然无闻矣。

泰西风俗以工商立国，大较恃工为体，恃商为用。则工实尚居商之先。士研其理，工致其功，则工必又兼士之事。吾尝审泰西诸国勃兴之故，数十年来，何其良工之多也？铁路火车之工，则创其说者，曰罗哲尔，曰诺尔德，而后之研求致远者不名一家。火轮舟之工，则引其端者，曰迷路耳，曰代路尔，曰塞明敦，而后之变通尽利者，不专一式。电报之工最阐精微者，则有若嘎剌法尼，若佛尔塔，若倭斯得，若阿拉格，若安贝尔。炼钢之工，最擅声誉者，则有若西门子，若马丁，若别色麻，若陪尔那，若回特活德。制枪之工，则有若林明敦，若吭者士得，若毛瑟，若享利马梯尼。

制炮之工，则有若鲁克伯，若阿模士庄，若荷乞开司，若那登飞。其他造船造钢甲之工，则有德之伏尔铿，英之雅罗，法之科鲁苏。造鱼雷造火药之工，则有奥之怀台脱，德之刷次考甫，德之杜屯考甫（泰西以人姓为人名，自炼钢以下，大抵以人名为厂名，即以厂名为物名者居多）。当其创一法兴一厂，无不学参造化，思通鬼神。往往有读书数万卷，试练数十年，然后能亘古开一绝艺者。往往有祖孙父子，积数世之财力精力，然后能为斯民创一美利者，由是国家给予凭单，俾独享其利，则千万之巨富，可立致焉。又或奖其勋劳，锡以封爵，即位至将相者，莫不与分庭抗礼，有歉然自视弗如之意，则宇宙之大名可兼得焉。

夫泰西百工之开物成务，所以可富可强，可大可久者，以朝野上下敬之慕之，扶之翼之，有以激厉之之故也。若是者人见谓与今之中国相反。吾谓与古之中国适相符也。中国果欲发愤自强，则振百工，以前民用，其要端矣。欲劝百工，必先破去千年以来科举之学之畦畛，朝野上下，皆渐化其贱工贵士之心，是在默窥三代上圣人之用意，复稍参西法而酌用之，庶几风气自变，人才日出乎。（《庸盦海外文编》卷三）

郑观应

商战上

自中外通商以来，彼族动肆横逆，我民日受欺凌，凡有血气，孰不欲结发厉戈，求与彼决一战哉？于是购铁舰，建炮台，造枪械，制水雷，设海军，操陆阵，讲求战事不遗余力，以为而今而后庶几水栗而陆眘乎！而彼族乃咥咥然窃笑其旁也。何则？彼之谋我，噬膏血匪噬皮毛，攻资财不攻兵阵，方且以聘盟为阴谋，借和约为兵刃。迨至精华销竭，已成枯腊，则举之如发蒙耳。故兵之并吞祸人易觉，商之掊克敝国无形。我之商务一日不兴，则彼之贪谋亦一日不辍。纵令猛将如云，舟师林立，而彼族谈笑而来，鼓舞而去，称心餍欲，孰得而谁何之哉？吾故得以一言断之曰："习兵战不如习商战。"

　　然欲知商战，则商务得失不可不通盘筹画，而确知其消长盈虚也。《孙子》曰："知彼知己，百战百胜。"请先就我之受害者，缕析言之，大宗有二：一则曰鸦片每年约耗银三千三百万两，一则曰棉纱、棉布两种每年约共耗银五千三百万两。此尽人而知为巨款者也。不知鸦片之外又有杂货，约共耗银三千五百万，如洋药水、药丸、药粉、洋烟丝、吕宋烟、夏湾拿烟、俄国美国纸卷烟、鼻烟、洋酒、火腿、洋肉铺、洋饼饵、洋糖、洋盐、洋果干、洋水果、咖啡，其零星莫可指名者尤夥，此食物之凡为我害者也。洋布之外，又有洋绸、洋缎、洋呢、洋羽毛、洋线绒、洋羽纱、洋被、洋毯、洋毡、洋手巾、洋花边、洋钮扣、洋针、洋线、洋伞、洋灯、洋纸、洋钉、洋画、洋笔、洋墨水、洋颜料、洋皮箱箧、洋磁、洋牙刷、洋牙粉、洋胰、洋火、洋油，其零星莫可指名者亦夥，此用物之凡为我害者也。外此更有电气灯、自来水、照相玻璃、大小镜片、铅铜铁锡煤斤、马口铁、洋木器、洋钟表、日规、寒暑表，一切玩好奇淫之具，种类殊繁，指不胜屈，此又杂物之凡为我害者也。

　　以上各种类皆畅行各口，销入内地，人置家备，弃旧翻新，耗我资财，何可悉数？是彼族善于商战之效既如此，而就我夺回之利益数之，大宗亦有二：曰丝，曰茶。计其盛时，丝价值四千余万两，今则减至三千七八百万两。茶价值三千五百余万两，今仅一千万两。杂货约共值二千九百万两。罄所得丝、茶全价，尚不能敌鸦片、洋布全数，况今日茶有印度、锡兰、日本之争，丝有意大利、法兰西、东洋之抵，衰竭可立待乎？次则北直之草帽辫、驼毛、羊皮、灰鼠，南中之大黄、麝香、药料、宁绸、杭缎及旧磁器，彼族零星贩去，饰为玩好而已。更赖出洋佣工暗收利权少许，然亦万千中之十百耳，近且为其摈绝，进退路穷。是我之不善于商战之弊又如此。总计彼我出入，合中国之所得，尚未能敌其鸦片、洋布二宗，其他百孔千疮，数千余万金之亏耗胥归无着，何怪乎中国之日惫哉。

　　更有绝大漏卮一项，则洋钱是也。彼以折色之银，易我十成之货，既受暗亏，且即以钱易银，虚长洋价，换我足宝，行市眴变，又遭明折。似此层层剥削，节节欺绐，再阅百十年，中国之膏血既竭，遂成羸瘵病夫，纵有坚甲利兵，畴能驱赤身枵腹之人，而使之当前锋、冒白刃哉？

　　夫所谓通者，往来之谓也。若止有来而无往，则彼通而我塞矣。商者，交易之谓也。若既出赢而入绌，则彼受商益而我受商损矣。知其通塞损益，而后商战可操胜算也。独是商务之盛衰，不仅关物产之多寡，尤必视工艺之巧拙，有工以翼商，则拙者可巧，粗者可精。借楚材以为晋用，去所恶而投其所好，则可以彼国物产仍渔彼利。若有商无工，纵令地不爱宝，十八省物产日丰，徒弃己利以资彼用而已。是宜设商务局以考物业，复开赛珍会以求其精进。考《易》言"日中为市"；《书》言"懋迁有无"；《周官》有布政之官，贾师之职；《大学》言生财之道；《中庸》有来百工之条。通商惠工之学具有渊源，太史公传货殖于国史，洵有见也。

商务之纲目，首在振兴丝、茶二业，裁减厘税，多设缫丝局，以争印、日之权。弛令广种烟土，免征厘捐，徐分毒饵之焰，此与鸦片战者一也。广购新机，自织各色布匹，一省办妥，推之各省，此与洋布战者二也。购机器织绒毡、呢纱、羽毛洋衫裤、洋袜、洋伞等物，炼湖沙造玻璃器皿，炼精铜仿制钟表，惟妙惟肖，既坚且廉，此与诸用物战者三也。上海造纸，关东卷烟，南洋广蔗糖之植，中州开葡萄之园，酿酒制糖，此与诸食物战者四也。加之制山东野蚕之丝茧，收江北土棉以纺纱，种植玫瑰等香花，制造香水洋胰等物，此与各种零星货物战者五也。六在遍开五金、煤矿，铜、铁之来源，可一战而祛。七在广制煤油，自造火柴，日用之取求，可一战而定。整顿磁器厂务，以景德之细窑，摹洋磁之款式，工绘五彩，运销欧洲，此足以战其玩好珍奇者八也。以杭、宁之机法，仿织外国绸绸，料坚致而价廉平，运往各国，投其奢靡之好，此足以战其零星杂货者九也。更有无上妙着，则莫如各关鼓铸金、银钱也，分两成色，悉与外来逼肖无二，铸成分布，乃下令尽收民间宝银、各色银锭，概令赴局销毁，按成补水，给还金、银钱币，久之，市间既无各色锭银，自不得不通用钱币。我既能办理一律，彼讵能势不从同？则又可战彼洋钱，而与之工力悉敌者十也。

或曰：如此兴作诚善，奈经费之难筹何？则应之曰：我国家讲武备战数十年来，所耗海防之经费，及购枪械、船炮与建炮台之价值，岁计几何，胡不移彼就此？以财战不以力战，则胜算可操，而且能和局永敦，兵民安乐，夫固在当局者一转移间耳。第商务之战，既应借官力为护持，而工艺之兴，尤必借官权为振作。法须先设工艺院，延欧洲巧匠以教习之，日省月试以督责之，技成厚给廪饩以优奖之，赏赐牌匾以宠异之，或具图说请制作者，则借官本以兴助之，禁别家仿制以培植之。工既别类专门，艺可日新月异。而后考察彼之何样货物于我最为畅销，先行照样仿制，除去运脚价必较廉，我民但取便日用，岂必从人舍己？则彼货之流可一战而渐塞矣。然后察其所必需于我者，精制之而贵售之。彼所必需，断不因糜费而节省，则我货之源可一战而徐开矣。大端既足抵制，琐屑亦可包罗，盖彼务贱，我务贵，彼务多，我务精。彼之物于我可有可无；我之物使彼不能不用。此孙子上驷敌中，中驷敌下，一屈二伸之兵法也。惟尤须减内地出口货税，以畅其源；加外来入口货税，以遏其流。用官权以助商力所不逮，而后战本固，战力纾也。

夫日本东瀛一岛国耳，土产无多，年来效法泰西力求振作，凡外来货物悉令地方官极力讲求，招商集股，设局制造，一切听商自主，有保护而绝侵挠，用能百废具举。所出绒布各色货物，不但足供内用，且可运出外洋，并能影射洋货而来售于我。查通商综核表，计十三年中共耗我二千九百余万元。从前，光绪四年至七年，此四年中日本与各国通商进出货价相抵外，日本亏二十二万七千元。光绪八年至十三年，此六年进出相抵，日本赢五千二百八十万元。前后相殊如此，商战之明效可见矣。彼又能悉除出口之征，增入口之税，以故西商生计日歉，至者日稀。邻之厚，我之薄也。夫日本商务既事事以中国为前车，处处借西邻为先导。我为其拙，彼形其巧。西人创其难，彼袭其易。弹丸小国，正未可谓应变无人，我何不反经为权，转而相师，用因为革，舍短从长？以我之地大物博、人多财广，驾而上之犹反手耳。

国既富矣，兵奚不强？窃恐既富且强，我欲邀彼一战，而彼族且怡色下气，讲信修睦，绝不敢轻发难端矣。此之谓决胜于商战。(《盛世危言》卷三)

商战下

语云："能富而后能强，能强而后能富。"可知非富不能图强，非强不能保富，富与强实相维系也。然富出于商，商出于士、农、工三者之力，所以泰西各国以商富国，以兵卫商，不独以兵为战，且以商为战，况兵战之时短，其祸显；商战之时长，其祸大。

善于谋国者无不留心各国商务，使士、农、工、商投人所好，益我利源。惟中国不重商务，而士、农、工、商又各自为谋，虽屡为外人所欺，尚不知富强之术。筹饷则聚敛横征，不思惠工商以兴大利；练兵则购船售炮，不知广学业以启聪明。所谓只知形战而不知心战者也。形战者何？以为彼有枪炮，我亦有枪炮；彼有兵舰，我亦有兵舰，是亦足相抵制矣。孰知舍其本而图其末，遗其精义而袭其皮毛。心战者何？西人壹志通商，欲益己以损人，兴商立法则心精而力果。于是士有格致之学，工有制造之学，农有种植之学，商有商务之学，无事不学，无人不学。我国欲安内攘外，亟宜练兵将、制船炮，备有形之战以治其标；讲求泰西士、农、工、商之学，裕无形之战以固其本。如广设学堂，各专一艺，精益求精，仿宋之司马光求设十科考士之法，以示鼓励，自能人才辈出，日臻富强矣。盖利器为形，利用为心，有利器而不能利用，则人如木偶，安得不以制人者而制于人？故有治法必须有治人。

西人以商为战，士、农、工为商助也，公使为商遣也，领事为商立也，兵船为商置也。国家不惜巨资，备加保护商务者，非但有益民生，且能为国拓土开疆也。昔英、法屡因商务而失和，英迭为通商而灭人国。初与中国开战，亦为通商所致。

彼既以商来，我亦当以商往。若习故安常，四民之业无一足与西人颉颃，或用之未能尽其所长，不论有无历练，能否胜任，总其事者皆须世家、科甲出身，而与人争胜，戛戛乎其难矣！是故国家首贵知人善任，尤要洞识时局。如我力量不足，当忍辱负重，姑与委蛇，待力量既足，权操必胜，有机可乘之时，则将平日所立和约，凡于国计民生有碍者，均可删改。如彼重税我出口货者，我亦重税彼进口货以报之，亦以恤我商者制彼商也。（今当轴者不知振兴商务为开辟利源之要端，只知征商以媚上，凡有所需，非以势勒，即以术取。如广东往来内河轮船，每船已报效银若干，尚为各关、卡留难阻滞，而卡员、差役往来附载皆不出舟资。若挂洋旗之船，虽载货闯关，亦惟瞠目视之，无敢勒索。华商之货逢卡纳厘，多遭搜诘，时日耽延，不如洋人三联票子口税之便，安得不纳费洋人，假洋人之名以图利益欤？所以代报关之洋行日见其多，无异为渊驱鱼，为丛驱爵耳。）

我中国宜标本兼治，若遗其本而图其末，貌其形而不攻其心，学业不兴，才智不出，将见商败而士、农、工俱败，其孰能力与争衡于富强之世也耶？况乎言富国者必继以强兵，则练兵、铸械、添船、增垒，无一不需巨款。而府库未充，赋税有限，公用支绌，民借难筹，巧妇宁能为无米之炊？亟宜一变旧法，取法于人，以收富强之实效。一法日本，振工商以求富，为无形之战；一法泰西，讲武备以图强，为有形之战。自然国富兵强，何虑慢藏诲盗？岂非深得古人"能富而后可以致强，能强而后可以保富"之明效哉！（《盛世危言》卷三）

商务一

商务者，国家之元气也；通商者，疏畅其血脉也。试为援古证今，如太公之九府圜法，《管子》之府海官山，《周官》设市师以教商贾，龙门传货殖以示后世。当时讲求商法，与今西制略同。子贡结驷连骑以货殖营生，百里奚贩五羊皮而相秦创霸。即汉之卜式、桑宏羊，莫不以商业起家而至卿相。郑弦高以商却敌而保国，吕不韦以商归秦质子，郑昭商暹罗、逐缅寇而主偏陲。美总统躬营负贩。俄前皇彼得发愤为雄，微服赴邻邦，考求技艺，研究商情，而归强其国。泰西各国凡拥厚资之商贾，辄目为体面人，准充议政局员。轮船公司往来外国者，亦邀国助。凡事必求便商情，课税必权其轻重。昔罗马尼亚有贾于俄者，富甲一国，俄王与结昆弟，有女遣嫁，遣使往贺。亦可见中外古今，不尽屏商为末务，孰谓阛阓中竟无人豪，顾可一例目为市侩哉？（西俗呼为市侩者，如德国官典章程：每物估价给三分之二，每马克月利三分，凡六月为满，其私押则当值少而利重。此等虽系典商，最为官绅所鄙。其官督民开者以十三个月为期，息五厘而已。质物者必以购物质票为凭，否则以住屋租纸呈验，或令房东作保，违者不纳。）

恭读康熙五十三年谕曰："朕视商民皆赤子，无论事之巨细，俱当代为熟筹。"今官商隔阂，情意不通。官不谙商情，商惮与官接。如何能为之代筹？故来自外洋无关养命之烟、酒、密钱、饼饵等物，进出通商各口皆准免税。而华商营运赖以养命之米、麦、杂粮等项，经过邻壤外县皆须捐厘，遑问日用之百物？试为援比，大欠均平，皆因秉轴者不肯降气抑志，一经心于商务耳。方今门户洞开，任洋商百方垄断。一切机器亦准其设厂举办，就地取材，以免厘税。其成本较土货更轻，诚喧宾夺主，以攘我小民之利。我士商若再不猛着先鞭，顾私利而罔远图，存妒心而互相倾轧，徒使洋人节节制胜，中国利源不几尽为所夺耶？我商人生长中土，畏官守法；彼西商薄视华官不谙外务，反得为所欲为。若华商有交涉缪辖之事，华官不惟不能助商，反朘削之，遏抑之，吁！是诚何心哉？虽然，官不恤商者，固由官制过于尊严，实亦国家立法之未善。纵有亲民之官通识时务者，亦不能破格原情，时与商贾晤对坐谈，俾知商务要领，得以补偏救弊。商务之不能振兴也，良以此耳。

昔年德国商人虽贸易有方，亦迫于官税烦苛，更迫于匪人劫掠，谋什一者无所得利，反多折耗。因而通国商人聚议立约，歃血会盟，每埠必有商会，彼此声气相联，互相保护，名曰保护会，亦名商会。如有爵员及官兵、盗贼恃强以害商者，会中人必协力御侮，不受欺陵；或有劫掠等事，缄知四处，严搜密访，务使就获；倘国家有害商虐政，亦准其具禀，申诉裁革。此会一兴，商务大振，于是荷兰、瑞典、瑙威等国首效之，而英、法、西等国朝廷知其法善，亦准商人在本国设立公会，自为保护，以免他虞。

今朝廷欲振兴商务，各督抚大臣果能上体宸衷，下体商情，莫若奏请朝廷增设商部，以熟识商务，曾环游地球，兼通中、西言语文字之大臣总司其事，并准各直省创设商务总局。总局设于省会，分局即令各处行商择地自设。无论总局、分局皆由各业公举一人为商董，合公举之商董，择其公正廉明、老成练达、素有声望之商，聘为总董，常川住局。一切商情准其面商，当道随时保护。（日本业已效法泰西，虽一介商民，有运土货出售外洋者，欲见某官，商务局董即赐函交其面呈使臣，为通介绍，毫无费用。中国能如是乎？）如有关商贾要务及助资奖励诸法，亦准其径达商部大臣代奏，请旨准行。而后商情不壅于上闻，胥吏无阻挠之弊，官宦无侵夺之权，厘剔弊端，百废可举。商人亦得仿照西例，承办要务，必将争自濯磨，使货物翻新，销流畅旺，上以仰承国家之要需，下以杜绝外洋之厄漏，安见商富而国不富耶？

至今日而策富强，倘不如是，内不足以孚信于商民，即外不足以阻洋商之攘夺。洋货入中国则输半税，土货出外洋则加重征。资本纵相若，而市价则不相同，洋货可平沽，而土货必昂其值。颠倒错综，华商安得不困？洋商安得不丰？倘有贤能督抚大吏，洞明利害本原，奏请将厘金概行豁免，在江海巨埠者并归洋关，在内地口岸者改归坐厘，或由商务局妥筹别款，弥缝厘金之缺，何至华商受其害，而洋商独收其利也哉！（《盛世危言》卷三）

商务二

商以贸迁有无，平物价，济急需，有益于民，有利于国，与士、农、工互相表里。士无商则格致之学不宏，农无商则种植之类不广，工无商则制造之物不能销。是商贾具生财之大道，而握四民之纲领也。商之义大矣哉！

中国袭崇本抑末之旧说，从古无商政专书。但知利权外溢，而不究其所以外溢之故；但知西法之美，而不究西法之本原。虽日日经营商务，而商务总不能兴。凡大小学堂只知教习举业，不屑讲求商贾、农工之学。故读书不能出仕者，除教授外，几至无可谋生。岂知西人读书各专一艺，如算学、化学、光学、电学、矿学、医学、农学、律学及一切制造各务皆足以荣身富国乎？中国今日虽振兴商务，要当取法泰西。

盖西人尚富强最重通商，其君相惟恐他人夺其利益，特设商部大臣以提挈纲领。远方异域恐耳目之不周，鉴察之不及，则任之以领事，卫之以兵轮。凡物产之丰歉，出入之多寡，销数之畅滞，月有稽，岁有考。虑其不专，则设学堂以启牖之；恐其不奋，则悬金牌以鼓励之。商力或有不足，则多出国帑倡导之；商本或虞过重，则轻出口税扶植之。立法定制必详必备，在内无不尽心讲习，在外无不百计维持（各国每埠皆设有商会，京都设商务总会，延爵绅为之领袖。其权与议院相抗，如有屈抑，许诉诸巴力门衙门。故商人恃以无恐）。

昔年英吉利僻处一隅，闭关自守，曾不百年，其兴勃焉，则以极力讲求商政故也。京都皆开商务学堂，教习通商规例，以便贸易远方。时有精于商务之人特著一书，谓商学之要有五：曰地学、金石学、地理学、植物学、生物学。书分四册，首言货物来源，次言工艺制造，三言古今商务兴衰、沿革、更变，四言近今商务。凡欧洲通商之地，植物、生物、金石内所得各物，所生材质，皆分门别类，言之綦详，以教本国学生，并教导他处商人，获益非浅。

或谓："商贾之事，只须略知贸易情形，即可逐蝇头之利。"岂知商务极博，商理极深，商情极幻，商心极密。欲知此道，不但须明旧日所传商政，并宜详求近日新法。（近人思得新法，先视本国土宜，上占天时，下穷地力，究货产之盈亏，何物最饶，何产最良，或注意一种，或若干种，宜制何器，意有专属，其业始精，能使乍见者必生欣爱，欣爱者必须购用，庶得其道矣。）如各种货物增出愈多，则新法更为繁琐。盖懋迁有无之事，匪独一家之利钝，并关一国之盈虚。

古者交易，但贵布、帛、菽、粟，后世工艺，大半弓、冶、箕、裘。此其中但有工于会计，识见过人者，则获利较优。故知市面之兴衰、货物之增益、销路之宏远，须仗聪明才智之士思深虑远，而后操奇计赢，胸有成竹。况商业至今日而愈繁，商术至今日而愈巧。此格致之学言商务者不可不知也。（外国新植一物，新得一法，必笔之于书，以俟考究。据英商云：同治十一年，有英国医士在新加坡游玩，见土人手持一斧，其柄非木非皮，不知何物。遂询之土人，略知出处，即购此柄寄回英国，由博学士考求，知为橡树所制，其质柔脆，可以伸缩自如。于是用橡树所制之器甚多。印度格克得海口有油铺主，一日见油盆之外，盘有树根丝，缕缕明晰，主人大奇之。适制绳工匠某亦来同视，皆以为见所未见，遂将此物寄呈英国考究。知此根丝可以织布、作袋、制衣，倘与蚕丝拼合同制，乍见者竟莫辨其为真丝、为根丝也。嗣后日益讲求，采根丝组织布匹，通行国中。今北鄙苏格兰一带，根丝一项亦为入款大宗。一百年前美国有贩木棉赴英者，其时尚不能将棉花制物，后有艺术之士明制造之法，乃能以棉纺纱，以纱织布，于是制布分棉，成功极易。棉花销数极多，英国织布之业独胜他国，商务又为之一新。近年西人不独购中国鸡毛、羊毛、骆驼毛，且购猪鬃毛、黄麻、乱丝头、柏油、五棓子等物运至外国，用机器制成绒毯、台布、窗帘、缎布、蜡烛、洋墨水，出售中国者甚多。我国如就地制造，以省运费，获利必厚。且闻四川有煤油井，有沙石，可以自制玻璃。当道者欲辟利源，胡不令商民仿而行之？）

中国不乏聪明材智之士，惜士大夫积习太深，不肯讲习技艺，深求格致，总以工商为谋利之事，初不屑与之为伍。其不贪肥者，则遇事必遏抑之；惟利是图者，必借端而朘削之。于是但有困商之虐政，并无护商之良法，虽欲商务之兴，安可得哉？

日本自明治维新后，其大臣游历各国而归，洞识通商利害，谓祛其害，得其利，则国富兵强；失其利，受其害，则民穷国困。究其避害受利之故，在讲求格致，制造机器，种植矿务诸学而已。是以仿行西法，特设商部，通饬各处设立商务局，集思广益，精益求精。（日本自设商务局后，如有洋商买卖不公，即告知商务局，集众联盟，不与交易。华商人心涣散，各自怀私挟诈，致使外人乘瑕蹈隙，坐收渔利。若茶价跌，则说货不对样，非退则大割价，所磅斤两吃亏尤多。凡华商买洋商之货，无不先银后货；洋商买华商之货，则先货后银。竟有延至日久不清者。商务种种吃亏，皆由人心不齐，亦地方官无以鼓励之所致也。事无大小，情同一辙。）不独仿造中国土货，更仿造西洋各货，贩运外洋，价廉工巧，人争购之。如有亏折，南部大臣设法为之怵助。（闻昔年日商仿西法制造之货亏耗过重，不能销者，官为之拍卖，或运售他处。拍卖者，西法也，授意拍卖之人先登告白，订期招人，当众出价，以价最高者得之。）俾再营运，无令中道气沮而业废。故二十年来，商盛课增，竟以富商者增国帑，而其捐资报效之多，固无论焉。

今中国虽与欧洲各国立约通商，开埠互市，然只见彼邦商舶源源而来。今日开海上某埠头，明日开内地某口岸。一国争，诸国蚁附；一国至，诸国蜂从。滨海七省，浸成洋商世界；沿江五省，又任洋舶纵横。独惜中国政府未能惠工恤商，而商民鲜有能自置轮船，广运货物，驶赴外洋，与之交易者。或转托洋商寄贩货物，而路隔数万里，易受欺蒙，难期获利。

前顺德黎召民方伯曾集股创设肇兴公司，开庄伦敦，卖买货物，举余出洋总办，并请郑玉轩京卿、邓小赤方伯相劝。余答曰：商务一端必须统筹全局，果有把握而后可行。若预先买货待涨，非熟悉该处市情消长，货色盈虚不可。似宜先往外洋设一茶叶磁器行号，兼代买卖丝、茶，或附搭殷实可靠之行。俟开办三年，熟悉该处贸易情形，然后大举。倘能奏请朝廷，所有各省军械悉归我行承办，聘一素精枪炮、轮船、机器之人考究，止收经手用费，不致洋行浮冒，以旧充新，则必两有裨益。况承办军械洋行，上海计有数家，岁须缴费二三万金，其利之厚可知（闻中日之战，天津信义洋行承办军械，该行买办尚分得二十余万。其获利之厚，更信而有征矣）。我公司得此利息，亦可赖以维持。奈方伯急于开办，谓所议难行，茶叶磁器生意过小。乃大张旗鼓，请刘述庭观察、梁鹤巢司马开办，名肇兴公司，不及三年已停闭矣。由此观之，可知创办一事，必须小试其端，先立于不败之地，逐渐推广，方可有功；若亟求速效，务广而荒，必至一蹶不振。然则名曰通商，于通之一字，总未能实践力行也。

　　近日朝廷虽有通饬各省督、抚振兴商务，及各制造局准招商承办之谕，惟官商积不相能，积不相信久矣！纵使官吏精明，愿为保护，恐继之者贤否莫卜，或有要求不遂，更速其祸。孰肯以自有之利权，反为官长所执？故殷商大贾更事多者，明知有利，亦趑趄而不敢应召；即有应之者，恐其假托殷商认办某事，实则别有所图。十余年来，时有劣员串同奸商，或禀请当道承领某行捐费（广东各业炮台捐费皆招商承办），或仿西法创办一事，托词业已集股若干，奉札到手，始设局招股，以公济私，既非股实，亦无长技，事终难成，而为其所累者已不鲜矣。

　　按西例，由官设立办国事者谓之局，由绅商设立为商贾事者谓之公司。无论绅商设立商贾公司，必须悉照其国家颁发官商所定商贾公司条例而行。公司总办由股董公举，各司事由总办所定。若非熟识商务，不谙其中利病，股份虽多，官秩虽大，亦不准滥厕其列。如有希冀，必为众所讥。

　　今中国禀请大宪开办之公司，虽商民集股，亦谓之局。其总办稍有牵涉官事者，即由大宪之札饬，不问其胜任与否，只求品级较高，大宪合意即可充当。所以各局总办、道员居多（所学非所用，西人无不讪笑）。迨至关防、札副次第到手，即全以官派行之，位尊而权重，得以专擅其事，假公济私；位卑而权轻，相率听命，不敢多言。公司得有盈余，地方官莫不索其报效，越俎代谋。其小公司之总理，虽非大宪札委，亦皆侵蚀舞弊。股商畏其势，因无商律，不敢上控。是以数十年来获利者鲜，亏累者多也。今欲整顿商务，必须仿照西例，速定商律。余曾购译各国水陆商政比例、通议，香港商贾公司条例（各国皆有商贾条例。其属埠各例，由官商公定。香港条例甚繁，计共一百五十八条。兹将英领事哲美森所译简明公司条例，附刊本论五篇之后，以备当道采择施行。惟东西国例，公司虽官助厚资而成，亦无官督商办之例），请盛杏荪京卿奏议，并咨取各国商律（中国只有刑律，无民律、商律、报律、航海诸律，故商民讼事律多未载，地方官与胥吏随意判断，商民负屈甚多。国家非有商律，如篇中所论，商务必不能旺），择其善者编定若干条，颁行天下。凡创商贾公司，必须具禀，列明股董何人，股本若干，所办何事，呈请地方官注册。如不注册，有事官不准理。庶几上下交警，官吏不敢剥削，商伙不敢舞弊。公司所用之人，无论大小皆须熟悉利弊，方准采用，当道不得滥荐，举从前积弊一律扫除。更开学堂以启商智，减厘税以恤商艰，设银行以输商力（西例凡集股创设公司，譬如股银十万两，提存银行五万。既经注册登报，公司办货贩运他处，即将提单及成本清单向银行押七八成，买两三个月汇票，货到埠期内沽出，将银交银行，取提单出货。转输易，故贩运多。中国亟宜劝谕银行仿照办理，裨益不少），派领事以卫商权，建博物院、赛珍会以为考究之所。凡物产工艺不如人者，商务大臣通饬地方官及商务局，随时随地极力讲求，务探精意，分条剖晰，普告众商。或有多财善贾，能延聘奇才异能之工师创立公司；或制造机器，或矿务，或轮船，或电报，岁获厚利，报效国家千两之上者；或著书阐发中外商务之利弊；或捐资倡办商务学堂，是皆养育人材，启迪来兹，其功不惟贸迁有无，平物价，济急需，而大有益于国计民生，商务大臣宜酌量奏请朝廷，给予匾额或宝星，以示鼓励。诚若此，则商贾中人材辈出，将见国无游民，地无弃物，商务自日有起色矣！（《盛世危言》卷三）

商务三

中国以农立国，外洋以商立国，农之利，本也；商之利，末也。此尽人而能言之也。古之时，小民各安生业，老死不相往来，故粟、布交易而止矣。今也不然，各国并兼，各图利己，借商以强国，借兵以卫商。其订盟立约，聘问往来，皆为通商而设。英之君臣又以商务开疆拓土，辟美洲，占印度，据缅甸，通中国，皆商人为之先导。彼不患我之练兵讲武，特患我之夺其利权。凡致力于商务者，在所必争。可知欲制西人以自强，莫如振兴商务。安得谓商务为末务哉？

我中国自军兴而后，厘金洋税收数溢于地丁，中外度支仰给于此。夫用出于税，而税出于商，苟无商何有税？然中外司会计之臣，苟不留心商务，设法维持，他日必致税商交困而后已。四海困穷，民贫财尽，欺历代之所由衰乱也。

查英国设商部专理其事，于商务讲求最精，故收效亦最巨。（派驻各国领事，岁将该国商务现在一切情形，详报商务大臣。余译有《泰西商务》一书，已详言之矣。）法、美踵其迹，而亦步亦趋，均致富强。德于数十年前师法英人，设商学以教贸易，并立博物院罗致各国货物，以借资效法而广见闻，故商学堂中人才蔚起，而德之商务大兴。奥国近亦讲求，分为三类：一则银行典质货物暨保险各事，二则制造各法及销售运货脚价，三陆地转运之法并邮政电报各事。是以泰西各国商务日振，国势日强，民生日富。然各国工力悉敌，出入损益，厥势维均，则不得不以亚洲各国为取财之地，牟利之场，此亦必然之势也。

夫亚洲各国贫弱者无论矣，最大者首推中国，次则日本。故挟全力而俱东，争开口岸，勒订条约。设领事以资保护，屯兵舰以壮声威。或勒免关卡税厘，或侵占小民生计。取求无厌，要挟多端，必遂其欲而后已。日本初亦受其朘削，至大藏省尽余纸钞，金银日稀，国势已形岌岌。厥后其大臣游历各国而归，窥见利病之故，乃下令国中大为振作，讲求商务，臣民交奋，学西洋之制造，以抵御来源，仿中国之土货，以畅销各国，表里图利而国势日兴。纸钞悉数收回，府库金银充溢（日本自平萨峒马乱后，至今积银赢四千万）。此日本近日通商之实效也。日本既避通商之害，反受通商之益，于是亚洲之国受其害者惟中国而已。

夫以日本之小，且交受其益；以中国之大，乃重受其害者，何哉？病在讲求商务之无人耳。推原其故，上在官而下在商。官不能护商，而反能病商，其视商人之赢绌也，如秦人视越人之肥瘠（封雇商船，强令承役，只图自利，罔恤民生）。私囊虽充，利源已塞。此弊之在上者也。至于商，则愚者多而智者寡，虚者多而实者寡，分者多而合者寡，因者多而创者寡，欺诈者多而信义者寡，贪小利者多而顾全大局者寡。总其事者厚己薄人，心不公，力不足。故合股本而股本亏，集公司而公司倒。此弊之在下者也。

欲求兴商，先祛二弊；欲祛二弊，须如前篇所论，仿照西例办法。必于六部之外，特设一商部，兼辖南、北洋通商事宜。（昔英国思兴邦之略，首在通商，而政令所颁恐不便于商务，于是下令：凡欲选举为议政局员者，必其人曾以贸迁之事三次环游地球，乃得分此一席。于是在朝之士俱由商务而来，而商务遂甲于天下。我中国苟欲振兴商务，推广利源，曷取英国成法，仿行而变通之，以尽祛前弊乎！）南、北洋分设商务局于各省水、陆通衢，由各绅商公举素有声望之老商为局董，凡有所求，力为保护。先讲种植、制造，次讲贩运、销售。如种茶树棉，养蚕缫丝，织布纺纱，制造毡毯诸事；倡立鸦片、煤、铁、磁器、火油诸公司。必使中国所需于外洋者，皆能自制；外国所需于中国者，皆可运售。而又重订税则，厘正捐章，务将进口之税大增，出口之税大减，则漏卮可以渐塞，膏血可以收回，此其权之在上，而必大为变通者也。

至于下则必于商务局中兼设商学，分门别类，以教殷商子弟。破其愚，开其智；罚其伪，赏其信；劝其创，戒其因；务其大，箴其小，使黯然于操奇逐赢之故。而后分者可合，散者可聚，小者可大，拙者可巧，诈者可信，贫者可富，废者可兴。再由各府、州、县札饬各工商设立商务公所。须如王君子潜所云：毋恃官势，毋杂绅权。（商民工匠见诸官绅，皆缄口不言，恐犯当道之怒，祸生不测云。）当听工商仿西法，投筒自举商董。所举商董或一月一会，或一月两会。会日洞启重门，同业咸集，借以探本业之隆替，市面之赢绌，与目前盛衰之故，日后消长之机。勿作浮谈，勿挟私意，何者宜补救，何者宜扩充，以类相从，各抒己见。司董择其切当可采者，汇而记之于册，一存会所，一存商务局。每年每季仿外国商务工艺报刊成编，分遗同业户各一本，俾考市廛之大局，知趋避之所宜。夫而后百货通，百废举矣。商务局凡有所见，咨禀于南、北洋通商大臣。倘遇抑不通，即径达商部，一年一次汇禀情形。商部统计盈虚，上达天听。如是，则兴废当，谋画周，上下之情通，官商之势合，利无不兴，害无不革，数十年后，中国商务之利有不与欧西并驾者，吾不信也。

若朝廷无熟识商务之大臣仿照西法认真讲求，仍以科甲清班不谙商务之员俾主持商政，徒有兴利之空言，而无恤商之实效，因循粉饰，将见国困商亏，贫弱无可救药矣！

昔有西商亏空，势将不支，托其买办借款，并多买丝、茶，例于下船后交价。不料船开后接到英电，谓该行倒闭，照西例仅将其行中所有摊还欠款而已。又有洋人串通华人开洋行者，洋人为行主，华人当买办，拟俟大买丝、茶下船后逃遁，幸查于商律不符，未与交易。若无商律，不注册，大公司稽帐无人，恐倒闭之遗害无穷。（或谓互市以来，大宗生意全系洋商，华商不过坐贾零贩。推原其故，盖由中外贸迁，机器制造，均非一二人之财力所能办到。所有洋行皆势力雄厚，集千百家而为公司者，且有银行通融，其国家又多方保护津贴，是以商务日兴。中国不重商务，不讲商律，于是市井之徒彼此相欺，巧者亏逃，拙者受累，以故视集股为畏途，无怪乎不能与洋商争衡也。）况通商务讼案，华欠洋商，则领事任意要索不止，累及身家。洋欠华商，则领事每多偏视。于是华商或附洋行股份，坐沾余利，或雇无赖以为护符。故欲兴商务，必先能卫商保商，尤必须杜商奸以防逃闭，护商本以维市面。此类条目烦多，须延访深明商律之人，将东、西洋商律参定颁行，俾可遵循，庶奸商无弊可舞，自然阛阓日兴，公司大集，中国之利权不致外移矣！（《盛世危言》卷三）

商务四

孟子曰：“天时不如地利，地利不如人和。”斯理也，通于商务矣。夫贸易之道固以土产及土产所制之物二者为之纪纲，而国政民情未尝不与商务相维系，明乎此而后商务可得而言矣。

英吉利，商国也，恃商以富国，亦恃商以强国。曷为曰商国也？专借商舶以觅新地，辟新埠，纵横五大洲，遍布于中国沿海、沿江地方，其与国政相维系者如此。艺术家日益精良，化学家日研新质，创耕稼新机以教农人，得粪溉新法以兴树艺，其与民情相维系者如此。窃尝究英国商务之所以兴旺者，其故有十三端，有为中国之可及，亦有为中国之难骤及者。曰地气清和，曰矿产甚富，曰国内水陆便利，曰海口多，此四者中国固有之，无不可及者也。曰百工技艺娴熟，曰首创机器擅利独多，曰资本甚巨，曰程法尽善，用人得宜，曰商船多，曰五大洲皆有属地，曰言语为商务通行，曰通商历年最久，曰近日出口货无税，进口货亦不尽征，此九者他国亦有难兼，中国所未能骤及者也。

姑举中国商务情形论之：一曰专业收放者为坐贾，此无甚远大之志，以彼出以此入也；一曰贩运出境者为行商，货不能得厚利于近地，必待转售于他乡，或数百里，或数千里，此其志在速销，以货往以货返也；一曰独商，商本不充者不能创设大庄，商资稍裕者辄喜独开生面；一曰伙商，人二为从，人三为众，向称股份者如是已矣。西商公司之法行，我商局大为一变。然止闻集股之害，终未见集股之利。

然则至今日而言商务，我君臣上下无不欣然艳羡，起而效之，独奈何不揣其本而师其末乎？揣本之道奈何？除设商部、立商务局诸大端前已详哉言之，复有两说于此：

一在先明大地贸易兴旺之故也。地面近赤道者曰赤带，近北极者曰冷带，两带之间曰温带。其土产之利既不相侔，而飞、潜、动、植之象亦觉大异。推之五洲之物，一国之物，一省之物，均未必同，惟彼商人世处其中，或各精一业，或力兼数业，究其大宗之源，实亦不外讲求天生物产、百工技艺两大端。

一在先明城镇口岸兴旺之故也。地当孔道、位镇中央必开大埠，如中国之周家口、汉口、樊城，俄之麦思果、德意志之伯灵是也。江海相接，内通数省，上下数千百里，如中国之上海、英之伦敦、法之立瓮城是也。海口便于泊舟，为海道所必经，中国之香港久为英人占踞者是也。支河一线，内外通海，埃及国之苏彝士河是也。势扼河、海要隘，地甚狭束，希腊与美国答陵湾是也。两海相夹，形如箕舌，南洋锁钥，东、西咽喉，新加坡是也。以上七项皆商埠要区，能占地势之大利者也。既商地之利有七，凡为商者孰不思得一地利以自居，倘或能兼数利，而商务不兴旺者，未之有也。

且夫天下商埠之盛衰，视水、陆舟车为转移。有昔为荒区，今成天府者，如中国之香港、上海、燕台、牛庄等处。有昔为大埠，今就衰落者，如中国之清江、周家口、樊城等处。观船舶之多寡，知河道必有变迁；观海道之飞轮，知中道河南、东道山东之必有衰落；观火车之渐通，知旱道必增巨埠。有识者固思捷足先得，亦惟多财者乃能力着先鞭也。况通商之利固有常经，亦多变局。

试观埃及国昔年缘国属罗马，例应贡麦，埃民遂加意麦种，而麦产贸易之旺者数百年。德国有地名活登倍克，凡民间娶妻者令种果树若干本，其地至今多果利，此因国法而竟能盛兴商务也。昔年英国禁种黄烟，烟贾无利，今弛禁而烟贩遂盛，此以禁令宽猛而可觇商务兴衰也。英国海口昔时麦税甚重，面粉价昂，后减轻收税，面价廉而麦贩愈多，此以捐税轻重而可验商务兴衰也。又有两地物产同而贸易之兴旺则未必同，盖旱道多，山路险，运脚必重，铁路近，轮船便，运脚必轻，此以运脚多寡而可衡商务盛衰也。顾天下政教不能道一风同者，势也，而天下土地必须相其物宜者，理也。不同者原难一例相从，不宜者仍需互相补救。试观中、印善种茶，而英国善织布，故英人常购中、印之茶，而售其布于中、印也。法国善织丝绸，英国善铸铁器，故法国常购英之铁器，而售其丝绸于英国也。美国富棉产，英国精造船，故美国常购英之船，而售其棉于英国也。于此可见各处有本产，即各业有专门，父传子，子传孙，各守恒产，业精物美，而即以其有余，补其不足。此交易之各得其所者也。

至若天气温煦，雨旸时若，则土产之物必鲜美而价廉，是谓得天时者也。土质膏腴，地脉滋润，则所产之物必丰富而价平，是谓得地利者也。技术有师承，制造多心得，则所出之物必精美而价高，是谓得人和者也。"天时不如地利，地利不如人和"。明乎此，方足与言商务。吾愿言商务者，究其理而推行尽利可也！（《盛世危言》卷三）

商务五

国家欲振兴商务，必先通格致，精制造；欲本国有通格致、精制造之人，必先设立机器、技艺、格致书院，以育人材。并由商务大臣酌定税则，恤商惠工，奏请朝廷颁示天下，悉如前篇所论。如有新出奇器，准给独造执照，及仿西法颁定各商公司章程，俾臣民有所遵守，务使官不能剥商，而商总商董亦不能假公济私，奸商墨吏均不敢任性妄为，庶商务可以振兴也。查我国与泰西各国通商在日本之先，而商务、制造瞠乎其后者，皆因无机器、格致院讲求制造诸学，无商务通例恤商惠工，是以制造不如外洋之精，价值不如外洋之廉，遂致土货出口不敌洋货之多，漏卮愈甚。当道虽时欲整顿商务，挽回利权，究竟未知扼要所在，数年来工商生计愈见其绌。若再不悉心考究，徒效皮毛，仍如隔靴搔痒，有名无实，或言不顾行，势必至国困民穷，不堪设想矣！故书中反复详论广开学校及设技艺、机器、格致书院、撤厘订税、恤商惠工诸政，为当今致富之急务，非此不足补救万一也。

尝阅西书（英国每岁集刊《列国政治》一书出售，西名《士得士文也卜》，凡各国之政治、兵船、铁路、火器新旧多寡，国用土产等项，无不备载），论商务之原，以制造为急；而制造之法，以机器为先。中国自设立制造局，风气一开，凡一切枪炮、轮船、军火均能自造。惟物料仍需购之外洋，且剿袭西法，而不能尽得其秘，所以仍不能夺其利权。至民间近亦讲求机器，成衣用机器也，造纸用机器也，印书用机器也，磨面用机器也，碓米用机器也。然尚不过试行，而未能推广。今则缫丝机器规模宏大，出货甚多；而纺纱、织布之机器，则更利市三倍，推广愈甚。此商务之转机也。然各种机器仍须购自外洋，不特民间购取之不便。而洋人明知华人不能自造，往往格外居奇，要求善价，且多有以用过之旧物售之中国，而中国暗受其欺。且置一机器不知其所以然，而但知其所当然，偶一损坏，仍须倩洋人修理。设洋人不肯修，则有机器如无机器同，其有不受制于外人者乎？

人但知购办机器，可得机器之用；不知能自造机器，则始得机器无穷之妙用也。宜设专厂制造机器，择现在已经用过之各机器，先行仿造；然后向外洋置备各种未经购用之机器，一一仿造。虽不能自出心裁远驾西人而上，而果能步其后尘，纵不能得外洋之利，则中国之利自不至外溢矣！各种机器自能制造，则各种货物亦自能制造。所造之物既便自用，且可外售于人，不致全以利权授外洋矣。外洋进口之货，皆人力之所为；而中国入口之货，多天生原质，以此相较孰优孰绌，不待智者而知之。

且中国地居温带之中，所出之物悉较外洋为优，无如中国优于天工，而绌于人力。中国以为无用之物，如鸡毛、羊毛、驼毛之类，洋人购之造之，人巧夺天，竟成美货。在华人以为洋人购此无用之物，可以得利；而不知洋人成货之后，售与华人，其什百千万之利仍取偿中国也。将来日本在内地通商，势必广制机器，华人所不知为而不能为，所欲为而未及为者，恐日人先我而为之。则外洋之利权既为欧西所夺，而内地之利权又将为日本所夺矣！现在风气之速，甚于迅雷，若不急思筹办，则日本创之，各国效之，华商必至坐困，无利可图，可不惧哉！

况丝、茶为出口货之大宗，年来养蚕、制茶之法均不如外国，其利亦渐为所夺，出口日减矣。尝考外国制茶新法，皆用机器以代人工，力匀而工省，制精而易成，无天雨不晴之虑，一切巧妙之处，日人已著书详言之矣。蚕丝较茶出款尤巨，法人郎都近创育蚕会，用显微镜测视，凡蚕身有黑点者谓之病蚕，即去之，讲求日精，故所养之蚕较中国出丝恒多三倍。虽然中国向有治病蚕之法，惜未考求尽善，常为病蚕所累，出丝不多。洋关税务司康必达著书详论其事，并遣人赴法国学习，利导可谓甚勤。奈华人积习未除，风气未开，尚罕信者。

考泰西各国最尚格致之学，有一事必设一会，集天下之深知此事本原功用之人，不厌繁琐，一一考究详察，以尽其利。譬如种田则必究其未种之先，何等种籽宜于何土，燥湿何宜；既种之后，必究其何以长茂，何以蕃实，必使业此者毫无遗利而后止。今访求养蚕各节，既此意也。泰西于蚕桑一事，亦设有会，托各国各就所产情形，专心考究。此会设有年所，其于蚕之一物如何生长，宜食何叶，何以肥壮，何以有病，如何医治；何以必到其时不食而眠，每次眠时是何形状；何以必到其时乃上山结茧，其茧是何色样，何以茧有大小；何以必到其时乃出蛾，其蛾是何色样，有无疾病；何以必到其时蚕乃发生，又何以一年内再生至五六生（即二蚕、三蚕至五六蚕），如何使其不再生，而留其子使次年始生；所吐之丝何以有粗细韧脆，何以光洁，何以暗滞；何者为得天气之宜、地土之宜，究应如何蓄养，始无遗憾；所种之桑何桑宜何地土，何以茂密，何以虫生，如何去虫，何叶宜何蚕；又有各种野蚕，各种半家半野之蚕，何以为野，何以为半家半野，何蚕产何处，何蚕生何树，食何叶，何种可取回畜养，何种不宜取归，其蚕及蚕茧、蚕蛾、蚕子如何收取，如何功用。会中历年讲究，早得窍奥，不存私见，坦白大公，随时荟萃出书，布散各国，使人增长学问，有所仿效，俾无遗憾。但格致之学精益求精，无有止境，故是会仍就各国访求，不厌繁，不惜费，因蚕桑有关国计民生，亦皆各国公款所出，诚重其事也。

中国蚕桑之法讲求者，原不乏人，特忽略者众，只知其当然，而不知其所以然，仍用旧法畜养，衰旺委之气运，年产不能递增，端在讲求不得其道耳。至各种野蚕，则更无人过问，任其自生自灭，实亦大有利用。今欲华人能知取益防患之法，必得会中新出之书考究仿效，所裨诚非浅鲜。欲振兴商务者宜知之。(《盛世危言》卷三)

铁路上

夫水行资舟，陆行资车，古之制也，民生自然之利也。至今日而地球九万里，风气大开，以日行百里计之，环球一周，累年不能达，文、轨何由一？声问何由通乎？天乃假手西人以大显利用宜民之神力，于是而轮船、火车出焉，以利往来而捷转运，风驰电掣迅速无伦，诚亘古未有之奇制也。中国版图广大，轮船之利亦既小试其端矣，独火车铁路屡议无成，聚讼盈庭莫衷一是，窃未见其可也。

美国西北之佘山郡，濒海旷远，自设铁路近通东部，遥接金山，于是百货流通，商贾辐辏，户口陡增百万有奇，此铁路之便于通商也。

德、法构兵时，德提督谓法使曰："如战，则我国可于十四日中在边境集军十万，粮械具备。"后果践其言，克获全胜，此铁路之便于用兵也。

俄国所筑西卑里亚之铁路，不日可成，其道里所经与俄之圣比德罗堡京及墨斯科城一气衔接，所属大西洋之地与珲春扼要之境亦节节相通。考欧洲至上海，若取道苏彝士河，历程四十四日，若取道美洲干拿打，历程三十四日，有此铁路不过二十日可到。就通商而论，其地贯欧、亚两洲之北境，将来各国行旅多出其途，俄人即可坐收其利，若偶有边衅，则由俄京至中国边境仅半月程。而我调饷征兵，动需岁月，急递甫行，敌已压境矣。

今英、法、俄三国争造铁路以通中国，包中国之三面，合之海疆已成四面受敌之势矣。英由印度造一路逾克什弥尔北抵廓尔喀，分支至西藏之大吉岭与藏地为邻，一路由缅甸之仰江以达阿瓦，径距滇边。一拟自英属缅甸琅玕埠头以达江泓，一自缅甸路江口摹耳曼埠头以达云南之江泓，一由巴漠直接滇疆，西人目为天生商路。法由越南造铁路以通云南、广西。俄自东北彼得罗堡至西北西伯里亚一带之地，凡造铁路一万余里，循黑龙江而南，告成而后商贾往来便捷。愚民无知，惟利是从，我能保护之，则百姓我之百姓也；我不能保护而人能保护之，则百姓即为人之百姓。缅甸之属英，越南之属法，琉球之属日本，吉林、东北各部之属俄，其明证矣。

且口外荒地甚多，开垦甚便，一有铁路，内地无业之民相率而至，膏腴日辟，边备日充，商旅日集，大利所在，人争趋之，荒远辽阔之区一变而为商贾辐辏之地。而我之境内未有铁路，则荒凉者如故，贫瘠者如故也。彼此相较，贫富相形，而欲边境之民尽甘槁饿而不为敌人用也，其可得哉？若彼以一旅之师长驱直入，则边陲千里阒其无人，蹙地丧师可以立待。故敌无铁路，我固不必喜新好异为天下先；若人皆有铁路而我独无，则必败之道，必不能支之势也。外国有行军铁路，宽径尺余或二尺，地面不必铺平，下置木桩，驾以铁樀，用则搭，不用则卸，仿而行之，运兵载粮尤为简易。（火车以美国之式为最善，工价则中国较廉，故旧金山车路皆雇中国人兴造。至铁轨需费尤巨，必须自造，若购之西国，则失利多矣。）

自河运改行海运以来，轮舶往还费省而效捷。议者或虞海道不靖，敌兵邀截，欲复河运旧制而劳费不遑恤焉。何如以议复河运之费，移开铁路之为愈也。盖尝访诸西人，其利有十：

所得运费除支销各项及酌提造费外，余皆可助国用，其利一；偶有边警，征兵筹饷，朝发夕至，则粮台可省，兵额亦可酌裁，其利二；各处矿产均可开采，运费省而销路速，其利三；商贾便于贩运，贸易日旺，税饷日增，其利四；文报便捷，驿站经费亦可量裁，其利五；中国幅员辽阔，控制较难，铁路速则巡察易周，官吏不敢逾法，其利六；二十三行省可以联成一气，信息便捷，脉络贯通，而国势为之一振，其利七；中国以清议维持大局，拘挛束缚颇难挽回，有铁路则风气大开，士习民风顿然丕变，而士大夫之鄙夷洋务者亦可渐有转机，其利八；岁漕数百万石，河运、海运皆糜费无算，一有铁路则分期装载，瞬抵仓场，巨款可以撙节，其利九；各省所解京饷，道路迢远，鞘段累重，中途每致疏虞，铁路既通则断无失事之患，其利十。有十利而无一害，复何惮而不行哉？

而尼之者则曰："造路之后，夺铺驿夫役之利，一害也；修路之时，庐舍、坟墓当其冲者必遭拆毁，二害也；他日猝为敌乘，祸发倍速，三害也。"

不知铁路之旁，其左、右歧路，人、马皆能行走，火车所运货物应于某处卸载者，仍须车、马接运，且物产之流通益广，则人夫之生计益增，何害之有？铁路遇山巅水曲均须绕越，架空凿洞亦可驶行，庐舍坟墓亦犹是也，何害之有？中国所购兵轮、商舶苟有器无人，皆可资敌，何独于铁路而疑之，独不可宿兵以守之乎？且地当敌冲，临时折断铁轨数截十丈或百丈，彼即无能为力，而我腹地仍得往来自如，何害之有？往者议造轮船、电报，群疑众谤，几费半途，既而毅然举行，至今日而天下之人异口同声共知其利。矧铁路之利倍于轮船，而中国陆路之多倍于沿海，何可迟疑顾虑，坐误机宜，致他日受制敌人悔之已晚耶？（查西商承办铁路，如有军务，先为国家运兵、运粮，缴费脚力照算，不使商人吃亏，有余暇方准装运客货。）

往年晋省洊饥，费数十金不能运米一石，一石之米须分小半以饷运夫，得达内地济饥民者寥寥无几，饿殍之惨，言之痛心。设有火车，断不至是。况当日运费数百万金，苟移造火车亦可成铁轨八九百里。今虽事后之言，而得失之数必有能辨之者。

夫中国大势，西北土满而东南人满，若有铁路以流通之，则东南之闲民可以谋生于西北，西北之弃地可以开垦如东南。政在养民之谓何，而忍听其贫瘠流离竟不一为之所哉？惟铁路通欧、亚两洲，往来更捷，我国宜先设内地各省通都大道便于官商者。如有边患，凡扼要之处守以重兵，庶不致反资敌用，所愿衮衮诸公，先事图之。（《盛世危言》卷六）

铁路下

中国西北陆路居多，行动辄需车马，挽运颇觉艰难。丰年苦于谷贱，凶年苦于谷贵。如有铁路，则农民无甚贱甚贵之苦，奸商亦无所施其居奇之技。李提摩太云："西国自兴铁路以来，从无储粮备荒之议，盖以储旧不如籴新之为愈。"

俄国又借铁路之速以侵占人地，观其通市于回部、西北，皆由铁路造成，始逐渐肆其兼并之志。查我国嘉庆七年，即西历一千八百有二年，俄罗斯与波斯人交战。道光四年，俄罗斯有一大帮商人至波斯贸易。十八年，俄罗斯与波斯立约，俄得地两处：一名爱里湾，一名纳其湾。二十八年，俄罗斯在阿拉伯海立炮台，此俄在亚西亚之东部第一次建炮台也。咸丰十年，与中国立约，得吉林东边地，名海参崴。是年，又在伊犁一带用兵。同治四年，俄占图其斯丹地方，现建为省。七年，俄占撒马戛，立水纳法撒省。八年，占里海东地名克那罗波。九年，在里海东得密加罗与姆那加里两处。十年，占伊犁。十三年，占波奇洼，立亚姆大耶省。光绪二年，又占可卡里，立非加拿省，在茶突地方设立炮台。六年，在里海东试造铁路。七年，又占亚斯卡巴地方。八年，归伊犁与中国。九年，里海至黑海铁路造成。十年，连占美尔洼、沙那克并普里克尊等三处地方。十一年，又占苏飞卡、亚可巴两处地方。十二年，又占巴图稳地方。十三年，又占克尔奇地方。十四年，由火车到撒马戛。其铁路业已全行造成。里海东西有六千里左右地方已为俄侵占殆尽。

　　总计俄罗斯，康熙二十一年全境有五百六十万方里，至雍正三年已有六百八十万方里。从前止十一兆人，近日水、陆路途俱通，全境有八百五十万方里，有一百二十兆人。足见俄国开通一处铁路，即侵占一处地方，可知铁路之制，于商贾交易、货物往来犹其余事，而独至军旅之事关系尤非浅鲜。凡有铁路之处，一有兵端，非特邮传信息不虑稽迟，即意外警报，仓卒征调，克期立至，使敌营侦探者几疑飞将军之从天而下也。

　　夫地方之有铁路，譬如人身血脉流通，手足灵捷，猝遇意外，呼吸之顷，臂指相使，四肢并举，自无掣肘之患。其未建铁路者，则如风痹之人，半体不遂，举动不灵，横逆之来，无可相助，亦惟任其侮辱而莫之御也。讵不大可惜哉？所以两国交战，总视何国能克日集兵，速而且多者即操胜算。若无铁路者，一旦敌人压境，非但兵粮不易调集，即部署有方，亦仓皇莫济矣。今俄国殚心竭虑，在亚西亚东部制造铁路，约五六年后即可告竣。（西卑里亚铁路现已加工，限于西历一千八百九十八年一律造成。）彼时由俄国至中国新疆伊犁、吉林东三省等处，不过数日，重兵可分驰并集。兴言及此，曷胜悚惧！

　　总之，铁路之造，在中国今日实有万难缓图之势。惟创办之初，务宜考较以何国立法最善，何国经费最省，何国机器最新，何国火车最稳、最速而又价廉。据美国铁道艺学士夹阜云："英国本境有地一亿二万一千方里西程，有铁路二万一千里。法国有地二亿零四千零九十二方里，有铁路二万八千里。美国有地二兆九亿三万九千方里，有铁路十九万二千里。英、德、法三国地方较美国小，而所造铁路且有一定之路程，较美国地方广大，从东方省会到西方省会，有大铁路数条，其取径均不相同，遂有比较之法。若此路车费昂，有别路较彼便宜者，可由国会聚议，另辟以利商民。所以美国运货搭客之价廉于各国。英国米地郎地中铁路，行一西里之远，每吨货需钱二十文，美国只需钱十二文。如系美国裴脉特之铁路更廉，每吨不过费钱六文。盖英、德、法铁路火车至今尚多旧式，美国铁路最多，生意极广，承办铁路巨商又互相争利，故新式之车日出日精，力速而车稳，价廉而工省也。"

特录其言，以告筹办铁路者详细考之。

王爵棠星使曰："芦汉铁路之议迄未举办，津辽铁路之兴亦未展拓，大抵以经费难筹，且防外人专利耳。不知外洋轨路皆集商股而成，或限数十年，或十余年归入公家。一遇军事、赈务，即限内亦尽公家运用。虽以公司承办，匠师、董役而集股、招工、购料，无不取资内地。尝访询公司数家，虽各国章程微有增损，大抵商人所取偿者只运价一端，而地方之因以振兴者所益甚大。且既归商承办、承运，则防守之费、养路之费皆其所出，又较胜官为经理也。该公司等又谓：'中华工人、物料、食用皆倍贱于外洋，则造价自较省于外洋，是在临时估核耳。'"按王星使之言，与沪上西商之言相同。惟中国各省土地辽阔，若非分段承办，犹恐缓不济急。

近闻中、西商人钻谋承办者颇多。若由国家筹款开办，糜费必多；专归华商接办而无西人相助，恐巨款难集，成功不易。似宜归中、西股商合力招股，分段承办，较易竣事。西报论："中国创造铁路，所有章程允宜取法于美国，以得自然之利。传闻有一美人姓极弗司者，向来经理铁路事宜，其人已与某大宪晤商，愿由吴淞至金陵，仿美国法承办一至坚至廉之路，每一点钟能行六十英里，限一年内告成。十一年内由其人包办一切，所装之货每一英里仅收运费洋银一分，每一座客收洋银二分。十年之后将此路归还中国。某大宪以此事不欲归外邦人经理，却之。然极弗司如以此事向他国承揽，他国政府自必从速允诺。而极弗司复语以愿为代筑是路，每一英里需洋银四万五千圆，铁路、火车及各项器具皆全，亦未允许。本馆之意：中国宜让外邦人试办，俟数年后诸事皆已熟习，然后收回。先将此费移修水道，以佐铁路而握利权。"查泰西铁路，有为商务设者，有为军务设者，有兼为军务、商务而设者。今二十三省所造干路，诚如美、德所造之路，于军务、商务均有裨益。各国铁路公司进款，国家岁抽税银甚巨。(日本国家抽铁路税与泰西抽入息税相仿，三百元至一千元一分，一千元至一万元一分半，一万元至二万元二分，二万元至三万元二分半，三万元以上三分。)可知其利国利民矣，而奈何不即举行也哉?(《盛世危言》卷六)

银行上

天下之财莫善于流通，莫不善于壅滞。财流通日见有余，己与人两得其利;财壅滞时虞不足，自谓利于己而不利人，其实亦不利于己。《易》有之曰:"惟圣人能以美利利天下。"可知利于己而不能利于人，与利于民而不能利于国者，均非美利也。自华洋互市以来，中国金钱日流于外，有心世道者咸思仿行西法，以挽回补救之。而无如逐末忘本，得皮毛遗精髓者比比然也。夫洋务之兴莫要于商务，商务之本莫切于银行。泰西各国多设银行，以维持商务，长袖善舞，为百业之总枢，以浚财源，而维大局。兹略举其利民利国之大要言之。

银行之盛衰隐关国本，上下远近，声气相通。聚通国之财，收通国之利，呼应甚灵，不形支绌，其便一。国家有大兴作，如造铁路、设船厂，种种工程可以代筹，其便二。国家有军务、赈务缓急之需，随时通融，咄嗟立办，其便三。国家借款不须重息，银行自有定章，无经手中饱之弊，其便四。国家借款重叠，即或支应不敷，可以他处汇通，无须关票作押，以全国体，其便五。中国各股实行家、银号、钱庄或一时周转不灵，诸多窒碍，银行可力为转移，不至败坏市面，商务借可扩充，其便六。各省公款寄存银行(各海关官银号岁计入息约共数十万两)，需用之时支应，与存库无异，而岁时入息仍归公项，不致被射利之徒暗中盘算，其便七。官积清俸，民蓄辛资，存款生息，断无他虑，其便八。出洋华商可以汇兑，不致如肇兴公司动为洋人掣肘，其便九。市面银根短绌，可借本行汇票流通，以资挹注，其便十。有此种种便益，是民生国计所交相倚赖者也。

况银行获利之丰更有可得而言者。中国银行、钱庄资本不过数万，开拓场面，联络声气，能者可岁获余利二三万金。银行资本既雄，流通中外，其获利之可知者一也。殷商富户银行存项，例定一年期者息五厘，半年期者息四厘，三月期者息三厘，时有往来者息二厘，若转放各处则七厘、一分不等，不到期即取回者无息，其获利之可知者二也。外国存款甚多，不过三四厘息，遇有要需均可互相补救，其获利之可知者三也。银行钞票通行市面，百数十万视若现银，不费来源之息，而得无本之利，其获利之可知者四也。提单票来自远方，见票一二月利息连汇水统收，其未到期还银者，回头息只付一半，其获利之可知者五也。汇票押款过期一日仍作一月计算，其获利之可知者六也。银行所置之铁门石栈堆放所押货物，计出栈租、火险，其费视他业甚廉，其获利之可知者七也。况银行生意较别项尤为稳当，只有汇票及押款押票而已，即钱庄借银必用殷实庄票，限期不过数天，押款必须的实，照市价七折至五折为限。不论何处汇票，先收银而后付票，事事踏实，处处认真，其获利之可知者八也。便于人者如此其多，获于己者如此其厚，所谓以美利利天下者，莫要于斯矣。

　泰西有官银行，商银行。又有贫民银行，系官绅商贾乐善为怀，特设为贫民存款，代为支放，月给利息起见，或设于各商埠，或设于各村乡。若水手银行则设于各兵船，或陆路屯防之所。因负贩之辈利逐蝇头，信手得钱，恐易挥霍（中国贫民如男女佣工积蓄之资存于小铺，生息多为亏逃）。其荷戈执戟者买醉赌钱，罄囊尤易，令将手中所蓄存之银行，积少成多，可为防贫之计，便民之法周矣。今香港、上海招集中外股本创设之汇丰银行，亦仿其美意，增立新章，代贫民收储银洋，由一元至百元皆可代为收存。每人积至五千元为限，每元岁给息三厘半，随时可以提用，诚便民良法。惟一月之中存银者以百元为率，百元之外则归入下月。一年以一千二百元为度，满五千元则归并大数，不在零存之数。息银则以三厘半按月计算，以本月所存最少之数为准，譬如月头存入百元，越数日支取六十元则止存四十元，月底或又存三十元、二十元，虽并存有八十元，或九十元，而计息仍照四十元结算。此则银行之于中取利也。然此原不足为银行病也。盖人向银行存款至少非千金、百金不可，若百元以内，其细已甚。银行意主便民，收此奇零之款，存银之人或今日存入，明日支出，彼亦不得不为代劳，是不啻众人之总帐房，苟不予以沾润，谁乐为之？虽然，此举虽善，所利者中人之家耳。今有人于一日之中偶获四五元，十数元，而需用不过一二元，其余银无可安放，若置之床头，则恐随手浪费，即藏诸箱箧，犹恐突遭肶箧，不翼而飞。更有长作寓公并无家室者，有此大帐房，得一元则存一元，余两元则存两元，该银行予以存折，随时可支，虽朝存夕取不以为厌。即存折遗失，拾得者亦无所用之，盖存银之时必签名总簿，日常支取，亦必签名。所签与总簿字迹相符者乃付，不然则否。故存折虽失，亦自无妨，并可与银行商立补折。立法之善，蔑以加矣。

其银行所出钞票，每张一元至五百元，到处通行。商银行所出者必须经官验看，核其存库银钱若干，始准出票若干。（如用出现银钞票一千元，须有现银二百元备为零星换银者取用，非国钞可比。俄国钞票有值银九亿万卢布之多，与各国寻常银票不同。其国库空虚，借此腾挪，不能持票收银随时兑换，市价亦有涨跌云。）若今之洋商所用银票，并不由中外官吏验看虚实，不论多少，惟所欲为。闻英商汇丰银票在粤通用之票百余万，该行已获利二百余万之谱。虽有华商股份，不与华商往来，即有股实华商公司股票，亦不抵押，惟外国公司货物、股票均可抵押。西商操其权，而华商失其利；华商助以资，而西商受其益。强为区别，是诚何心？中国钱庄资本二三万，放款数十万，稍有倒欠，呼应不灵，所谓"倒持太阿，授人以柄"者非欤？今为之计，非筹集巨款创设银行，不能以挽救商情，而维持市面也。（《盛世危言》卷七）

银行下

说者谓："中国自兵燹后帑藏空虚，加以水、旱灾荒无岁不有，欲创设官银行，款将何出？纵竭力筹集，而中国人情向多疑阻，迩来集股亏折，闻者咸有戒心：始疑其不成，继疑其不稳，终疑其不能长久。惑之者半，沮之者半，而事终不成矣。且华人之富者喜置房产，而不喜经营，存储之银决不肯轻易出借，亦不肯轻易借人之银。其贫者虽欲借银，而无货物、产业作抵。银行虽设，必不如西国获利之丰。"

是说也，知其一而不知其二者也。今不设银行则已，苟设银行，其利益甚大，而筹款亦无难也。何则？数百万之成本在民间集之不易，在国家筹之即亦无难。应请先设官银行于京师，简派户部堂官督理，即将四成洋税拨作银行成本，约得库平银九百万两（查各海关岁收洋税银二千二百余万两），其外省分行（即将该省洋关税饷、地丁钱粮归其代收候解，其中入息不少）仍由藩司督理，以专责成，此官银行之法也。设票十万，每股百金，不分官民，悉听入股，各督、抚札饬府、县劝谕富商，集办尤易（准其行钞票，官银行亦许通融，并不勒索），此商银行之法也。至于一切条规悉仿西法。

查西国银行创自英人约翰拉乌，后人相率踵行，获利日溥，所出汇单虽数万里之遥，克期无误。如有折阅，一切存款、钞票例必如数赔偿。所出钞票动至数百万，每岁行中存本之多寡必与钞票出入之数相抵，由官查核，不至钞溢于银，方能取信于人，持诸久远。中国如设银行、行钞票亦当先定妥善章程，用顶厚洁白纸为质，以铜板镌刻精细龙文，上列满、汉文字以及"皇清宝钞"字样。钞既造成，盖用部印，并盖银行钤记，以示信于民。民间以钞易银，可随时随地向银行支取，绝不留难，俾知存钞无异于存银，且携银反不如携钞。盖钞票有一两银一张，有十两银一张，有五十两银一张，有百两银一张者，进出一律，有轻赍之便，无耗折之虞。如妥议钞章，尽杜流弊，奏请朝廷颁示天下，官、民通行，合十八省计之，不难销流数千万两，得此巨款，腾挪生息，利莫大焉！惟开办之始，尤宜晓谕商民人等，凡厘捐、关税、捐款、地丁一切报效、输纳之款，及职官廉俸、兵丁口粮一切支放之款进出，一律俱以银钞各半为程，开诚布公，昭示大信，则上有好者，下必有甚焉者矣。每岁由官查核钞票行市者若干、本银存行者若干，必使钞本相均，否则再行纠本，查清之后刊登日报，俾众周知。

惟银行用人实为第一难事，亦宜仿照西例。官总其成，防其弊而不分其权。一切应办事宜，由股商中慎选一精明干练、操守廉洁之人，综计出入；另举在股董事十人，襄赞其成。重其事权，丰其廪饩，激以奖劝，警以刑诛，庶利多而弊少耳。所虑者，银行既设，各处皆设分行，其中帐房需人，司事需人，书契需人，招徕商客又需人，大行数百人，小行数十人，用人既多，钻谋必众。附股有荐举，亲友有恳求，达官显宦有嘱托，远近踵至，良莠不齐，偶有疏虞，即生弊窦。薪水或支用过度，钞票或作伪混行。甚至荐托愈多，无从位置，推而却之，恐碍情面，乃提送干修，少则数金，多至数十金，年复一年，漏卮无底。是皆有损于银行而贻无穷之弊者也。宜仿西法：凡银行所用之人皆由公举，不得私荐，责成官绅及诸股董各就所知保荐才能廉洁之士。荐而作弊，举主坐之，倘有亏蚀，荐主罚赔。以众人之耳目为耳目，以天下之是非为是非，则弊绝风清，当亦庶乎其可也。

然而，押款不实，其弊犹可虞也。盖设立银行大半恃放息为利，中国钱庄放息以六七厘为率，多则一分，尚多亏负。今银行取息不能更重于钱庄，格外轻微又恐亏耗，况放息如徇情面，则所出之款项溢于所押之货值，银行已阴受其亏，偶有数户卷逃，被累辄至巨万矣。乌乎可？欲救其弊，亦必以西法为归。西国银行与人交易必有押款，抵押之法以估价为度，如货物值十成者，所押不过六七成，多至八成而止。合同各执，载明限期，如过限期不还，即将所押之物拍卖偿抵，倘拍卖之价不足所押之价，仍向欠户追还。其实在无力贫民亦有报穷之举，乃始归之折阅。

是以银行虽有亏累，为数无多。所在官司亦认真护持追究，不似中国官吏动以钱债细故，膜外置之也。其所放之款，月梢必结，以视中国之曲徇私情、彼此往来漫无限制，终至被累不堪者，判如霄壤矣。似宜令出使大臣将各国银行详细章程遍行翻译，然后准情酌理择善而从，以官护商，以商辅官，用商务之章程屏官场之习气，内外合力，期在必成，上下同心，联为一体，则通之四海，行之百年，度支无匮竭之忧，亿兆有转输之利，而国家万世之业，亦且有苞桑之固、磐石之安矣。

虽然，徒善不足以为政，徒法不能以自行，欲设银行仍必自建立商部始。（查日本商人没有正金银行，股本六百万元，收足股本银四百五十万元，已分设各处，总理俱系日人，岁获厚利，现有公积银三百八十二万元。何中国尚不能行？因当道未能体恤商情故也。）盖既立商部，必定有商务通例颁行天下，保护商人，使商务日新月盛，而后银行可开，钞票可设，上下通用，自然大获利益。且同一钞票，中国用之而多弊，泰西用之而无弊者，无他，信不信之分耳。民情不信，虽君上之威无济于事；民情信之，虽商贾之票，亦可通行。中国前行之钞，立法未尝不善，其后吏胥因缘为奸，卒不取信于民者，无商部以统率之也。故欲用钞票，须先设银行；欲设银行，须先立商部。泰西国帑皆存诸银行以为根柢，而出钞票以为凭券。（金人分钞十等，至大十贯，至小极于百文，太嫌琐屑。今银行所出番票，自五元起至百数止，其数适中。若中国则尚可加重，拟分三等：曰千两、曰五百两为大钞，曰百两、曰五十两为中钞，曰十两、曰五两为小钞。如用银圆及制钱，数亦如之。既定等差，再求式样。查美国钞式有二：小者长一寸五分，阔二寸五分；大者长二寸，阔五寸。用钢板镂精细花纹，机器刷印，每纸必经数器乃成，以防弊也。中国既拟为三等，则式样、大小即可视数之多寡而定，大抵长以四寸为始，递加至八寸止，阔各如其长之十七。用机器造成洁白厚纸，内用暗码，则伪造之弊不禁自绝矣。）其利皆归诸国。中国官项悉存诸库，徒供官吏侵挪，而西号之汇兑、商家之期票反得彼此往来，以沾什一之利。市侩专权最为可痛，今既自设银行收回利权，当先存国本，然后再集商股，乃足取信于民。至集股之法，首当保定官利。中国自矿股亏败以来，上海倾倒银号多家，丧资百万，至今视为厉阶。盖中国公司集股时，官则代为招徕，股散时官则置之不理，是以视为畏途，无敢再与股份者。查西国定例，倘国家欲举一大事而力有未逮，则听民间纠集股份，国家让以利益，且为保利若干，亏则官为赔补，多则官取赢余，故虽数百万金咄嗟可办。中国能设商部，当仿此法，奏明国家保定官利，每年由官给发，则人人倚信，而集股自易矣。（《盛世危言》卷七）

陈　炽

务农恤商劝工说帖八条

法海军、加药税、行电线、办铁路、开矿金，讲求不倦矣。然治兵必先理财，谅山一战，泰西震我兵威，东南海上可十年无事。俄窥东北，略见端倪。而中外通商每岁出入之货，不能相抵者二三万。每商日贫，税日绌，须兴商务以减税则不可。西人唯利是图，非乘机窥琼滇，以图之不可。

一宜种树开沟兴中原之水利。请饬畿辅、秦、晋、齐、豫各督抚督所属，劝民种树，名山大泽河堤作卤，无主之地兵役种之，田实际地民与种之。人以十株为率，以土之宜每五株用东洋法。浚一井不中程有罚，伐树埋井有罚，州县吏著之令甲，入之考成。十年后始开沟洫，每一亩十百亩四周开小沟，千万亩十万亩各开大沟，大沟以官理之，小沟民任之。以各省州县道府分任河督，周历董其成，大计三年，以此殿最。三十年后河患去而水利成矣。若畏惧苟安，因噎废食，岂智者所为哉！

一宜劳农劝相垦各省之荒田也。各省荒田以东北、西北为最，东南沿海次之。以后赋额久不复，粮价久不平。请饬各省督抚令州县履亩细勘，分别有主无主。无主者记之，有主而荒在十年以上亦记之。招无田之民代为开垦，其沿边沿海旷远之区，则招流民仿屯田法。□调防勇弹压，就其勇而董其成。北省农民饥则望赈，饱则惰游，宜令督抚先行通俗言劝民储粟，州县考课以能兴民利者为第一。

一宜设立织布公司收固有之利权。洋布入中国，由数千万径至三千余万，其受害较洋药为尤甚。为今之计，另提数十万官款设织布公司，就长江道中易于购花之地，如芜湖、汉口，立一大厂，电知出使大臣购买械器。先延请西人习理各事，而拣大员之精于综核者，优饩以董其成。购中国棉花，织洋布式样，分销各省，暂充税厘，行之数年，获利必饶。然后集股招商，再立分厂。京师岁销洋布八九百万，无物相抵，为莫大之漏卮。公司所销，当以京师为主，颜色花样随时出新，务求突过西人。并晓谕各省多种棉花，总办之员久于其任，如厉民舞弊，查抄重治其罪。仿西法列报出入之数，按每季一报，还要在毋言官派，毋用私人，毋增浮费。

一宜推广磁绣各货，开将来之商务。茶务已成驽末，西人颇重磁器绣货。然中国所造，只合中用，不合西用，故销路已微。宜筹巨款，将磁绣各设一公司，崇取西人合用之物仿造，务求精美，售与西人。亦暂免厘税，三年之后再议薄收。并寄出使大臣与各国君主以下巨贾达官，各赠一二物，不使相同，以广销路。或有商人招股仿办，亦旧收其费，官卡无许重征。其余土产各物有为西人所需者，皆由国家设公司以开大利，行之三十年，而犹虑商务不兴者，未之有也。

一宜禁革丝茶之杂税以恤商情。近年丝茶各商亏倒累累，中国每岁出口之银岁万万两，仅持丝茶，仅抵一半，一线生机，漠不加量，廿年之后，并此得来之数而无之矣。欲救此弊，必改税则，曰进口之税增之，出口之税减之而已。然已定年何能递改，不敢议增亦何能议减，不知丝茶之杂税，其数几倍税厘。有地方公用者，有官吏侵渔者，有牙侩把持者，于国毫无益，于商大有损，税重价昂，销路日满。能造一物则赐为世业，所以商务蒸蒸日上，正可仿行以期兢勤。宜由总署参顾西法，请旨通行天下，能制一器以夺西人之利者有赏，能造一物有益国计民生者有赏，赐以独造之年利，宠以流品之虚衔。如资本不敷，准其设公司招商集股，如能制造枪炮、船械、水雷之类，不减西人，身以实官。俾总办局务使工匠皆识字读书之人，可与士大夫比肩事主；使士大夫多能游艺，亦可与工匠絜短争长。至东西各国技能精进，不过至今百年，立法必丢，遂至于斯。中国及今整顿，未为过晚。

一禁金铜之用以广圜法。中国金银三品之货，流入外洋，大人知之矣。中国旧金纯净，非东西所及。西人所在都收买赤金，每岁出洋者值银数百万，而金箔镀金耗销亦多。又此时行用文银平色参差不一。东南七省又用洋钱，西人年利极厚，即如铜钱亦日行日少，皆由私销。即水烟管一物，销锡近万万串，铜盆铜器无论已。宜设一禁令，金减税一分，即价廉一分，而外洋多销一分之货，华商多获一分之利。宜由总署请旨饬各省督抚关道，自今以后凡税厘以外，所有杂税一切革除，并及出洋之货具许重征，不率者以违制阻挠商务论。有不信者，任观十年后海关出入比较之册可。

一宜资遣化学之生童以兴矿务。近来整顿矿务，云南可特派大员督办报管。此创设公司，情同驱骗者，大不倖矣。然不通地学、化学，不能有把握；非购买精器，辅以人力，不能获利。前此所延矿师，皆无赖西人，以至局闭商逃，西人已饱囊橐。今云南特延东洋矿师，窃恐东施效颦之诮。况如此重大之事，岂可无一人了然心目。宜饬各省学臣选取才俊之生，咨送出洋，学习天文、水师、战阵，而化学、地学、光学等，亦分门习之。至西厂精加验试，回华后分拨矿局，与矿师讲求果能有效，即升矿局总办。

一宜广匠役之出身以劝工作。中国工作之惰度，由于匠役之鄙贱，而永无出身。西人制一器则奖以金牌。自一钱以上银，自五钱以上铜，自一两以上皆不许制为恶饰，所有金银铜铁金箔镀金各铺，勒令闭歇。官民违禁者，其物入官；藏而不用，不必搜查，如辄官按时价收买。改铸三品之钱，买机器取利。一置京师，一置宜昌。南省金银及滇矿，送宜昌改铸；北省金银送京师改铸。银铁之重，以值钱千文为率；金铁之重，以值银十圆或二十圆为率。三年后赋税出入，统用三品之钱，暗塞漏卮，明祛积弊。

第一条　今日中原万里，地本膏腴，风沙茫茫，几同塞外。正之似太迫。

第二条　督抚之庸惰者，短话安静，听其荒度，漠不用心。地广人稀，小民亩□出，无力以设。赋额久不能收，粮价久不能平云云。

第三条　谓洋布之销，较洋药为害更大。洋药之害，官民惰民争洋布，则夺我倍万贫人愿民之生业，别至土布不销，棉花不种，洋布一日不至，则我之万兆赤子无衣矣云云。此奉米行于盐务外，添一大宗进项。

第四条　今之好为高论者，动以名者，不言有无，不知利源日竭，民心日离。衣食不周，父兄不能保其女弟。而口讲仁义道德，于饥疲能尽之寿，能使其效，人怨弗去哉？越南、缅甸可鉴矣云云。

第五条　通商衙门兹仅以收税为职掌，则有税务司矣、海关道矣、户部矣。不知商情之疲字，实总署之隐忧云云。

第六条　为谓智不如愚，巧不如拙，则必衣皮舌肉，复太古之遗风而后可。此无则之群言谬说，而圣贤之徒乐道之，未免为识者所笑云云。（《政事杂钞》）

厘金

光绪十五年恩诏略曰：厘金一事，乃朝廷不得已之举，刻海防未撤，难遽议裁，他时物力稍丰，即当奏请停止云云。大哉王言！洞悉民艰，保全大局。而中外官吏安常习故，不能仰体圣慈，剜肉补疮，日甚一日，且增立比较之法，变本加厉，以至于今也。夫军兴之时，东南十省，兽骇鱼烂，赋税所入不足供度支。以崇本抑末之心，为筹饷练兵之策，权宜立法，取济一时，乃事端所开，有增无减，商情困苦，市肆萧条，承平四十年，而元气终不能复，厘金之弊，至斯极矣。

今之论者，辄谓于理宜裁，而于势万不可裁。或为调停两可之说，谓本朝宽大，永不加赋病民，酌增厘金，以济国用，宜若可为也。不知加厘之名，美于加赋，而病民之实，甚于加赋。不通商犹可不裁，通商而后，则断断乎其不可不裁也。何则？赋出于地，取之民者究有几何？且按亩加征，毋庸增设一官一役，民输一钱，朝廷即获一钱之用也。厘金则不然，百物滞销，四民俱困，天下设卡数百，置官数千，增役数万，猛如虎，贪如狼，磨牙而咀，择肥而噬，小民椎心饮泣，膏血已枯，国家所得，不能及半，自有比较之说，可增不可减，网罗四布，违额取盈，所谓病民甚于加赋者，此也。洋货入口，一税一半税之外，一无稽阻，西商偶到，趋媚不遑，所以待外人者如彼其厚；土货则口口而查之，节节而税之，恶声厉色，百计留难，甚则加以鞭朴，所以待己民者如此其薄。黠商乃赁其牌号，倚为护符，三联税单，充斥内地，厘局无如何也。倚洋人则生，否则死；冒洋人则安，否则危。丛雀渊鱼，不至尽驱为洋人不止。而且洋货日贱，土货日贵，川流海溢，识者寒心，所谓通商而后不可不急裁者，此也。

或虑厘金既裁，国用不足，亦未举全局而统筹之也。天下厘金，岁约二千万，除洋药并征八百万，实计千二百万金。承平之时，地丁四千万，综计可得九成。自有厘金，不过七成而止。可知天下之财，止有此数。此有所赢，彼有所拙，地丁暗减八百万，国家岁得四百万金之用耳。而纵虎噬人，使万民愁怨胡为者。

宜令自某年月日为始，天下厘金，统减一成，而烟、酒、洋油、洋布落地税，统加一成。刊刷誊黄，遍行晓谕，分年递减，十载为期，撤卡裁丁，与民休息。其四项落地税，责成牧令征收，加至十年，适足与厘金相抵，国用不竭，国本不摇，而民气日纾，民心日固矣。

不此之务，徒鳃鳃然举各卡之吏役诰而诫之，约而束之，而比较之文书，日责以食人之事，日予以食人之权，而淳谆然命之曰："尔吸其脂膏，勿伤其性命也。"其可得乎？此国脉存亡之所系，人心向背之所关，一发千钧，不绝如线，公忠体国之君子，慎勿以为迂也。（《庸书·内篇》卷上）

商部

《语》曰："识时务者为俊杰。"今日之时务，洋务而已矣。然其间自有缓急先后之序焉，不可不察也。今之言洋务者，动曰讲求公法，整顿海防，制器练兵，购船造炮，自以为当务之急，而不知皆缓图也；自以为得气之先，而不知皆后着也。夫中外之局，和与战而已矣，通商与用兵而已矣，势如连鸡，莫敢先发。其战也，亦所以成和也；其用兵也，亦以为通商地也。

太古之世，粟帛交易，民或老死不相往来。迄乎《货殖》成书，日中为市，官山府海，齐擅富强，服贾牵车，卫隆孝养，以及《汉书》《盐铁》，周府泉刀，大官或算及锱铢，八政莫先于食货。唐开互市，边关茶马之征；明遣宝船，番舶珠犀之利。今日者，五洲万国，贸迁有无，风气大通，舟车四达，可知道里广远，货币往还。此端既开，断难再塞，前有千古，后有万年，从兹四海通商遂将一成不变也，审矣。惟是中国人情，自利自私，不谙商务，上下隔绝，声气暌孤。比年出入之间，岁绌数千余万，他日川流海溢，财尽民穷，虽有良平，无所借手，如越南、印度诸国，利权尽失，受制于人。殷鉴非遥，可胜太息。不有以整齐之，调护之，何由转移风会，宏济艰难哉！

谓宜仿泰西各国，增设商部，管以大臣，并立商律、商情、商平、商税四司，分任其事。商律者，保商之政也。以泰西商律，译出华文，情形不同者，量为删改，通行遵守，以杜奸欺。商情者，恤商之政也。时其丰歉，除其疾苦，剂其盈虚，勿使下情壅于上达。商平者，限商之政也。总挈中外，益寡哀多，使商有所赢而民不为病，略如《汉书》平准之意，笼万国物价而使之平，而国家之公司附焉。商税者，权商之政也。海关常关，厘金杂税之类，咸隶是司，比较成亏，权衡赢绌，上期足国，下不病商。而内地税厘，亦须照海关新例，查开货价，按结报明。渐撤西人税务司，增立内地商政局，主持稽核，如此货昔多而今少，昔有而今无，必须斥驳行查，考求其故。货之壅滞，商之折阅，维持补救，必审其方，参酌中西，务臻美善。

夫中国旧制，崇本抑末，重农而轻商。今日厘税两宗，数与地丁相埒，京协各饷，挹注所资，假使无商，何能有税？民力竭矣，国计随之。必执不言有无，不言多寡之词，苦相诘难，恐膏脂有限，悉入外洋，他日之患寡患贫，有出于寻常意计之外者。无财不可以为悦，徒法不能以自行，富国强兵，非商曷倚，不设专官以隶之，不足以挽回积习也。此救时之急务，制敌之先机。若之何其习焉？若忘忍而与此终古也。（《庸书·外篇》卷上）

税则

税则者，国家自主之权也，非他国所得把持而挽越者也。泰西诸国，虽弱小如瑞士、丹马、比利时，至弱至小如塞尔维亚、门的内哥之类，苟尚能守其社稷，则税则之或轻或重，无不由国君自主之。何项应增，何项应减，只须先期一年知照各国。各国之商于其地者，帖帖然无异辞也；各国使臣之驻其国都者，亦唯唯然无异议也。即或赋敛繁重，商旅裹足不前，惟有婉与商量，讽其更改，从无用兵相挟、下旗竟去之事。盖西例然也，既已商于其国，受其保护，分其利权，自应静候稽征，输纳税课，此人情天理，非可凭恃势力，强人以所难也。

中国当道光之间，勉强行成，情形隔膜，误将税则载入约章。夫条约所载者，两国之公权也。太阿倒持，授人以柄，九州之铁，铸错竟成，非惟中国所未闻，抑亦西人所不及料矣。日本与泰西立约，受弊略同。十五年春，日本换约，日使密商中国共议变更。曾纪泽闻而欣然，亟欲乘机改定，而总署昧于操纵，畏难苟安，拒而不纳，故《日英和约》仅增一则，曰："日本如有急需，可酌增进口税，惟不得逾值百抽三十之数。"彼改，而我仍不改也。

夫泰西各国，上下一心，保护商民，无微不至。而税则一事，隐操轻重之大权，其出口税必轻，轻则成本不贵，本国商人之获利者多也；其入口税必重，重则物价过昂，本国诸民人之爱异物者少也。至如印度之茶、花旗之布，税均免抽，以广销路。湖丝入美，值百两者，征税六十两，保富恤商，用意深远。中国不尔也，出口税重，此外犹百计诛求，进口税轻，他物仍百端规避，以致华商假人牌号，三联税票，充斥江河，国计民生，两受其弊。而犹因循顾畏，侈语怀柔，不至为渊驱鱼，为丛驱雀，尽驱华人为洋人，其事不止。或曰："欲改税则，其如各国不从何？"而无足虑也。定议十年换约，本虑彼此有不便之端，今之三联单，入口税，不便于中国也深矣。既有换约之权，即有改章之力，此公理之可持者也。

中国商务，英人十居其七，各国共得其三，则至要者，英也。俄人窥伺朝鲜，祸机浸亟。英人联络中国，和好日敦，宜与密约相援，而显商改税。英从，而各国安有不从者？此私情之可浼者也。

善夫庖丁之解牛也，以无厚入有间，批卻导窾，如土委地，而刀刃若新发于硎，其所以为之，必有其道矣。掩聪塞明，钳口结舌，而待他人之发其端焉，彼固大利之所存也，而肯自贻伊戚哉！（《庸书·外篇》卷上）

商务

古之财利，或上聚于国屯，膏者也；或下散于民藏，富者也；或中饱于官吏，剥民蠹国者也。今也不然，不在上，不在下，不在中，而流溢于外。故古人理财之法，不足以尽时势之变迁。外强中干，已成痼疾，则商务之不振为之也。

善夫德相毕思马克之言曰："日本官民之至德者，日讲求工作商务，孳孳矻矻，学成而归。华人一入德国，则询何式之船最坚也，何厂之枪炮最精利也，考求订购，不惜重资。夫此时各国强弱相均，莫敢先发，即情势更改，亦须再阅数十年，所购船炮，不出十年，锈涩苔黏，半成弃物。况机器之制，日异月新，甫能择善而从，已复后来居上矣。日人求其本，华人骛其末，日本意在富国，中国意主强兵。无论工作日精，他日可以自制也。即兵端将肇，购之他国，亦无异取之宫中也。日本之兴，其未艾乎？"至哉斯言！于中国、日本得失之间，可云洞见症结矣。

比年以来，日本出口之货，岁增至一万三千余万。而中国出口，向以丝茶为大宗，今印度之茶，意大利、日本之丝，年盛一年，已夺华人之利，虽湖丝质地柔勒，华茶性味和平，天时土宜，非彼所及，然丝以机缫而色白，茶因税减而价廉。必须审受病之由，始得尽变通之利，此旧有之商务不可不保也。外洋入口之货，以洋药、洋布为大宗，今日土药盛行，漏卮渐塞矣。惟洋纱洋布，岁溢六千万金，必须设局购机，广开制造。至外洋食物，照约免征，即以洋酒一宗，每岁入口，已及千万，宜于十年换约，删去此条。洋货之入华者，设法以收利权；土货之出洋者，减税以轻成本，此将来之商务不可不开也。

盖中国贵粟重农，情形迥异，而泰西制用之法，亦与中国不同。中国租赋，取之农民，而关市亦税；泰西度支，出于商贾，而畎亩无征。国用出于农则重农，出于商则重商，理之固然，无足怪者。中国租庸调已改银钱，利害兼权，榷商为便。此后舟车四达，光气大开，非商何以捷往来，通转运？自今伊始，制国用者，必出于商，而商务之盛衰，必系国家之轻重，虽百世可知矣。

商部既开，商局乃定，商情既顺，商政乃兴。沧海横流，今已捉襟见肘矣。安得深明大略之君子，与之挽日下之江河也？（《庸书·外篇》卷上）

铁路

今之主开铁路者，则曰捷漕运也，利征调也，通货殖也，速戎机也，广荒政也，便行旅也。主停铁路者，则曰碍坟墓也，糜度支也，病民生也，启争讼也，贻后患也。故东三省定议兴建，岁拨帑金二百万，而腹地各省，仍阙遏而未行，聚讼纷纭，莫衷一是。始事之不易，非独中国为然也，即泰西创建之初，亦复众谤群疑，交相沮格，至今日而推行日广，翕然不复以为非者，利害之故，历久而始明，得失之机，有征而乃信，天意之所定，非人力之所能违也。

毕思马克之言曰："美国之铁路，以通商也；俄国之铁路，以用兵也；惟英国与德国，则通商与用兵并行不悖。"前有千古，后有万年，大地车书，终将一统，其必先同轨而后同文乎？俄人之并吞诸国也，先于境内造一铁路，鹰瞵虎视，直指邻疆，他人弗能禁也。铁路就，兵事开，而此国之亡，可翘足待。今西伯利亚之铁路，犹故智耳。吉林边外之珲春也，库伦边外之恰克图也，伊犁边外之七河也，则俄之铁路通矣。西藏边外之亚东也，云南边外之蛮暮也，则英之铁路至矣。广西边外之谅山、牧马也，则法之铁路来矣。中国万四千里之海疆，轮舶驶行，捷如风雨，环三面之陆路，所有铁路，计日皆成。他人越国鄙远，相距数万里之遥，往返程期，不逾十日，而我之征兵转饷，累重稽延，必数月而始达，试问沿边城镇将守之乎？抑弃之也？

如欲守之，则必四面屯巨饷、宿重兵，无须协济救援而后可。今日海防一面，天下之储蓄已空，他日将四面守之，中国有此财力乎？沿边之险要皆失，此中区数省独能自存乎？此必不可得之数，必不能免之事，必不容己之情，则中国铁路一端，亦即成必不得不开之势矣。此时安坐而议曰：

"夺小民之生计也，縻国家之帑金也。"皮之不存，毛将焉附？根本之将拨，而惜一枝一叶之凋残，颠矣！而况乎其未必然也。筑路之道，仍宜以京师达汉口为干，而分枝以入陕甘，则通商用兵，二者均便。

曩见法报之言矣，以为中国铁路，综计须三万万金，照约由法国承包，则地基木石之工，利归中国者，十之四；铁轨匠役之费，利入法国者，十之六。观于此，而知工作不可不习，铁政不可不开也。又尝稽北省厘金之册矣，山左右直隶、陕西，岁收各十余万，河南一省，每岁约十万金，以较南方，不及十分之一，豆麦而外，土产绝稀。观于此，而知地利不可不兴，商务不可不讲也。识大势，知先务，审缓急，剂盈虚，思患预防，因宜制变，而一切刻舟胶柱之论可以废矣。（《庸书·外篇》卷上）

赛会

西人之心计工矣，其维持商务也至矣。其始，莫亟于开博览之会，所以开其先也。其继也，莫要于减出口之征，所以持其后也。夫天下人之才力聪明，其不能不有差等也久矣。上焉者，独具智巧，自辟町畦，变化神奇，宜民利用，生而知之者也。中焉者，亦趋亦步，效法前人，规矩准绳，范围不过，学而知之者也。下焉者，则顽蠢无知，自安愚弱，贪饕慵惰，麑豕与游，是人役也。今中国、泰西、日本，滔滔者大率多中人耳。彼南洋、印度、非洲诸种族，则下愚也。然上焉者，穷思极虑，其心劳矣。中焉者，继长增高，其事逸矣。博览云者，互证参观，以耳目代心思之用，是使民逸获之由也。况五洲之风土各别，万邦之物产攸殊。万宝五金，六谷百果，及草木鸟兽，羽毛齿革之属，邱陵川谷，蠉飞蠕动之伦，寒带、温带、热带之所宜，山人、泽人、海人之所得，旁搜博采，荟萃于一堂，因而审其良楛，别其美恶，时其弃取，决其从违。一物不知，儒者所耻，多能博学，遂以成名，使古圣人有知，当亦引为大快也。

今日万方和会，四海大同，以有易无，裒多益寡，罄山川之宝藏，天地不能闳其光；广亿兆之见闻，圣哲不得私其学。易世而后，新者皆故，变者皆常，窒者皆通，分者皆合。百姓日用焉，而不知举世习见焉，而不为怪矣。故曰天也。泰西博览之会，五载十载，辄一举行，商务振兴，不遗余力。日本亦仿立农桑、工艺诸会，讲明而切究之，国势日强，民生日富。中国丝茶之利，尽为他国攘夺以归，而罂粟之花遍于内地，海防制造，讲求五十载，仍须倚仗洋人，狼狈相依。若瞽之有相，不有以转移而变化之，恐知之匪艰，行之维艰。后之视今，亦犹今之视昔耳。

宜详考各国立会之制，先于沪、汉等埠，筹款试行农桑、矿务等会，以劝民间。俟东省铁路既成，则于天津购地造屋，综集中西，设一博览会，九重亲莅，以重其事。中外之金石、古玩、名画、法书，以及山海之珍奇，工作之器物，均可入会，购者议价，观者取资。立会之费，预筹专款。会散后，储为博物院，备后人考镜之资。嗣后逐渐推行，数岁一举，以开风气，以拓利源。至各省赛会迎神，虽亦乡傩遗意，然作为无益，动肇争端，何如以此易之，使斯民有取法之资，薄海无久遗之利也。

今之论者，动以奇技淫巧诋斥泰西，而朝野上下之间，所用者触目皆西人之物。不禁不作，仰给于人，力尽财殚，坐以待毙，堂堂大国，为日本所窃笑焉，抑独何哉！（《庸书·外篇》卷上）

公司

《货殖传》曰："太上因之，其次利道之，其次教诲之，其次整齐之，最下者与之争。"今天下之民，纷纷然皆争利者也。争而不善用其争，以致大利之源，尽为外人所夺，则上之所为整齐、教诲而利道之者，未得其道耳。

泰西公司之法，托始于西班牙。四百载以前，其国人探索南北美洲，泛海西行，远逾万里，一人一家之力有所不足，君主资以兵力，助以帑金，通国之人亦各出私囊，同襄盛举，嗣开辟新地，务农殖货，利赖无穷。西班牙当日之富强，甲于天下。葡萄牙、英吉利踵之于后，乃遍开南洋万岛、非洲、澳洲，东达中华，西连印度。商途所及，兵舶随之，教会继之，兼弱攻昧，取乱侮亡，兵饷所资，率倚公司之力，而通商、用兵、传教三事，俨如环之无端。及印度并入于英，遂卓然为欧西之首国。盖疆界攸分，非通商不得入；道里过远，非公司不能行，而用兵、传教之余意，主于逆取而顺守。履霜坚冰至，木必先腐，而后虫生之。英之纵横四海也，非一朝一夕之故，其所由来者渐矣。风之积也不厚，则其负大翼也无力；水之积也不厚，则其负大舟也无力。长袖善舞，多财善贾，然则公司一事，乃富国强兵之实际，亦长驾远驭之宏规也。

中国局守旧闻，兢兢以言利为戒，沿海各埠，大权概授于西人。比来设立商轮、电报等公司，行之渐有成效，第规模狭小，未能远达重洋。商部既开，利权渐复，然后将丝茶及大宗货物，合官民之力，精心擘画，纠集公司，南洋、西洋，浸推浸广，出九州之物产，供万国之取求，收已去之金钱，保将来之商局。夫南洋者，西人之外府也，所以储材蓄势，凭陵上国之权舆也。我之商力，兵锋略及于南洋各岛，彼海外诸国将惴惴然顾畏不遑，不必扫穴禽渠，而已足招携怀远矣。苟因循颓废，漠不关心，小民自利自私，安知大局？排挤倾轧，损己益人。西人之公司，今已龙〔垄〕断于海疆，久且纵横于内地。彼之民日富，我之民日贫，彼之商益强，我之商益弱，恐不待兵刃既接，而胜负得失之数已有霄壤之相悬者。

通商以来，五十载矣。彼越南、缅甸、波斯、印度之民入中国者，皆役属西人，无一富商大贾。利权一失，生计遂穷，既误先幾，徒贻后悔，国亡家破，犬马终身，然后知商务盛衰之枢，即邦国兴亡之券也。黍离麦秀，心折骨悲。彼中国乾隆以前，亦只沿海通商一埠耳，诸国之君臣，方庞然自大，拘守成法，鄙薄外人，又安知未及百年，遽有今日哉！噫！伤已。
（《庸书·外篇》卷上）

劝工强国说

今之因循守旧者，深闭固拒，动称圣人，诚不解圣人之对哀公，其《劝百工》一章，何以列于九经之内也？子夏曰："百工居肆以成其事，君子学以致其道。"子曰："工欲善其事，必先利其器。君子之居是邦也，事其大夫之贤者，友其士之仁者。"孟子曰："大匠不为拙工改废绳墨，羿不为拙射变其彀率。"圣贤立言，谆谆以百工与士大夫相提并论。知古人艺进乎道，志凝于神。学者进德修业之心，与工师制器尚象之意，功分体用，义判精粗，本末稍殊，源流则一。此治国平天下之实功。故曰："劝百工则财用足也。"

司马、孙子兵法，亦恒以节制与械用并举，诰诫而丁宁之。荀卿子之言兵曰："械用不精，是以卒予敌也。"古圣王治军治国，其视百工之重如此。

故古器流传今日，精坚浑朴，度越人寰。度所谓日省月试，既禀称事所为激扬而鼓舞之者，必有躬亲目验之方。而既禀所颁，略如俸糈，而决不如今日之夷诸贱隶，虽臧获，亦得而呵责之也。

老子曰："形而上者谓之道，形而下者谓之器。"庄子扬波助焰，遽欲裂冠毁冕，剖斗折衡，盖因周末文胜之余，激为此说。秦倡君权，以愚黔首，焚书坑儒而外，销锋铸镶，化作金人，畏天下作为坚甲利兵，以与之敌也。度其时，百工亦归禁锢，故陈涉等皆徒手执梃，并起而亡秦，天下之无工可知矣。汉兴，复师黄老，以清净为废弛，《西京赋》所艳称"工用高曾之规矩"。夫工艺之事与学术同，不进则退，不良则梏，断无中立。度《周礼·冬官》一册，《大学·格致》一篇，亦亡于秦汉之时，经传语焉不详。有其理无其法，而天下工师陋劣，器用朽窳，迁延颓废，以至于今。遂将俯首降心，终为外人所制。推原祸本，则工政之不修，工艺之失传，工匠之不能自给，实阶之厉也。

泰西诸国，百年以前亦与中国等耳。自法国王泰理曼创立一例，遍国中有能创一新法、得一新理、制一新器，实有益于国计民生者，准其进呈，考验得实，则给以文据，奖以金牌，准其专利若干年，不许他人仿效。于是蔀屋穷檐之士，日思夜作，心摹手追，倚此为致富之媒，成名之券。一时才贤辈出，法国之工艺遂冠欧洲。英、美、德、奥诸国，慕而效之。法王拿波仑第一，以枭桀之资，倚其士卒选练，器械精良，遂以胜德挫俄，纵横一世。各国知其不敌，故于劝工一事，尽力整顿，而欧洲之工艺骤兴。其时，德国有铜工克虏伯者，战后因事至法，见沙场伏尸，累累百万，皆德人也，旋拾一旧法之火绳枪，泣然曰："法人枪械，精利无敌，而我以此等窳钝之器敌之，哀哉！血肉之躯，轻试弹雨枪林之惨，死者有知，应亦同声称屈矣。"奋然诣法，投效于炮厂主人。主人喜其敏慧，引以见拿波仑。拿破仑深加礼遇，命与厂主另出新意，制一后门入子之枪，百计精思，迄不能就。而拿波仑自俄败还后，为英所禽，流锢于三厄那海岛矣。法国内乱，浩然而归。感于转蓬，豁然大悟，屡作屡毁，十载始成。于是入以后膛，十子连珠叠发，管内加来福之线，远度多至两倍，击力增至八分。献之德君，德君狂喜，礼之为上宾，锡以宝星，予以文凭，荣以子爵，拨给巨帑，招工广制。命推此意以造炮，益摧山裂石，所向无复坚城。蓄锐十年，以与法战，德军百万，皆用此枪，法人国破王禽，赔费至华银十五万万两，一蹶几于不振。虽师武臣力，而取威定霸、胜败存亡之券，则操之于区区一铜工。呜呼，伟矣！

今中国人士迂论高谈，动欲以弓矢刀矛为制胜杀敌之具，独不思此时后膛来福炮，重至十数万斤，击力能至三四十里以外，目力尚未及见，而我军百万，尸山血海，已化虫沙，排枪远击三里，连发不已，弹珠如雨，死者如麻，短箭长矛，如何抵敌？持此论者，以他人性命逞我意气，恣我谈锋，其不仁亦甚矣。莫妙于执持其人，使之挟矢操刀，驱当前敌，则死而无怨，免致贻害他人。此实哀词，非快论也。

西人自有给凭专利之制，非止兵械精工而百废具兴，遂以富甲寰瀛，方行海外。于是轮舟、轮车、电灯、电报，种种新法生焉。虽古法无传，然举通国之人，才力聪明之所萃，或无心暗合，或与古为新，鬼斧神工，不可思议，而其原皆自给凭专利一法开之。所谓重赏之下，必有勇夫耳。今通商诸国，无一国无此例，每年呈献新法给予文凭者，每国以三四千人计。穷思极巧，未艾方兴。而中国独掩聪塞明，自安简陋。即枪炮、轮机、电线之类，不能不用，亦购之于泰西。安步徐行，坐受外人之盘剥。天下之财力几何，恐虽周、孔持筹，管、商握算，亦断无幸全之理矣。

然转移而补救之，固亦匪难也。无他，劝工而已矣。劝工之法奈何？仿各国给凭专利而已矣。祸重于邱山，福成于反掌，天下之大，岂曰无人？一富一贫，一强一弱，一兴一废，一存一亡，而皆以劝工一言为旋乾转坤之枢纽。当国者于此宜何去而何从焉？（《续富国策》卷三）

创立商部说

英吉利立国在蕞尔三岛间，四面际海，而鹰瞵虎视，屡执牛耳于欧洲，西并美利，南兼印度，东南括澳大利亚，属地之广方二千万里而遥，挟其利炮坚船，遂以纵横四海者，何哉？商之力耳。英之得美洲也，以商会，后因加税激变，华盛顿率商会以叛英，相持八年，竟自立为国。英之得美也以商，美之拒英也亦以商。今美之北境加拿大，犹然英土；美虽自立，然举国皆英商也。英之得印度也，亦以商会。初由商会派人代印度管海关，所谓公班衙者也。印度土王兄弟争国，残害英商，商会举团练之兵，踞海关之饷，三战而入其阻，覆其军，灭国禽王，摧枯拉朽，而印度八百万方里之地、八千万户口之民，俯首而托他人之宇下矣。澳大利亚之地，大与中国相若，内皆沙漠，惟沿海膏腴，商会据之，不费吹毛之力。其余缅甸各国，非洲一洲，南洋各岛，莫不发蒙振落，席卷而囊括之。商力之雄如此，商会之能灭人国也又如此。

今日本继兴，自命为东方之英国。西人谓赤道之下，日光所照，有热水一条，每日散流于南北黄道，而朝潮夕汐生焉。大西洋则英国当之，英之北境距赤道五十三度，与中国黑龙江等，而天时温暖，四序如春，多雾多雨多风，国富民殷，百物蕃庶者，皆赤道之热水为之也。太平洋之热水经台湾一隔，不入渤海，而入东洋，而日本三岛当之，其热度亦胜于中国，比年仿效西法，农工商三业勃兴，遂乃割据台湾，凭陵上国，多置轮舶，广辟商途，骎骎乎国未可量已。

夫邻之厚，我之薄也。中国辟埠通商，垂六十载，既自以情形隔膜，将利权所在，举而畀诸异国之人，频年海溢川流，岁出金钱万万，遂使廿一行省无一富商，内外穷民之失业无依者，尤如恒河之沙，不可计算。然西人悬隔重洋六七万里，在彼终有所不便，在我亦犹可自全也。日本则近在肘腋之间，急起而窥我心腹，其心计之精刻与西人同，其性格之阴柔与西人异，西人之所能为者，彼优为之，西人之所不肯为者，彼亦决为之。始也财力未雄，不及西人之长袖善舞耳。今一朝战胜，举国宽然，数万万之金钱取之如寄。又得台湾一岛，各国之所垂涎，而日为宝山金穴者，助其商力，蠹我中邦，更有行轮造货之约章，夺我之矛，陷我之盾，纵横内地，盘踞利权。譬人有痼疾，元气久伤，复纵使外风流入筋络，敲骨吸髓，亡魂丧精，虽躯壳仅存，岂有幸哉！当此之际，既不能慎之于始，又不能拒之于外，则惟有振兴商务以与彼争。

商之本在农，农事兴则百物蕃，而利源可浚也；商之源在矿，矿务开则五金旺，而财用可丰也；商之体用在工，工艺盛则万货殷阗，而转运流通，可以周行四海也。虽然，中国之商力衰矣，中国之商情屈矣，中国之商业无人矣。中国官吏之薄待乎商，商之不信其上，而疾苦终无由上诉也，亦已久矣。今贸贸然曰："整顿商务。"商人私心窃计曰："是殆将鱼肉我也。"皇皇然曰："纠集公司。"商人目笑存之曰："是固将诓骗我也。"阳阳然号于众曰："行驶轮舟，广设工厂。"商人始而惊，继而疑，终而退然自阻曰："我无资，我无力，且恐日后受累，毋宁让之外人也。"盖商人习见官吏之袒媚洋商而摧折华商也，非一朝一夕之故，其所由来者渐矣。纵使再三敦勉，而有财者不能任事，能任事者未必有财，心志不齐，意见不合，互相猜忌，互相排挤，无识无才，自私自利，迟之又久，应者寥寥。遂有现任职官起而承其乏，则又把持垄断，专利侵权，虽便一己之私图，转绝众商之生路。噫！中国之情形，上下隔绝如此，欲一旦而言保商务，收利权，是犹进臧获之流，释囹圄之犯，突与之分庭抗礼，商榷朝章，其不颠倒失措也几何矣！盖官吏之积威，有以劫之也。

泰西各国皆设商部，另有商律专主护商，岂好为是纷纷然不惮烦哉？盖国用出于关税，关税出于商人，无商是无税也，无税是无国也。不立专官、定专律，则商情终抑而商务必不能兴。况中国积习相沿，好持崇本抑末之说，商之冤且不能白，商之气何以得扬？即如控欠一端，地方官以为钱债细故，置之不理已耳，若再三渎控，且将管押而罚其金。前此矿务诸公司亏闭卷逃，有股诸人控官不准，而此后招股一事，通国视为畏途，虽苦口婆心，无人肯应者，职是故耳。商律之法良意美，其他不必言，即以控欠不追、无罪受罚二事论之，中国商人之屈抑何如乎？

国家厘金、洋税、盐课三宗，岁入逾六千万，正供常额，大半出于各商。然则商之于国也，国之于商也，固已共戚同休，迥非昔比矣。不立商部，何以保商？不定商律，何以护商？不于各城各埠广设商务局、遍立商务学堂，何以激扬鼓舞、整齐教诲诸商？假使无商，何以有税？假使无税，何以济用？假使无用，何以为国？燃眉之急，切肤之灾，殆不得置之膜外矣。

刻总署议准，各省设立商务局，选举商董，求通下情。然地方官吏大都一笑置之，即使实见施行，亦惟以一纸官文奉行故事，而于商人奚益也？而于商务奚裨也？盖中国之官商相去悬绝，不设专官以隶之，不设专律以防之，不定地方官吏之考成功罪以警之，而欲恤商情、振商务、保商权，是犹缘木求鱼，欲南辕而北其辙也，其必不可得已。（《续富国策》卷四）

纠集公司说

商人之秘术二：一曰占先，二曰归总。所谓占先者，一埠焉，人未往我先往；一货焉，人未运我先运；一物焉，人未售我先售。前知亿中，合节同符，独争天下之先，不落他人之后，此泰西诸国所兢兢然心摹手追，而英人独称巨擘者也。归总者，公司也，总则制人，散则制于人，所谓长袖善舞、多财善贾者。二百年来英商之所以横行四海、独擅利权者也。西班牙、法兰西、德意志诸国亦尝出全力以与之争，然而不能胜也。公司一也，而有行有不行、有胜有不胜者，无他焉，公与不公而已矣。宁失信于天下，而决不能失信于同人；宁受亏于一身，而决不能亏及于同事。此英国商会之所以恢宏光大、冠绝万国之根原也。

中国道光以前，通商止粤东一口，茶叶之利已五千万金，而丝、糖、磁器各物不与焉。西人伏处澳门一埠，降心俯首，帖帖然听命于总商，所谓十三行者是已。厥后千金之堤溃于蚁穴，由是而五口而十三口，设关建埠，华商从散约解，势孤而力分，而彼国之公司其约束坚明，协以谋我者如故也。中国之商既散，而军兴以后，厘金关税复节节而稽之，铢铢而校之，天下设官数千，增司事巡丁数万，贪狼猛虎，砺齿磨牙，皆敲商之骨而吸商之髓者也。外国之商，资本丰富，而除入口一正税、一子口税之外，任意畅行，三联税单充斥内地，偶有西商过埠，则丁役围护，官吏趋迎，即验即行，惟恐稍拂其意。噫！丛爵渊鱼不自知其身之为鹯为獭已。持平之道，必使洋货一律征厘而后可，如无能为役，则必中国尽撤厘金而后可。然而皆不能也，此后中国之商人岂尚有生机去路乎哉！无已则创设公司，犹可维持补救于万一也。

请言内地公司之利。一物焉，运而售之于外，商之资本多者，除运脚食用外尚有赢余也，资本少则获利虽同，或所得不偿所费，何如选立商董，创设公司，则既省川资，以廉价而可收大利，此益于商者也。零星商贩，偷漏走私，故丁役多而设卡密。今合散为总，货物多则无从绕越，资本重则各顾身家，大可减卡裁丁，与民休息，而比较收数，视昔逾丰，此官之益也。

请言行销外国公司之利。今日丝茶二业受弊深矣，多由小商跌价争售，以致巨商受害，自有之货不能定价，转听命于外人，每岁受亏动数百万，我分而彼合，我散而彼整，我贫而彼富，我弱而彼强，虽他日工作遍地，物产塞途，仍将低首下心，默而听他人之把持抑勒已耳。诚能纠集资本，凡土产、矿金、制造诸物，各立公司，由商人公举明通公正之人主持其事，则贫者骤富，弱者骤强，不惟自擅利权，并可通行海国，华人之智力岂竟不若西人哉！

　　然而难矣，风气未开，积习未变，各牟其利，各怀其私。夫公司者，秉至公而司其事之谓也，其心其事，皆与此义相背而驰，我无以自信，亦不求见信于人，而欲天下人之信我焉，得乎？天下人之爱财一也，其自私自利同也。我取天下人之公财，以供我一人之自私自利焉，可乎？当日矿务公司聚数百万之金银，而以亏闭一言付之流水。今日电报轮船商局，每岁入资数百万，股商仅收官息八厘，公积则虚有其名，余利则不能过问，人人知有二三分之息而仅得八厘，是不啻取大众之悭囊，以饱一二人之私囊也。此习不变，此弊不除，而欲纠股集资，冀中国商务之能兴、公司之能立也，虽良马生角，黄河再清，不可得矣。

　　即习变矣，弊除矣，而不立商部，译商律，开商局，设商学，将英美各国公司章程择要删繁，通行刊布，使商人传诵揣摩，以明其理，官吏维持保护，以考其成，岁刊征信录、帐目单以昭示天下，则猜嫌终不能泯，壅蔽终不能除，虽需之益股，而去之弥远。虽然，君子之德，风也，小人之德，草也，所愿天下有清公谅直之人，或为官而爱养商人，或为商而总持局务，不营私，不嗜利，不欺人，不欺天，而惟勤勤焉以保全大局为心，矻矻然以富庶中邦为务，则一人善射，百夫决拾，转移风会，如响应声。然后出我最富之藏，取彼至精之法，合亿万人之财力，收六十载之利权，只须发沿海数省之菁英，而已可以奔走诸洋、纵横一世矣，忧贫患寡胡为哉！（《续富国策》卷四）

急修铁路说

　　欲考天下万国之贫富，以铁路之多寡定之矣。英美二国铁路最多，国最富，商力最雄。德法俄奥次之。今中国之铁路，在天下各国为最少，中国之民生国计视天下各国为最贫，而中国北方数省舟楫不通之区，又较天下各国为最广。夫商务之要术，转运而已矣。有铁路则运道通而运费省，无铁路则运道塞而运费昂。一通一塞之间，商业之兴衰霄壤悬绝，束手待毙，自窒利源，甚矣！

夫当日之阻挠铁路如刘锡鸿者，皆阴祖西人，以锢我中国四万万商民之生路者也。自去岁中倭一役，成败利钝，较然可睹，廿载迂拘之议论渐化浮云，遂有商办卢汉铁路之议，而惜也中国之商情已阻也，中国之商力已衰也，中国疲敝之商人，未必能集此多资、和衷共济以修此二千五百里之长道也。时既迫不及待，事须速底于成，上无真知灼见之明，下无蹈厉发扬之气，正恐盈廷聚讼，筑室道谋，他日甫有规模，已有缓不及事之虑矣。

夫铁路一事，在中国为发轫之始，在泰西各国则通行已久，习见习闻，其利弊之所存，一比较而昭然若揭。尝合各国铁路而综计之，而知国中之干路官办为宜，如财力不足，或借款，或由外商承办，均无损于国家之大计也。英美多富商，铁路初兴，争先创造，英路之成最速，美路之线最长，什九商资，无烦论列。法国由巴赛至北境之干路，长二千余里，初招商股，应者无人，荏苒三年，复归官办。德国之干路，初由商人承办，国家觉有不便，出资购回。俄国铁路六万余里，官路五万余里，商路仅数千里耳。自余各国亦渐将干路购回，日本则干路全归官办。盖大利所存，理宜归国，且调兵运械，应变无方，商路究有不便也。此各国阅历而始知者。中国创行之始，商办难成，何如将干路各条一律官办，以免日后购回之多费周折也，则官办宜也。

泰西铁路，官息五厘，西人折息本廉至五厘，已为赢利也。而其旁之镇埠，商民大富，百业俱兴，获利之丰，不可计算。铁路之利在全局，不在一隅也。其官息止于五厘者，则始也购地，地亩之贵于中国也维倍；继也置料，物料之贵于中国也维倍；终也雇工，工价之贵于中国也又维倍。本巨费重，故收息较微，如织布纺纱，在西人亦五厘之息耳。中国仿之，获利至二三分以上，其明验矣。闻汇丰所借百兆投签购票者，至十倍之多。苟指铁路以借洋款，给以四厘之息，立可凑成巨款，以应急需，南北并工，刻期集事，则借款宜也。

奥国、意国、土国之干路，初由英美商人承办，定期二十载或三十载，一律交回，道道整齐，物料如故，商人既获大利，帖帖然无异词也。当彼承办之时，亦确守规条，并无溢取，稽查征税与本国商同，遇有大役大兵，运价仍须减半，外商经理得法，绰有盈余。或查明各国承办章程，招商办理，则南北干路计日可成。美国商人最为富，实于铁路一事计画最精，大可专任美人以成盛举，则由外商承办亦无不宜也。

要之，铁路为至急至要之图，而中国之修铁路又为至大至艰之事。向日因循坐误，迁延壅遏，以至于今，其发端愈迟，其成功当愈速，而其纠资集本乃愈难。苟不专任重臣，广借巨款，以五年之内先将干路造成，然后纵令四海商人开办枝路，俾南北各省消息灵通，以速戎机，以兴商利，恐工徒在室，寇敌在门，我甫猜防，人将攘夺矣。然一旦勃然发愤，鼓舞振兴，立商部以开利源，设铁路部以主持全局，疏节阔目以任之，细针密缕以稽之，人则参用华洋，事则兼权利弊，不挠众议，毋动浮言，则铁路即无形之甲兵、有形之壁垒，可以固国本于苞桑磐石者也。（《续富国策》卷四）

创开银行说

商财不能积也，通而已矣。商人之资本太少也，则欲购何货，遵何道，趋何利，虽能亿中，力不从心，不得不让人以先着矣。商人之资本而太多也，则操奇计赢，长袖善舞，然或时会未至，或倚托无人，仍不得箧而藏之，以俟机遇，彼善权子母者，已觉虚费息金矣。

况天下事善贾者未必多财，多财者不皆善贾，不有周转流通之地，则两全无策，必至两妨。西商之银行，所以通其邮而握其要者也。中国自汉武时，以白璧为上币，黄金为中币，白鹿皮一，值钱四十万，实为钞票之滥觞。有宋南渡以还，与北朝通市，所用交子、会子与今之汇票何殊？元人遂专以宝钞通行天下，方其盛也，上下信实，适反过于钱，末流作伪益多，钞贾益贱，再变三变，始尽失其本来。自明迄今，悬为厉禁。然土地日广，生齿日蕃，而矿产不开，海内之金银万不敷生人之日用，故今日各省钱肆所出钱筹钱票流布民间，虽亏闭频闻，仍趋之若鹜也，钱少故耳。晋商汇号，海内风行，无论千金万金，一纸轻赍，取之如寄，而各省报解京协各饷运银之鞘，官司押运，兵役护送，犹时有水火盗贼、伤人失事之虞。比来东南海疆所解饷银，均陆续改为汇兑，地广人众，上下便之，故也。然此就中国言之也。

今日万国通商，水陆程涂皆逾数万里，轮舟铁路，绝迹飞行，溟海风涛，艰险百倍，地益广，人益众，用益繁，则取携益不便。假使交易皆用现银，何能九万里往来厘然若指诸其掌乎？夫不兴商务则万方之文轨不同，不设银行则四海之舟车不便，道涂艰阻，何如取之宫中？行李戒严，何如汇之他埠？万无一失，得手应心，天意之所开，人情之所欲，地势之所不得不然，有莫之为而为，莫之致而致者矣。

西人于通商各埠广开银行。银行之最要者六事，曰：钞票也，汇票也，股票也，存款也，押款也，借款也。所出钞票自五元至百元为度，另存钞本，随时取银，诚实无欺，以昭大信。钞由机制，款式精工，虽有神奸不能伪造。人皆不用银而用钞，不存银而存钞，而一千万金得二千万金之用矣，其便一也。挟巨资以行万里，轻蹈不测之渊，稍补微资，易为汇票，周历万国，不携一文，既可刻期，从无失事，其便二也。中国公司之不易集者，因无银行耳。有银行则股本之银皆存行，生息千万百万，如取如携，登高一呼，四方响应，其便三也。人有金银，无论多寡，可存银行生息，随时取用者月息三厘，存三月者四厘，存五月以上者五厘，乃至三元五元均可存放，有母必有子，既便富民，尤便贫民，是银行不啻为众人营运也，其便四也。人有产业，如房屋地亩之类，留之则无利，售之则无人，至银行估价押银，自作贸易获利，而后仍可赎回，略如中国之典肆，惟典肆所典者物，而银行所押者业耳，化板为活，化滞为灵，则败落之家均有谋生之路，而商务益兴矣，其便五也。国家有大工役大政事急须筹款，民间赋税无可再加，常年度支不能节省，则银行为之筹借国债，借票一出，购者纷来，不及浃旬，已溢其量，取之不禁，用之不竭，每举一事，弹指即成，其便六也。

中国既无银行，又不思急行创立，故上欲筹饷则人易我难，下欲经商则人通我塞。譬之一身，他人则百脉贯通，血脉周流，精神焕发，无论登高履险，无难色，无戚容，我则手足惰窳，筋络痿痹，血多之处，积而成痈疽，血少之方，枯而为瘫痪，不和不活，不均不平，如以病夫敌壮夫，岂能与之絜长而较短哉！故中国自问，此后而果能不与通商则亦已耳，通商而不设银行，是犹涉水而无梁，乘马而无辔，登山而无屐，遇飘风急雨而无寸椽片瓦以栖身，则断断乎其不可矣。

银行创于法兰西，始事之人亦过于铺张，以致亏倒。嗣后各国讲求整顿，章程益美善无疵，有官银行，有商银行，有有限者，有无限者。诚宜取长弃短，参酌中外情形，定立规条，得人而理，不可轻心大意，有始无终，致为远人所笑。提官款以开风气，辟矿产以裕本原，发钞票铸金钱以收权利，循名核实，体立用行，于通商惠工之真源、怀远招携之实效，思过半矣。（《续富国策》）

马建忠

铁道论

铁道之兴，有谓肇于英之纽加斯肋地者，有谓肇于德之墨地特未地者，姑弗深考。惟铁其轨以辙轮，轮良于行而马力省，则权舆于英之煤矿，其规制粗备于道光乙酉年，于是由英而美，而奥，而法，而比利时，而德，而俄，而意，而西班牙。自乙酉以至己酉，先后二十四年，各国次第创造恐后。至光绪乙亥，而欧洲之铁道计长十三万六千二百二百九十八墨里（一墨里当工部尺二百八十丈）。其间属英者二万六千四百七十二墨里，属法者二万六千二百九十八墨里，属德者二万五千七百七十二墨里，属奥者一万六千二百三十八墨里，属俄者一万七千七百三十三墨里。他如意大利、西班牙、比利时、瑞典、荷兰、土尔基、瑞斯，皆以千计。南北美洲铁道长计十三万六千有八十五墨里，而属美者计十一万六千八百七十四墨里。今则英属印度之铁道长万数千墨里，其北道已逾廓尔喀之北，浸至于藏之阿里矣。俄之铁道已绕出乌拉山之东千余里，而东南浸至于哈萨喀游牧之地矣。

先后五十年之间，凿山开道，梁江跨海，凡寰舆五大洲莫不有其铁轨轮辙焉。而军旅之征调，粮饷之转输，赈济之挽运，有无之懋迁，无不朝发夕至。宜乎铁道所通，无水旱盗贼之忧，无谷贱钱荒之弊。故各国未创铁道之先，其度支以万计者，而既造铁道之后，无不以亿计矣，其以亿计者，无不以兆计矣。盖其飙驰电掣，任重致远，行万里若户庭。昔之邮传远者数十日，今则计时而待；昔之舟车行者阅数月，今则举足而至。宜昔之经营十数年而度支常不继，今则筹征不数月而帑藏时有余。所以立富强之基者，莫铁道若也。铁道之设，节目纷繁，难以悉数，然总不外乎筹款、创造、经理三大端，试条陈其梗概焉。

铁道之兴，动费巨千万，则筹款宜亟也。其款或纠集于商，或取给于官，或官与商相维合办。其纠集于商者，有官不过问，任其自集股，自设局者矣。其弊也，同行争市减价，得不偿失，终于倒闭。英、美皆行此法，查光绪元、二、三年，铁道公司之倒闭者一百九十六。故有以官督察，使不制无用之铁道者，间有铁道便于行军而不便于贸易者，于是官自办之，则德、俄概行此法。更或官先创造而交商经理，或商先创造而官为经理，则德国参用此法，行军、贸易两便焉。惟利入甚微，制造经理之费难于取偿，始有官商合办之一法，则法人创行之，而德、奥仿行之。其法有官租地与商，不取其直，权其利息之厚薄以定租地之久暂，限满归官者；有商自造自理，而官为津贴者；有商股难集，而官代偿其息以鼓舞之者；有需本甚厚，难以纠集，而告贷于人，难以取信，于是官为具保者；官与商立定条章，互相维系。总之，不外乎相地制宜，使之入浮于出者近是。

论者谓："以官助商，费且数十百万，漏卮堪虞。"不知法国于光绪元年津贴公司岁四十兆佛朗（每佛朗重粤海关库平二钱二分八），而轮车往来税至一百二十七兆佛朗，且省邮递征调之费五十六兆，是岁课至一百八十三兆佛朗。法国如是，他国可知。此铁道筹款之大略也。

款项既筹，则度地势，置铁轨，造轮车，设局站，皆铁道创造之事也。地势有高卑，铁道便往来，则所规铁道宜近乡镇，所相地势宜傍川河。近乡镇则户口盈繁，傍川河则原隰坦易。不得已而越山跻岭，则审山岭左右之谷而陁其道，陁度约百分之五。美国铁道之陁度有过乎此者，峻削难行，不可法也。岗阜为阻则凿之，凿无逾六丈，过此则穴之为愈也。法、意之交有白山焉，穴其腹长三千六百丈。凡穴，视石性之坚脆，深三尺需七百至二千六百佛朗有差，机器之费皆与焉。遇谷填之，亦无逾六丈，过此则梁之为愈也。大川之梁，则施转枢以便往来之帆樯，桥梁之费难以悬揣。

旁通路口，立栅门，设守候。守候伺轮车之将至，闭栅门以辟路焉。铁轨之质，有钢铁之别。钢耐磨擦，胜铁八倍，惟钢贵而铁贱，今概用钢。钢以贝斯墨与西爱门二法为最。铁轨之式，形若工字，有上下凸出以备反正易用者，有凸上平下旋钉于横木者。初式不若二式之简，盖铁轨经久则形稍变，无可互易。横木以架铁轨，欲其坚也，杉木松木浸以磺铜药水，最可耐久，浸费每段约一佛朗。横木长无逾五尺，阔七八寸，厚五六寸。横木于道，道填细石块，上掩横木而止。用石块欲其负重透气，而木难于朽也。铁道有双单行之别：双行之道，宽丈三尺；单行之道，宽七尺。两轨之距，以轮为度。英国车轮有相距至二法尺者（每法尺当工部尺二尺八寸），他国概以一法尺五为率，俄国间用至一法尺八。横木相间，以铁轨之长短为度，铁轨长六法尺者，则用七横木。其有铸成铁轨、自为横杆以置道上、布横木以承之者，德国概用此制，惟轨坏难更，今渐废矣。其他零星什件，不可胜举。凡筑铁道一墨里长，地价约六千佛朗，填筑造桥之费约八千，铁轨横木各件五千，杂用四千，约共二万三千佛朗。此单行铁道在各国极廉之价，双行之道倍之，而道越高山大河者又增焉。

轮车之式不一：有力小而速，专挽坐车者；有力大而迟，专挽货车者；有兼挽坐车货车，而速率有差者。专挽坐车者，一时能驶八十至一百六十墨里。其式动轮大而曲柄短，柄短则速，大轮一周，小轮数周。盖动轮之径，径二法尺有奇，故其行速。惟曲柄短而力小，不能挽重。相其所挽之轻重，每乘约四万二千至五万五千佛朗有差。其专挽货车者，则动轮小而曲柄长，柄长则力大，轮小则行缓。轮径一法尺一寸，每时驶行无逾六十墨里，可挽重至二万八千石，每乘约值十万七千佛朗。其兼挽坐车与货车者，动轮径一法尺半，一时驶行无逾一百墨里，每乘值五万佛朗。凡轮车之轮，少则四轮，有六轮、八轮以至十二轮之别，而动轮惟二。其动轮有先后错置者，其汽筒有畸正各别者。今则日新月异，形式迭更，总以挽坐车、挽货车与兼挽坐车货车之用。坐车有上中下三等，每车三舱：上等舱位二十四，中等舱位四十，下等五十。上等坐车每乘约值一万佛朗，中、下等无逾六千佛朗，货车自八百至三千佛朗有差。各国坐车之式不同，外有卧车以便宵征者，每乘约值万三千佛朗，而各车车轮之值不与焉。凡坐车可挽至二十乘，货车可挽至三十乘，乘乘衔尾，蜿蜒道上，望之若矫龙之盘旋于云中也。

　　每站设分局，车近局而止。于是设埠头以便上下车乘也，设厅房以便栖止乘客也，设水井以供汽炉也，设煤厂以资堆积也，设电报以先传知也，设卡房以税货物、以稽偷漏也，设帐房以收发车票也，设车栈以容纳各车也，设货栈以盖藏载物也，设标志以正轮车近栈不乱趋也。种种所设，华朴任意，而贵贱之值判霄壤焉。此创造之大略也。

　　创造既竣，则贵经理之得宜也。凡站视埠头之衰旺，有上中下之别，而经理之道因之。每站派职站一以总理庶事，派职帐一以稽查出入，派职票一以收发车票，派职栈一以谨慎盖藏，派职报一以邮递消息，派职路一以扫治道途。各职之下，以站之等第定执役之名数。小站一人可兼数职，大站则正职之外复有二副。轮车既行，节制疾徐则管车掌之，对查客票则管票典之，区分载物则管货主之，瞭望险厄则管守任之。分站之外，复有总站。举总司者，所以纲领庶事、纠察庶职也；立会议者，所以定夺大事、节制总司也。于是传宣号令者则有司书，举用执役者则有司职，总理入财者则有司收，分给支用者则有司发，核对出纳者则有司会，修治道途者则有司路，察看机轮者则有司器，余同分站。凡用人，未用必考之，既用必察之，役二三年则序班升之，役二十五年则终身廪之。凡掌财，出有簿，入有票，而敛散之权不主于一司，则利权不专。凡会财，月有要，岁有会，而出纳之数统属于一司，则盈亏立见。此其大小相维，出入相制，所由百事成而庶职举也。凡敛资，有因地之远近而别其多少者，有分行之疾徐而判其低昂者，有与其他公司互订以昭划一者。各国公司所定敛资之则，当呈于本国之工部、商部以颁行之。工、商二部核其创造之经费，度其客货之多寡，稽其用度之繁简，而准定之。外加国税若干，大约每墨里公司定则上舱人二十文，中舱人十五文，下舱人十一文，而国税人二文。乳子不取资，未龀者取其半，充兵者取四分之一。凡货，约每墨里一吨取资百文，国税六文；其重逾二三石而不及一吨者，取资如吨数。他如马牛犬羊，各有定则；金银货物，别有定章。统计光绪六年英国轮车乘客至四百五十兆，而货运之吨数得其四之三；他国视铁道之短长而差等其数。此铁道经理之规模也。其所以裕国课、便民生，有不待言者。

　　窃谓外洋自创铁道以来，其制屡易，其费万千。或由商贾经营，或由国家创造，甚至官偿其息而商收其利，其所以鼓舞招徕之者无微不至。人情好逸恶劳不甚相远，必汲汲然以此为务，良有不得已者。中国自军兴以来，制造之局几遍直省，一切枪炮兵器，渐仿外洋为之，而于外洋致富致强最要之策，如火轮车一事，反漠然无所动于中，盖以为中国有窒碍难行者。而吾以为火轮车惟中国可行，惟中国当行，且惟中国当行而不容稍缓。何也？溯火轮之初创，百病丛生，不知几经改作以臻今日之美备。人为其劳，我承其易，此时会之可行也。中国平原广衍，南北交通，即有山川，亦可绕越，此地势之可行也。中国材铁充盈，人工省啬，非如外洋百物俱贵，动用浩繁，此人力之可行也。

近今中国财殚力竭，凋敝日深，内外臣工争言兴利，而言之数十年，茫若捕影者，无他，以不知有救患之利，有节用之利，有开源之利也。何以言之？水旱之偏灾迭报，而荒熟不能相济，是苦于挽运之艰也。生齿蕃衍，则人浮于可耕之地，疫兵迭扰，则地浮可耕之人，是苦于迁徙之难也。偏僻之区，污吏莠民因缘为奸，而上无以闻，下无以达，是苦于声气之不通也。反是而行铁道，则无艰难不通之弊，此救患之利当行也。国家之用，曰库储，曰军储，曰盐课，无不仰给于转输之费，费浮于物，以致贫民食贵，到处皆然，是苦于转输之难也。反是而用铁道，可省转输和籴之费岁数百万，此节用之利当行也。英人所以致富，曰煤与铁，遍西南洋而尽用之。今我中国豫、晋之产，西人谓其尚富于英，乃未闻豫、晋之煤铁行至千里，岂复望其行于外洋以夺英人之利乎？是苦于来原之否塞也。谚曰："百里外不贩樵，千里外不贩籴。"是苦于货泉之滞销也。言利之臣又从而税之，以为多设一卡即多一利源，不知税愈繁而民愈困，民愈困而国愈贫矣。盖财之于国，犹血之在身，血不流行则身病，财不流行则国病。反是而用铁道，则无否塞滞销之患，此开源之利当行也。

然此犹曰行之有利，不行无害，非所论于当行而不容稍缓者。试思今日之域外，环中国之疆宇无非铁道也。英由印度北行，且逾廓尔喀而抵克什弥尔矣。俄越乌拉山岁造二三百墨里，行且至代什干而逼敖罕矣。法肆并吞安南之谋，已侦偞洮江、富良江之源，而直入滇省，规为铁道之图矣。英人复由披楞之东，行且与缅甸接壤矣。倭人力效西法，新旧二都已绵亘铁道，而睥睨东溟矣。俄人踞图们江口立电报，由恰克图以径达俄都，行且筑铁道于黑龙江滨以通挽输矣。吾若不乘其未发之时急行兴作，将不数年，各国之铁道已成，一旦与国失和，乘间窃发，而吾则警报未至，征调未齐，推毂未行，彼已凭陵我边陲，控扼我腹心，绝我粮饷，断我接济。吁！可危也。且思轮船梭织海上，西洋各国运兵而至者无逾四旬日。即俄国由博罗的海而达中国，亦无逾五旬日。而吾自腹省调兵滇南，或自关内调兵塞外，能如是之神速乎？以轮船之缓于轮车，而人在数万里外反居我先，矧异日各国之以轮车环集我乎！且中国数万里之疆域，焉能处处防御，所贵一省之军可供数省之用，一省之饷可济数省之师，首尾相接，遐迩相援。为边圉泯觊觎，为国家设保障，惟铁道为能，此所以当行而不容稍缓者也。

而难者曰："铁道之可行、铁道之当行与行之而不容稍缓者亦既闻命矣，而无如终以筹款为难。子前所言筹款一端，但言官商合办之章程，而实未言款项之所出也。今且下理财之诏矣，而各直省所节者无逾百万，各关口所税者无逾二十兆。东海有筹防之费，西陲困挽输之劳，画地抽厘，悉索已尽，信使络绎，征求实多，疆吏辍炊，司农仰屋。欲于此时筹一巨款，能乎不能？使不筹款于国帑，辄思鸠资于民间，不知民间十室九空，亦犹国帑千疮百孔，即有二三股实有志举办，究之孤掌难鸣，多口可畏。况乎律称钱财为细故，官视商贾为逐末，一有差失，既不能向官府以雪冤，复不能假律意以自解。而计秋毫之利，因之倾家，掷百万之金，缘以媒祸，又谁为为之？"呜呼！是不知因时利导之方也。官办商办，在初创铁道固有游移，今踵各国而行之，实有成效。国帑虽空，独不能赊贷而化无为有乎？民资虽竭，独不能纠股而积少成多乎？联官商为一气，天下岂有难成之事！

而或者又曰："中朝而行称贷之事，国体有伤，不急而开洋债之风，牵掣实甚。"不知泰西各国无一非债欠数千兆，而英、法、德、俄之称雄如故也。苟不借浮息之债，时偿当予之息，又何畏牵掣哉？夫借债以开铁道，所谓挹彼注此，非若借债以偿赔款而贻偿息之累。况借债另有变通之法，其法维何？曰：铁道专由商办，而借债则官为具保，如是，则阳为借债之名，阴收借债之效。用洋人之本，谋华民之生；取日增之利，偿岁减之息。使或牵于庸众之见，惑于无稽之谈，而犹不肯为是也，独不见壬寅赔鸦片六百万元，又赔英商三百万元，又赔兵费一千三百万元；庚申赔英国广东之费四百万两，又赔法国广东之费二百万两，又赔英、法二国兵费一千六百万两，其款有大于铁道所需者乎？曰：是不得已也。曰：正惟不得已，而吾恐今日之以铁道为可已者，将来之不得已且十百倍于此而不止也。群疑众难之心胸，亦曾审思之否也？（《适可斋记言》）

借债以开铁道说

债者，所以剂盈虚，通有无，与市易之道并重。其始民与民借，未有国与民借者也。国债之说，仿于欧西之希腊，周时波斯来侵，饷匮急不能筹，告称于民。罗马因之，往往募豪富人相假贷，无所取信，民不乐从。越千有余载，英、法、奥等国构兵，兵费浩繁，其君能信用其民，民乐输借。故康熙五十五年，诸国借款负至七千五百兆佛朗之多。又七十余载，负至万二千元百四十兆半。又二十余载，负至三万八千二百五十兆。然此犹国与民借，未有国与国借、国与他国之民相借者也。乾嘉以后，此风浸炽。计道光二十七年，诸国之负积至四万三千二百七十六兆，然此犹借债以筹饷，未有借债以制用者也。而咸同之间，则欧美诸国铁道、机厂、电报之属日新月异，动用浩繁，专事借贷，于是同治九年，诸国之负积至九万七千七百七十四兆。近今十年之际事变益烦，外洋国债积至二百万兆有奇。其间印度二千五百七十五兆，日本、香港四十三兆，新金山八百九十四兆，亚非加洲九百九十一兆，余皆为欧美各国所欠。

夫此各国者，论幅员则不广，论生齿则不繁。而遇有乞借，则借之人不可胜数，借之银不可胜用，沛乎如泉源，浩乎若江河。是遵何道以致此？曰：取信之有本也，告贷之有方也，偿负之有期也。此三者，借债之经，而行权之道则存乎其人。

西人云："取现在之银，偿将来之息，谓之债；恃将来之息，致现在之银，谓之信。"故凡乞借于人者必有所恃，豪商恃其蓄积，素封恃其田庐，国家恃其赋税，故计臣以国计之盈虚为借债之难易。英国素称饶富，其借款率皆岁息三厘，鲜有逾于四厘者。法国如之。惟军兴需饷孔亟，迫不得已，岁息加至五六厘。而执政之臣又不愿负此重债之名，因于借债之中寓加息之意。如英人有以八十三至七十九当一百，而岁息三厘；法人有以九十二至七十六当一百，而岁息四厘、五厘者；意大利国用支绌，至以四十九当一百，而岁息三厘；西班牙借三百兆佛朗，至以四十二当一百，而岁息三厘，名曰三厘，盖不翅六厘矣。此以行军縻帑，无可指之款以偿其息，致令债主寒心，不能不居奇以昂其息。

至于借债以治道途，以辟山泽，以浚海口，以兴铁道，凡所以为民谋生之具，即所以为国开财之源，与借债以行军，其情事迥不相同。故人人争输，云集雾合，不召自来，恃其有款之可抵，有息之可偿故也。英国筹民间善后之银，岁借一百五十兆至百七十五兆佛朗，其印度债款至三十兆，新金山债款一千一百兆，率皆用制铁道。而法、奥、意大利诸国修治铁道之费，称贷数千兆。下至弱小如秘鲁，铁道之费借诸欧洲，亦至三千二百万金磅，贫瘠如都尼斯，亦借至十万金磅，而土尔基与埃及诸国无论矣。然则取信之道在有所取偿，取偿之道在有所指名。无所指名则取信不深，取贷不广，若仅曰国饶则易，国贫则难，犹未知信之有本也。

告贷之方，难更仆数。散借于凡民，则苦其零星难集；专借于毫〔豪〕富，则虞其需索过多。前二百余年，西国借款往往取于银行，大为所困。盖仓猝之秋，供亿困乏，不得不迁就于目前，固非告贷之能事也。善告贷者务于平日结纳其银行，牢笼其豪富，而后缓急相需，仓卒可办。不然，鲜不为人所挟制。至嘉庆初年，始向民间告贷。英国创之，不旬日得一千八百万金磅。荷兰继之，于道光二十二年得三千余万佛朗有奇。奥国于同治初年得六百兆佛朗有奇。法国踵行之，至赔普国兵费只需三千兆，乃一呼即应者竟有三万七千余兆。而俄罗斯、意大利、西班牙与南北亚墨利加各小国，皆遣赴英、法，径向民间借取，不可胜数。大率息银五六厘，视银行之息稍轻焉。惟恐凡民顾虑，集腋难成，则有先向银行取用，渐令转借于民以足其数。然由银行介绍，或恐经手分肥，为息必厚。英人于此思有以减之，乃先期判示，明订所借之数与所予之息，使银行之愿贷者各书所取之息，函送前来，然后择其息轻者贷之。自有此散借、专借与先示后择之方参错互用，而各国兴作工程之费，借于英、法官私银行者动以数十兆计，其称息无逾六七厘者，则告贷之有方也。

取信既有本，告贷复有方，宜若无难事矣，而不知偿负亦正不易。法当于称贷之初，即预留清还之地。有予倍称之息以唊债主者，人存则予，人亡则本利俱无，且以亡者之利归并于存者，存者日少而利日多。人思身与利存，而不思人与本俱亡也。法国尚欠此等债款七百六十一万佛朗。昔欧洲遍行此法，自有保寿公司，乃渐废矣。有偿息之外另偿若干，逐渐腾还，视其另偿之多寡，限三十年、九十年以结清者，英国于同治八年尚欠此等债款四百万磅。有常息之外另提余息以资阄还者，言定常息由三厘加半以至四厘，余息由厘半至二厘，常息则按年一付，余息则两年一阄，阄以债票，得票还其本银，外加若干倍以偿之，偿之厚则贷不吝矣。故西洋城市修治街路与开矿铁道概从此法，而土尔基与埃及之铁道则专以此为务矣。又债券书票号不书名姓，以便辗转抵用，一如银票，使公司之利厚者岁提一二成赎回其票，则不言偿而自偿矣。姑无论重息以偿本，因利以赎债，与腾还、阄还各法孰得孰失，要皆于利息之中寓归还之计。至于应变无方，则存乎其人，尚何虑负之不偿、偿之无期哉？

今中国议开铁道，当以筹款为先。顾将筹之于官乎？而京协等饷，拮据已甚。抑将筹之于民乎？而风气未辟，集股维艰。无已，则有借洋债之一法。然而借债以开铁道，事属创举，苟非仿效西法，参酌得中，何足以臻美善而绝流弊？窃尝熟察事机而统计之矣。中国果借洋债，办法多端，其中有不可行者，有不可不行者，有可行不可行因乎其人者。

天下之利最患中饱。各口洋商林立，而银行之出贷者无逾三四家，俱系外洋分行，计其成本，只足以供市肆之所需，不足以应经营之大举，势必乞诸其邻，从中渔利。况乎只此三四银行，保无有互相勾结，垄断为奸，即使外国大银行派人来华，亦难越其范围。为今之计，惟有自行承办，径往英、法都会，与其官私银行面行商榷，由我计息，由我定价，一杜居间把持之弊。语曰："争名者于朝，争利者于市。"英、法都会，天下称贷之市朝也。又况所需之款，专为在外洋购置轮车、机器、铁轨之用，使由中国借银汇至外洋兑换磅价，必致折耗，不若以外洋之银购外洋之物，既免折耗之费，复无垄断之虞。反此乎而在中国各口谋之，其能集事也难矣。此不可行者一。

借债与入股有别，入股可坐分每年赢余，借债者惟指望按年之利息。中国创行铁道，绵亘腹地，岂可令洋商入股，鼾睡卧榻之旁？前土尔基初置铁道，入股者率属英、法、奥国之富户；埃及凿苏合渚河，入股者率属法人，河工告竣，法人专享其利。前数年，其股票大半落于英人之手，于是立约，以其河为万国通行之河，各国兴戎，亦禁不能封，岂非开河利人，反自贻其害乎？往岁承办苏河之法人，名来散贝斯，又议于南北亚墨利加洲中腰凿巴剌玛峡，以通东、西太平二洋，美国阻其承办，盖有鉴于斯也。是铁道之不可招洋股也。此不可行者二。

制造铁道，需时甚久，非一二年所能藏事。而此一二年中所借之款，岁须输息，取之于国库而国库空虚，取之于铁道而铁道未竣。惟有仿效西法，并五六年当偿之息，一气借成，以免异日腾挪无所，失信于人。此不可不行者一。

计铁道所需费数千百万，既无久假不归之理，亦无全数尽还之力；即或摊分拔还，而每次拔还之数亦必累至百万，力不能胜。惟有仿效西法，每年偿息外，别提或一厘或厘半，大约摊至五十年即可结清。此不可不行者一。

中国初创铁道，由京以达淮城，往来通衢，创兴之后，利可倍蓰。但一借洋债，每年输息数十万，是中国之铁道反为洋人之利薮。惟有仿效西法，一切借券第标号数，不标姓名，一俟铁道得利之后，将其券逐渐收回。此不可不行者一。

借贷之事，曲折难行。其借也，银行可按期而取足，民间难悉数以取盈。然银行利重，民间利轻，因创铁道而借洋债，其豪商或知其利而生艳羡之心，其小民或不知其利而无输将之意。是在经理者多方相度，委曲相通，使各国民间皆知此事为中国兴利之事，信之深而趋之众，庶可裘成集腋，不为豪富所把持。此借于银行与不借于银行者之未可预定也。外洋铁厂，指不胜屈，而首屈者则如德之克鹿伯、法之科鲁苏、英之塞斐尔德，工匠六七千，岁销数百万，其厂主素慕中国铁道之利，假使径向赊欠各种轮机轨辙铁道所需，工竣后按年拔还，彼必乐从，似可减称贷之款而省转折之耗。所虑者，彼或高抬价值，或阴为主持，反不若借银偿银较为直捷。是在经理者酌理准情，通方达变，以求一万全之策。此赊欠铁厂与不赊欠铁厂之未可预定也。至筹偿负之法，或附入本息以摊还，或阄取债券以清结，往往失之毫厘，累苦巨万，亦难臆料。此皆可行不可行一视乎其人者。

或曰："借债必有所取信，取信必有所指名。今向洋人借债何者取信？何者指名？西人惟知中国购置枪炮必偿其直，与夫西征借饷必偿其息，然皆官为之任而有所指名。今猝需款数千万金，无所质信，能乎不能？使或惧西人之不我信而指关税以为名，无论关税各有分项，难以腾挪，且前者借用洋债之时，议者动谓窒碍多端，司农奏明停止，似亦未便因此再借巨款，致烦过虑。"曰：此乃不知借款以行铁道之理也。欧美诸国铁道迄今造成者不下四万余里，何一非借款以成？何一有取保之说？而所恃以取信者，不过恃一素有名望之监工踏勘估工之清单，与夫日后运载之利益耳。中国铁道以联络南北为要，所获赢余必甲天下，人人共知，诚得一精炼监工细为勘估，即持所勘估者以示外洋，必可取信，何事国为之保、指关税作偿款而后可哉？

使或虑为效迂远，难供运用之需，则有简便之法。其法维何？曰：先筑一由津达京之铁道，以为提倡。其利有六：

中国铁道未经监工估计，而由津至京闻有一英国监工尝为履勘，袭其已勘之迹，再加覆勘，则事半而功倍矣。其利一。自津距京径行无逾二百里，期年可成，明效易见。其利二。南北铁道非一二年可竣，造端宏大，易启惊疑。津京铁道一成，则南北往来先以轮舟，继以轮车，士庶官商，人人称便，将来继筑南北铁道，集款必易，转运亦速。其利三。中国之行铁道电报，事属创见，不知者必群起攻之，以为宜于外洋而不宜于中国。使津京铁道一成，人见其周行之便，驰驱之疾，无不习为故常也。且平素以车为生者，为火车搬运货物、起卸行李，较畴昔有益无损，而后知铁道之设上足以利国，下足以利民，止有因铁道而便于往来之利，绝无因铁道而失其生计之害。如此，则他日考求西学，小儒不至咋舌，清议不至腾口矣。此亦挽回气运之先声也。其利四。铁道之难，不在创制之维艰，而在经理之不善。南北铁道执役之人数千，经营之人数百，华人既不谙行铁道，势必专雇洋人，费不胜计。今若先制京津铁道，挑选华人学治道途，学置铁轨，学驶轮车，学司收纳，他日即可用于南北。其利五。初创铁道仓卒，借债之主不能深信，息或过厚。西人著论中国之书充栋汗牛，皆以"官饱私橐，政出多门"为说。倘举铁道由官督办，外洋债主虽知斯道之必可获利，而或恐事权不一，侵蚀甚多，日久弊生，债主受损，于是增其利息以为孤注之掷者有之矣；否则遣用信人，名为监察各事者有之矣。今制津京铁道，用人宜专，制法宜善。在我必慎于始，以立渐推渐远之基；在彼得全其资，益征无诈无虞之信。即使创造伊始，借息或重，而需款不巨，则偿息亦微。洋人见中国铁道有成，异日借用巨款其息必可大减。是津京铁道之足以取信者远也。其利六。

夫通道为浚利之源，借债乃急标之举，术虽补苴，要皆气数转移之机，国家振兴之兆。苟于借债之中不筹一泛应曲当之良法，而顾鳃鳃焉虑有流弊而中止也，是何异虑色荒而禁婚姻、虑禽荒而废搜狩也，弗思尔矣！（《适可斋记言》）

富民说

治国以富强为本，而求强以致富为先。上溯康乾之际，税厘不征而度支充，海市有禁而阛阓足。乃军兴以来，海关厘金岁入多至二千余万，商贾互市岁至二万万，然户库形支绌，闾阎鲜盖藏。前后百余年间，上与下贫富情形何若是迥异哉？

昔也以中国之人运中国之货，以通中国之财，即上有所需，亦不过求之境内，是无异取之中府而藏之外府，循环周复，而财不外散。今也不然。中外通商而后，彼易我银之货岁益增，我易彼银之货岁益减，而各直省之购炮械、购船只又有加无已。于是进口货之银浮于出口货之银，岁不下三千万。积三十年，输彼之银奚啻亿万！宝藏未开，矿山久闭，如是银曷不罄、民曷不贫哉！

然通商非中国独也，宇内五大洲国百数，自朝鲜立约，而闭关绝使者无其国矣。若英，若美，若法，若俄，若德，若英属之印度，无不以通商致富。尝居其邦而考其求富之源，一以通商为准。通商而出口货溢于进口者利，通商而出口货等于进口者亦利，通商而进口货溢于出口者不利。彼英、美各国皆通商，而进出口货不能两盈，故开矿以取天地自然之利，以补进出口货之亏；至地利不足偿，乃不惮远涉重洋，叩关约款，以取偿于我华民。

然则天下之大计可知矣，欲中国之富，莫若使出口货多，进口货少。出口货多，则已散之财可复聚；进口货少，则未散之财不复散。其或散而未易聚也，莫若采取矿山自有之财。采取矿山自有之财，则工役之散不出中国，宝藏之聚无待外求，而以权百货进出之盈虚，自无不足矣。爰分陈焉。

一曰使出口货多，则在精求中国固有之货令其畅销也。中国固有之货以丝茶为大宗。通商之始，丝茶出口足与洋药、洋布进口相抵。乃近年英属印度盛产丝茶以夺我利。查印度十余年前丝出口仅值百万，茶出口仅值五百万。去岁出口之丝已值二百七十余万，出口之茶值一千六百余万。日本丝茶近亦畅旺，每岁出口近千万。中国之丝每岁出口值三千二百余万，茶亦称是。核计十余年间中国丝茶所增不过数百万，迥不若印度、日本丝茶岁增之多。若不及时整顿，则彼日增而畅销无已，而我止此岁入六千余万之数，不尽为所夺不止。

整顿之法有三：

一、讲求丝茶之本原也。尝考意、法两国育蚕之家，种桑有术而叶肥茂，选种必良而蚕硕壮。且察其僵之犹癞也，药而别饲之，使不传染。（闻南浔丝商说，美国饲蚕有公司，民间蚕或僵病，不准留养，而举箔送公司，有医官以显微镜察看。凡蚕欲僵者，必自举其身旁叶边而数数颤动，如驼马之倚树擦痒者。其两面腰际，必有极细黑点，目力不能见者，每面各一粒。意犹人之癣疥作痒，须用极软翎毛等蘸药水轻拭去之。甚或患者多，则用药水洒叶饲之，逾两宿即愈。故选种、种桑与饲养必究。沈毂成注。）时其化之出蛾也，烘而干压之，便可久藏。（成茧后二七日即变蛾破茧而出，故饲蚕家之人工少者不能多蓄种，恐茧多不及尽缫成丝也。其缫盆落茧亦不能过少，恐待缫之茧虽未为蛾舐破，而已损内衣，或水出污渍也。故中国之丝不及外国之细，实由化蛾历时太促所致。然烘茧虽免此患，而干久则光采亦钝，殊难两全。此亦闻之丝商，未知近年烘茧别有新法否。毂注。）凡此皆我中国蚕书蚕说诸家所未之前闻，而彼皆创立艺学以教导民，故其缫丝之候直可历七蚕八蚕之长，而其成丝之功遂极于五茧六茧之细，虽质性限于桑土，不如华产之柔韧，而色泽匀洁，人乐售焉。又观印度之种茶也，其培植之方，相地利，因天时，比萌芽，而采叶，而伐枝，莫不日以煊之，火以焙之，水以润之，色以浓淡之，或借人力，或用机器，皆有程度。故其茶质虽不及华产，而色、香、味皆足，清而不涩，舌本回甘，宜乎销售之浸广矣。中国应及此时于育蚕、产茶之省，通谕各督抚，转饬该属，访求西法，师其所长，毋执成见，庶我固有之利不尽为洋产所夺。

一、归并丝茶之商本也。外洋商务制胜之道在于公司，凡有大兴作、大贸易，必纠集散股，厚其资本，设有亏累，则力足持久，不为外商牵掣。中国丝茶出口成本约值六千余万，类皆散商开设行栈。始则各就当地争先采办，乡民乘间抬价而成本已昂；继则以争先致拥挤，原本不得收转，则借庄款、贴拆息而囤本更昂；终则洋商窥破此机，故延时日不即出价，而庄款期迫息重，不得不自贬以求速售。于是又人人争先，而向价骤昂者一转盼而骤低矣。历年丝茶两商每致亏蚀数百万金，职是故也。今诚以散商股归并为数大公司，公举董事以为经理，则采办之价易于会商，无高抬之虞。资本既厚，贷款少而利息轻，货到各口不必急于求售，自无需仰承洋商鼻息，则待时而沽，亏本者鲜矣。

一、减轻丝茶之厘税也。查通商之始，税则无成案可稽，取粤海关税册，查核值百抽五之数，每担茶售至五十金左右，故定税每担抽二两半。今则次茶每担仅售十两，而仍以此数征之。税则之外加以厘金，间有税厘之数几与其价相埒，则茶商焉得不困！外洋恤商之策，首在于重征进口货而轻征出口货，中国之税反是。是宜及时按茶身之高下，以科税则之重轻，厘金亦视此递减。税轻厘减则价贱，价贱则出口货增，出口货增则税厘更旺，盖日计不足，月计有余，初若少收而见绌，终必多报而见盈。近来各处关卡办理成效，率以宽大而比较日长，严密而比较转短，得失之林，彰彰可考。况通商税则原非不易之经，俟修约之时，凡洋货税轻者皆可按价酌增。至吕宋烟、葡萄酒等货，外洋征税甚重，有值百抽百者。而通商税则皆以为洋人自用之物，概皆免征。修约则可重征其税，而减轻出口税之数，亦可因以取偿矣。倘使总督王大臣坚持其议，各国必能就范。如是，丝茶两种既精其物产，复厚其资本，又轻其税厘，他日畅销，以敌日、印之产，而岁增出口货数千万，自易易也。

至中国固有之利，除丝茶外，如牛革、羊毛、蔗糖、草缏、棉花、磁器、大黄等物皆已运往外国，亦宜随时整顿。凡此皆所谓精求出口之货，以复我已散之财者也。

再曰使进口货少，则在仿造外洋之货，敌其销路也。进口之货，洋药而外，以洋布、洋纱为大宗。查英国织机约十五万张，美国织机约十三万张，印度亦有二三万张。每张一昼夜织布两匹，是三十一万张，日成布六十二万匹。一岁姑以三百六十日科计，可成布二万二千三百二十万匹。通计近十年来，中国进口洋布每年约一千五百万匹，值银三千万两，是英、美各厂所织之布，行销中国仅百之七耳。至洋纱，前十余年进口岁仅值十余万；曾未数载，因其精细洁白，北直诸省竞相购买，去岁进口之纱至值银一千三百九十万〔两〕。中国产棉所在皆有，即如江苏之松江、大仓，岁产之棉亦不下五六百万担。今舍吾自有之棉，坐令我华民为洋棉所衣被，殊非谋国是者所以力求致富之道。光绪五年，曾经北洋大臣李奏设织布局，乃事隔十年仍未奏效。询其所由，则以资本不充，办理者或未尽善。今则重为整顿，十年之内不许他人再设织局，而所设织机不过二三百张，每日开织只五六百匹，岁得十八万匹，仅当进口洋布八十分之一耳，则十年之间所夺洋人之利，奚啻九牛之一毛哉？又况织布机器费用浩大，少织则费重而本有所亏，多织则费减而利可稳获。拟请将原设织局扩充资本，或再立新局，务使每年所织之布足敌进口十分之一，方足为收回利权之善策。诚得其人善为创办，不出十年，必有成效可睹，而后推之织绒、织呢、织羽、织毡，皆可次第施行。要使中国多出一分之货，外洋即可少获一分之利，而中国工商转多得一分之生计。凡此皆所谓仿造外洋之货，以聚我未散之财者也。

一、欲财常聚而不虞其或散者，则在开矿山自有之财也。矿产不一，而为用则首推煤铁，然煤铁所以致富，而非所以为富。所以为富者，莫金银矿若。善夫格物家之言曰：溯汽机之兴距今四十余年耳。纵览欧美各邦，铁轨绵亘五六十万里，轮船梭织六十余万艘，铁塔则上摩霄汉，矿井则深凿九泉，而梁江湖，穴长岭，辟海渚，制巨炮，若电，若火，若光，若热，其为质一，皆微渺恍惚而不可影响，今皆效其灵以供人驱策，而成此开辟来所未有之工程。实计所费，奚啻二万兆两！果操何术以至此？岂今人之才力远胜于古人欤？不然何发泄之暴也？此无他，盖由道光季年地不爱宝，先后寻获新、旧金山之金穴耳。第就旧金山而言，自明中叶新得美洲以迄道光之季，约四百年；自道光之季至同治十年，不过廿余年耳，计其间开采金银已值一万二千兆两，视前四百年间所采已过倍矣。又自同治十年以迄于今，开矿之机新奇简便，所采尤倍焉。四十年间金银之出百倍于前，故能悬不赀之赏，开非常之源，奔走天下之人才不尽，改天下之旧观不止。

今也，中国创设海军，力求制造，拟开铁矿，自制芦沟桥至汉口之铁路，此中国数千年未有之创举，若仅恃流通内地区区之金银以资之，恐必不可得之数也。

尝闻矿师之论金矿也，谓一洲大陆必有数万里之岭以为干脉。干脉之长，宝矿生焉。南北美洲以石岭为干脉，而旧金山、墨西哥、智利诸金银矿皆生其间。澳大利洲以蓝岭为干脉，而新金山之矿于是痞胎。亚西亚洲以葱岭为正干，而西北至乌拉山，东南经藏卫以抵滇、蜀，宝矿迭为隐见。葱岭北干经南北天山，蜿蜒历阿尔泰、肯特诸山，绕内外兴安岭以抵长白山，由朝鲜之咸镜、奉天之旅顺南趋渡海，海底高下，岛屿差错，延及荣成、登、莱诸岭，以结穴于泰山，金银诸矿所在皆有。盖南北天山金沙最富，淘者甚众，记不绝书。俄人于外兴安岭采金者岁值数百万两。我内兴安岭之漠河今始招工，采金颇旺。至吉林诸山，前有金匪数万人生聚其中，而朝鲜咸镜道等处淘金者计七万余人，除纳官税外，每岁出口之金尚值银二三百万两。又尝身历宁海、招远诸山，见古时所开矿穴长至数十里、深至数十丈，摩挲悬崖，铲凿之痕班班可志，计其工程必费数百巨万，即今所弃矿石之次者与炉冶之渣滓满谷满山，取以分化，皆含金质，历请矿师为之勘验，则金脉纷披，绵亘起伏于诸山之脊，长至六七十里而无有间断，穴脉凿石以分化之，大约每吨中数得金一两强，欧美矿师至比诸旧金山之祖线。考之古人不惜工费既如彼，参之矿师互为取证又如此。盖虽山东东三府斗入于海者，南北之袤无逾三四百里，得地不厚，然总计北干而论，其矿之富殆可鼎峙新、旧金山矣。且滨辽海，便于转运，南北适中，调度自易，以视内、外兴安岭地近冰道，人迹罕至，其施工之难易相去万万也。

间者平度金矿开办之始，成本未集，仅恃陆续借款以为周转。又初延矿师不能预算矿脉之浅深长短与所含金质之多寡，以及分化硫金之难易，而建厂、购机、凿井任其指挥，及知已为所误，而借款之期已届，再贷无由，主其事者万分拮据。局外不察，徒归咎于金矿之不足恃，不知平度开办至今，计用机厂二十余万，储料二三万，工匠之费十余万，矿师薪工五六万，贷款息银四五万，而现存硫金三十余吨，亦值十余万。若所有借款转为存本，不必克期清还，则以所得浮金、硫金之数，核诸已用之款，犹不得谓无利之矿也。中国有利之矿仅开平煤矿耳。开平开办，未分利息亦十余年，亦几经耗折而始有今日。假令责以尽还股本，则支绌情形亦平度而已。假令平度一如开平，自有资本，则今虽如开平昔时之危，他日安知不胜于开平今日之安也！若不于此时力与维持，听其停闭，则功亏一篑，微特平度之矿可惜，恐中国矿务永难复振。拟请北洋大臣李先将平度之矿通盘筹算，必添资本若干而后可以续办，以期日后本利有着。又将宁海、招远各矿勘验确实，自开井道、凿脉、采石、舂沙、合汞、滤分以至烘硫炼金，日得石若干，舂沙若干，工料若干，石每吨得金若干，而取赢若干，必逐一确估，通数年之赢余，计用本之多寡，设法创办，不数年间金银出自泥沙而不穷。金矿倡于先，各矿兴于后，而后利源广。利源广则南北之铁路与塞北之耕牧以渐而兴矣。

美国立邦仅及百年，居民类皆庸流，英属澳洲开辟亦仅百年，而两处铁路之纵横、耕牧之蕃庶甲于宇内，此皆开采金山后所聚之财为之也。是则中国不讲求西法则已，中国而讲求西法以求富，则莫如自开金矿始。不然，民贫于下，财绌于上，徒扼腕于致富之无由，而不知天不弃我中国，固藏金于山以待我之取用也，殆无异富家之祖若父窖金于室以贻后人，而其后人不知取用，不重可惜哉！

虽然，综吾所言三大端，讲求土货则需款，仿造洋货则需款，开采宝矿则需款，欲聚财，先散财，天下固无不耕而获、不难而获之利。方今度支匮于上，盖藏竭于下，国与民皆无力以创此莫大之功，则将上下交困以安其穷欤？抑操何术以济其变也？曰：莫若略仿西国设一商务衙门，以统于海军，在外或由南北洋大臣兼治，或另简干练通晓商务者驻通商总口，会南北洋大臣专治其事。然后由商务衙门向外洋各国贷款二三千万，其契据或自行出名，或另立华商总公司出名，专办商务，限十年内陆续取用。岁予息四五厘，付息带本，限二十年后分批还讫；否则，稍增其息至六厘半，岁仅付息而不还本，至五六十年后停付，即作为本利清还之法。借款既定，然后由商务衙门将前三端所举数大事，若金矿，若织布，若丝茶，先易后难，次第分办。其办理之法，总以商人纠股设立公司为根本，取具股实资本保结，而后以借款相假，岁取其息以还洋款。或事关商务大局，而股商裹足，资本难集，即以借款为之提倡。其借与华商之息，当视洋债之息稍昂，昂方足以还洋债之息与夫往来汇兑之耗，而创办之始或有亏折，亦可于此挹注而不竭也。

难者或谓："以华银透漏外洋之故，而讲求商务，今转以商务故而岁输洋债数百余万之息，是更增透漏，未利先害，失其本谋。"不知商务兴则进口货少、出口货多，是昔日华商之银透漏外洋者，变为洋商之银溢输中国。且初以外洋之银采中国之金，还以中国之金售外洋之银，正所谓"以彼之矛，陷彼之盾"。区区岁输之息银，名虽出于华商，实仍取偿于洋商也，何透漏之有？

难者又谓："外洋各国商人设立公司，振兴商务，互相假贷，动辄数千万，未闻有官出名者。是官为商借之说，从未施行于外洋，何独创行于中国？"不知外洋之商往来他国内地，置产营运，无有限止，又可与本地商人合股设立公司，故英之富商，在欧美各国开设行栈不知凡几，而欧美之铁路、电线公司与金银各矿，皆有英商股东董理其事，其欧美诸商之商于英属地者亦所在皆有。故其商人互相假贷，皆可亲理，而无事取信于其国之官。中国则不然。洋人既不能置产，又不能改造土货，而华商亦未能与洋商合本设立公司。彼此相视皆轻，故借款不得不凭官以取信。诚能得信义交孚之大臣当官一诺，仍奏定章程，国家为之担保，则外洋富商无不乐从，可立借数千万之巨款，举凡商务之确有把握者悉心讲贯，竭力推行，自无得不偿失之虑。如是数年之间，即可转贫民为富民，民富而国自强。是则初创之功，其文固官为民借，而终收之效，其实即仍为国借也，复何惮而不为乎？故吾尝谓国债之举，正居今之世，君民一体，通塞之机，不可行之于军务，必不可不行之于商务。此其一端也。（《适可斋记言》）

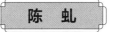

陈　虬

经世博议·腹地应置木路议

呜呼！铁路之在今日，其真不可以已乎！近之为富强计者，动曰"筑炮台，更练营，设商局，精制造"，然无铁路以为之纬，则呼应不灵，终归无用。铁路其终不可以已乎？顾或者谓腹地之设铁路，筹费不易，养路须资，宜先就通商口岸举行。蒙独以谓铁路者，军国之大计，非工商之末务，当视轮舟不及之处，宜先由西北而复及于东南。铁路之费诚巨矣，无已则请先以木路。

进考木路之始，有新金山之人马斯孟，于其地初开铁路之时，劝用木路，以引火轮车，作书一卷，极言木路之便利。普剌萨又试之于伦敦。尝以杉木为条，长约九尺，方六寸，其火轮车重十三吨，所牵五座客车各重二吨，每日行十点钟，平常之速每点钟行七十五里，可行八千次而并无损伤。至木路火轮车之价，与一切修费，约省铁路一半有奇，且成路所费之时，又约为铁路三分之一。译其旧说，参之时局，其利有十。能速成，利一。成费大省，利二。销磨甚少，利三。能易行湾曲之路与斜路，利四。如正轮忽断，则辅轮能受车体之重，行甚稳当，利五。车行时并不摇动，且不发响，利六。因各项之费用少，则运客之价可便，而主人易于得利，利七。木条内地各足，无须洋铁，财不外渗，利八。木作土工易仿，民无失业，利九。木厂视铁厂简易天渊，便利速成，利十。有此十利，胡不仿而行之？

其取道之法，请由宛平、良乡、涿州、正定（计六百六十里）出井陉（计一百五十里）、寿阳、榆次至山西太原（计四百里）。循汾河南下而至潼关（计一千零七十里），达西安（计二百二十里），过商州、商南、郧阳而迄襄阳（计一千一百十四里），之江陵（计五百五十里），以为干地，计长四千一百六十四里。再由西安至咸阳，西北由兴平、乾州达甘肃皋兰，西南由兴平、武功、沔县达成都，此备之于西北也。复由潼关循黄河东行至郑州、归德，以及宿州，而以宿州为一汇。由宿州、滁州北上，历滕县、济宁、德州、景州、保定，达通州以卫神京。再由宿州、凤阳历滁州、江浦达江宁，由江宁北达扬州，南达江苏而止于浙江，如此而东南之声势壮矣。复由郑州至郾城，历遂平、应山下达武昌。再由郑州、许州、陈州、太和、寿州、庐江而至安庆，由安庆至九江达南昌。再由九江东行至铅山、广信、玉山，左达浙江，右达福建，复由九江南下，至临江由新淦达广东，由新喻、袁州达广西，星罗棋布，节节可通，而全路成矣。

夫泰西各国，皆各有铁路数万里，其成皆近在十数年之内，有开必先，宁可畏艰而自画哉！蒙之为是说也，取道似纡，用费似繁，然实有深思存乎其间焉。欧邦之创铁路也，其始只取便商，而后乃假之行军，中国则当以军务为急，而辅以载运。东南沿海临江之区，既设有海军长江水师矣，轮舟四达，形势利便，似不虑其单弱，所可虑者，独西北之策应不灵耳。万一江海道梗，轮舟之利与敌共之，则倚为臂指之助者，非秦、晋、川、楚之兵而谁耶？古来兵冲四要之区，得之则足以制人，失之皆足为吾患。创中国从来未有之举，朝廷不惮持以全力，乃仅斤斤于目前养路之费，不顾将来之全局，非计之得也。且养路亦不患其无资也。西北膏腴之地，素称天府，特无铁路以开其风气耳，利岂真薄于东南哉？全路猝不易办，当先举干路，计长不过四千余里。若径改鸟斜，更可缩省。木路既视铁路省费过半，当不过一千余万。期以三年，每年仅需三百余万，似不患费无所出。

曰："然则费果将安出乎？"曰："国家度支有常，近岁出不复可计，当另筹裕财之法。"若俟临时而始议费款，未有不切急从事者。使由吾前各说，先为之地，则以天下之财办天下之事，尚何有支绌之日哉？夫泰西各国，其岁计可考而知也。开办之初，可先就干地次第举行，而后及支路。山径过峻，水道较阔，猝难施功者，不必穴山架桥，视平地告峻，始行从事。目前尚可省费十分之七，而人已大得其便利。利源稍裕，再易铁路，当易为力。

全路若成，辅以轮舟，十八行省之兵，征调往返，不旬日而麇至阙下。靖内寇，御外夷，节饷需，裕利源，进可以战，退可以守，岂非万世不拔之基哉。夫秦皇之备胡也，特筑万里长城。近俄人亦新添铁路，计长七千余里。合之中国亦不下万余里。岂有以堂堂中国四千余年声名文物之邦，甘自局于一隅，而不思急为变计哉！盖有非常之人，而始有非常之功，在变通行之而已。（《治平通议》卷四）

救时要议·富策

设官钞。何谓设官钞？今商民百金以上即就钱庄换票，其实钱庄、银号之倒闭者月有所闻。何如省、府、州、县各设官银号，使上下均沾其利益，尚为便民裕国之要着乎！

定国债。何谓定国债？考泰西各国，每有大事必告贷民财，息多不过六厘。故各国皆有国债，均在数千万以上，无论君主、民主，国事虽有移易，而债息则皆一例措偿。今若稍增其息，注明年限，许持钞票向附近州县支领（若官银号更便），则藏富于国，当亦殷富所乐从也。

开新埠。何谓开新埠？泰西各国每次换约，辄求添设口岸。其得一埠，极力经营，置洋房，开马路，整饬华丽，出人意表。以故百货辐辏，士女如云，商务因之日起，而彼得坐收十倍百倍房租、车税之利。其实地气无三十年而不变，若参用形家言，于各埠近处另开新埠，风气一开，洋商皆将俯而受廛，此亦人弃我取，致人而不致于人，理财、治兵之道二而一者也。

垦荒地。何谓垦荒地？东南人浮于地，而西北则旷土尚多。其实东南荒僻未垦之处亦尚不少，宜令户部分饬司员，协同省委各官逐处履勘，招民佃种，地方官督劝居民赴佃，量给遣费，到佃后，官给籽种，三年始行科则，当无有不乐从者。若边外兴屯，尤为攘外之要策。

兴地利。何谓兴地利？地利之在中国者，即种植尚多未尽。瓜果、桑麻、竹木非如药材之当确守道地。（今地气变迁，即道地亦未尽可守。近日本广种药材，而东洋庄充斥市肆，每年获利无算。）田少人多，则示以区田之法；场地荒阔，则为讲沟洫之制。水泽之区，皆可植桑，内地塘塍，须种杂树。若能相土宜而广药材，则利益更大。每省各派精通化学、植物学者巡视辖境，专办其事，视有成效，册报存档，优以不次之赏，其利未可以亿计也。

广商务。何谓广商务？修工政，广制造，似可杜洋人外渗之利。然机器之学，步趋泰西，彼因吾创，势常不及，虽精其术，收效尚在数十年之后。为今之计，莫如广修洋舶，争利于彼都。盖懋迁之事，迁地为良。新奇可喜，中西一理。宜饬出洋大臣刺取西国器用之习尚，与价值之情形，附以图说，函致商局。又广搜内地玩好之物，开其风气；能自整洋舶者，官为减税保护，酌加奖励，小件附销，准报官搭卖。公正无欺，而商民劝矣！天地之气，无往不复，自通商以来，中国利源日竭，流入外洋者岁几四千万。（此据光绪十六年江海关造报《通商各关华洋贸易总册》而言，进口货值银一垓二京七兆零九万三千四百余两，出口货值银八京七兆一亿四万四百余两。）以鸡口之入为牛后之出，长此不返，其何以国？设法挽回，或亦天人合应之期乎！

迁流民。何谓迁流民？天灾流行，国家代有。故安集流民，不可不先为之防。近遇灾荒，流民辄千百成群。所过州县，沿途纠扰，其荒僻之乡则大肆劫掠。宜于西北及关外等处安插，使有定所，督令垦荒食力。

招华工。何谓招华工？华工之散在外洋者不下数百万。近美国行基利例——驱逐华工。闻华工之在彼都，富或逾百万，宜特简大臣广为招徕，处以关外等处，随其资财，区为数等，使之兴屯招佃，划地而守，仿土司之例，世袭其地以实边陲，此不可失之时也！其有仍乐经商者，由商局设法保护调剂，将吾围固而洋务兴，保庶保富之道其在此乎！

汰僧尼。何谓汰僧尼？开奸盗之路，为邪淫之媒，其今日之僧尼乎！其确守清规者千不遇一，道场施舍，使天下有用之资财尽供其欲壑，不止为旷业之游民已也。若势不能去，宜修祖宗定例以示限制。年逾四十，方准招徒一人，未四十即行招受及招受不止一人者，照违令律，笞五十。虬谓披剃后当即就本师求戒，顶上施艾丸六穴，庶逃犯、盗贼不得混充。如年十六以上而必求出家者，则先报官，阉割、幽闭而后许披剃。

税妓博。何谓税妓博？妓、博，法所当禁，而势无可止。其场面较大之区，官吏皆有所染指，何如明正其税则之为得乎！禁私倡、私博，犯者重罚其镪。或曰："税及妓博，恐伤国体。"不知赵宋有官妓之名，广东收闱姓之费，此皆载之史册，达之天听。况鸦片公班明知为害人之物，而洋药税厘特严者，亦因时制宜之策也。尚何疑于妓博之不可税哉！

搜伏利。何谓搜伏利？曰五金矿，曰煤，曰矾，曰硝，曰磺，曰脑，曰盐，曰制糖，此皆山泽自然之利，所在皆具，但有衰旺耳。诚得精于此道者，到处履勘，广开利源，而财不可胜用矣！

汇公产。何谓汇公产？无论宗祠、庙宇及一切公项善堂，皆令公举董事，报县注册。各董约计岁入之数，酌提二成，交官银号代为生息，俟本利积有千金，仍行发还本处，着其逐渐添设善堂，如育婴、恤嫠、施医、舍药、瘗园、粥厂，各以其所积次第举行。先行之于一族一隅，而后广之于一邑一县，数十年后，举国无贫民矣！

开鼓铸。何谓开鼓铸？今洋蚨、私钱充牣市肆，而圜法失其利。法当严私钱之禁，通饬各直省勒限收卖私钱，分等给价，限满而仍有挽和行使者，初犯重罚其镪，再犯则严刑以治之。设官兼衔主其事。盖禁私铸，则法或有所穷；严私钱，则势自易及。事固有节流而源自塞者。银蚨来自外洋，利多外渗，宜自行仿造，并添金蚨，而开洋亦多备焉。（近开洋多来自日本。曩阅西报，称长崎一带铸银局每日赶造约八万元，可知其获利之厚！）铸钱自以云南为便利，可即令就地开铸（仿闽省例，重以八分五厘为率，防私铸），运给各省，而省京铜之运费。

权度支。何谓权度支？量入为出，理财之要务，而于今日之国势则有不尽可行者。国家岁入有常，而意外之出款究非可定。（近岁入六千余万，虽视前骤增，闻欠洋债亦尚二千余万。）皇上宜躬节俭之化，会计出入之数，大加整顿。施之下者严其浮滥，施之己者力归搏节。泰西议院岁终约计明年出款之数，摊之税则，似可仿其制。拟定四项之赋，于田曰田饷（可仅分上、中、下三则），地曰地税（区为九等），人曰口赋（照户口册分四等征银。近有按《东华录》汇核各省大吏年终奏报人数折片单等，称乾隆六年男女共一垓四京三兆四亿一万一千五百五十九名口，至道光二十二年共四垓一京四兆六亿八万六千九百九十四名口。每十年内添人八次，至少一京六兆人，至多六京五兆人；减人两次，至少三兆人，至多七兆人。计一百一年内所添之数共二垓七京一兆人。均匀率扯，每十年内添二京七兆一亿人，约合添一大省分之人。届今光绪十八年，又积五十年，当又添一垓三京五兆五亿，合前约人五万五千万余，每人一分为率，岁可骤增银五百万两余，视税厘半归中饱者，得失较然），店曰牌银（分九等，如牙帖之式）。如岁出不敷，则酌加，先期榜示。国家不于无事之日先权度支，万有意外，而一切苟且之政起矣，此不可不急思变计也！（《治平通议》卷五）

3. 设议院、通下情：早期维新思想家的政治思想

引　言

　　早期维新思想家，在政治上，一方面对封建政教制度，包括君主专制制度的弊端进行了批判；另一方面，继承了传统民本主义思想。同时，还吸收与借鉴了西方政治思想，提出了政治改革主张，其中最为亮眼的是提出了设议院、通下情、实行君主立宪的设想。王韬介绍："泰西之立国有三，一曰君主之国，一曰民主之国，一曰君民共主之国。"他对三种政体进行了比较，并表示推崇君民共主："君为主，则必尧、舜之君在上，而后可久安长治；民为主，则法制多纷更，心志难专壹，究其极，不无流弊。惟君民共治，上下相通，民隐得以上达，君惠亦得以下逮，都俞吁咈，犹有中国三代以上之遗意焉。"（《重民下》）郑观应指出："议院者，公议政事之院也。集众思，广众益，用人行政一秉至公，法诚良，意诚美矣。无议院，则君民之间势多隔阂，志必乖违。力以权分，权分而力弱，虽立乎万国公法之中，必仍至于不公不法，环起而陵篾之。故欲借公法以维大局，必先设议院以固民心。"（《议院上》）他认为中国欲富国强兵，"必自设立议院始"；官场种种弊端要革除，"非设议院不可"。他在比较了西方三种政体后，也对君民共主即君主立宪表示了赞许，指出："有君主之国，有民主之国，有君民共主之国。君主者权偏于上，民主者权偏于下，君民共主者权得其平。"（《议院下》）陈炽认为"泰西议院之法"，"合君民为一体，通上下为一心，即孟子所称'庶人在官'者。英美各邦所以强兵富国、纵横四海之根原也"。中国要实现富强，也当设立议院，"况今日万国通商，要求无餍，既立议院，即可以民情不顺，力拒坚持，合亿万人为一心，莫善于此"（《议院》）。陈虬指出："愚以为泰西富强之道，在有议院以通上下之情，而他皆所末。"（《创设议院以通下情》）他建议中国仿照西方设立议院，可在地方先行开设："何谓开议院？泰西各有议院以通上下之情。顾其制繁重，中国猝难仿行。宜变通其法，令各直省札饬州县，一例创设议院。可即就所有书院或寺观归并改设，大榜其座。国家地方遇有兴革事宜，任官依事出题，

限五日议缴。但陈利害，不取文理。"（《治策》）何启、胡礼垣在《新政真诠》中提出了"开议院以布公平"的思想。他们对国、君、民的关系有了新的认识，强调国民而非国君是国家成立与兴亡的基础："今夫国之所以自立者，非君之能自立也，民立之也。国之所以能兴者，非君之能自兴也，民兴之也。然则为君者其职在于保民，使民为之立国也；其事在于利民，使民为之兴国也。"（《新政真诠初编·曾论书后》）早期维新派的君主立宪思想，为康有为、梁启超等后继者提供了参照与经验，推动了近代民主思想与社会变革的发展。

王　韬

重民上

天下之治，以民为先，所谓"民惟邦本，本固邦宁"也。今中国之民，生齿日繁，几不下三千余兆。诚使善为维持而联络之，实可无敌于天下。说者谓民数之众，至今日而极盛，向来所未有也。至自古迄今，历代户口盛衰之数，固可得而言焉。当夏禹治水后，民口一千三百五十五万三千九百二十三人。周公摄政时，民口一千三百七十一万四千九百二十三人。周庄王十三年，民口九百万四千人。秦始皇并六国后，民口千余万人。汉平帝元始二年，户三百二十三万三千六百一十二，口五千九百一十九万四千九百七十人。后汉光武中元二年，民户四百二十七万一千六百三十四，口二千一百万七千八百二十人。后汉桓帝永寿二年，民户二千六百七十万九千六，口五千六万六千八百五十六人。晋武帝太康元年，户二百四十五万九千八百四十，口一千六百一十六万三千八百六十三。隋炀帝大业五年，户八百九十万七千五百四十六，口四千六百一万九千九百五十六。唐元〔玄〕宗开元二十八年，户八百四十一万二千八百七十一，口四千八百一十四万三千六百九。宋徽宗宣和四年，民户二千零八十八万二千。元世祖至元二十四年，民户一千三百十九万六千。元世祖至元二十七年，民户一千三百十九万六千二百有六，口五千八百八十三万四千七百一十一。明孝宗宏〔弘〕治十四年，民口五千三百二十八万二千户。我朝大清龙兴，顺治元年，民户二千七百二十四万一千。乾隆时，户口一万五千万人。乾隆四十二年，二万万人。道光末年，二万六千万人。咸丰间，虽经赭寇之乱，而十余年来休养生息，版籍未减，至今约略计之，可得户口三万万。泰西诸邦，安能及其什一哉！

而泰西之民，内则御侮，外则宣威，越数万里而至中国，率意逞臆而行，莫敢谁何。与华民一有龃龉，则问罪者至矣。至我民之佣贩外洋者，外洋之人待之如犬马，刲之如羊豕，之贷〔货之〕如牲畜，其谁敢代之一问者？即朝廷遣公使，设领事，亦赖西船为护送，恃西人为先导，有如水母目虾。夫许郑乘楚车，《春秋》书之，谓之失位，始事如此，宜其见轻于西人也。

西国兵民不分，额兵用以出战，民兵用以守国，有事之秋，亦调守兵出境，故其国虽小，而兵数辄皆百余万。英人尝谓其国无敌国外患者，已千余年矣，盖众志之如城，大可用也。然则西国民寡而如此，中国民众而如彼，岂真所谓虽多亦奚以为者欤？是盖在不善自用其民也。

善用其民者，首有以作民之气，次有以结民之心。其气可静而不可动，敌忾同仇，忠义奋发，勇于公战而怯于私斗。其心可存而不可亡，在城守城，在野守野，虽至援绝矢穷，终不敢贰。顾就中国之民而论之，其刚柔强弱亦复不同，北方风气多刚劲，南方民情多脆弱。盖大川广，谷异性，民生其间者异俗，惟有以教训而渐摩之，自无不可用也。总之，上有以信夫民，民有以爱夫上，上下之交既无隔阂，则君民之情自相浃洽。今夫富国强兵之本，系于民而已矣。驱天下之游民、废民、惰民、莠民而尽归于农，则天下自无旷土，而安有不富者哉？此外，商出于远，工勤于市，各操其业，各尽其分，开矿筑路，行轮车，设机器，均与民共其利而代为之经营，是则上既有余而下无不足。使天下各邑各镇各乡，均为民兵而行团练，守望相助。春秋无事，教之以坐作进退，步伐止齐，猝有变故，入而保卫，子弟之卫父兄，犹手足之捍头目。又使平日间与兵相习，则兵自卫民而不敢欺，如是兵民皆有实效，而安有不强！此所谓维持而联络之也。(《弢园文录外编》卷一)

重民中

天下何以治？得民心而已。天下何以乱？失民心而已。民心之得失，在
为上者使之耳。民心既得，虽危而亦安；民心既失，虽盛而亦蹶。欲得民
心，是在有以维持而联络之。

我朝圣圣相承，务崇宽厚，列祖列宗，深仁厚泽，浃于寰区。故民间义
愤时起于崇朝，爱戴聿深乎万代。然而赭寇所至，列城奔溃，无殊猛虎之
驱群羊；天津戕杀教民之变，衅于勇而蕾于祸，徒贻君父之忧，而从未有
挺身以赴义者，此何故软？则所以维持而联络之道未得也。

古者官有世族，族大人众，与国同休戚，共患难，世族皆有甲士，足以
入卫公家。春秋之时，国富而兵强，率恃乎此。康叔之封于卫也，分以殷
民七族；唐叔之封于晋也，分以殷民六族。即如郑之商人，与郑同出自周，
世有盟誓。此皆所谓强宗豪族足以辅国而立邦者也。其在民间，亦多聚族
而居，大者数万人，小者数千人，行守望相助之法，猝有内忧外患，足以
联结声势，借为捍卫。自后世宗法不讲，散处都邑，虽行团练，而其心不
一。然如闽、粤两省村落中，往往一姓为一乡，大凌小，强欺弱，众暴寡，
械斗悉由此起，此在有司不善约束之耳，而至事变之秋，未尝不收其用。
平日治民之要，在抚字以结其心，勇敢以作其气，忠孝节义以厉其心志，
轻徭薄赋以养其身家，务使安其居，乐其业，可静而不可动，而忠君爱国
之心自油然生于其中。今朝廷赈恤之恩、蠲免之惠，半侵蚀于胥吏之手，
有名而鲜实。誊黄遍贴，圣训煌煌，民间率以具文视之而已。平时皆有轻
视官长之心，临事亦安得收指臂之效？

即如安置旗民之法，亦窃以为未尽善也。聚之于会垣，给之以饷粮，使
之无事而食，安坐以嬉，有如圈牢之养物。二百余年来，生聚日多，势必
不给。且人劳则善心生，逸则淫心起，恃势凌人，借端诈物，选事生衅，
无所不至。民视之如寇仇，赭寇肇乱，窜扰江、浙，几于聚而歼旃，妇女
孩稚不遗噍类，此正可为前车之鉴。窃以为不如分布于各乡，士农工商，
使之各执其业而各食其食，讲行古者宗法，以强宗维弱宗，小宗附大宗，
各相为辅。新疆、西藏则裂土以分封王子，佐以强家富室，略如蒙古四十八
旗成法，而不必聚之于京师。诚如是也，自足为省会之屏藩，神都之翊卫。

治民之大者，在上下之交不至于隔阂。此外，首有以厚其生，次有以恒其业。汰浮士，裁冗兵，去游民，使尽驱而归之于农，以辟旷土，垦荒地，给以牛种犁锄，居以蓬寮，时课其勤惰，而递岁分收其所入。若开掘煤铁五金诸矿，皆许民间自立公司，视其所出繁旺与否，计分征抽，而不使官吏得掣其肘。又如制造机器，兴筑铁路，建置大小轮船，其利皆公之于民，要令富民出其资，贫民殚其力，利益溥沾，贤愚同奋。朝廷有大兴作、大政治，亦必先期告民，是则古者与民共治天下之意也。呜呼！勿以民为弱，民盖至弱而不可犯也；勿以民为贱，民盖至贱而不可虐也；勿以民为愚，民盖至愚而不可欺也。夫能与民同其利者，民必与上同其害；与民共其乐者，民必与上共其忧。

夫以我中国幅员之广，生齿之繁，甲于天下，以视欧洲诸国，其大小多寡岂可同日而语！即如英国，屹然三岛耳，其地不足当中国数省，其民不足当中国二大省，而民心团结，有若长城，遂足恃之以无恐。我中国诚能收民心为己助，其何向而不利！可使制梃以挞坚甲利兵而有余矣。如是而强邻尚敢行其窥伺，敌国尚敢肆其凭凌，逞其非分之干请，而要以无礼之诛求者，吾弗信也。（《弢园文录外编》卷一）

重民下

泰西之立国有三，一曰君主之国，一曰民主之国，一曰君民共主之国。如俄、如奥、如普、如土等，则为君主之国，其称尊号曰恩伯腊，即中国之所谓帝也。如法、如瑞、如美等，则为民主之国，其称尊号曰伯理玺天德，即中国之所谓统领也。如英、如意、如西、如葡、如嗹等，则为君民共主之国，其称尊号曰京，即中国之所谓王也。顾虽称帝、称王、称统领，而其大小强弱尊卑则不系于是，惟其国政令有所不同而已。一人主治于上而百执事万姓奔走于下，令出而必行，言出而莫违，此君主也。国家有事，下之议院，众以为可行则行，不可则止，统领但总其大成而已，此民主也。朝廷有兵刑礼乐赏罚诸大政，必集众于上下议院，君可而民否，不能行，民可而君否，亦不能行也，必君民意见相同，而后可颁之于远近，此君民共主也。论者谓：君为主，则必尧、舜之君在上，而后可久安长治；民为主，则法制多纷更，心志难专壹，究其极，不无流弊。惟君民共治，上下相通，民隐得以上达，君惠亦得以下逮，都俞吁咈，犹有中国三代以上之遗意焉。

三代以上，君与民近而世治；三代以下，君与民日远而治道遂不古若。至于尊君卑臣，则自秦制始，于是堂廉高深，舆情隔阂，民之视君如仰天然，九阍之远，谁得而叩之！虽疾痛惨怛，不得而知也；虽哀号呼吁，不得而闻也。灾歉频仍，赈施诏下，或蠲免租税，或拨帑抚恤，官府徒视为具文，吏胥又从而侵蚀，其得以实惠均沾者，十不逮一。天高听远，果孰得而告之？即使一二台谏，风闻言事，而各省督抚或徇情袒庇，回护模棱，卒至含糊了事而已。君既端拱于朝，尊无二上，而趋承之百执事出而莅民，亦无不尊，辄自以为朝廷之命官，尔曹当奉令承教，一或不遵，即可置之死地，尔其奈我何？惟知耗民财，殚民力，敲膏吸髓，无所不至，囊橐既饱，飞而飏去，其能实心为民者，无有也。夫设官本以治民，今则徒以殃民，不知立官以卫民，徒知剥民以奉官，其能心乎为民，而使之各得其所、各顺其情者，千百中或一二而已。呜呼！彼不知民虽至卑而不可犯也，民虽至愚而不可诳也。

善为治者，贵在求民之隐，达民之情，民以为不便者不必行，民以不可者不必强，察其痌瘝而煦其疾痛，民之与官有如子弟之于父兄，则境无不治矣。古者里有塾，党有庠，乡有校，读法悬书，月必一举，苟有不洽于民情者，民皆得而言之。上无私政，则下无私议。以是亲民之官，其为政不敢大拂乎民心，诚恐一为众人所不许，即不能保其身家，是虽三代以下而犹有古风焉。

《书》有之曰："民惟邦本，本固邦宁。"苟得君主于上，而民主于下，则上下之交固，君民之分亲矣。内可以无乱，外可以无侮，而国本有若苞桑磐石焉。由此而扩充之，富强之效亦无不基于此矣。泰西诸国，以英为巨擘，而英国政治之美，实为泰西诸国所闻风向慕，则以君民上下互相联络之效也。夫尧、舜为君，尚赖有禹、皋陶、益、稷、契为助，而天下乃治。今合一国之人心以共为治，则是非曲直之公，昭然无所蒙蔽，其措施安有不善者哉！窃以为治国之道，此则犹近于古也。（《弢园文录外编》卷一）

达民情

天下虽大，犹一人之身也。治天下之事，犹治人身之疾病也。善治病者，必先使一身之神气充足，血脉流通，然后沉疴可去；善治国者，必先使上下之情不形扞格，呼吁必闻，忧戚与共，然后弊无不革，利无不兴。故礼乐刑政，可因时以为变通者也；宽猛张弛，可随俗以为转移者也。而独至民志之孚，民情之洽，则固有其道焉，初非智术得而驭之，权势得而驱之也。

中国地大物博，生其间者，莫不沐浴先圣之教，知所以尊君而亲上。而世变日新，其君子则多狃于因循，其小人则渐趋于浇薄，以致寡廉鲜耻，各怀一心。此非运会之使然，天良之尽泯也，其故皆由在上者，视民间之疾苦，忽不加减于心；斯在下者，视长上之作为，原非有利于己。如人之一身，其手足则麻木不仁，其耳目则冥顽无觉，而心腹溃瘄，终莫知其所以然，故一举一动，悉听命于人，惟唤奈何，究不能自立也。今圣君垂拱于上，群贤翼襄于下，励精图治，以期扫除积习，渐臻富强，此正大有为之时，不易逢之会，而民风尚顽梗如故，民情尚游惰是耽。其不幸猝遇凶荒，则哀鸿载道，迁徙流离，莫保朝夕，此非上天之不仁爱也。窃尝究其得失，揆其由来，即委穷原，参观互证，盖以为上下之情，不能相通而已矣。欲挽回而补救之，亦惟使上下之情，有以相通而已矣。

夫人受天地之中以生，其性不甚相远也，而上下之分既殊，则上下之势相隔。其赖以略分忘势，爱戴维深，嫌疑不起者，则恃乎情之联属焉耳。试观泰西各国，凡其骎骎日盛，财用充足，兵力雄强者，类皆君民一心。无论政治大小，悉经议院妥酌，然后举行，故内则无苛虐残酷之为，外则有捍卫保持之谊，常则尽懋迁经营之力，变则竭急公赴义之忱。如心志之役股肱，如手足之捍头目。所以远涉重瀛，不啬本境，几忘君民之心，惟期国运之昌。数十年来，中原之大，皆其足迹所及，此其明效大验也。中国则不然。民之所欲，上未必知之而与之也；民之所恶，上未必察之而勿之施也。任司牧之权，于簿书、钱谷、刑戮、鞫讯外，已无他事矣。其民之生计若何，困苦若何，为抚字，为鞠谋，贸贸然不暇计也。夫天地之生，人为贵，竭其手足之力自足以赡身家，运其心思之灵自足以成事业，特无有为之倡率，斯或狃于积习，不知振奋耳。即如佣工外洋之徒，其迫于饥寒者半，习于游惰者亦半，然一至其地则竭蹶从事，能耐劳苦，反有出乎土人之上者。故西人观此情形，每谓中国之人赋性灵敏，勤于作事，且自奉俭约，凡垦辟荒芜必借其力，国家有意经营，宜广为招徕，以收后效，是西人亦知中国之民之大可用也。故即嘉邦埃利士人，视同仇敌，而美廷犹思有以保存之焉。由此观之，中国欲谋富强，固不必别求他术也。能通上下之情，则能地有余利，民有余力，闾阎自饶，盖藏库帑无虞匮乏矣。由是而制器则各呈其巧，练兵则各尽其材。上下同心，相与戮力，又安见邦本既固而国势不日隆者哉。（《弢园文录外编》卷三）

薛福成

日记

地球万国内治之法，不外三端：有君主之国，有民主之国，有君民共主之国。凡称皇帝者，皆有君主之全权于其国者也，中国而外，有俄、德、奥、土、日本五国；巴西前亦称皇帝，而今改为民主矣。美洲各国及欧洲之瑞士与法国，皆民主之国也，其政权全在议院，而伯理玺天德（译作总统）无权焉。欧洲之英、荷、意、比、西、葡、丹、瑞典诸国，君民共主之国也，其政权亦在议院，大约民权十之七八，君权十之二三。君主之胜于伯理玺天德者无几，不过世袭君位而已。英主在英伦三岛称君主，而又称五印度后帝，则其君权在印度较重。其本国所以仍称君主者，以数百年来为其民所限制，骤难更张也。法国前称皇帝，而今改为民主，始稍安谧。夫法国人心好动恶静，固多事之国也；既为民主，其权乃散而不一，佳兵黩武之风，其稍戢乎？（《出使四国日记》）

出使四国奏疏序

奏议，古文之一体也。昔曾文正公选钞奏议，宗贾长沙、陆宣公、苏文忠三家。鸣原堂论文，专论奏疏，亦既涵其涯而抉其奥矣。盖古今奏议，推西汉为极轨。而气势之盛，事理之显，尤莫善于贾生陈政事疏，刘子政封事。忠爱恳款，发于至性。诸葛武侯《出师表》，规模宏远，谟诰之遗，皆与贾氏文相辅翼。惜乎其不多觏也。汉氏以降，文章道衰，风骨少隤。唐代韩柳有作，奏事之文，为之不多，限于位与时也。陆公以骈偶之体，运单行之气，文正谓其理精则比隆濂洛，气盛亦方驾韩苏，洵非虚语。苏文忠奏议，终身效法陆公。盖以敷奏君上之体，宜乎条畅轩豁。能如是亦足矣。夫长沙究利害，宣公研义理，文忠审人情，三家各有深诣。文正宗之，允矣。窃又以谓文正奏疏，参用近时奏牍之式，运以古文峻洁之气，实为六七百年来奏疏绝调。每欲汰幕客代拟之作，专存文正手笔，汇钞数卷，私资揣摩，卒卒未果。然奏疏一体，前作三家，后则文正，皆福成所服膺弗失者也。曩在幕府，尝裁奏牍，均系代作。奉使四国以来，忝列京卿，有奏事之责，非使职所及者，不敢妄陈。癸巳之秋，期满将归，敕行箧得疏稿数十首，稍删循例诸作，厘为二卷，俟质当世，亦以自镜云。嗟夫，经济无穷，事变日新。今方西洋诸国情状，贾陆苏三公与文正所不及睹者也。福成既睹四贤未睹之事矣。则凡所当言者，皆四贤所未及言者也。惟其为四贤所未及言，居今之世，乃益不能已于言。安得起四贤于今日，抒厥壮猷，一启后人之不逮邪？夫古人虽往，事理则同。论事者不得因其事为古人所未谂，遂谓奋笔纂辞可不师古人也。此福成所以益罜然高望于四贤也。光绪十九年冬十月，无锡薛福成自序于英伦使馆。（《庸庵文外编》卷四）

郑观应

议院上

盖闻立国之本，在乎得众；得众之要，在乎见情。故夫子谓人情者，圣人之田，言理道所由生也。此其说谁能行之，其惟泰西之议院。议院者，公议政事之院也。集众思，广众益，用人行政一秉至公，法诚良、意诚美矣。无议院，则君民之间势多隔阂，志必乖违。力以权分，权分而力弱，虽立乎万国公法之中，必仍至于不公不法，环起而陵篾之。故欲借公法以维大局，必先设议院以固民心。

泰西各国咸设议院，每有举错，询谋金同，民以为不便者不必行，民以为不可者不得强，朝野上下，同德同心，此所以交际邻封，有我薄人，无人薄我。人第见其士马之强壮、船炮之坚利、器用之新奇，用以雄视宇内，不知其折冲御侮，合众志以成城，致治固有本也。考议政院各国微有不同，大约不离乎分上下院者近是。上院以国之宗室、勋戚及各部大臣任之，取其近于君也；下院以绅耆、士商才优望重者充之，取其近于民也。选举之法惟从公众。遇有国事，先令下院议定，达之上院；上院议定，奏闻国君，以决从违。如意见参差，则两院重议，务臻妥协而后从之。凡军国大政，君秉其权；转饷度支，民肩其任。无论筹费若干，议院定之，庶民从之，纵征赋过重，民无怨咨，以为当共仔肩襄办军务。设无议院，民志能如是乎？

然博采旁参，美国议院则民权过重，因其本民主也。法国议院不免叫嚣之风，其人习气使然。斟酌损益、适中经久者，则莫如英、德两国议院之制。英之上议院，人无定额，多寡之数因时损益，盖官不必备，惟其贤也。其员皆以王、公、侯、伯、子、男及大教师与苏格兰世爵为之，每七年逐渐更易，世爵则任之终身。下议院议员则皆由民间公举，举员之数，视地之大小、民之多寡。举而不公，亦可废其例，停其举，以示薄罚。下议院为政令之所出，其事最繁，员亦较多，大约以四五百人为率。惟礼拜日得告休沐，余日悉开院议事。大暑前后则散院，避暑于乡间，立冬或立春则再开院。议员无论早暮，皆得见君主；上议院人员独见，下议院人员旅见。议院坐次，宰相、大臣等同心者居院长之右，不同心者居左，中立者则居前横坐。各国公使入听者皆坐楼上。德之规制大概亦同。盖有议院揽庶政之纲领，而后君相、臣民之气通，上下堂廉之隔去，举国之心志如一，百端皆有条不紊，为其君者恭己南面而已。故自有议院，而昏暴之君无所施其虐，跋扈之臣无所擅其权，大小官司无所卸其责，草野小民无所积其怨，故断不至数代而亡，一朝而灭也。

中国历代帝王继统，分有常尊，然而明良喜起吁咈赓歌，往往略分言情，各抒所见，所以《洪范》稽疑，谋及庶人；盘庚迁都，咨于有众。盖上下交则为泰，不交则为否。天生民而立之君，君犹舟也，民犹水也，水能载舟，亦能覆舟，伊古以来，盛衰治乱之机总此矣。况今日中原大局，列国通商势难拒绝，则不得不律之以公法。欲公法之足恃，必先立议院，达民情，而后能张国威，御外侮。《孙子》曰："道者，使民与上同欲。""可与之死，可与之生，而不畏危也。"即英国而论，蕞尔三岛，地不足当中国数省之大，民不足当中国数省之繁，而土宇日辟，威行四海，卓然为欧西首国者，岂有他哉？议院兴而民志合、民气强耳。中国户口不下四万万，果能设立议院，联络众情，如身使臂，如臂使指，合四万万之众如一人，虽以并吞四海无难也。何至坐视彼族越九万里而群逞披猖，肆其非分之请，要以无礼之求，事无大小，一有龃龉动辄称戈，显违公法哉？故议院者，大用之则大效，小用之则小效者也。

夫国之盛衰系乎人才，人才之贤否视乎选举。议院为国人所设，议员即为国人所举。举自一人，贤否或有阿私；举自众人，贤否难逃公论。且选举虽曰从众，而举主非入本籍至十年以后，及年届三十，并有财产身家，善读书负名望者，亦不得出名保举议员，其杜弊之严又如此。考泰西定例，议员之论刊布无隐，朝议一事，夕登日报，俾众咸知，论是则交誉之，论非则群毁之。本斯民直道之公，为一国取贤之准。人才辈出，国之兴也勃焉。诚能本中国乡举里选之制，参泰西投匦公举之法，以遴议员之才望，复于各省多设报馆，以昭议院之是非，则天下英奇之士、才智之民，皆得竭其忠诚，伸其抱负。君不至独任其劳，民不至偏居于逸，君民相洽，情谊交孚。天下有公是非，亦即有公赏罚，而四海之大，万民之众，同甘共苦，先忧后乐，上下一心，君民一体，尚何敌国外患之敢相陵侮哉？

或曰："汉之议郎，唐、宋以来之台谏、御史，非即今西国之议员乎？"不知爵禄锡诸君上，则未必能尽知人之明；品第出于高门，则不能悉通斯民之隐。而素行不可考，智愚、贤否不能一律，则营私植党，沽名罔利之弊生焉。何若议院官绅均匀，普遍举自民间，则草茅之疾苦周知，彼此之偏私悉泯；其情通而不郁，其意公而无私，诸利皆兴，而诸弊皆去乎？故欲行公法，莫要于张国势；欲张国势，莫要于得民心；欲得民心，莫要于通下情；欲通下情，莫要于设议院。中华而自安卑弱，不欲富国强兵，为天下之望国也，则亦已耳，苟欲安内攘外，君国子民持公法以永保升平之局，其必自设立议院始矣！

今之公卿大夫，墨守陈编，知古而不知今；游士后生，浪读西书，知今而不知古，二者偏执，交相弊也。夫中国生齿四百兆，其中岂无一二通才，洞悉古今利弊，统筹中外局势，思欲斟酌损益，为国家立富强之基？顾其人类多斧柯莫假，见用无由。即幸而事权在握，自谓可一展其才，然和衷少而掣肘多。往往创办一事，聚议盈廷，是非莫决；甚且谓其更张成法，蜚语中伤，谗书满箧。于是不得不出之因循粉饰，以求苟安，卒之豪杰灰心，而国势亦日趋于不振矣。西人谓我中国人材通病，京官曰畏葸、曰琐屑，外官曰敷衍、曰颟顸。畏葸者，同官互相推诿，不肯任怨，遇事动辄请旨，不肯任咎是也。琐屑者，利折锱铢，察及毫末，自负精明，不顾大局是也。敷衍者，蒙头盖面，但计目前，剜肉补疮，只贪小利是也。颟顸者，徒具外貌，实无把握，空言塞责，不切事情是也。夫畏葸也、琐屑也、敷衍也、颟顸也，皆弊之太甚而不可不去者也。去之之道奈何？请一言以蔽之曰："是非设议院不为功！"（《盛世危言》卷五）

议院下

或谓："议政院宜西不宜中，宜古不宜今。"此不识大局，未深知中外利病者之言耳。余尝阅《万国史鉴》，考究各国得失盛衰，而深思其故。盖五大洲有君主之国，有民主之国，有君民共主之国。君主者权偏于上，民主者权偏于下，君民共主者权得其平。凡事虽由上下院议定，仍奏其君裁夺：君谓然，即签名准行；君谓否，则发下再议。其立法之善，思虑之密，要皆由于上下相权，轻重得平，乃克臻此。此制既立，实合亿万人为一心矣。试观英国弹丸之地，女主当国，用人行政皆恃上、下院议员经理，比年得人，土地已二十倍其本国，议院之明效大验，有如此者。日本行之，亦勃然兴起，步趋西国，陵侮中华，而犹谓议院不可行哉？惟必须行于广开学校，人材辈出之后，而非可即日图功也。何则？泰西各国近代学校盛行，无人不学。且中外利弊登诸日报，妇孺皆知。凡有病于民者，如公禀政府改革，无不俯顺舆情，非昔日只顾在上者之权势，而不顾其民之疾苦也。

英国《马恳西史记》论欧洲各国，上代亦以权势治民，其民迫求在上者改章易法，不许，则必有私自结党以立会而抗国者矣。普鲁士本专以君权治国者也，乃为君权最重之拿坡仑制其死命。普相赐德鹰伯爵忧之，以计笼络通国之人，使抗拿坡仑，嘉庆十二年（即一千八百七年）特设一会，名曰良民会，未几，通国绅士皆入其会。会中所订章程，其最善者为允许其民日后可自立报馆，任意议论政事，国家议员亦由民间公举。因而良民会之权亦因之以重，至其权力之从何而起，则终不轻泄于外也。普国既立良民会，嘉庆十八年（西历一千八百十三年）日耳曼列邦同具是心，猝然合而为一，以逐拿坡仑。日耳曼、奥斯马加、俄罗斯、波澜、希腊、法兰西、西班牙诸国人，皆苦人君治国，专恃权势，若不改旧章，不得不潜自立会，借以整顿国家，乃允以立君民共主之国，会党即自然解散，匿迹销声。查欧洲各国，民间既有举官以治国之权，即永无设会以害国之事。今各处大会党不在欧西，而在欧东，如俄罗斯一国，仍以权势治民，故有尼希利会党。十余年来，不但愚人入其会，贤者亦复乐列名于会中。其意谓民间受苦过深，故不但俄皇之大权在所必去，即凡兵士、教会、产业家室素所有者，全欲去其旧而谋其新，俟其铲除净尽，然后民间重联相爱相助之欢，国势振兴必远胜于曩日云云，此会中忿激过甚之言也。其余则大半无异心，故能去其积习，不专恃权势，而学欧西之体贴民情，上下自胥安矣。

考之欧洲各国上、下议院，近年新订公举章程。法兰西上议院员，由上议院自举者四分之一，由通国二十一岁以上人公举之议员转举者四分之三；下议院员，为通国中二十一岁以上人所公举。比利时上议院员，由每年纳赋合华银六两以上之众民公举；下议院员，同上议院。奥斯马加上议院员，有君所命者，有世袭者；下议院员，凡民间年二十四岁以上薄有田产者，皆可公举。恒加利上议院员，大半世袭；下议院员，年二十岁以上之民，每年纳赋合华银三两二钱者，皆可公举。普鲁士上议院员，大半世袭，亦有君所命者；下议院员，年二十五岁以上之民，按纳粮之额数以分举官之员数。日耳曼联邦上议院员，各小邦政府所举；下议院员，比户可举。丹墨上议院员，有为王所命者，其大半则由民间公请下议院员所举；下议院员，年三十岁以上之民所举。英吉利上议院员，有君命者，有世袭者；下议院员，凡民已纳赋赈贫者，比户可举。意大利上议院员，君命之；下议院员，凡民年二十岁以上，每年纳赋合华银四两者皆得举。希腊仅有一议院，其议员皆成丁以上之民所举。葡萄牙上议院员，有君命者，有民间公请下议院员公举者；下议院员，凡民一年中入款在华银八十八两以上者，皆可举。荷兰上议院员，各省会所举；下议院员，凡二十三岁以上纳赋华银六两以上之民，皆得举。俄罗斯无议院，大权皆操之于君。日斯巴尼亚上议院员，君与各大会馆所举；下议院员，举官会所举。瑞士上议院员，各省会所举；下议院员，凡男子年二十一岁以上者所举。瑙威仅有一议院，其议员分作两班，凡民二十五岁以上有田产值华银一百三十二两者，皆可举。瑞典上议院员，各大会馆所举；下议院员，凡民年二十一岁以上有田产值华银二百二十四两者，皆可举。塞尔维亚上议院员，王命之；下议院员，凡年二十一岁以上之纳赋人所举。罗美尼亚上议院员，有田产若干者即可举；下议院员，凡民成丁能识字者即可举。

议院之设，原以示大公无我，上下一体也。西国以公议堂为政事之根本，既有议院，君不得虐民，而民自忠于奉上。猗欤休哉！此三代以上之遗风也。（《盛世危言》卷五）

公举

公举之法，即乡举里选之遗意也，汉代行之，得人称盛。盖使士崇秋实，不尚春华，人务经纶，不争词采，而化行俗美，端赖乎此。中国取士以科第，专尚时文，较所举贤良方正，孝弟力田，先器识而后文艺者，相去远矣。近代设官之意，惟重杜弊，如以此省之人往彼省而筮仕，彼省之人来此省而为官，似欲阴胁其人，使不能赡宗植党，以厚施要结民心，又欲明制其人，使不能泄怨报恩，借公事愉快己意。控驭之法似为得宜，不知朘剥百姓，贻误地方，呼吁无门，最为下策。何则？凡人性情，作客者不如桑梓之真挚，况言语殊异，不若同声相应之投机。人地既已生疏，情意不相联属，休戚无关，肥瘠莫问，充其量也，官见民而生憎，民见官而生畏。名为民之父母，实则民之寇仇。故今之官剥民则无微不至，不计其至再至三也；保民则始终膜视，不闻其兴利除弊也。夫设官所以安百姓，而非所以危百姓；所以利地方，而非所以害地方。今乃特设一法，必使易地服官，而利害、安危仍不免于参半，且变本加厉，则安在其为善法也？

法之善者，必使有安无危，有利无害，众心共惬，人地相宜，可大、可久而不可废者，其惟公举之一法乎！

查泰西公举之法，已详于《议院论》内，有一乡公举之人，有一县公举之人，有一府公举之人，有一省公举之人。凡身家清白有产业若干者，方可举人。今则无产业有俸糈，而确系土人、身家清白者，亦可举人。其预选举者，须年在二十五岁左右，有产地于国中，品学兼优，操守廉洁者，方得被选。亦有但问其才力能否胜任，不必问其身家殷实者。考各国选举议员之例，为民主、君民共主等国最重之典章，议员即民间之委员，由县而府，由府而国。而事之利弊，民之好恶，胥借委员以达之。为委员者，将出其所学以济民之困，而养民之和。凡军国大政，其权虽决于君上，而度支转饷，其权实操诸庶民。是君民相维，上下一德，皆此例为之。顾其例偏重于举之之人，则尤为有理。盖必使举人者不限于资格，然后能各供所知；而于所举者必严其限制，然后能杜绝虚声也。至于陪审公正人员，亦向择于众百姓中，凡仕宦、教读、乡勇，及不谙文字本有职守者，皆不预其列。

虽然，公举议员陪审之法固甚善，亦由泰西学校多、教育人材之盛所致，矧其无处不设日报馆，无人不观日报，中外之事老少咸知。我国学校尚未振兴，日报仅有数处，公举议员之法，殆未可施诸今日也。盖议院为集众是以求一当之地，非聚群嚣以成一哄之场。必民皆智慧，而后所举之员乃贤；议员贤，而后议论措置乃得有真是非。否则，徒滋乱萌，所谓欲知其利，当知其弊也。现我国无公举之法，有保举人才一途。惟保举人才之大员，必先度自己之器识如何，才猷如何，而后能知他人之器识是否宏通，才猷是否卓越。如其但有保举之权，而于时务一无所知，学识一无所长，则何能知属员之贤否而保荐之？况知人则哲，惟帝其难；以貌取人，失之子羽。可知仅以言貌取才者，不失之伪，则失之诬。世之有才者未必有德，有德者未必有才。才德兼优之士，必不肯轻易近人，不愿干谒当道，终身伏处草茅。富贵人罕识其面，则又何从而知之？即或知之，亦得诸耳闻，而非目睹。若夫奇才异能，专精于天文、地理、算学、格致、制造诸学者，皆属艺事，可以考试而定其优劣，此诚显而易见者矣，然亦非督、抚所能定。盖督、抚未必于以上诸学皆能窥其门径，则又何从辨人之学问浅深哉？况各部堂官，各省督、抚皆由科甲出身，其所识皆门生故吏，世好姻亲，无非名、利两途庸俗之人。平日又未暇吐餔握发、延揽人材，故昔日所举亦无非奉行故事，苟且塞责而已。从未闻荐一山林隐逸、市井遗贤，岂今无傅说、孔明、侯生、景略其人者乎？（今国家既下诏求贤，凡位列宰辅及部院名公、封疆大帅，既遇此难得之遭，自必踊跃欢欣，各举所知，以仰答求贤若渴之意。然荐贤者，平日既未于海内奇杰留意物色，则此时举以应诏，自难必果系千人之英，万人之杰，踌躇四顾，中选者颇难其人，不得已而始以亲旧中之稍有节操，或以著书立说自炫者取以塞责。其于体国经野之谟、拨乱反正之略，茫乎未有得也，曾何裨于实用乎？尤甚者，则以奔竞为能，以干求为事，或奔走王公之门，或夤缘津要之路，且有丐显者作尺一书，为之先容者。辟幸进之门，广苞苴之路，而人才自此不可问矣。）亦求才者未能虚心，则人才不免裹足，徒为躁进、钻营者之资耳。故曰：欲祛官吏弄权躁进、钻营夤缘之习，当必自广开学校，教育人材，复行乡举里选之法始。（《盛世危言》卷五）

原君

《淮南子》曰："古之立帝王者，非以奉养其欲，非以逸乐其身。""神农憔悴，尧瘦臞，舜霉黑，禹胼胝。由此观之，圣人之君人也，勤民至矣。"自传贤之局变为世及，后世沿袭，因有攘夺篡弑之害，乃以举国为私产，兆庶为奴隶。推原其故，良由名分太尊，堂廉太远，习惯自然，忘乎天之立君者何为，民之仰望于君者何事也。或借公而济私，或挟私而废公。为主者既各私其公，为臣者亦各私其私，君若臣皆得各擅其私利。而熙熙攘攘之民，遂交受其害，而不得复沾其利。然蕴利生孽，不利于民者，终亦不利于君。

昔泰西君主之国，亦恐民之有权而不能压制，于是议院不准立（国会中人，即下议院之人，法民创立，行新政，除积弊，勃然振兴，各国闻风而起），新法不准行，乃愈压而民愈乱，因变君民平权之政，而国始敉安。中国权操于上，冠履之辨最严。降及嬴秦，焚书坑儒以愚黔首，直欲锢天下之耳目，缚天下之手足，惟所欲为。呜呼酷矣！然再传而覆，所私之利，拱手让人，子孙且无噍类。征诸西史，罗马之提挈群豪，拿破仑之鞭笞宇宙，固已囊括欧洲，几成大一统之雄图。惟以兵力压人，不行仁政，，或数传覆裂，或及身俘虏。使起数雄于九原而问之，应自悔其用心之大谬也。

善夫！太公之言曰："天下非一人之天下，乃天下之天下。同天下之利者则得天下，擅天下之利者则失天下。"孔子曰："舜、禹之有天下也，而不与焉。"又曰："为君难，为臣不易。"又曰："先之劳之。"夫子值东周之衰，世变未极，故为此浑容之语。洎乎孟子，世变将极，上下之情愈离，故其言曰："民为贵，社稷次之，君为轻。"又曰："君视臣如手足，则臣视君如腹心；君视臣如土芥，则臣视君如寇仇。"其悲天悯人，冀世主之一悟，不啻大声疾呼。卒之举世聋瞶，竟无用者，终成暴秦之祸，伤已！汉、唐以降，虽代有令辟，而要皆创业之始，挟其假仁小惠笼络天下，以求遂其大欲。守成之主并此而去之，百计防维，全其权，固其私，为子孙谋。去古人利天下之心，愈远而愈失。此所以治乱相寻，无百年而不变。宋儒误引《春秋》之义，谓君虽至不仁，臣民必顺受无贰。呜呼！信如斯也，则是天之立君，专为鱼肉斯民；而天下兆民，胥供一人之用，有是理乎？为君者乐其言便于一己之私，亦从而嘉许之，以布告四海。执持愈坚，缚束愈甚，于是天下之民气愈遏抑而不能伸，天下之民心愈困穷而无所告，郁久猝发，若决江河，不横溃四出，尽溃堤防而不止。嗟乎，孰使之然哉？

虽然，嬴秦之暴，罗马之强，拿破仑之悍鸷，其残民求逞，倏忽败亡，亦固其所。历代以来，亦有君非甚为昏暴，臣非尽属奸贪。善政亦复屡颁，而天下莫蒙其泽；自奉未闻极侈，而四海已极其财。如人之身外似无病，而脏腑败坏于无形。求其故而不得，则上下不相爱，不相爱而相欺之害也。何则？君之有民，犹人骨之有肉，体之有肢，动息痛痒，一气相通。若君则晏然于上，漠然于中，其视民之困厄，不啻秦人视越人之肥瘠。谓我万民之主，食租衣税而已。百姓之贤愚，其父兄教之；间阎之生聚，其土地养之；作奸犯科，有司执法惩之。如以天子之尊，日为万姓劬苦，吾何乐为君乎？如是积久，而水旱之灾不闻减膳，奇冤之屈鲜照覆盆。皆由此晏然之一念，而成此漠然之全体。此其病在君之不爱民。而民亦于束身免死之外不顾其他，以为兵戎兴败，司之者有武员；国社存亡，主之者有天意。其由民入仕，莫不曰：官有定价，吾多金则捐之；试有专科，吾能文则取之。必惓惓焉瘁心力以谈经济，奋忠义以济艰难。则九阍既远，莫鉴愚衷；四海殊宽，何难苟免。纵掷吾一人之身命，不足挽气运于将衰。积久而困兽铤险，显聚萑苻；外患纷乘，坐资奸利。亦由此冥然之一念，而成此愁然之全体。此其病在民之不爱君。二者交弊，转而为交害，此必至之势，无幸免之理也。

难者曰："如子言，苛刻既不可为，清静又不可尚，且为奈何？"则曰："无难也。有道以御之，则病不生；有德以濡之，则习可变，是非君民交泰不可。欲期交泰，非上下一心不可；欲求一心，非君民公利不可。"语云："风行则草偃，霜落而钟鸣。"感应之机，捷于影响。此其故毋遽责之民也，责之君而已。使为君者，毋曰竭天下万民之利以养一人也，而曰溥天下之利以养万民，予一人分而给之，总而理之，斯可矣。勤勤恳恳焉，日不及餐，夜不及寐。视天下万民之事皆己之事，视天下万民之身如己之身；尽地利，薄赋税以养之；设学校，择师傅以教之；天下有病民者吾斥之，天下有虐民者吾诛之；天下有爱民者吾亲之，天下有利民者吾显之。必使天下无一饥民，无一寒民，无一愚民，无一莠民。否则，勤勤恳恳，日忘餐，夜废寝者如故。自能上合天心，下合民心，天下之人惟恐其不克为千秋万世之共主。故知君人者，欿然视己为天下之人役，适所以永为天下之人主；侈然自为天下之人主，终且求为天下之人役焉而不可得矣。噫！（《盛世危言》卷一）

吏治上

地方之治乱，视官吏之贤否为转移；朝廷求治，亦视用人何如耳。一县得人则一县治，一郡得人则一郡治，一省得人则一省治，天下得人则天下治。中枢之与督、抚，朝廷之腹心，官守之师帅，操用人行政之大权者也。然国家设官，本以为民。其与民最亲，而贤否得失之间，动关国家之治乱者尤在州、县。何则？天下者，州、县之所积也，内而六部，外而两司、道、府诸官，皆考察此州、县者耳。伊古以来，未有民不聊生，而国家可以称治者；亦未有牧令非人，而疆臣、政府可以坐致太平者。独奈何进身之始，科甲、保举、捐纳既已不一其途，而吏部铨选之章，率范之于掣签按轮之中，而不复问其人之贤否。及选补得缺，则需次日久，负债累累，廉俸不足以养其身家，黜陟不足以励其志气。不肖者恣睢暴戾，如蛇蝎，如虎狼。即上司风闻参撤，而乡里小民之死者已不可复生，断者已不可复续矣。

间有廉能之吏，一意兴利除弊，教养斯民，而知府之意见不同也，司道之威严可畏也，上官掎之，同寅笑之，众庶疑之，必溃其成而后已。故今之巧宦，莫妙于阳避处分而阴济奸贪，一事不为而无恶不作。上朘国计，下剥民生，但能博上宪之欢心，得同官之要誉，则天变不足畏，人言不足恤，君恩不足念，民怨不足忧。作官十年而家富身肥，囊橐累累然数十万金在握矣。于是而上司荐之曰干员，同僚推之曰能吏，小民之受其鱼肉者，虽痛心疾首，钳口侧目，而无如何也。噫！上下之间相蒙相遁至于如此，而犹日日言自治，是犹南辕而北其辙也，其必无成也决矣。

况上之任人也不专，用人也既不尽其才，又不问其能否。陆路之将可改水师，水师之将可调陆路；刑部之员可调工部，兵部之员可调吏部。强以所不能，而不专任其所以能，岂果有兼人之资，无事不精，故能随事胜任耶？正虑其所谓无不能者，乃竟无一能耳。徒伴食贻讥，一任颠倒于胥吏之手为可叹也。溯唐、虞之世，设官分职，各有专司，不相兼统，如契为司徒、皋陶为司寇、伯夷作秩宗、夔典乐之类，皆以其所优为者任之。未闻以敷教之事强皋陶，以刑名之事强伯夷，以典礼之事强夔也。是以百职庶司，皆能各称其职。

今泰西各国用人行政亦如是，其户部人员不能调刑部，陆路人员不能调水师。学古入官，量才授职，自何部何署出身，日久升迁，终于为此部之首领而已。爵可崇，俸可增，而官不迁移，故职既专而事无旷废，任愈久而识更精深。富强之原，实基于此。查户部之外有农部，专考树艺之经；工部之外有商部，专讲贸易之道；兵部之外有邮政部，专管驿递之往来。外部即我之译署，内部即我之吏部，独无礼部之设，亦无铨选之条，百僚升降权归议院，用土人或久居其地者为官，无本省回避之例。盖既洞悉其风土人情，自易收驾轻就熟之效也。（西人云：泰西地方官非土人不用，非土人不举者，恐其不能尽知风土人情利弊。凡属身家清白有产业者，均许保举人材，考察录用，与中国上古行乡举里选之例无异。俞荫甫太史云：

今州、县吏乃若佣力者然，计一岁之利，任一岁之事。其地诚肥饶耶，上之人不欲使久擅其利，满一岁率去之；其地诚瘠薄耶，其人又不待一岁而亟亟以求去。以故贤者莫能有所施设，而不肖者惟知饱其私囊。官与民漠不相习。一旦有急，城非不高也，池非不深也，米粟非不多也，兵甲非不坚利也，委而去之，疾视其长上之死而莫之救。然而曰吾将自强，正不知果在何日也。）

听讼之事，派以陪审，而肆威作福之弊祛；列以见证，而妄指诬陷之弊绝。所谓爵人于朝，与众共之，刑人于市，与众弃之，兼听则明，偏听则暗者，昔闻其语，今见其事。而且；俸糈优厚，人无内顾之忧；职任精专，事有难宽之责。君民一体，上下一心，孜孜然日求有益于民，有益于国。否则，议院排之，国君斥之，不能一日居其位。此泰西诸国所以不言吏治，而吏治自蒸蒸日臻于上理者，彼此之情通，声名之念重，而壅蔽之患除也。

夫中国自秦、汉以来，以文法治天下，科条非不密也。其奉行而持守之者，非不严且明也。及其既也，适以束缚天下之君子，而便利天下之小人。官司益多，否塞益甚，堂廉益远，积弊益深。欲一扫而空之，诚非开设议院不可。即势殊地限，久而难变，亦当裁汰冗员，酌增廉俸，以渐通其隔阂，而渐化其贪婪。此自治之初基，亦即自强之本计也。夫天下虽大，其州、县不过千余，所属牧令不过千余人，为上者合枢垣疆帅之才力精神，以慎选之，以严核之。敷奏以言，明试以功，赏必当功，罚必当罪，循名责实，至正大公，则吏治日清，民生日遂，国本日固，国势日强，而何畏乎英、俄？何忧乎船炮？何患乎各国之协以谋我哉？故曰：国以民为本。而致治之道，莫切于亲民之官；生乱之原，莫急于病民之政。所谓天下得人则天下治者，此之谓也。

英国授职之官，无论充兵官、议员、刑员，以及内政、外政衙门，大小臣工，皆须在众人前向天发誓，谓以后当忠心为国，笃爱朝廷，身许驰驱，为国家效力。发誓后方能任事。今泰西各国及合众国皆用此例。西俗：国家凡有兵祸，或匪人谋叛，或敌国来攻，朝廷志在安民，兴师戢暴，必令兵官誓众以安民心。其或官民谋逆，则令彼处地方官民皆对天矢誓。其内作者立时可睹见于颜色。朝廷即知为某也忠，某也奸，某也曲，某也直，有诸中而形诸外，自无所逃遁。然亦有刚愎不仁，强项不驯，不知敬畏帝天，虽有别谋，亦复当众同誓，以为口头言语，无足重轻。此等人为众所不齿，乃桀骜之尤者也。

王爵棠星使云：法国政治以大统小，以内控外，体制与中夏略同。州、郡、邑、乡分设专官以理民事，而其权操之于上，咸遵一律，罔或违异。每一干端则设一官，若中国之州、县。凡膺是职者，必考授律例师，凡民间琐案，悉由其剖断。苟有稍涉疑似未臻平允者，则代为申详，上宪据法研鞠，俾成信谳。各乡、镇则另设甘门一员，如中国巡检之类。凡其所设各署，俱有专职，从不兼摄数事。大抵理地方民情者，统称刑讼衙门。而官有崇卑，如州、县、乡、镇等官其小者也，其上则有大衙门二十七所。如有事控于地方官，悬案不断或剖断不公，俱可复控诸所辖上司，遍历二十七所而后止。然此尚系琐细案件也。若值重大之事，其上另有专断之官，其职分约同中国按察使。各府中均设是署一所，凡有冤抑，听其赴诉，每年四期，每三月一集，开堂会鞠。并许被控者自选秉公耆老十有二人，届时质证剖理，惟毋得徇私偏袒。然后鞠者听两造之辞，以辨直枉，舍寡从众，期无诬屈，以为惩劝。其追理商民公私逋负，则有钱债衙门。其官由州、县百姓公举，三年一任，期满再举。但推选虽由民庶，而俞允仍归国主。凡乡民因索逋涉讼者，其数在一千五百福兰以下，即由州、县上司判决；若一千五百福兰以上之案，乃控于钱债衙门，为之比追。每府皆有驻防水陆兵丁，苟有犯案，统归所主办理。至于巴黎所有衙署不可胜数，凡国中官吏所断一切词讼，均必上闻。其有悬拟未决者，亦皆关白以定是非。其中办事人员均系著名律师。除上、下议院外，有参赞机密大臣，有执国政大臣，有总理度支者，有专司出纳者，有主军旅者，有榷税饷者，有专理户婚田土事者，有专理商贾事者，有治盗贼斗殴事者，有治列邦事者，有管属国地方事者。观其分职建官，颇能尊卑相御，内外相维，无畸重畸轻之患。其为部十二：曰内部，总理庶政兼摄群司，职同中国之首辅，本国事件咸听裁决。曰户部，专司出纳，国中一切财赋税饷皆其主持。曰商部，管通商事务。曰农部，管民间一切种植。曰工部，凡军械、火药、修治、建筑皆其经理。曰文部，掌管学校。曰兵部，主治军旅，凡调遣一切，皆其主政。曰海部，修战舰、治水师。曰藩部，管理各处属地。曰刑部，主持律例，兼理教案。曰创例院，筹议军饷，增改律法，皆其专政。以上皆以勋爵大员为之。国有大政，国主与此数人谋之，有机要事，皆得参谋议。同治十一年，国会别设军机一职，由上、下议院公举二十八人，伯理玺天德亦简派十五人。凡下诏谕、上笺奏，皆由此四十三人管理。据其报册，每年建官计文员约二十万人，可谓繁矣。欧洲各国度支往往出多入寡，皆因设官繁密，事不兼摄之故，而又给禄丰盈，食浮于人，以致经费常患不足。然秩虽崇而事克举，国中大、小臣工，无不守法尚廉、不懈厥职。其在官者皆民之望，即贵至执政大臣，抑且以民之可否为去留。又其权征税饷具有常度，涓滴必归公款，不得朘民为生。其所谓库臣者不过综厥大纲而已。其所谓理财者不过司出纳掌簿录而已。而所谓因循蒙蔽，侵冒剥蚀，干没克扣之弊，彼反无之。凡泰西各国大都如此，此可以想其立法之善矣。

按泰西民主之国，君民共主之国，各部长归宰相自择其人。如宰相一换，而各部长虽才德素优，与宰相不情投意合者亦必解组赋闲。我国家时艰孔亟，万难苟且姑安，急欲补救，量为变通。惟恐为不洞识时务或未经历练者所误，而反归咎于变法之人，故前篇有拟请朝廷简派亲王、贝勒游历一说。今时不可缓，亟宜简派亲信之王公大臣（能通西国言语文字者更妙），随带翻译，游历各国。丰其经费，宽其岁月，考究各国水陆军事、炮台、战舰、学校、商务、刑律。如有才德兼优之老臣宿将，当奏请朝廷重聘回国，以其所长分派各部佐理。（查美国尚无侵占我国之地，似宜聘美国退位之总统若干年当我国之首相，并与首相选文部、兵部、外部、工部、商部、农部、刑部各一人，分派各部佐理，庶免用非所长，为外人所欺。中国积弊，大抵所学非所用，现在专门之学未兴，人才未出，臬司不知律，藩司不识算，日行公事全恃幕友、书吏，往往为人所愚。亟宜设课吏馆，内而翰林及候选司员，外而候补府县佐杂，皆须由课吏馆考取执照，方能委署补缺。凡系中外交涉之官，无论大小，须晓西人言语文字。）非但不为属吏所欺朦，亦当为外人敬服。是则变法自强无不得心应手矣！（《盛世危言》卷二）

吏治下

上篇论州、县为亲民之官，而贤否得失关乎国家治乱，然督、抚为朝廷之腹心，官守之师帅，统属之贤否，全在督、抚公正廉明，平日留心察视，不为人所蒙蔽，然后能甄别确当。一有偏私，则所贤、所否者皆不当矣。一省之司、道，佐督、抚以出治者也，而用人理财尤为藩司之专责。藩司之贤否得失，督、抚居其半。若督、抚大公无我，严加举劾，朝廷察其好恶以定黜陟，人皆有自爱之心，敢不称其职守乎？首府者，又督、抚、两司所寄为耳目，而借以进退州、县，其责亦綦重矣。自有以人地相宜之条量移州、县，而后各省为人择地者十之八九，为地择人者十无二三。以尔车来，以我贿迁，驾庸竞进，以事贪婪，孰能尽心于民事哉？而以民事为事者，又每拙于逢迎，故黜陟不公则奔竞不息，源浊而流清，未之或有也。守牧有表率之责，大省不过十数州、郡，以督、抚、司、道之长才，鉴别十数员知府、直州之贤否何难？大郡不过十数州、县，小郡亦不过数州、县，以本管知府就近察数州、县之贤否何难？

　　愚以为甄别府、厅、州、县，必须分别等差。平素具有灼见真知，临时乃能因材器使，所谓可小知不可大受，可大受不可小知也。其未试与已试而不堪用者为一等；廉明诚静，有守有为，足以胜任地方者为一等；贤能出众，著有劳绩，可理冲繁之地者为一等；复将通省、府、厅、州、县，查明肥瘠难易之区，一一分别注明，择其清正勤能尽心民事者，选以优缺，俾知瘠区不可规避，美缺不待钻营，则朴实者安分，而贤能者竞奋。吏治转移或在于此。要之州、县为亲民之宜，与州、县切近而实临其上者是为知府。州、县之功过知府得以详之，司、道、督、抚而察其可否，以定其优劣。上之视知府重，则知府自视亦不轻，使州、县有所敬畏，而不敢不为好官。所谓一县得人则一县治，一郡得人则一郡治也。至于关差厘局每一缺出，百计营谋，幸进之徒往往有三五年不更替者。否则交卸彼局，而又接管此局。托词事关重大，非资熟手不能胜任，其实无地方之责，不过收支银钱耳，一谨愿之吏已足为之。乃有徇情市恩不畏物议，巧者获利，拙者向隅，以致关税厘金日形短绌，己则饱填欲壑，惟利是图。若以治地方，宰百姓，安望其为廉吏乎？黜贪崇廉，任贤而斥不肖，是又在督、抚破除情面，一秉至公也。或云：朝廷下诏求贤，十数年来各督、抚所举皆门生故吏及业经简在帝心之臣，无一山林隐逸之士，负奇才而励品行，尚气节者终不得上进。无廉耻而善于钻营者竟得保举超升，惟知削下媚上，不问民生休戚，以讳言有事为解事，以苟且了事为能事，因循玩愒，相习成风。（广东贿赂公行、赌劫之风甚炽。被劫者多不报案，因破案者百不得一，徒耗禀费、差费、勘验夫马费耳。官之为民亦可知已。）间有洞识时务才德兼优者率皆秉性忠正，不善逢迎，虽欲兴利除弊，往往事多掣肘，不克举行，亦有学西法而图自强者，又苦于不能知人善任，集思广益，多为洋人所愚，安得不为各国所欺侮乎？

善夫威公使之言曰："今之督抚如昔日林文忠、曾文正延揽人材，讲求时务，力顾大局者，罕睹其人，类皆暮气太重，拘守成例，非病于才力不足、粉饰因循，即病于瞻徇情面，假公济私。在识见浅陋，不识时务之流，偏听节费以博虚名，虽前任遗政将来大有益于国家，惟阅时未久，尚未见效，乃不顾糜费，率行裁撤，以致功败垂成。继其任者意见各执，重议规复，非独缓不济急，而虚糜反多。有好大喜功、任性妄为者，虽言时务，仅识皮毛，既不知简贤任能，亦不知量材器使，惟采文字虚声，或重师弟年谊。无论能否胜任，一人而兼数事，故其所为皆亏本多而获利少，制造不及外来之精，物价不如外来之廉，而旁观月旦，已属庸中之佼佼矣。甚至以朝廷之爵位，作自己之私情，迎合权奸，毫无气节，意在植私党、饱囊橐，初不知国计民生为何事。论者佥谓近日宦途风气，每以省事为老成，而甘于因循弛堕；苟勤于厥职，不惮烦劳，类招多事之嫌，执其一节之失，而并没其他事之长，坐令勇于任事者，不若尸位之辈，转足苟安而无恙也。

悲夫！人材之绌岂非由于不能造就人材之过哉！造就人材之权上在元首，下在枢廷。（查泰西各国凡新任宰相视事之始，必自择其平日同志之人升诸朝廷，以为心腹，庶几议事和衷，办事无棘手也。故何律师《新政论议》谓复古之要有七，首择百揆以协同寅。并吏、礼二部而为一，名曰内部，宜添商部、学部、外部，合户、兵、刑、工而为八部。以一人为宰相，而八部之长使宰相自择其人。夫政者各有专司，不能越俎。政既为某部之政，则官必为某部之官，故升降黜陟必由该部定议，方能允当。繁文末节治体无关，于有谓之事而加之意，先于无谓之事而省其烦，故拜跪趋跄必概行除免，而杰士始来。故并吏、礼两部而为一，所以专责成而大得士也。商务不兴则不能与敌国并立，故加立商部。学部不设则国内无堪用之才，故加立学部。农事不讲则种植畜牧不旺，故加立农部。）

今强邻日逼，时事多艰，正宜澄叙官方，安内而后可以攘外，亟当力为整顿，剔弊除奸，为百姓求贤父母，培养元气。督、抚、司、道以民事为重，府、厅、州、县亦罔敢不以民事为重？州、县不称其职，知府揭之于上司；司、道不称其职，督、抚立上弹章；督、抚不称其职，朝廷立予罢斥。整纲饬纪，除恶择贤，则一切病民之政皆不难扫除净尽矣。故正本清源必自慎用督、抚始。

泰西日报尝谓我朝内外臣工泥古不通今，所学非所用，偏重科甲，上下相蒙，植党营私，卖官鬻爵，不能量材器使，有一人而兼数任者。吏治不讲，流弊甚多，惟身家念重，畏难苟安，以聚敛为才能，以废弛为节俭，以因循为镇静，以退缩为慎重，以调停掩饰为熟谙夷情。凡事皆有名无实。所用刑具过于残忍，所学西法亦仅得皮毛。能洞识各国政治得失、盛衰利病者无几。岂非学校未兴，人材不出所致乎？如上无圣明之君，下无忠直之臣，革故鼎新，终难富强，无异土耳其风俗政治委靡不振等语。（查光绪四年八月十四日英报，论土耳其大小官员贿赂公行，曲直颠倒，有朝绾符而夕摘印者。苟且竞进，贿多者得善地，若贫而有才者，终不得预选。土王暨部臣明知，亦拘守成见，委靡不振。谓小亚西亚如此办理，恐难富强。何不通国更张？于是论议纷纷，初则因循推诿，畏难苟安，久则置之不提。盖世官爵裔生长纨绔，未尝出国门一步，如井底蛙，何尝见一善政？民之颠连呼号如无闻见，即亲睹之，而以为于我无涉，欲其保全疆土难矣！今中国弊政亦属如是。将相昏庸，国势危急，更甚于土耳其。文武官皆不由仕学院、武备院出身，非由科甲，则从捐纳，或军营保举中来，彼于政治韬略向未讲求等语。）

噫！此皆道听涂说，未读列朝圣训及名臣奏疏之故。今特敬述一二为阅洋报而随声附和者鉴焉。恭读世宗宪皇帝批谕李敏达公雍正二年七月二十五日疏曰："封疆大吏关系国家隆替，若得有猷、有为、有守者二十余人，分布寰区之内，俾各莅临民敷宣教化，则天下大治计日可期矣。无如英髦罕觏，即能公之一字亦不易获。朕只得随材器使，量能授职，徐观后效耳。"雍正十二年批谕广东总督鄂文恭疏曰："身膺封疆要任，当远大是务，不宜见识浅狭。公、私界限只在几微念虑之间，一涉瞻徇，即为负国溺职：重则贻累功名事业，轻亦难免物议，于己毫无裨益。无如烛理不明者比比皆然，每争趋些少光荣，以图目前快志，遂置日后无限悔吝于不计也。"仰见圣明虚怀集益，洞悉吏治利弊，知人善任，不拘定格，不主故常。

又读雍正二年七月二十五日李敏达公一疏，其中论用人之道，保举一端种种流弊，略曰：婪财纳贿，卖官鬻爵，其所恃结纳廷臣，年送规例。故穷奢极欲，毫无忌惮。至所用之人大抵非门客帮闲，则光棍蠹吏，以至微极贱、寡廉鲜耻之徒。不行夤缘钻刺之路，尚有何事不可为！甚至道、厅与堂官结国兄弟，微员认为假子。是以卖官惟论管钱粮之多寡，以定价值之高低。且题补多系赊帐，止须印领一纸补后方勾通开销，果能照领全楚，则为廉干之员，再有美缺复又题升。用人如此，凡有才能而顾品行者，不惟无人援引，率皆怀抱羞恶，奉身而退。又谓用人之道所关甚大，举大吏不徒论其操守，更当考其经猷；不徒贵乎意见之不徇，尤当求其执持之无偏。且封疆重任，有统兵守土之权，若高言淡漠，必致武备不修；有察吏安民之责，倘激扬失当，必致人心不服。即有好官，用非其地，不惟不见其长，而适以彰其短，欲其胜任而愉快也难矣！若人、地不相宜，虽清官尚至流弊，况其节操未优者乎？此举大吏之不可不详慎也。至于保举有司，若不考其实验，而但录其才，则轻浮躁率、挪移科敛之弊即出其中。且仅采其声名，粉饰沽誉、钻营欺蔽之端亦寓其内。惟操守一节实心为难，然犹昭然于人耳目之事，真伪可以立见，止在保举者之公私耳。臣自履任至今，每细心阅历各属员，其庸碌无长、贪劣废弛者俱不足论。观其颇有声名，素称才能之员，一一考其实迹：有差委奔走之事，则长于办理，而抚字催科无一可取者；有长于吏治，而疏于出纳，以致钱粮亏空者；有利口捷给，论事多中，而于职守事务全无实济者；又有一等巧于钻营，专工窥探上司之性情嗜好，曲意迎合，甚而言动气象无不体贴效法，以求酷肖，遂致彼此投机，一遇保举舍此而谁？岂知图得保举则从前之官小而不少露锋芒者，至此得志而本色尽现，此又才用于诈伪，而其患尤烈者也。更有风厉之官不近人情，循良之吏反滋弊窦。凡此数等，皆以才名而多于地方有误。倘保举者仅以才能二字塞责，鲜有不贻害者。臣请嗣后凡保举各官，必令注明所长，不必讳其所短。验过成效，确有实迹，以备简用，必求人、地相宜，方有裨益也。既尽力任事，则非徒承办目下各项案件，遂为称职，当思培植地方元气，作何未雨绸缪？整饬通省属员，作何宽严并济？务期上有益于国计，下有利于民生。凡用人理财，经画久远，化导积习，惩创愚顽，稍为朝廷分劳宣力，方不愧于此心。且身为封疆大吏，必有经文纬武之才，博古通今之识，庶能不动声色，措置咸宜。

又鄂文端疏曰："窃惟国家政治只有理财一大事，田赋、兵车、刑名、教化均待理于此财，不得财则诸事不振。故孔子不讳言财，曰：'有大道本诸絜矩，而财非人不理，人非用不得理。故为政在人，人存政举，归诸一身。'是用人一事，自大吏以至于一命，皆有其责，而一身之分量等级，庶政之兴废优劣，胥视乎此，未可不勤勤加意者也。独是政有缓急难易，人有强柔短长，用违其才，虽能者亦难以自效，虽贤者亦或致误公；用当其才，即中人亦可以有为，即小人亦每能济事。因材、因地、因事、因时，必官无弃人，斯政无废事。朝廷设官分职，原以济事，非为众人藏身地。但能济事俱属可用，虽小人亦当惜之教之；但不能济事，俱属无用，即善人亦当移之置之。忠厚老成而略无材具者，可信而不可用；聪明才智而动出范围者，可用而不可信也。"又云："诸国各种蛮贼凭陵江外，忽出忽没，并无定所，肆其凶残莫可踪迹，不独劫人烧寨视为泛常，杀兵伤官亦目为故事。而文、武专司，懦者托言羁縻，巧者熟筹利害，纵报知督、抚、提、镇，率皆互相隐讳以为妥协。间有建议征剿者，非以为好事即指为喜功。此数百年相延锢习，即近十余年来亦不无瞻顾者也。"

又史文靖疏曰："督、抚为特简之大员，信任专而委畀重，一切兴利除弊、整纲肃纪之事，尤当不避嫌怨，不惮勤劳，不博长厚虚声，不踵因循陋习，事事凛遵训旨，实力奉行。庶几民可以安，吏可以察，政可以举，教可以兴，贪墨知惩，豪强敛迹，盗风止息，国赋阜盈，文武协和，兵民辑睦，方无忝节制之重任，方无负简畀之殊恩。今试问心自揣，果能如此奉行尽善、经理咸宜乎？夫督、抚者，群吏之表率也。政治者，斯民之观化也。若大臣身任封疆，不能使地方日有起色，风俗日见雍熙，其何以膺节钺而无愧乎？故必行之一年则有一年之成效，行之数载又有数载之规模。而悠忽从事，苟且自安，皆当深戒也。虽才具或有短长，智虑或有深浅，而有志自励者无不可学习而至。试观今日督、抚，事事悉能仰遵圣训，而又克尽抚绥封疆之职，其吏治民风实有可观者，非仅行一文、张一示遂可为遵行不怠也，亦非举一吏、劾一官遂可为奉职无欺也。即不然，或奉谕旨勉行数事，畏之天威，矫饰一时者，皆不可为。臣心已殚，臣力已尽也。大凡人臣事君，此心惟知有君，而不知有人，不知有己，欺可以任封疆之重矣。盖心者身之主，此心既肯许国，自然公忠自矢、至诚无欺，不必有意迎合，而办理之事协于至当不易之理，自能上契圣心矣。”

愚按：当时君明臣良，民康物阜，致治之隆，非无故也。何西报尚谓我国君臣偏重科甲，用非所长，因循粉饰，不能虚心讲求吏治耶？然历观古今中外各国，无不有君子、小人。是在朝廷公黜陟，顺民情，无偏无倚，使贤者在位，能者在职，是非黑白不致颠倒混乱，庶几源洁流清，共济时艰也夫！（《盛世危言》卷二）

限仕

《礼》："大夫七十而致仕。"所以示优礼老臣也。古之人三十而室，四十而仕，五十强仕，六十而老，七十而悬车，三代以还之通例也。四十曰壮，学问既成，阅历既深，故可以出而任事。七十曰耄，精力就衰，艰巨难胜，恐有时因而误事，故奉身以退，避贤路、戒素餐也。汉世二疏，止足告归，形诸歌咏，传为美谈，此足为士夫法式者也。后世此风稍不逮古，浃至恋栈者多，悬车者少。伏查乾隆二十二年定部员五十五岁宜详加甄别，三十三年又改定六十五岁，但实力行之，毋少瞻徇。夫甄别者，即恐其衰耄不能任事而罢之，故有予告之条，有原品休致之例，所谓陈力就列不能者止也。高庙之治隆媲唐、虞道固若是欤！中兴以来，保举之途杂而渐滥，捐例既开，仕进之门路愈多而且歧，比至今日，有积薪之势焉。虽内、外臣工屡有疏通之奏，而究无疏通之良法，未力行疏通之实政，则疏通之实效亦终不可睹也。

然则良法维何？仍不外乎斟酌限年之典，恪遵祖宗详甄别、戒瞻徇之圣训，而以实力奉行之斯可已。四十始仕，三代下始未可拘。顾亭林尝有"二十应试，三十服官"之议。是说也，酌中无弊，颇可参行。今之仕进本不仅应试一途，窃以为应试之年可以二十为准，则服官之岁要当以三十为定衡。其保举、捐纳两途亦当酌定于三十、四十之中，以三十五为服官之准。其列保之岁与夫捐纳之年，亦必以二十为限。保捐之后加以十余年阅历，而后任之以事，庶可有功。至致仕之年，当钦遵高宗定法以六十五岁为度。其不及限者，当于任满之日甄别去留。国朝定制：甄别岁行，比及三年，则又有内而京察，外而大计。所以慎名器、戒窃位者既已至详至严，特患奉行故事未能认真办理耳。今请详致仕之条，除世爵、宗亲不计外，其有成大勋、据高位者，年至七十则当奏请致仕，朝廷赐金赏荫，准为予告老臣。或给全俸家居，岁时奉朝请，备顾问。若有军国大事，亦可酌量垂问，准其与闻参议，余事概不必劳其身，所以示国家养老尊贤之意也。下此则六部、卿、寺及内阁部属等官，及岁限则罢之。外而疆臣、司、道及府、厅、州、县各亲民之官，责任烦剧，尤不宜以衰暮之年为干没之计。夜行不休，古人深戒，亦当定从严限。督、抚以年七十为度，赐金趣休。司、道以下亲民之吏，则当以六十五为限。及限不告退者，则请罢之，准其原品家居，或退为乡三老之类，稍给津贴以示体恤。其文理优长者或聘长书院，或提调书局，投闲置散，斯无不宜。夫士人少而家修，壮而延献，既无致君泽民之伟抱宏才，则非朝廷必不可少之臣工，即非地方必不可去之官吏。抚心自问：窃位苟禄，徒为子孙之计；印官衙署，非养老院堂也。乃如之人固安之乎？然而竟有觍然安之，而举世莫相非，亲友不相劝者，则由于仕途之滥，庸吏之多，恒产之乏也。

夫古昔之官或起自田间，或升自学校，或举自货殖。其人皆有故乡游钓之所，生产之计，罢官而归，林泉养望，不失为耆民硕望也。今也不然。幸进多门，以仕代贾，出本无山，归则壁立，积弊至以官为家，群相尤效，而仕途始不堪问矣！矧国朝用人，首重资格，绝少破格超迁之举，故宦成显达，强半在老大之时。彼以积劳有年，甫得循资登进，宁有不自视其位甚重者！重之，则欲退之心减，欲进之心盛矣。又其人初居下位，奔走艰辛，迟之又久，一旦得膺高爵，亲故阿谀，百僚趋奉，苞苴日进于门，声色竞起于后，宁有不自顾其乐而辗转贪恋其权势者！贪之，斯患得之念重，而患失之念愈重矣。此所以二疏之高风，竟成千古绝调也。虽然，其人之自为计，则诚工矣、得矣。

若夫国家之仰望臣邻百职，固欲与此贤士大夫共治域中者也，今乃以敕绥之荣为斯人娱老之具。任官惟贤之谓何！则莫如定年限，严甄别。官人既自昧廉耻，国家要不得不全其廉耻，及年而罢，满任而归，示与屏黜不

同。非予之以难堪，斯受之者无愧色。虽门堪罗雀，迟暮可伤，要亦无足
惜耳。

若夫武员，无论水师、陆军，其将领年过五十者概须退职归田。军士年
届五十者亦罢遣不用。此泰西之通例，实军政之要图，我所急宜整顿者。

更有出使一途，向来赋皇华之选者颇多，景逼桑榆，纵令精神尚形矍
铄，然数万里重洋之风涛，瘴雨蛮烟之水土，残年风烛岂能堪之？故往往
有归即乞休者。况长征三载，甫得洞明洋务，而日暮途远，亦难再矢驰驱，
国家仍不能得其大用，则何如加慎于选派之初也。（《盛世危言》卷十四）

陈　炽

养廉

先王大烹养贤，重禄劝士，其遗制不可详已。秦汉以还，古意亡失，然
制禄之法，自中二千石以迄百石，犹十倍于今。兹唐之京员，官俸而外，
尚有职田。沿及宋元，匪颁犹厚，故居台省者，皆以外任为左迁。伊古以
来，制禄之薄，实自明始矣。然日用百物，半给于官，银贵于今什伯倍蓰，
阅二百八十余载，贫寡之患，未尝闻焉。国朝沿明旧制，减之又减，以迄
于今，大学士之俸仅三百金，米仅数十石，不敌古一微员，不足今时一月
之费。康雍乾嘉之世，物力丰富，资给借贷，犹可勉支。凌夷至今，益难
自活。其贤者，倚门人之馈赠，不贤者，通外吏之苞苴，部饭则彼此分肥，
工程则相将染指，公私上下，牵萝补屋，皆若不可告人，而身后萧条，或
无以为敛焉。郎曹以下，益复贫难，通籍之初，则依托亲朋，走四方以告
籴；入官而后，则营求暮夜，盼外任若登天。户部陕西司专管汉俸，每季
所发，止十万金，自一品以至九品，兼及步营，京府综计无虑，数千员分
此区区，何能宿饱？今各省购一克房伯炮，需费十五万金，以国家分田制
禄之宏规，养士尊贤之巨典，移购一炮而犹不足焉，腾笑外夷，见轻四海，
庸人疾首，豪杰灰心。譬豢马者，吝其刍豆，急其衔勒，而加鞭揽辔，责
以驰驱，驽骀或俯首而就之，至如千里之马逐电追风，则腾跳而远去耳。

操豚蹄斗酒，以祝篝车，其可得哉！

雍正间，因外吏贪墨，既已增给养廉矣。都中米珠薪桂，百倍他方。表正万邦，关系弥重。谓宜援照雍正成案，所有京职一律增给养廉，大学士、都统、尚书比总督，侍郎、副都统、内阁学士比巡抚，三四品卿、监院寺比藩臬，翰詹、科道比道员，部属、翰林比知府，中书、各小京官比知县。通满汉，总文武，按品定额，以是为差，必周必丰，无遗无滥。度支之数，不过岁增数十万金，而士气为之一伸，积习为之一变。然后责以操守，核以职事，考以才能，奋庸者进，滥竽者退，溺职者斥，受赇者诛，操赏功罚罪之权，免外重内轻之患。《易》："穷则变，变则通，通则久。"昭示百世，纲纪四方，万变之原，权舆于此。

或曰："阎敬铭长户部时，不尝有津贴之议乎？"当日酌提闲款八十万金，而出纳之吝，不公不溥。法越事起，移济军资，俸饷既复，乃作罢论。夫称名不正，谤议随之，私意褊衷，强分轩轾。缺可裁而俸不可裁也，官可省而禄不可省也。持平核实，援案定章，是在识微见远之君子。（《庸书·内篇》卷上）

乡官

顾炎武之言曰："三代以下，朝野内外，大官过多，小官过少，丞倅簿尉，人微禄薄，多一官则多一蠹也。于是有增设乡官之议。"趎哉言乎！圣人复起，不可易矣。

以京职论之。治宗室者，宗人府矣，宗丞、主事可裁也。政本有军机处矣，内阁自大学士以迄中书，十分之八可裁也。銮仪卫三院可并于内务府，各堂郎中、主事，十分之七可裁也。都察院巡按既撤，给谏、侍御，十分之六可裁也。有奏事处，通政使可裁也。例不建储，詹事府可裁也。太常、光禄、鸿胪可并于礼部，大理可并于刑部，太仆可并于兵部，会同四译馆可并于理藩院。自余职事稀简者，均可酌裁也。外吏则督抚同城，可裁其一。藩司、钱谷、臬主、刑名、善后、牙厘、发审各局，均可裁省。府有知府，州有知州，厅有同知，县有知县，而同知、通判、州同、州判、经历、县丞、主簿、吏目，均可裁也。河防、漕运，可全裁也。盐务可裁其半也。其贤者，自安清苦，有官与无官同。不肖者，则谲诈奸贪，生事扰民，务肥私橐。吏胥差役，翼虓虎而奋飞，甚无谓也。谓宜酌古准今，一切裁并。

各府州县，则仿外洋议院之制，由百姓公举乡官。每乡二人，一正一副，其年必足三十岁，其产必及一千金，然后出示晓谕，置瓯通衢，期以三月，择保人多者用之。优给俸薪，宽置公所，置贤者一人为之首，开会散会，具有定期，每任二年，期满再举。邑中有大政疑狱，则聚而咨之；兴养立教，兴利除弊，有益国计民生之事，则分而任之。毋厉民，毋抗官，毋乱政；贪婪专愎者，官得随时撤之，檄令再举。其或县官贪虐，大失民心，合邑乡官亦可会同赴省，白之大府，查有实迹，照例撤参。每次所保乡官，由县官具册，申详大府，转详吏部，爵之于朝。每届年终，县官核其功过，籍而记之，达之大府。其两任无过，实惠及民者，督抚调取验看，保送引见，授以亲民之官；乡民吁留者，准其再任，任满事毕，然后请咨。

夫乡举里选不行久矣。今考之乡评，以觇其素行，试之政事，以练其才能，闾阎疾苦周知，无不尽心民事者，为国家养人材，一善也。官之与民，向多隔膜，寄耳目于胥役，徒增骚扰之虞。今以本地之绅，襄办本地之事，民举于始，则必能下顺舆情，官考其成，则不能上挠国法，为民间谋乐利，二善也。今之县令，古之百里侯也，监司之耳目难周，吏役之爪牙四布，以养民则不足，以虐民则有余。既设乡官，隐相钳制，不必善旌谤木而可警贪邪，三善也。设官本以为民，自分隔情暌，民之视官如帝天，官之视民如土芥。乡官由民举，则泽可下究，情可上闻，不必问俗陈诗而尽通壅蔽，四善也。所虑者，不肖官绅，扶同瞻徇，然得人则理，伊古已然。此法果行，利多弊少，人则同里，事则公举，期则二年，大吏可警以刑诛，小民可加以责备，人有出身之望，自当顾惜声名，事须众议而行，何敢显怀私曲？所谓有大利而无小害者也。

裁冗费，斥闲员，化无用为有用，一转移间，而政无不举，事无不成。国本以培，民心以固，风同道一，俗美化行。进叔季苟且之规，成皇古雍乾之治，其必自设立乡官始矣。（《庸书·内篇》卷上）

议院

泰西议院之法，本古人悬鞀建铎，闾师党正之遗意。合君民为一体，通上下为一心，即孟子所称"庶人在官"者。英美各邦所以强兵富国、纵横四海之根原也。

夫欧洲数百年之先，亦正多事矣。其君以暴戾恣睢为快，其民以犯上作乱为常，几无一国得安，亦无百年不乱。华盛顿以编户之细民，苦英人之虐政，风驰霆击，崛起美洲。既有国而不私于一身，遂立民主之制，定议院之规，可否从违，付诸公论。泰西各国，靡然向风，民气日舒，君威亦日振。

今各国有君主者，俄罗斯、土耳其是已；有民主者，美利坚、法兰西、瑞士诸国是已；有君民共主者，英吉利、德意志、义大利诸国及东洋之日本是已。所谓君主者，有上议院，无下议院，军国大事概掌于官，而民不得预闻焉者也；所谓民主者，有下议院而无上议院，朝章国政及岁需之款，概决于民，而君亦几同守府者也。惟君民共主之国，有上议院，国家爵命之官也；有下议院，绅民公举之员也。院之或开或散有定期，事之或行或止有定论，人之或贤或否有定评。国用有例支、有公积，例支以给岁费，公积以备不虞。必君民上下询谋佥同，始能动用，公积不足则各出私财以佐之。此所以举无过言、行无废事、如身使臂、如臂使指、一心一德、合众志以成城也。即敌国外患纷至沓来，力竭势孤，莫能支拄，而人心不死，国步难移。积土成山，积流成海，能胜而不能败，能败而不能亡。英人创之于前，德国踵之于后，所以威行海表、未艾方兴者，非幸也，数也。圣人复起，无以易之也。

前倡乡官之议，实与议院略同。必列荐绅方能入选，县选之达于府，府举之达于省，省保之达于朝。皆仿泰西投瓯公举之法，以举主多者为准，设院以处之，给俸以养之。有大利弊，会议从违，此下议院之法也。阁部会议，本有旧章，惟语多模棱，事无专责，亦宜特建议院，以免依违，此上议院之法也。或曰：若是，得毋挠国法乎？不知国家设官分职，本以为民，兼听则明，偏听则暗，事之行否，仍由在上者主之。暴秦二世而亡，而三代以前享国长久者，公私之别耳。

今通邑大都，多有绅商董事，有事秉公理处，争讼日稀，惟力薄权轻，无由上达耳。未闻绅董之害政，而疑于议院之抗官乎？况今日万国通商，要求无餍，既立议院，即可以民情不顺，力拒坚持，合亿万人为一心，莫善于此。夫民心即天心也，下协民情，即上符天道。防民之口甚于防川，导之而使言，进之而使通，联之而使合，变通尽利，知几其神，此天之所以为天，而圣之所以为圣也。（《庸书·内篇》卷上）

马建忠

上李伯相言出洋工课书

四月以来，政治学院工课甚紧，考期伊迩，无暇将日记缮录呈上。郭星使于四月下旬至法，五月初呈国书，札忠兼办翻译事务，并承多加薪水。长者之赐，忠何敢辞！且翻译事少，不致荒功，无负来欧初意。

五月下旬，乃政治学院考期，对策八条。第一问为万国公法，都凡一千八百页，历来各国交涉兴兵疑案存焉。第二问为各类条约，论各国通商、译信、电报、铁路、权量、钱币、佃渔、监犯及领事交涉各事。第三问为各国商例，论商会汇票之所以持信，于以知近今百年西人之富，不专在机器之创兴，而其要领专在保护商会。善法美政，昭然可举。是以铁路、电线、汽机、矿务成本至巨，要之以信，不患其众擎不举也。金银有限，而用款无穷。以楮代币，约之以信，而一钱可得数百钱之用也。第四问为各国外史，专论公使外部密札要函，而后知普之称雄，俄之一统，与夫俄土之宿怨，英法之代兴，其故可缕缕而陈也。第五问为英美法三国政术治化之异同。上下相维之道，利弊何如？英能持久而不变，美则不变而多蔽，法则屡变而屡坏，其故何在？第六问为普比瑞奥四国政术治化。普之鲸吞各邦，瑞之联络各部，比为局外之国，奥为新蹶之后，措置庶务，孰为得失？第七问为各国吏治异同，或为君主，或为民主，或为君民共主之国，其定法、执法、审法之权，分而任之，不责于一身，权不相侵，故其政事，纲举目张，粲然可观。催科不由长官，墨吏无所逞其欲，罪名定于乡老，酷吏无所舞其文。人人有自立之权，即人人有自爱之意。第八问为赋税之科则，国债之多少。西国赋税十倍于中华，而民无怨者，国债贷之于民，而民不疑，其故安在？此八条者，考试对策凡三日。其书策不下二十本。策问之条目盖百许计。忠逐一详对，俱得学师优奖，刊之新报，谓能洞隐烛微，提纲挈领，非徒钻故纸者可比。此亦西人与我华人交涉日浅，往往存藐视之心，故有一知半解，辄许为奇。则其奇之，正所以轻之也。忠惟有锐意考求，讵敢以一得自矜哉！

忠自到巴黎后，多与当道相往还。而所最善者，则有彼之所谓翰林院数人，专讲算、化、格致诸学，与夫各国政事兴替之由。各国钦仰，尊如北斗。渠辈见忠考究西学，殷殷教诲。每劝忠考取彼国功名。忠对以远来学习，只求其实，不务其名。劝者云：徒竞其名而不务其实，吾西人亦患此弊。然名之不扬，则所学不彰。故华人与西人交涉，时时或被欺朦。非华人之智短才疏也，名不扬而学不彰，则不足以服之也。且办交涉以文词律例为主，讲富强以算学格致为本，中国不患不富，而患藏富之不用。将来采矿、酿酒、制机器、创铁路、通电报诸大端，在在皆需算、化、格致诸学。我国功名，皆以此为宗。子欲务实，意在斯乎？以子之所学，精而求之，取功名如拾芥，何惮而不为耶？忠以此说商之二监督，允其赴试。既应政治试毕，然后应文词科。六月底试第一场，期二日。第一日以腊丁文拟古罗玛皇贺大将提都征服犹太诏。又以法文译埃及、希腊水战腊丁歌章。次日考问舆图及希腊、腊丁与法国著名诗文，兼问各国史学。复得宗师优奖，谓愿法人之与考者，如忠斯可矣。一时在堂听者不下数百人，咸鼓掌称善。而巴黎新闻纸传扬殆遍。谓日本、波斯、土尔基人负笈巴黎者，固有考取格致秀才及律例举人，而东土之人，独未有考取文词秀才者。有之，则自忠始也。忠念些须微名而震惊若此，亦见西人好名之甚也。年终考文词秀才。第二场兼考格致秀才。来年春夏之交，可考律例格致举科。

近日工课稍宽，闲至炫奇会游览。四方之来巴黎者，毂击肩摩，多于平日数倍。但炫奇会所以陈各国新得之法，令人细玩。会终标奖其最优者，原以激励智谋之士。然而炮之有前膛后膛，孰优孰劣，弹之贮棉药火药，何利何弊，附船之铁甲，有横直之分，燃海之电灯，有动静之别，而水雷则有拖带、激射、浮沉之不一，炮垒则有连环犄角重单之不同，均无定论，是军法之无新奇者也。煤瘴之伏矿中，无定法可免，真空以助升降，无善术可行。此矿务之犹有憾事也。机织之布，敏捷而不耐久，机压之呢，耐久而不光滑，机纺之绸，价廉而无宝光。此纺织之犹待考求也。下至印书、酿酒、农具，大抵皆仿奥美二国炫奇会之旧式，并未创有新制。至于电线传声与电报印声，徒骇见闻，究无大益。惟英太子之珠钻玩好，法世家之金石古皿，独辟新奇，乃前此所未曾有。然此不过夸陈设之精，供游观之乐，以奢靡相矜而已。岂开会之本意哉！盖法人之设此会，意不在炫奇，而在铺张。盖法战败赔款后，几难复振。近则力讲富强。特设此会以夸富于外人。有论中国赛会之物，挂一漏万。中华以丝茶为大宗，而各省所出之绸，未见铺陈。各山所产之茶，未见罗列。至磁器之不古，顾绣之不精，无一可取。而农具人物，且类要货。堂堂中国，竟不及日本岛族！岂日本之管会乃其土人，而中华则委之西人之咎乎？以西人而陈中华土产，宜乎其见闻之浅也。有以质之忠者，忠惟云赛会另有监会之人，余不敢越俎而谋，又何能详言其故。此巴黎炫奇会之大略也。

窃念忠此次来欧一载有余。初到之时，以为欧洲各国富强，专在制造之精，兵纪之严。及披其律例，考其文事，而知其讲富者，以护商会为本。求强者，以得民心为要。护商会而赋税可加，则盖藏自足。得民心则忠爱倍切，而敌忾可期。他如学校建而智士日多，议院立而下情可达。其制造军旅水师诸大端，皆其末焉者也。于是以为各国之政，尽善尽美矣。及入政治院听讲，又与其士大夫反覆质证，而后知尽信书则不如无书之论为不谬也。英之有君主，又有上下议院，似乎政皆出此矣。不知君主徒事签押，上下议院徒托空谈，而政柄操之首相与二三枢密大臣。遇有难事，则以议院为借口。美之监国，由民自举，似乎公而无私矣。乃每逢选举之时，贿赂公行，更一监国则更一番人物。凡所官者，皆其党羽。欲望其治，得乎？法为民主之国，似乎入官者不由世族矣，不知互为朋比。除智能杰出之士，如点耶诸君，苟非族类而欲得一优差，补一美缺，戛戛乎其难之。诸如此类，不胜枚举。忠自维于各国政事，虽未能窥其底蕴，而已得其梗概。思汇为一编，名曰《闻政》，取其不徒得之口诵，兼资耳闻以为进益也。西人以利为先，首曰开财源，二曰厚民生，三曰裕国用，四曰端吏治，五曰广言路，六曰严考试，七曰讲军政，而终之以联邦交焉。现已稍有所集。

但自恨少无所学，涉猎不广。每有辞不达意之苦。然忠惟自录其所闻，以上无负中堂栽培之意，下无忘西学根本之论，敢云立说也哉！

原稿已佚，曾颉刚袭侯，激赏此作，载入使英法日记中。爰录存之。（《适可斋记言》）

巴黎复友人书

接奉九月二十六日尊诲，属将有益于交涉之学业者，详叙送核，以便函达总署。谨按交涉之道，繁博错杂，类皆与列国之俗尚为变迁，非一二语所可尽。而其因时递变之源流，与夫随时达变之才识，则为政治学院所考论。而政治学院孜孜所讲求者，则尤为相时制变之实学也。忠不揣愚陋，即以平日所见闻者，综其大概，谨为一一陈之。

夫泰西政教，肇自希腊。而罗玛踵之。当希腊未辟之先，其滨地中海东海诸部，若范尼，若埃及，人民富庶，流户北渡，迁于希腊，各据一隅，专事兼并。迨外寇屡侵，诸部落并力死拒，斐理勃王始乘时行连合之说。其嗣王亚力山卒成其志。于是悉起国中兵，东向略地，至犹太、波斯、印度之属，绵亘数万里。而所征国都，有各不相下之心，无割地请和之说。交涉之道，犹未起也。罗玛创始之初，地广人稀，招徕流亡，渐臻蕃庶。然后闭关谢使，禁绝外人。即有至者，不得与本国人民同享权利。迨国势昌盛，攫取希腊而收之。遂奄有地中海周围诸国。溯其战争之际，虽无遣使立约之明文，犹有不杀使臣之遗意。殆即交涉之道之嚆矢欤？罗玛统一泰西，垂三百余年，鞭笞叱咤，远方之来贡者有之，未闻讲信修睦之与国也。君士但丁营造东都，遂以其名命之。其子劈分罗玛，而东西之势解力弱，历传数世，北方之来寇西罗玛者，始于高特，而亚第辣继之。西罗玛遂灭。东罗玛至儒斯定王大修律例，仅一时之盛。及玛奥买之说行，屡为回教所侵。而东罗玛卒归土尔基矣。此皆以势力相倾轧兼并为得志，而交涉之道盖缺然已。

自泰西晏然无事，不忧外寇，而列国皆秉命于教皇。教皇于各国有事，则遣人以襄理之。各国遇教皇继统，则专使以朝贺之。凡有争竞，惟质衷于教皇，而不以干戈事事。其意大利地瓜分数十国，如佛劳朗斯、如维尼斯等城，皆各主其主。大事决于教皇，小事自通使问。殆乱靡之后，崇尚文词。使臣聘会，每有专对肆应之才。以佛劳朗斯蕞尔一郡，能折维尼士之富豪，能夺法国之气焰，谓非玛基亚范肋之辞令，有以致之欤？故玛公之著述，迄今使臣奉为秘本。与其相后先者，有当特，有贝大尔克，有包加斯，有奇基亚第尼诸公，皆为意国文学之祖。或以诗鸣，或以文鸣，要皆充皇华之选者也。其措词执礼，往往相假以仁义，相袭以忠信。是殆春秋时晏婴、叔向、公孙侨之徒欤？然其所争交涉之事，只关一国之安危，非系欧洲之均势也。夫欧洲列国壤地毗连，虽一境之文治武功，由我独断。然保无有狡焉思启者，乘间抵隙，以为与国虞。于是诸列国申盟要言，以强弱相恤，大小相维，成一均势之局。即战国合纵连横之说，名异而事同者也。而欧洲自胜朝之末，以迄于今，交涉之道，专主于此。

溯夫东罗玛既灭，回教猖獗。东袭翁加利，西入西班牙，中攻意大利。教王震恐，纠力抵敌。回难既平，国君之权益微，教皇之权益固。日尔曼各部长，半归于教皇之手。于是罗代禄首创异说，自立一帜，而教事以分。日尔曼之北，从之者如影响矣。西班牙君加禄第五世，阳奉教皇之命，阴肆攘夺之谋。恃与列国联姻，遂因承继之名，袭取意大利、日尔曼之属，尊加皇号。而亚勃斯普朝之权力浸炽。法国介于西班牙、日尔曼之间，惧其日逼，构联日尔曼北之各属，历三君二相，以与噢大利王转战三十载，而有范斯法尼之会。是会也，立瑞士，建荷兰，贬噢大利皇位承袭之分，订日尔曼列邦统属之制。至是均势之局大定。复为之辨使臣之等威，申聘问之仪制。遇有嫌隙，可讲信修睦，无复兴兵构怨矣。交涉之道，焕然一新。而欧洲信使之往来驻扎，实权舆于此。

法王路易十四世，亦既遑志于范斯法尼之会。好大喜功，北伐荷兰，南取蒲尔公地。适西班牙王加禄第二世薨而无嗣，遗命传位于盎稣公，名裴理勃者。裴理勃，路易王之孙也。诸侯王方虑法国之威权，日以浸大。今复王西班牙，是虎而翼之也。维时英国方强，普国浸盛。连合日尔曼、荷兰、沙孚亚之众，与法王转战十三载，至康熙五十一年而有迁特来之会。是会也，虽不足阻裴理勃之王有西班牙，而议定法西二国不得合并为一，实足弭遍重之患。其许英人踞基不乐他，雄镇地中海之要隘，并约法王退还侵地，亦足以戢法之雄心。而欧洲之均势复定矣。

无何，而普国方张，俄疆大辟。至乾隆十三年，法国内乱，十五年，废其君，立为民主之国，那波伦以一裨将进攻意大利，跨海而东，观兵埃及，既袭大位，穷兵黩武，所向风靡。削其地、绝其爵，囊括欧洲，而均一之势复坏。及其败也，列国征盟，而有维也纳之会。是会也，还侵地，正疆界，立日尔曼之盟属，增荷兰国之土宇，而法人不复东向矣。三分保兰，而一俄、噢、普之势，分四等使者，以明各行人之礼。其所以维系欧洲之均势者，周且密矣。夫均势之说，创于范斯法尼之会。然而与会者，不过法、噢、瑞典、西班牙暨日尔曼之属。而普因北教而屏，英以异教而斥。故其相维之势，足以联络数国，不足以统属欧洲也。至迁特来之会，英、普与焉，而俄国不与，是均势之盟未尽普也。且范斯法尼之会，诸国虽共订条章，而西班牙与荷兰另有孟斯德之约。日尔曼王率属邦先与瑞典有奥斯纳勃卢克之约。继与法国复有孟斯德之约。法国与西班牙又有比来纳山之约。前后纷纭，而统谓之范斯法尼之约。又迁特来之会，英人先与法王盟，继与西班牙王盟，复与他国王分盟。然则，是二会者，只属数国之私盟，而非列邦之公约。夫会者所以结同盟之信，盟之者众，则信益彰而守愈笃。今此二会散漫无纪，不能共相维持，宜其不久而各国弁髦之也。维也纳之会则不然。俄国与约，而均势之道公，友邦共盟，而要结之谊固。然而俗尚异趣也，民情异好也，分疆立界而建之国，其所与建者，不独恃山河之险阻，亦俗尚之同趣，民情之同好，有以维结群伦，而君之民之也。维也纳会，定各国之疆界，只求土地之均平，不问民俗之向背。故自有会以来，比利斯分自荷兰，噢大利丧其东境，意大利及德意志统一属邦，希腊国及罗孟里无复藩封，土尔基向为局外之国，近与欧洲厕。是西土之均势虽平，而东方之争论又起矣。

然则，交涉之道，始以并吞相尚而不明，继以谲辩相欺而复失，终以均势相维而信未孚。徒恃此载在盟府一二无足重轻之虚文，安足以修和于罔替！夫国与国既已犬牙相错，自有唇齿之依。故一国之权利所在，即与国之强弱攸关。英人利在行商，埠头遍天下矣。俄人利有南境，版土因以日展矣。普与法势不两立，而兵力愈精。意若噢思复故强，而营求未已。故泰西之讲公法者，发议盈廷，非说理之不明，实所利之各异。以致源同派别，分立门户。上下数十家，莫衷一是。于是办交涉者，不过借口于公法以曲徇其私。

须知交涉之源流既已因时而递变，即交涉之才识，尤贵达变以应时。此交涉之道所以存乎其人也。方佛劳朗斯之盛，使于各国者，不过一介行人，权不重而位不高，要能以口舌之微权，而系朝廷之得失。及自范斯法尼以至维也纳，则所遣使臣，俨然身代其君矣。其术以间伺为能，以奢靡相尚。只求出身之贵贱，不问其人之贤愚。虽有专任之权，要无责成之职。故有以巾帼而使办交涉者矣。为之国者，得一二能臣坐镇于内，遣使他国以窥其情伪，而详报之，即足以默定机宜，而为之因应。间有遣一使而从者数十，务与彼都士夫交接，善为钩距，以得事情。遇有大征会，然后始遣一二能臣，相为反覆论辩可否。今也开新报之禁，而清议愈多。重议院之权，而民情可达。轮舟火道之星罗棋布，往来便而俗尚则计日而更。水汽机力之雷动风行，工商裕而财源则与时递长。所以办交涉者，非若昔时惟窥探一二人之心思可以坐操胜算，又必洞悉他国民情之好恶，俗尚之从违，与夫地利之饶瘠，始足以立和议，设商约，定税则，而不为人所愚弄。故视昔为倍难焉。

余尝读鬼谷子书，其驰说诸侯之国，必视其人之材性贤愚刚柔缓急，而因其好恶喜惧哀乐而捭阖之，阳开阴塞，变化无穷。顾天下诸侯，无不入其彀中者。岂有异术哉！兵法曰：知彼知己。交涉之道，尽于是矣。夫彼不易知也。故阅彼新报以揣其要旨，入彼议院以察其变迁，上结绅衿，默观动静，下连商贾，隐相机宜。是以近今百年泰西之长于交涉者，首推意之加孚尔，普之壁斯玛，法之大意郎，俄之加且高弗，英之巴末司东，奥之墨代直客之数公者。先皆久游列国，或充公使之选，或为游览之娱。一旦身入机府，他国之民情俗尚，了如指掌。复得出使之臣，时传消息。虽千里如一室矣。已亦不易知也。知我之所长，尤宜知我之所短。知我之所长，故掩之以待时而发。知我之所短，故彰之可因奋而更。既已知我知彼矣，尤宜先定所向。所向既定，而后心无旁营，力无旁贷。所谋则济，所举则成。如加孚尔以统一为心，壁斯玛以雄长为志，加且高弗以廓辟为怀，终皆克偿其愿者，所向先定故也。若法王那波伦第三世，始欲求逞于民，则附英而攻俄，继欲示好于俄，则息战而疏英。攻噢大利以沽恩于意人，伐墨西哥以修睦于噢国。方普人之攻丹也，阴图其利。及普人之入噢也，转慑其威。一旦普人修怨，法王孑然，无他国一师之助者，所向不定故也。所向既定，而后可言交涉之道矣。

盖天下事；众擎则易举，孤掌则难鸣，理之常也。夫同宅寰中，此疆彼界，而建为国，则必小事大，大字小，忧危与共，战守相援，而势乃不孤。故英得法助，奏绩于黑海之滨，意与法连，逞志于绿毡之上。（西人讲公事，以绿毡铺台为礼。范斯法尼之绿毡犹在也。尝亲见之。）比利斯交欢于英法，自成局外之邦。合众国求助于法王，得行自主之政。此皆邦交之实有所援也。或恐邻国之袒我仇，而因与之交者，亦有之。如普之攻噢也，结法人而饵之利，则噢独而危。及其攻法也，善俄国而申之盟，则法孤而败。故自均势之局定，而列国安危所系，莫大于邦交。第交不可无，而择亦宜慎。英人之交，惟利是图。利在则友，利亡则寇。列国之结欢于英者，大抵无实德之可图，只求其不助之助耳。尝慨今之不善交者，莫土人若。见俄国之日强，故附之。而俄已三削其地矣。见法人之喜功，故亲之，而法已两夺其权矣。又见英人之己护也，故私之，而英几半分其国矣。

嗟夫！当回人之灭东罗玛也，辟疆展土，欧西为之重足而立。所来使臣，动加鞭笞，而莫敢谁何。今则时穷势迫，国内之政教财赋，反为外人牵掣。民贫国蹙，僻守一隅，几于国不其国者，何也？处递变之时，不因时而与之俱变。内无定向，而知变之士穷，外无友邦，而应变之方少。徒守此千百年前玛奥买所著《高朗》一书，欲以应夫千百年后世道之变，无惑乎？日就削亡，徒为天下后世多一泥古不通今之龟鉴，可不惜哉！

今夫应时达变之才识系乎用，难责人以必有，而相时制变之实学关乎理，亦力学之可求。然专论夫理者，遇事每仓皇而失措，泛求其用者，临时转窒碍而鲜通。是必理用之兼备，庶可泛应而曲当。当夫事之来也或援文起例，或考古证今，或假公法以求全，事同而情异。则考其国制国律以别其微茫。事异而境同，则察其地理地宜以穷其竟委。每有交涉立约之事，所定不过数十款，而动涉岁年，方可蒇事。非此数十款难以遽订，亦以未订之先，援公法，证往事，合两国之体制律例，与其险阻物宜，无不悉心参究，以求夫至当。此列国抡选使才所由以交涉实学，严加考核，庶几使馆无滥竽之辈，行人无辱命之虞。

按欧洲各国，办理外务，用才之例不一。有内外隔绝者，外为使臣参赞等员，内为外部总办各司互调，往往白首而专于一事，是以因熟生巧。此其益也。然内外生嫌，未免事多迟滞。则其弊也。有内外更调者。如英国新制，其外部大小司事，与出使之随员及二三等参赞，可由领外部大臣，斟酌互调。至列国之制，大约参赞与随员不得内调。若出使大臣，有无间内外者矣。其选才之法，亦不一。有自幼入官院，专课出使学者。每年有考，限以年数，取则派往各使署试用，按班迁转。此噢之制也。有无官学院专课此种学业，但按时报名投考，限以三月之久，历较所试诸端，能隽者，即归试用班内用六月，外用十八月。扣足二年，由使臣出考语，升为散秩三等参赞，递升散秩二等参赞，后升为使署参赞等员。则英制之大略也。所有考章，与法国新定者大同小异，但微简耳（新章详后）。或有考取律科而自效者，亦有不考律科而征用者。此各国之制之不同也。惟各国录用使才，类皆择其人可以肆应。而家道苦寒，及出身微贱者，乃摈不得与。

法国出使之才，自乾嘉而后，惟大意郎与基沙尤著而已，余皆碌碌无闻。其故有二。一因议院多植党与，每与执政不相能。故执政既迭更，而执政之心腹如头等公使，势必屡易。新执政更事未久，遇有列国公会，率贸然亲往。无怪其为屡经公会，熟悉公事之高且加弗、壁斯玛、盎得喇西等人所玩弄矣。此一弊也。一以收用新进，只取富豪子弟。而富豪子弟，性率浮躁，使往与国，不通语言，不习风土，心厌公事，而不考求，身拥厚资，可供酬应。以此按班迁升，乌能胜任！间有精明领事，久居异国，交结士商，能洞悉情伪者，则又格于班次，不过转调他处，此又一弊也。至光绪三年春，公爵对加斯领外部事，居职岁久，灼知利弊。因即同治八年所定出使章程，斟酌而损益之。今姑译其大凡。

一、凡读律后生，愿出使及领事者，准在案卷房学习。一、凡已取律例、格致、词章各一科并能通晓两国文字者，准归试用班差委。一、凡试用以二年为期。其一年外差扣足，方准部考。一、凡水陆兵弁暨监工矿师等员，愿改出使及领事者，能通晓两国文字，即准部考，无须试用二年，以示优异。一、凡部考已取人员，转升班次如下。初授本部司事，学习领事，与三等参赞同一位。进升各房总司，摘由司员，正领事，与二等参赞同一位。转升本部帮办。总领事与头等参赞同一位。凡同位者，概准调补至部。考条章，经领国事，麦玛韩行咨大臣，议定如左：一部考。有考出使者，有考领事者。每岁冬季，举行一次。倘于年内举行，须由外部先二月榜示。一凡考生二次不录，即行革考，不准再投。一考出使，应由外务总办监临，另派考官四人。考领事，应由商务总办监临，另派考官四人。其考官则由领外部事大臣，于二等公使及本部帮办总办暨总领事内派出。一考试章程。每次先面试。如式，再行考问。一考试条目，分六种。一曰国制，论欧美二洲之治体，与其定律、行律、守律之权。并特论法国各部条例，与内外衙门详札事件。二曰公法源流，论公法家门户之别之理。三曰公法新论，论讲约、立约、准约、守约、废约、续约之权。约有和好、连好之辨，有遣助作保，并居局外之不同。有让地、划界、河利及赔款、关提、钱币、驿铃、邮电、铁道、关卡、商舶往来与刷印书籍传奇等事。各因所约而殊者也。论外国人民之律，有户籍婚嫁之条，有外国人民与法国官长或法国人民与外国官长彼此控告之式。论列国战局，有务守局外与排解两敌之条，有期会、公会及商办等会之式。论海疆事宜，有捕鱼界限，有商船旗帜兵舶权利，以及查舱贩禁之例。有巡海封口，追还海舶，捕逐海盗，以及禁贩黑奴之款。论出使与领事，有奉使之权利，有使员之例章，有使署与领事交涉之仪注，有使署与领事署内所造卷册报销账目领俸之格式。又驻扎东方领事，兼有审案之权之论。四曰交涉纪略。上自范斯法尼，下至普法交战，比事属辞，详论其得失。五曰商务，论法国商政之因革与关权之税制。而税制有通行与订约之殊，稽查进出口货，其税则有估价与按物抽征之别，其估价有官价与时价之异。凡进口货以原货外运者，有趸船总栈之制，以之成器物外运者，有存税暂交之别。论商民船只，有为保护商民起见者，则准其往来本国及属地埠头，而于外国商船，则加税旗税栈之征以苦之。有为招徕行商起见者，则大开口岸，任人出入，交争货利。而舵工有短雇长雇之佣值，关制有横征豁免之利弊。凡此者皆隶焉。六曰舆图物产，论各国之经界，川河之源委，山谷之形势，稽户口，查兵额，辨镇守。通商之埠，考兵舶商船之数。论运载之利，有铁道，有轮舟，有船坞总栈，以便海航；有电线邮船，以通消息。再各国邮船公司、铁道公司，有官帮私设之殊。论各国土物地产，于机器厂、煤矿厂尤当加意。论钱币，有各国钱法之不一，与历来求一之公论。并尚论各国度支之源由，借款之永暂，及国债券票流行之通塞。凡此种种，必曲畅旁通，始能应考。

所谓面试者，分三场。第一场试英普文字。凡三题。一译近时英普之公牍，以觇其通晓否。一译英普议院之论，而撮其命意，以观其能会通否。一写英普文，以叙事之要旨，以试其辞达否。第二场试交涉之学。凡三题。一公法新论，一交涉纪略，一或舆图，或商务，各一条。此第考其所已知，而未征诸实用。故第三场授之交涉案卷，令其条陈应办，以知其理用兼赅否。考问者分两场。第一场问英普文字。凡三事：一令朗诵英普公牍，以审其声似否。继令翻译，以察其融会否。一考官朗诵英普公牍，随令考生摘略，果能声入心通否。一与语英普方言，随令酬对，试其果能肆应无方否。第二场问交涉之学，各数条。求其应对不爽，以觇其果能理用贯通否。

　　此即法国部考之新章也。执是以求才，庶无遗憾。然而论者犹曰：此治末舍本之法也。谓夫与考者，必试用二年，考取方授职，而廪饩之。试用之时，无微禄之沾。而外差一年，更须多备资斧。只足以杜寒微之士，而开幸进之门。盖廪饩甚微，三等参赞之岁俸，尚不及所费者四之一。夫使身为使员，而费用务省，将厨传不丰，交游不广，则似危邦之陋风，尤非治国之盛观。凋弊寒啬，为外人观笑。此又执政者所不愿。若欲稍从丰厚，则俸不足用，势必取给于家。于是有志之士，窘于财力，而求进者少。则所取不敷，所使势必滥取。况乎使员在外多年，津贴而升庸，不过二等公使。其外部秉政公会大员与头等公使，率用议院新进之臣。于出使之事素非练达。而久任使者反受其节制。于是出使人员不过借此名目以资游览，相时而退，鲜有老于其职者。故曰：治其末而舍其本也。然则，必如何而后可？曰：重禄俸以养其志，严考校以求其才，然后即以所取之人，专办交涉。无问内外，悉资熟手。庶几遇大事有知变应变之才，足以折服众人之意气，而捍卫吾国之利权矣。夫处今之世，轮舟铁道，梭织寰中，而欲自囿一隅，禁绝外人往来，势必不能。不若因其利而利之，以广我之利源。推行尽善，国富民殷。立约修和，而内平外睦。四境无鸡犬之警，万国消锋镝之忧。谁谓交涉之学小补也哉！（《适可斋记言》）

陈　虬

治平三议

序

《治平三议》者，虬癸未病中之所为书也。虬昆季五人，扃关枕藉，自相师友，皆薄有时望，而尤以幼弟叔和为翘楚。器宇轩轾，开敏迈诸兄，群冀倚成以事业，壬午春以病瘵亡。虬时悲不欲生，顾影孑子，嗒然若丧其躯。岁暮遂病，病几死，呻吟卧床箦者二百余日。药鼎茶铛，昕夕相对。盖裘葛忽忽已两更矣。自维先世隐德勿曜，幸有子能读书矣，而皆未见用，不克大陈氏闾，恐一旦溘先朝露，茶然与草木同腐，长此寂寂，何以慰先灵于地下！念生平稽述，皆皇王经世略，乌可令斩焉无传，乃于癸未之秋，镂肤钻发，伏枕画被，口绎以诏，四弟国琳笔之于书。病寻愈，磨丹渍墨，竟不能再加笔削。爰补《十科表》于后行焉。虽怵张纲目，于今未必尽可通，然大抵柢元皇极，牒阐圣功，洞然于民物登耗、人材否泰之故，骸群经，刮诸子，损益中西，合为治术，岳立儒先间，要亦一家之学，有足多者，录而存之。或天不欲其遽死，使增益所不能，终得闻乎内圣外王之旨。吾兄弟异日当更有进焉，未可知也。名山石室，待乎其人，姑以此录先为之券云。

时光绪十年岁次甲申春王月陈虬志三书于瑞安城东之利济堂。

宗法议

孔子曰："吾观于乡而知王道之易易也。"孟子曰："天下之本在国，国之本在家。"然则欲治天下者亦务其亲者、近者而已矣。

天下之子无不孝也，天下之弟无不弟也，父无不慈也，兄无不友也。以父兄之无不慈不友也，而子弟乃有不孝不弟，何则？甚爱则狎，甚狎则犯，子弟而狎犯其上，斯乱成矣！然则亲近而无法，虽与之天下，犹不能以一朝居也。欲善其道则莫如宗法。

法于一乡之中，姓立宗子一人，而复设宗正以为之辅。凡事皆决于宗正，朝廷皆给以图印。（文曰"某乡某氏宗子之印""某乡某氏宗正之印"。）宗子以长，宗正则以德，由阖族公举。宗正以下，设宗史一、宗卒二，皆为制俸。宗各设祠：前以听讼狱，藏器物；后以处鳏寡孤独之无后者。乃制为冠婚丧继之法：凡男子年十六，父兄为告于宗子，乃择吉加冠于宗祠，宗史祝。未冠者不得议婚，违者髡其首，没入为奴。

（《素问·上古天真论》：“丈夫二八，肾气盛，天癸至，精神溢写，阴阳和，故能有子。”冠取成人之义，故改从十六。）婚之法：男自十九以上，女自十七以上至三十，皆可婚之时。婚定三月而遣嫁。届期婚具新衣一袭，奠雁以迎新妇，禁奁费，违者籍其资于宗，而火其无用者。凡议婚：先时遣，嫁后期者，则离异，罪其家督。如男女无行，年三十无与为婚者，男没入为奴，女没入为妾。娶三月而庙见无妇道者还，准再醮；醮再被还者，亦没为妾。（古人三月反马，煞有深意。宋儒径改为三日庙见，便失其旨。夫三日岂能知其无妇道哉！）垂“三出”“两去”之法以制室家：妇忤逆翁姑、虐待前妻子与辱詈丈夫者出；丈夫而交匪类与习下流无耻者，妇得自请去。（“交匪类”谓行劫、偷盗、入教党，“下流无耻”谓窝家、逼娼，总为五条。此皆与本妇罪名、名节有关，故得自请去，不可妄列多款，致有以妻乘夫之病。按古秋胡与晏子之御及朱买臣之妻，皆有下堂求去、请去之事，是古原有此法也。今拟复之。）冠婚之礼所以遂人之生，而丧继则于送死之中寓亲睦之意焉。父母年五十者皆当为制棺椁，后事先事者听，而宗子复多设以待不时之需。五服之丧有不举者罪之。禁僧道佛事。（丧服五等，拟别以冠、履、带三事。凡斩衰用麻，斋衰用苎，大功用线；苎之已漂者，小功用布，缌服用黑布。）葬以三月为限。违者，宗子则以族葬之法行之。柩不得露宿于外，未葬者不得相嫁娶，犯者科以不孝之刑。（停柩在堂而行婚嫁吉礼，此实不祥之大者。以骨肉至亲而露宿其柩于外，视同陌路，此岂复仁人孝子之心哉！）礼，大宗不可绝，小宗可绝，今变通其制：唯同父之子始得相继，继不异祖，所以睦兄弟也。大宗则不拘，未娶者不继，继而复绝者不再继，继者不兼祧，无后者没入其资于宗，而丧葬祠墓之事则一主于宗子。岁四中月，宗子率族人会祭于宗祠，先期三日集射以兴贤能（射取其志正体直，练习筋骨，以便他日游艺之基），中选者得与执事，祭毕列坐以齿，宣讲令甲，无使或忘。

凡刑有十：轻刑五，重刑五。曰朴以治罢软，曰鞭以治顽梗，曰笞以治斗殴，曰枷以治殴伤，曰黥以治伤人成废者（凡伤人成废者，别视轻重以罚锾，贫者没为奴，官为给资），曰矐以止博（吸洋烟者同科。按矐刑非古也。然古实有是法。《史记·荆轲传》："秦始皇善高渐离击筑，重赦之，乃矐其目。"字本作矐。《前汉·五行志》："高后支断戚夫人手足，矐其眼以为人彘。"注："矐谓敲击去其精也。"《类篇》："矐，失明也。"义本相仍。《汉书·翟方进传》："多辜矐为奸利者。"《王莽传》："豪吏猾民辜而矐之。"知矐、矐古多相通。《索隐》谓"矐以马矢熏令失明"，恐非本义。亭林顾氏谓："当复宫以止奸，复刖以止盗。"予亦欲设矐以止博与犯烟），曰宫以止奸，曰刖以止盗，曰经曰杀，则皆死刑。杀人者死，赐死曰经，戮死曰杀，经以处误，杀以处故。凡黥之法：初犯刺背，再刺臂，三刺面，［刺］面而再犯者经。殴尊长者，初即刺臂，视平人加一等。不孝者初即刺面，再犯则杀而枭其首以徇。诬告者坐轻刑，宗子得自决之。重刑则勘实而上于朝，阅实其罪，乃丽于刑。

宗设小学、女学各一。师则命自朝廷。凡俸粮皆取给于朝，官曰俸，民曰粮。计一宗田亩粮赋应出之数而扣足俸粮，纳其余于钞科。岁终则核计阖族丁男及卫丁若干人（分三等：未及十六为幼丁，六十以上为老丁，余为壮丁，壮丁八人选一为卫丁），载其名字、身材、生日（次年则不必全载，唯计开除、新增而已），十六年而一更，造册以上于兵科，朝廷有事则下其符于宗子，宗子复推其法于各房，房有长，长以率其房而专其责于家督。如宗子不能自举其职者，听诣阙告免，禁锢终身，而摄以宗正，此其法也。

一哄之市，有斗焉者，他人势格理禁，而不能止，临之以父兄，则其氛自息者，情输于所亲，气阻于所尊人也，而天动焉矣。《盘庚之诰》曰："古我先王，暨乃祖乃父，胥及逸勤，予敢动用匪罚。"其在《诗》曰："宗子维城，无俾城坏！"其知此道矣！后世宗法不立，而天下亦能少安者，胥吏之天下耳。岂足以语天德、王道之大哉！

封建议

议者曰："封建不行，故宗法不立。"予则曰："宗法既立，然后可议封建。"上古之世，狉狉獉獉，自人其人。迨生齿繁而伦序定，然后人有其家。于是先王下坎上坤，取象乎比，设为万国，以封建诸侯。然则由己以及人，由亲以及疏，天下者，固一家之所积也，今乃曰宗法由于封建，呜呼！此非探本之论也。

今宗法已立矣，而封建之道复何如？夫道亦视宗法所未及者推而广之而已矣。法以今省、府、厅、县之大小，为公、侯、伯、子、男等国。国有君，君有傅，曰太师、太傅、太保，是谓三公。凡国之大事，君以为然，三公以为否，则格不行；君以为然，三公或然或否，则诏本科太宰及左议曹等参议，谋众乃从。

国设十科，曰历，曰医，曰农，曰工，曰礼，曰乐，曰刑，曰兵，曰训，曰钞，另详于表附后。（首曰历，历者，钦若之初政，敬授之急务，故首之。医者，燮理阴阳，登民仁寿，故以为次。农以养人，工以利用，皆民生所急，故历、医后即次二科。而通商之事则附于工。夫子策卫，富庶之后始继以教，故礼、乐、刑、兵又次之。训者道也，谓以道自任也。《左氏传·文六》："告之训典。"注："先王之书。"《书·康诰》："矧惟外庶子训人。"郑注："训人，师长。"盖上自天子，下至庶人，箴纠阙失，宣扬文教，皆主以是科。十曰钞，会稽国用，流通货泉，宜设专科，故以为殿。）科凡六等，曰太宰，曰少宰，曰左议曹，曰右议曹，曰司，曰给事。给事则初升于乡学者，即所谓一命之士也。凡铨选各以其科，科设司六，给事遍六司乃得升司，司五转乃得至议曹。各司以上，各以三年为任，未任满者不得调。少宰以上则不计。事有损益，司上其事于议曹。议定，曹牒其事于少宰，少宰乃简其要者著为书，颁赐给事，使肄习之。太宰以驭吏，议曹以下皆主于太宰，少宰以上则君主之，此黜陟之法也。

一命之士倍农夫之所入，禄约五十千。司三其禄，议曹则倍之，左议曹以上各以其一登，合三公之所入当其君之禄，此制禄之法也。

自三公至给事，厥等凡七。乡自士以下，曰农，曰工，曰商，曰生（略通文墨而无常业者），曰隶，曰奴（指有罪而髡者）。等亦有七，所以明上下、别流品也。国君一娶五女，后一媵四，取备五姓，议曹以上得置二妾，诸司以下置妾一，此制等之法也。

官制既定，然后井田、学校可次第而复焉。顾或者难之曰："今井田法废已数千年矣。一旦欲复其法，非坏人庐舍，夷人冢墓，其法不行。"又有为之说者曰："今之时，贫者无立锥，富者连阡陌。今欲计户分田，为贫者计固得矣，其如富者之不便何！"井田不复，而欲复古学校之法，吾知其难也。然此皆非所虑也。夫善用古法者，师其意而不袭其迹，相地形之广狭以损益其沟洫，去公田之法而定什一之赋，又安在非井也。入田百亩以上者封为下庶长，千亩者为中庶长，万亩者为上庶长。上庶长之秩视议曹，下庶长视分司，岁时得奉朝请，而免其子孙徭役各有差（上庶长三代，中庶长二代，下庶长一代），如是则富者有所劝矣。

学校之制，乡各有宗（法改今之都为乡）。宗有小学，所以习幼仪也。十三而入乡学，则教读司领其事，教以六艺。（六艺：礼、乐、射、御、书、数也。今御已失传，予请以骑射、佾舞、拳勇等法当之。）三年，汰其无用者使归农。学成则教读司给以单而贡于朝，分科肄业，乃处以给事，任之五年。而燕老，君亲临之，六十以上各赐鸠杖，以年之旬为差。凡此，皆学校中所有事也。

于是，复设为三税之法，以御国用。田有租（《说文》："租，田赋也。"《长笺》："且，古祖字。"田赋用以给宗庙，故从且），市有廛（《周礼·地官》："廛人，掌敛廛市而入于泉府。"注："廛市者，货贿诸物邸舍之税。"《王制》："市廛而不税。"注："廛，市物邸舍，税其舍，不税其物。"），人各有赋（《说文》："赋，敛也。"《周礼·天官》："太宰以八则治都鄙。""五曰赋贡以驭其用。"注："赋，口率出泉也。"《尔雅·释言》："赋，量也。"注："赋税所以评量。"亦是此义)，计三项之所入，以其三十之一贡于天子，以其九为羡余，而以其余制国用，不足则加赋。而一切公旬、徭役与夫关市、盐铁、杂税，胥免焉。（国朝仁皇帝有永不加赋之谕，故军兴以来，卖官鬻爵、设关立卡无所不至，而独不敢议及加赋。其实，科派虽多，仅供猾吏奸胥中饱而已，何如加赋之尚属均摊无损乎！）

孟子曰："君一位，卿一位，大夫一位，上士一位，中士一位，下士一位，凡六等。"然则君去庶民仅六等耳，其尊非独绝于人也。君十卿禄，卿禄四大夫，大夫倍上士，上士倍中士，中士倍下士，下士与庶人在官者同禄。禄足以代其耕也。君为制禄，然则禄之外君不得有所私矣。

后世名法家倡为尊君之说，于是乾纲独揽，居其位者辄以犬马之道驭其臣民，威福自专，复侈然日从事于声色、苑囿、狗马之娱，而篡弑之祸烈矣。唯以世及之尊归之于君以绝觊觎，复以献替之权还之保傅以综纲纪，有君之尊，无君之祸，有治民之实，无厉民之患，所谓于封建之中寓传贤之意者此也。由其道行之，虽百世可也。然则封建、宗法亦一而已矣。

大一统议

或问于陈子曰："史称黄帝之时，地过日月之表，意者圣德广运，覆载无遗。今中西一家，偶俱无猜；电机所发，秒忽万里，声教之讫，无远勿届，环地球以游，半载可周。盖骎骎乎有大一统之势矣。敢问其道何如？"陈子曰：唯唯！吾闻孟轲氏有言："天下之定定于一。"盖七曜齐明，光不敌日；百川竞流，终归于海。何则？万国并建，天必笃生非常神圣之人与天地合撰，与日月合明，使之宪章往古，开辟中外，创古今未有之盛治。故于万国之中，群推以为君。然居是位者岂惟是异徽号、改正朔、议明堂、讲辟雍、制郊祀之礼已哉！非德足以绥远，威足以止暴，必不能长驾远驭，使天下翕然从风。法当损益十科之法以治王畿，而复约于东西半球之中设监二，各隆以王爵，文曰宣文，驻印度，武曰靖武，驻美国。文则颁正朔（行夏时），齐冠服（常服可如其俗，朝服当归于一），通钞法，均量衡，同文字（文有四：曰小篆，曰番书，曰华、番草书。小篆多主形，番书多主声，各有义理，亦不可没。草书华、番皆有，当另勒成书以便遵行。今定：凡朝贺大事当用小篆；寻常公牍，华、夷各如其旧；通行可用草书。隶变古，楷入俗，均属字妖，概行毁弃），正音读（当另勒韵书而设官掌之），删经史（经收古注而约采后儒之说以附之，史收正史而酌收野史之近正者。一切秽滥无用之书皆杂拉烧之，不必以祖龙遗法为病也），开学术（融会中西，分门肄习），修公法（酌修中西通行者数十条）。以齐天下之耳目，以一万民之心志。盖道一风同，固王者之隆轨也。王岁出巡，归乃颁来年之历于各国，而上各国贡税于天子。元旦则设御座以受各国之朝贺焉。武则统率各国之卫丁（井出一丁，秋冬习击刺，是为卫丁），以备非常。无事则各居本国，有事则飞檄兵科二宰，统之以行。诸侯有篡弑、叛逆、不庭者，监内各国共讨之，夷其城郭，分为数小国。销天下之枪炮，有缴而未尽，及私鼓铸者，十家同坐，此其大较也。然后广轮舟、铁道之制，以通中外之气。国有水旱、饥荒不能自赈者，详其状于二王。勘实，檄取邻粟以先赈，徐行奏请帑银以还邻国。余如河防、海运以及不时兴革之费，皆均摊于各国，而朝廷派大臣以掌之。凡此，皆以为吾民也。故圣人之治天下也。操天下之利权，而调剂其盈歉，以天下之利还之天下，而己无所私焉。

夫圣人之为是兢兢者，岂无故哉！以为天之生斯民也，粗衣粝食，苟率其常，皆各有其百年之用。迨嗜欲胜而本真丧，人始有逆折者矣；攻取繁而杀运开，人始有横死者矣。造物能生人而不能必人之生，于是诞生圣主，俾以聪明勇智，使出吾民于水火而登之以衽席。而犹虑尚有扰吾民之生者，故分田制禄，立国设监，使上下各相安于无事。负嵎之虎，出柙之兕，肆其狂噬之威，无所不至；一旦处以圈牢槛阱之地，时其饮食，久之而驯良如羊豕矣。圣人以一人安天下，而后世乃以天下奉一人，呜呼！此岂造物立辟之意哉！

或者曰："煌煌大言，吾既得闻诸吾子矣！请问其兆？"曰："谶纬之术难以喻人，请毋以数而以理！夫理亦视夫圣人之教而已。今者，耶稣、天主之教闯然而来吾国，其实彼教之所以来，正吾教之所以往，如周、孔之教遍天下，则人各明其五常之性，如昏而得旦、群星掩光而日乃出而经天矣，吾子悬盼以望河清可也。"曰："颛蒙之识，愿闻其详，敢问一统之势将由中并外耶？抑由外并中耶？"曰："斯义也，吾尝受易学于仲兄矣。（二兄仲舫师精易数，所言多验。）仁冠五常，乾统四德，此其彰明较著者，将来亦视其国之习尚何如耳！孟子曰：'不嗜杀人者能一之！'斯言也，岂仅为七国发哉！"曰："吾闻君者群也，王者民所归往也，皆于人起义。天子亦人君耳，而号独称天子者，何也？"曰："若天下一统，分国以亿万计，地丑德齐，莫能相长。天若特生一子以子元元，安天下，所谓昊天其子之也，故曰天子。"然则天子者，固乾坤之一大宗子也。吾故曰："宗法之道，通其变可以致治平者此也。"作《治平三议》。（《治平通议》卷七）

经世博议·变法

孔子曰："周监于二代，郁郁乎文哉！"盖言其盛也。乃与颜渊论为邦，则曰："行夏之时，乘殷之辂。"显乖乎不背不违之旨者，抑何也？盖风气无十年而不转，法制无百年而不变，因势利导，则民自化，儒术当矣！

乃汉初以黄老治，蜀汉以申韩兴，若易其时则乱矣！民主，官天下也，公矣！乃美利坚以民主而治，俄罗斯以择贤而乱。（俄贝德第一改废旧章，国不传子而择贤，实开华盛顿之先。未百年，保罗乃复传子。旧制立长而女子不得嗣统。）若狃其说则悖矣。然则法犹水也，注之方盂而方，注之圆匦而圆，随器而转移，而吾惟务得其平而已。裘皮以御寒，绤绤以御暑，若冬而病温，非袒裼裳衣不能效。沟渠以潴水，陡闸以备涝，若大涝时，至非决掘堤防不为功。欲图自强，首在变法。

变法一

皇上法天爱民，容保无疆，当先躬节俭之化，岁定天禄之数。内廷御用，纤悉不外假。裁内务府、织造等官。其朝、庙一切度支、仪制，可按部分办。孟子言"君十卿禄"，盖古昔盛朝，君皆制禄，载在礼经，可推而知也。（沈肜作《周官禄田考》，据"君十卿禄"之说，称王自食二万有四百八十夫，后世子与王子弟之未官未封者、妇官、女给事、王宫士庶子之食，皆于王所自食中给。近美利坚伯理玺天德岁俸四万圆，盖仅视中国督抚之数云。）京外职官秩同者，禄皆一体。（酌定俸廉之数改称曰禄。古制京官之禄重于外，汉唐以来则外重而内轻。）任内应办事务准开支公项，繁剧处所增添员数。内官以吏、户、礼、兵、刑、工分属，外官以省、道、县为纲。官设九品，文曰正，武曰从，满汉一例。内外升转，裁并改设，以省繁惑，罢宰相而重六部，裁官衔而复三公。（称都察院，隆以师礼，不任职事，一命以上皆得入告。）出御史以巡各省，如此则纲举矣。

九品之法，文则太师、太傅、太保、六部尚书、各省总督为一品。六部正卿、外省御史（称某省监察御史，驻省而内属吏部）为二品。六部少卿、各道刺史为三品。省设使四：曰宣慰（主吏、户、礼、工四科），曰刑狱（主兵、刑二科），曰经历（主杂务），曰检法（纠察全省各务），与京秩郎中均为四品。知县为五品。在内则各部员外郎、主事为六品；在外则试用县，道以下设宣慰、刑狱、经历、检法四副使，内为令史，则皆七品。县以下曰判官（主刑名），曰主簿（主钱谷），曰典狱（主捕盗），曰推官（主杂务），曰巡检（主察县内事务），与内之司务，则皆八品。九品则在内曰给事，在外曰吏目，皆令入流。

其升转之法：知县必由主事试用始得升补，知县以上则内外对转，庶扬历中外，得以练达朝野掌故。

武职则分禁、省为二。军内分九品：曰将军，曰都统，曰副都统，曰参领，曰游击，曰守备，曰校尉，曰千总，曰百总；外则改都统为提督，改副都统为总兵，改参领为镇城，都督游击以下同。官止八等。禁军统于兵部，省军统于总督，县设守备以下四等，道设镇城都督以下六等，省设提督以下八等。武皆自辖其所属，一统于文，有事檄道、县听调遣，重提督、镇城都督、守备之权，使皆得自以军法治其所部。罢武科，重行伍，内外守备以上则参用文职，一归兵部。于是裁各寺科道于内，省藩臬守牧于外，汰冗员，设专司，损益古今之制，按部改设，一仿周礼。惟京师另设都察院衙门，主以三公，中设议员三十六人，每部各六，不拘品级，任官公举练达公正者。国有大事，议定始行。试办有效，视大小加恩赏赉。其缘事添设办事之大臣，是为钦差，分办者为随员，皆量给薪俸。制定，乃修改政典，勒为《大清新法》，颁行内外。

变法二

改知县为五品，而改州为县，隶于总督、刺史。县设试用县一，代理一切政治刑赏，而印官主其成。岁终册报本管上司而已。遇有大事得专折奏事。另设判官、主簿、典狱、推官分治县事。其驿尉、闸曹等官皆以九品吏目为之，是为文职。武则设守备、校尉、千总、百总等官以资守御，员数视所治广狭增设。辟秀才为吏目，分科办事。裁教谕、训导，兴书院，聘致仕乡宦有名望者为祭酒（如今山长），称先生（仿汉五经博士例），邑无贵贱皆入官学，不准私就师。师无出身者不准教授，费则出于公捐。

县各设议院，大事集议而行。凡荐辟、刑杀人，皆先状其事实于议院，有不实不尽者改正。又设巡检一，秩视判官，巡视境内，检举利弊以达于县，县再下议院。由县而上则为本道刺史，考成而已。道设检法副使，监视县令贤否，以六条计吏荐辟，当仪制肃、田畴辟、盗窃清、讼狱平、制造兴，上治状于总督。省设监察御史，秩二品，巡按所属，视黜陟之当否。省、道各屯练军，备非常。三年大计，有黜陟乖方者，听平民诣阙上告；得实，总督、刺史以上本管官，皆治以失察应得之罪。

夫今之县令，古诸侯也。地大者数百里，少者亦不下百余里。乃丞尉以下如赘瘤而无所事事，府道以上又节节掣肘束缚之，使不得少行其意，而且迁调无常，官舍如奕，虽戴星出入，犹恐不给，尚欲其奏弦歌鸣琴之绩哉？故讲富强当首重县令始。

变法三

如此，则大纲略举矣！尚有为纲中之纲者，则科目之法宜变也。

夫科目者，人材之所出、治体之所系也。今所习非所用，宜一切罢去，改设五科。曰艺学科：曰射，曰算；射取中的，算试《九章》。曰西学科：分光学、电学、汽学、矿学、化学、方言学六门，试以图说、翻译。曰国学科：颁《大清会典》《六部则例》《皇朝三通》，试以疏、判。曰史学科：取《御批通鉴集览》，当另刊《皇朝新史》，颁行学官，试以策论。曰古学科：经则《五经》《周礼》《语》《孟》八经，子则《管》《孙》《墨》《商》《吕氏》五家，试以墨义。备五场者，始得录。如此，则由浅入深，实事求是，国无异学，士皆全材，治平之道基此矣！

县试拔尤，取入邑庠，曰庠生；庠而试于道，曰廪生；廪而试于省，曰举人；举而贡于京，录者曰进士，皆三年一考，定期三月朔，颁文格图式于学，依问直对，不取词章、楷法。

已仕已进，十年而不能通者，给原品顶戴勒休，称前进士。举、廪、庠生仿此。所取之士，即分充部曹及京外七、八、九品等职。取进额数，约逾品职三分之二。

另立阴阳学、医学，不以设科，五年一考，取其尤者，举以为师，给单准行。十年大考，优者得食禄，秩九品，食禄满十年，与大计课最得增秩，但不得逾七品，以示限制。京外一例禁私学，犯者以枉法论。

变法四

纲举矣，而目亦有不得而略者。一曰户口：诏户部籍天下户口，分四等：未及十六者曰少，十六以上曰壮，三十六以上曰大，五十六以上曰老。（隋制设黄、小、中、丁、老五等。今既免丁之役，故仅分四等以周知民数。）妇女一例填帖张于门首。家自为户，父子已分析者统于长房，人曰口。（旧称丁者，谓可应役也。故未及十六，有不丁之目，辞甚不顺，兹取古人"八口之家"及汉世"口钱"义。）每帖总计一户四等男妇共若干，并注明逃亡、物故（谓本年新死者）、新增。县岁造册，存档三年，状其总数以上于道，道上于省，省达于户部。如此，非特赋税、保甲、配盐等项法无可隐，而其间老少强弱之形、南北男女之数，与凡死生婚嫁，皆可按籍而稽矣。

考之《周礼》："司民掌登万民之数，自生齿以上皆书于版；辨其国中与其都鄙及其郊野，异其男女，岁登（上也）下（落也）其死生。及三年大比，以万民之数诏司寇。司寇及孟冬祀司民之日献其数于王。"此贵贱、老幼、废疾、九州男女之异，司徒、职方所以能举其职欤！

变法五

一曰税则。国家岁入有常，猝逢意外之需，不得不取资于捐输、厘饷，然皆一取之于民也。捐输则报效于国者千，取偿于下者万。厘饷则民输于官者十，官得于民者一，余悉供渔利之徒中饱耳。宜一切罢去，而仿古租庸调制与泰西招牌税等法而变通出之。田地分则科银仅征数分，而富民坐收十倍、百倍之利，名为减赋以苏民力，然此实继富之政，于贫民毫无益也。一店新开，地方之抽分，杂役之抽丰，筵席之糜费，均有不免，而并无涓滴奉上，此亦非情理之平也。

拟定四项之赋，于田曰田饷（分上、中、下三则），地曰地税（区为九等），人曰口赋（照户口册分四等征银。旧制：民丁之外有军丁、屯丁、匠丁、灶丁、站丁、土丁、渔户、寄庄丁、寄粮丁诸名，各有科则。康熙五十三年，是岁人丁户口二千四百六十二万二千五百二十四，著为额征，滋生人丁永不加赋。雍正三年，从直抚李维钧议，丁银摊入田粮之内。然至乾隆四十五年，直省人已二万七千七百五十五万四千四百三十一口），店曰牌银（分九等，如牙帖之式）。如岁出不敷，则酌加，先期榜示。国家诚能于吾民之养生送死诸大端，百计先弥其阙，则挹彼注兹，多取之而不为厉，尚何竭泽之足虑哉！

变法六（上）

一曰农政。井田之法猝不可复矣，于是水心叶氏倡为买官田之说，大为黄氏东发所讥，其说辨矣。虬谓可就近日濒海之涂田（闽、广、两浙等处）、迎水之沙田（江南、通州及广东等处）、失主之山田（江、浙、皖、楚等处）报而未垦者悉籍之官，官自招佃。（沙、涂但有微涨，刁衿、土棍辄预向场卫处所争先首报，数年之后即可开垦，升科后转售，亩可得钱十数千不等。若报至百亩以上者，是不废一文，可坐收千余金之利。官仅亩收三分上下税银而已。利之所在，豪强占噬，从而械斗，死伤者岁有所闻，曷若入官之为得哉！）另开屯田于边塞（屯田本使卫军自佃，今卫所仅坐收税银而已，宜另修屯政），葑田于泽国（架木为丘，而附葑泥于上作田，可随水浮泛，自不淹没），因地土之宜，广求树艺之法，十年之后而官禄不假外求矣！

夫田有主而欲并而入官，与田在民而官自向买，势或有所难行，情或有所不顺，今施之于天生浮涨、无主官荒（旧黄河故道淤废未垦者尤多）、水乡泽国，又奚惮而不为哉！

变法六（下）

一曰限田。自井田之法废，富者动连阡陌，而贫者或无立锥之地，于是有为限民田之说者。虬谓平民辛苦起家，尚属自食其力，其富宜也。唯士人一行作吏，即满载而归，产业多从贪墨所得，不可不为之定限。法令：印官服政之初，着地方官查具实在产业（田地店业），册报备核，区九品为九等，不许违限，定赏格，听告发，得实，籍其家。

富民入资，封为尚义郎，论品顶戴，奉朝请，严定品制、衣服、宫室、冠婚、丧祭，不使逾越，则多财无所用，而兼并之风或庶乎熄矣。

变法七

一曰醝法。呜乎！醝政之不纲，至今日而极矣！平民禁把持行市，而独任票商之垄断。且商亦来见其利也，输之于官者一，费之于私者七，而商仅收其二，乃尚有倒纲、滞销、折阅者，而吾民则已全受十分之害。纲盐、票盐（票盐始陶文毅，行之于淮北；继，陆建瀛行之于淮南，后左文襄行之于闽浙，票盐由是渐广。其实明时已有之），官运（晋省、川省）、商运，事同一例。然则上下孳孳、日夕所讲求者，只以供狼胥蠹吏之鱼肉已耳，岂计之得哉！农而耕，商而货，不以为非，独至贩盐之平民不守引岸，辄目曰私、曰枭！夫背公曰私，不孝曰枭，民自出其资本，逐什一之利，为事畜之资，安得率称为私、为枭！（文报中竟有称粤私、闽私、潞私、川私、私枭、盐枭、枭徒者，实可骇异！光天化日之下，安得突有此称！名不正而言不顺一至于此！）至罔利之奸商、犯法之猾吏，反劝之纵之，而独若有甚恨于盐贩之徒，务欲尽致之法！贩而为张九四、谭阿招、蔡牵也者，杀之可也！贩而为衣食计，驱而戮之，毋亦有不安于心者欤！

古今议盐法者夥矣！顾氏炎武据李雯议盐：宜就场定额，一税之后不问所之。此祖刘晏之法而不知持其后者也，故主者半，而驳者亦半。（主之者，道光时御史王赠芳、太仆寺少卿卓秉恬、光禄寺卿梁中靖、翰林院侍讲学士顾莼、孙太史鼎臣；驳之者，襄平蒋相国、盐政福森、安化陶文毅、冯桂芬。然皆得失参半。）邱氏濬谓：令官给盐盘，任民自煮，每盘以一引为则，每引先取举火钱若干。此变桑、孔之术而不知隘其利途之旨也。或谓诸场广袤数百里，火伏有先后，势不能逐灶而验，犹其浅焉者也。然则鹾政遂无善策乎？曰：亦斟酌古今，参而用之可耳！

考明制有户口支给之盐，令户口赴盐运司关支食盐，而纳米钞：男子成丁、妇人大口各支盐四斤五两，纳米八升六合五钞；不成丁、小口半之。计口授盐法似密矣！然实仿自朱子。朱子尝奏《浙东盐课状》，称："臣生长福建，窃见本路下四州军旧行产盐之法，令民随二税纳产盐钱，而请盐于官。然其弊也，官盐不支给，而民间日食私盐。"朱子乃谓有司既得产盐税钱，亦不复问其私贩。虽非正法，然实两便。夫纳税而给盐，则税必足。今盐亡而税在，便于上则有之，恐民未必以为便也。朱子贤者，乃亦为此言耶！明则后盐亦不复支，而纳米钞如故！夫既曰"请盐于官，而收其钱钞"，乃又令其食私，是重累吾民也。宋盐、钱二税之制不可考，明则口纳米八升六合零，以每石今制四千四百之价计之（此就吾温折征而论），已人纳盐课钱三百八十文矣，平民八口之家其何以堪？然则法当何如？曰：拟定制，每口税盐课钱三分，仅于产盐之所（如池撤、井灶等处），配盐较大之处（如蛋户、酱园之类），酌大小定为税则，而任令商灶自行煎运。纲举目张，似亦变通之一法也。

考《皇朝文献通考》："乾隆四十五年，总计直省人口已二万七千七百五十五万四千四百三十一口。"今滋生日众，版图渐辟。（据道光时林文忠折称："湖北、湖南两省报部人数约共五千万人有零。"届今五十余年，加以新疆、台湾又设行省，则各直省滋生又当日众矣！）若以每口三分为率，已足抵今盐课之所入。（据孙鼎臣说：总共盐课银九百八十六万七千八百两，而四川不与焉。盖盐课实居天下财赋四之一矣。）课银归县收纳，县设主簿一二员而裁盐院各官，省一切缉私、兵勇、轮船与凡卡局等员经费，则商贩之力自纾矣！（姚莹谓缉私一项，岁常数十万。大抵有名无实，此盖仅就当时两淮而言。）盖断其私于利薮之所在，毋论不肖官吏扶同作弊，资以自利，纵令认真查办，而大利所在，虽有重法不能禁，其纠党持械，拚命走私，皆可逆料。兵少而贩多，故势常不及。其得规卖放者有之，其惜死故纵者实亦有之。若改行新法，每户出钱无多，官可按簿而稽，胥吏不致横加酷派，即有拖欠，究不至多。盖法行则盐价自平。闻之湖广、江西、安徽之食淮盐，市价每斤制钱六七十文。晋省官运官销，每斤制钱三十五文。然短折秤两、搀和泥水，实仅得六七两（此已见邓庆麟疏），则且七八十文矣。其实出产之盐本不甚贵（据各处文报，皆仅一二文，与吾温场价不殊。自经商办，禁闽盐入浙，于是吾郡盐价顿长至十数文，盖渐有贵食之虑矣），层层盘剥，始有此数耳。自来理盐政者动以恤商、便民、裕课为辞，其实皆自欺欺君，纸上之空文，不揣其本而齐其末，未见其真能知治道也！

或曰："旧时盐课已摊入地丁，今又格外议增，恐赋税之事减顺而加逆。且果行之，异日必有再议重增盐税者，是适为他日秕政之地。其说何如？"曰："此书生撑持门面之迂谈，非识事务者之通论也！"摊课之举，圣恩浩荡，民久已不识、不知，况吾朝轻徭薄赋，迥异前朝，今税虽增，而价实减，开〔剀〕切晓谕，上下均得其便，何不可行之有！为问今日之厘捐、关税，取之于商乎？抑仍取于民也！火起于室，当之者无噍类，不亟求曲突徙薪之策，乃鳃鳃然虑执爨为引火之媒，是当令天下复燧人以前之治，不火食而后可，未为知言也！盐策之正，管子以之富国，而后世乃适以病民。利权所在，旁落于奸商，中饱于蠹吏，县官不复过问，而惟一切苟且卤莽之是图，尚何富国之可言哉！尚何富国之可言哉！噫！

就场收税之法，明嘉靖时御史汪铉已有此奏，其实必不可行，尚有为诸家驳议所未及者。试再申其说：

今天下盐课约千余万，往前引商皆令先缴课银之半。若散之各场，则场户非殷商可比；若随盐随税，责令商贩先输全课，成本增重，历届实无此办法，害实不可胜言。且一税之后不复问其所之，是课银当全责之场户。任令按季分缴，则场户、灶丁类无多产，些小赋粮或多抗欠，盐课大纲安能应缴！况官既责之场户，场户不能不仍取之商贩。无论商贩势不能行，纵令商贩挪移抵课，则场户持有课银在手，不复计及缴课之时，青苗遗毒，往事可鉴也。若法穷计生，场户亦令商贩按季分缴，万一商贩倒折，是当全输之场户也。官垫民欠已非政体，乃令疲场垫散贩之欠，其何能堪！不宁唯是，从前盐课极重，而商仍不断者，以有引岸为之垄断，官取之商，商仍取之于民，挹彼注兹，持此尚可无虑。今既一任所之，弛其引地，小贩必多，大商既先输课银，成本较重，恐被小贩抢卖，闭运定多。小贩力不能及远，恐各直省不免有淡食之虞。若仿刘晏常平官盐之法以济其穷，则搀和泥水，杂以砂砾（见杨士达《与王御史论淮盐书》）。一归官运，百弊丛生。盖米盐日用之资断不可令归官办。（晋省赈饥，粥厂且有杂以石粉者。仓场、漕务，弊尤不胜枚举。）此皆硌硌可见者，故辄及之！

变法八

一曰漕政。漕运之兴其昉自《禹贡》乎！禹平水土，任土作贡，乃九州之终皆言达河，盖不仅四百里粟、五百里米而已。（朱子亦云："冀州三面距河，其建都实取转漕之利。"）汉兴，高祖时漕运山东之粟以给中都官，始有漕运之名。晋设督运御史，始有漕运之官。自是以来，陆运、海运、河运法虽屡变，然皆以京畿而仰给于外省，终非计之得也。请施权宜之计而筹经久之策，非统归海运，改征折色，京、通建仓，畿辅兴屯不可！

何言之？海运起于秦（秦欲攻匈奴，使负海之郡转输北河），而定于元。（《元史·食货志》："元都于燕，去江南极远，而百司庶府之繁、卫士编民之众，无不仰给于江南。自伯颜献海运之言，而江南之粮分给春、夏二运，盖至于京师者岁多至三百万余石，民无挽输之劳，国有储蓄之富，岂非一代良法欤！"）明永乐十三年疏会通河故道成（至元二十六年自安民山开河，北至临清，赐名会通河，便河运。洪武二十四年，河决原武，漫过安山湖，而河遂淤。至是，命尚书宋礼疏复），始罢海运。嗣是以后遂行河运。道光时以清口淤淀，陶文毅始倡行海运。同治四年，从部臣议复，试行河运。由是河、海并运，而实以海运为便。黄河北行、南行皆穿运河而过，漕艘待汛分溜必须借黄济运。于是运以借黄而淤，黄以济运而决，岁修堵合，费实不赀，而漕项之耗折不与焉，此海运之便也。

漕项本不全征本色，所征者特东南数省耳。闻南漕每石费银十八金（据嘉庆中协办大学士刘权之疏。魏氏虽驳其误，然旋为冯氏所纠正矣。虬按：秦转输北河，率三十钟而致一石。汉文时贾谊上疏，谓"输将起海上，而来一钱之赋，数十钱之费，不轻而致也"。盖自古已然），到京，旗丁领米易钱，合银一两，买杂粮充食，折给已久。是每石十八两归宿为易银一两之用，此真林—冯氏所谓可长太息者也！今蜡茶药材等方物实多折征解部，但分存其名而已。盖都门百货充牣，何求不获，此改征折色之便也。

隋炀帝置洛口回洛仓，穿三千三百窖，窖容八千，是积米多至二千六百四十万石矣。今拟于京、通各置大廒，贮米一千二百万石，为三年之蓄。折征既行，则酌裁兑费，提存入官，清厘牛录章京之耗羡归公，添给丁粮，采买仓米。复仿汉人入粟补吏之法，惟准虚衔封典，皆实令以米上兑。如此，则丁得增饷，民得减赋，国家无丝毫之损，而天庾丰足，太仓之粟已红陈不涸矣。此京、通建仓之必不可缓者也。

畿辅水利，言者不一。李氏祖陶据包氏说作《漕粮开屯议》，又引海盐朱尚斋太守之言谓："画地为四区，区百万亩，以开方计之，但为方八十里，已得田四百二十四方亩。计其岁入，已足抵南漕四百万石之额。"然此尚画饼之谈也。彼仅知地方八十里已足四百二十四万亩之数，而不知垦费将安出乎！然则奈何？曰：请以千亩为一区，分区四千二百四十，考古井田、区田遗制，修复营田水利府（雍正四年设，命怡亲王董其事，周历三辅，开设四局，数年得水田六千顷。乾隆时尝特旨修复。李氏谓王仅开三百余亩者，欠考），择农部领其事，详勘地势，绘图捍界，逐年分办，盖区分则地易辟，亩少则垦易集。复仿康熙时垦田补官之制（康熙十年，准贡监生员、民人垦地二十顷以上。试其文义，通者以县丞用，不能通晓者以百总用。一百顷以上，文义通者以知县用，不能通晓者以守备用），损益其数，六品而止。（捐输不得太滥，此要策也。）官垦则分年而办，招垦则按图而集。裁漕运、漕标以下各官，岁可节存廉俸经费数百万以为垦费，期以十年，当无有不办者。田辟矣，仓将安施？闻每廒大者仅容千石，是当另置万余廒矣。费又奚出？曰：漕艘大小以万余计，每年给油艌银五两，三年给小修银二十两，拆造尤巨，如变艘为廒，略可相当，此畿辅开屯万不可忽者也。盍亦加之意乎！

辽、金、元初皆兴自北方，未闻越大河而南资飞挽以自卫，盖漕运起，而燕冀之水利始废。今诚取四策而次第行之，则根本壮而皇图固，民力纾而元气厚，万邦作贡不难矣！尚奚事区区东南数省哉！

丁氏显作《请复河运刍言》，谓："全行海运有当虑者四，折价采买，其害有三。"请祛其惑：轮舟往来如履平地，风涛之险，一不足虑；海军近设衙门，北洋、南洋已同陆地，海道之梗，二不足虑；患将来海口之淤，必至交兑违限，言似征实，事尚凿空，三不足虑；一罢河运，恐失业之徒，啸聚揭竿，此鉴于咸丰初年之事，似不可不为之防！然海运既通，运河尽可召募、招垦，安插何难？四不足虑。至折征采买之法，津通设局收买，自无搭附轮船之弊，一害免矣。若改折征之半，按月采买，每月仅购十余万石（往岁吾郡偶歉，米商云集，四十日中进米四十万余石，价极昂时每石不过四千余文），非全数取办于一时。况旗丁居十分之八九，折征之半尚不足敷，折给、采买尚可从省，则二害自除。既非派员购办，三害自无。其刺刺万余言，请规复河运者，只欲施其设地洞、引汶水济运之下策耳。博而寡要，其丁氏之谓乎！

变法九

一曰圜法。近日钱币日穷，为救时之说者金以通行楮弊之议进。其法本于唐之飞钱，实即《周礼》质剂之遗。吴县诸生王鎏著《钞币刍言》，具述崇祯时部臣议行钞十便之说。且言："果欲行钞，必尽废天下之银，然后可行。"魏氏源驳之甚力，以为有十不便而无一便，言："宜仿铸西洋之银钱，兼行古时之玉币、贝币。"说人人殊，将奚适而从！曰："钞币之设本以便民而非以罔利。今欲以空钞易实银，是以奸侩赚钱之术施之于国计支绌之时，示人以欺，强人以从，虽卫鞅复生，无能为也。宜备成本若干，与钞票相辅而行。省、道、县各设宝钞局（即官银号），使民可纳钱换钞，入钞取钱，勿欲者听。出入之间，官为量收微息。（陆氏世仪亦有此议。）如此则上下均受利益而无扞格不通之弊矣。"魏氏之言自铸银钱则是，其欲复玉、贝二币则非。圜法随时代为转移，首以顺人情为本。魏氏既知汉武帝造白金三品，增价而民废不用，又言白鹿皮为笼利，以古准今，其必不行。乃欲复古玉、贝二币，此亦知二五而昧于十例也。

虹愚以谓：宜于省会各码头较大处所设局，铸金、银、铜三品钱，分两一定，可即照今洋式铸成。本管上司察验，如成色不符，厥罪烹，钱价涨跌悉随时值，否则金银贱则市价高抬，金银贵则赔成本暗折，是倒授人以太阿也。钱价五日详报道、省（如今雨旸报例），道视其涨跌而酌行提拨（如大涨跌可请拨省会各局应销），禁元宝、银锭、小钱、洋钱不用，有盗铸者杀无赦。以中国君主自有之利权，坐令私铸充斥于下，洋钱渗漏于外（魏源谓洋钱熔净银仅止六钱六分，而值纹银八钱有奇），譬如世家古族，家计渐窘，犹视米盐为琐屑，纵令其子姓挥霍布施，日涸利源而不顾，乃亟亟然谋贸易、讲畜牧，未始为得也。一哄之市，钱肆林立，其势非能自开采、鼓铸也。转移之间，坐收毫息，犹足以起业。岂有幅员二万余里之广，而司农持筹，尚有仰屋而叹之日也！

变法十

一曰礼节。苏氏辙曰："周以文章繁缛之礼，柔天下之戾心，而去其刚毅果敢之气，故其享天下至久。而诸侯内侵，京师不振，卒废为至弱之国。"为墨之说者曰："国有七患：民力尽于无用，财宝虚于待客，此其一也。"又曰："俯仰周旋、威仪之礼，圣王勿为。"然则大礼必简，欲讲富强，宜删礼节。

夫礼非一端可尽也。试举其概：一曰舆服。衣冠参用西制（赵武灵王之改胡服，本朝之不守明制，皆深得自强之理），仪节一从简易，卑幼见尊长皆仅一揖，立而白事。文武皆令骑马，禁乘车坐轿，随从不得过四人。唯朝贺、衙参、阅兵诸大典，朝仪舆服，当遵国典，以存告朔饩羊之意。一曰昏丧。昏以著代，丧以送死，礼皆不废。顾文胜则情漓，而礼反无所丽。拟婚嫁禁奁费、酒食、六礼，仅取问名、亲迎（宋儒孜孜讲礼，乃于六礼首删问名，而径改三月庙见为三日，此岂复知礼意哉！），贫富不得逾三十千，敢以妆奁遣者罚锾，充婴堂公费。（《周礼》凡嫁女、娶子入币，纯帛无过五两，是古已有禁矣。）丧事以哀为主，以葬为归，禁浮屠冥镪，定期三月而葬，百日剃发后得墨衣任事，准考试补官。嫁娶未葬者不得与！参夏制及军营、满州各例，省夺情之议。三年服满，释吉而未葬者罪之：已仕革职，未仕褫衣顶，四民墨衣充力徭，官为贮资营葬，葬毕而除。宋河南程氏颐，贤者也，其言亦曰："圣人复出，必因今衣服器用而为之节文。"又曰："行礼不可全泥古，须视当时之风气自不同，故所处不得不与古异。"斯言也，可谓知礼之情矣，而尚未得礼之用也！

夫礼者，经世之大权。故圣人之治天下也，通阴阳消息之机，察风土刚柔之异，原天理，顺人情，损益百王，张弛隆杀，勒为典礼，皆足以定一朝之制而救当时之弊。故五帝不相袭礼而同归于治，何其精也！盖通其原则为圣功，修其制则为王道，矫其弊亦不失为霸术。（虹尝谓：礼束人筋骸而固肌肤者也，故非强有力者不行。在《易》之《大壮》"雷在天上"，"君子以非礼勿履"。实取震雷之厉，而继以天行之健也。盖上天下泽，履以立礼之体，震上乾下，大壮以尽礼之用。）后世议礼诸儒，皆仅知于灿然者，见天秩之有序，不复深通其创制显庸之大旨。于是三千三百，尽付诸曲台绵蕞之徒。竞善为容，而礼之用微矣！呜呼！安得圣人复起，与之详议因革之方哉！

变法十一（上）

一曰营务。兵，重务也，亦危事也。非力不举，非胆不壮，非技不精，而实非壮年不能办、日操不能成。请易古法，黜洋操，而于水陆重定新操之制。

力之途三：曰臂，曰足，曰身。举刀以练臂（设三等：六十、八十、百斤为准，须只手高擎，旋转自如为则。不及者汰，过者存记），夺标以练足（先于平原极远设一标，能先到夺标为上。练实以日夜行百里者为下、二百里者为中、三百里者为上），跃沟以练身（沟以一丈、二丈、三丈为则），此之谓力成。蹑千仞之危峰，樵采者熟视若无睹；临万顷之洪涛，榜人径行而不慑，所素习也。若易地则各丧其所守矣。故胆非练不壮，乘女墙而趋，卧桅头而安，炮火夹击而勿乱，风涛逆卷而不迷，斯胆成矣。碇、缭、抖、柁，舟师之要技也。宜令各兵皆习泅水（以伏水久暂为优劣）、驾舟（各兵须能自掉小舟，斗于洪涛中），庶应变有其材。弓箭、枪炮、藤牌，行伍之正技也。宜补令投石（以远以高为度）、打旗（大旗手宜专练方精，然各兵亦不可不习）、骑马（须令习骑秃马）、逾高（如逾城上树），如此而水陆二军成矣。然此皆非壮年不能行，请定限年之制：人年十六以上至三十六者方准补战兵，违限者退战作守（已赴战者给战粮），四十六以上则勒休。保甲乡团一例仿演，然后讲束伍应敌之法、出奇设伏之计，得其人而将之，五年之后可无敌于天下矣！

变法十一（下）

禁兵、省兵、道兵，皆战兵也。盖以备非常而梭巡所属。今入伍者类多习业之徒，借名粮以卫身家，计饷银以当产值，月费粮米，即可免操，私顶私替，勒定粮价（此弊吾温为甚，每名向索八九十元，近经卞制军札饬整顿，犹私定每名三十五元、费用十五元），有终身入伍、不识较场为何地者。如此欲望兵之精，其可得乎！

宜定限地之法：凡补伍者，须离家在百里以外（今文职教官须令隔府，而营弁都守以下准就近，皆非计也），考补以技。省、道各军每年调三之一分巡所属，以其二为驻防，更番休息。三年一轮，视辖境广轮为驻札日数之久暂，巡而过其家，赏假免操，兵行禁骚扰，水军则常驻各汛，不准上岸。南北梭巡以肃洋面而熟水道（近吾邑水师副将有畏风涛者，届会哨则坐轿，纤道三日而前，禁营船演炮，可发一叹），庶有济乎！

夫养兵以卫民，非借民以充兵。泰西人人皆兵，犹得古人寓兵于农之遗意。而中国乃兵民不分，是直无一兵之用矣！蒙犬羊以虎皮，驱而使斗猛兽，胜负之形盖不待智者而始决矣！

变法十二（上）

一曰刑律。呜呼！古今治法备矣！患在不行，不患其不至也。而独有一事为尧、舜以来四千年中圣君贤相所未及讲明协中者，则刑法是已。"杀人者死"抵之者诚当矣，于已死者复何裨焉！"金作赎刑"，恤之者诚至矣，于被陷者又何甘焉！且抵矣，又何以处憝不畏死与一杀数人者乎！即赎矣，何以处贫而无力与多财纵暴者乎！生光天化日之中，作奸犯科，以自陷于图圄、桎梏、缧绁不为过，而乃夏则给蒲扇，冬则施棉衣，囚粮、药饵各有差，于囚信乎其有恩矣！而还问被陷之家：一讞之成，倾其家而不足；所得恤埋，不足供么麽走卒之使费；死无以葬，生无以养，是囚死其一人，而官乃杀其一家。死者而有知也，其饮泣叫号于冥冥中者，三法司亦幸而不闻耳！使有得于五听之外者，其将果何以为心哉！请定律为三条（今律例太繁，徒供吏胥舞文耳）：曰杀人（致死者）、伤人（成废者）、误人（坏名失财者），已得实者听问官分别议拟用刑。刑亦有三：杀人者，杖而宫；伤人者，笞而钛左足，皆墨其背而髡其首（僧尼均令受戒），防逃逸；误人者，扑而墨衣，监禁匝月，疮未愈者验明展限二月。皆罚令亲身力苦，定率抵钱，扣存贮库，每年于犯事之日按提，责办于犯事处所，荷校，徇于境内三日，抵足罚款，始行责赦。寻常辞讼，酌定讼费，诬者着赔，无力者充力役留抵，不准以私财抵赎。有私逸私替者追回，十日一比，取见血。三月后照常徭役。凡被陷者，按月官皆廪给其家，以二十年为率。

曰："若此将遂废大辟乎？"曰："可！"夫天地以好生为德，人无知而杀人，吾亦以其无知而杀之，是亦杀人类也。人被杀，而吾不知恤其家；人杀人，而吾仅从戮其身，平民冤抑不得伸，积之既久，皆足以伤天地之和而致阴阳之沴。相仇相杀，兵戈之劫未有艾也！不宁唯是，好勇斗狠之徒，其焰恶而魄强，虽死而实能为厉。困之辱之，磨之策之，柔之导之，以渐消其杰骜不驯之气，使憬然而生其悔悟，庶好生之德洽于民心，化枭为良，无刑之治或可几乎！闻之法者，取则于水也。故《大易》之象而坎主律，今水运已临（虬以古三元法推得同治三年已交水运。考古得水运者如唐尧、商太甲，周武王、宣王，秦始皇、汉明帝，唐高宗，宋太祖、理宗，明世宗诸君，皆能修明政体），当有重修庭坚之职者。数十年后，吾说其亦将有所施也夫！

变法十二（下）

今日扰害平民之类不一，而讼师其首也。出入衙署，交结书差，羽翼既成，辄日肆鱼肉善良之计。被陷之家，其亲友虽有谙成律、怀公愤者，亦怵于帮讼之嫌，不克自伸其气。非无严明之官长招告暗访，然所惩者狐狸而已，豺狼固无如何也！

请参西法：明正律师之目，令平民诘告，各延律师应讯。律师无功名者不准呈，无律师者不收讯。定律师一例科断，语其指要，厥利凡五：人得公为律师，律师必有身家，则必深明定例，吓诈敲索，图告不图讯之弊自除，利一；庸恶险诈之棍徒不必设法拿办，人自无从过问，利二；原、被各破钱钞，而讼师唯知坐收渔人之利，谋事之不忠，心术因之愈坏，使之一例科罪或自能检制，其利三；律师许其上堂，则亲友矜耆尽可自占律师，日久自无所得，此不禁之禁，其利四；上下皆明定例，则徇私枉法之吏不得自肆，其利五。举直错枉，化莠为良，所谓以人治人，絜矩之道，或亦讲治平者之一术乎！

变法十三

一曰工政。国家自各口通商以来（凡一十九处二十七埠），皆知自强之道首在理财。于是海上之招商局，开平之铁路，摸〔漠〕河之金厂，粤闽之船政、矿务，两湖之铁政局，皆次第举行。顾办之近二十年矣，而权其得失，或入不偿出者，则以要领之未得也。夫利出一孔者富，事属众擎者举。今诚欲与泰西争衡，而收其利权，则虬不敏，请以六事进：

一裕财用。太西百废具举，亿兆之数嗟咄立办，商则各设公司（近人钟氏谓：西国每立公司必禀请国家，由商部派员查勘事实，可凭利亦操券，始准开办。每一公司由各股东公保董事十二人，由众董事再推总办正、副各一，而每人亦必有多股。于中总办受成于各董，各董受成于各股东，上下钳制，耳目昭著，自然弊无由生），君则预借国债（太西每有大事必告贷民财，息仅数厘，故各国皆有国债。即富强如俄，考一千八百七十年，单其出利之债共存一千二百三十三兆二十万三千六十四银罗般，其不出利之债共存五百六十八兆四十六万七千二十九银罗般。波兰之债共三十九兆四十五万七千五百二十四银罗般，总计债银一千八百四十一兆二万七千六百十七银罗般。届今又二十一年矣，其积债可知。各国虽略有上下，然皆在数千兆以上，乃民皆不疑者，以利银则一无错误，不妨藏富于国也），人己俱沾利益。财力既厚，故能以大而并小，以近而夺远，盖深得管子"隘其利途"之旨也。可设宝钞局（即官银号，法详前）以裕利源，定率以一分为息，填单注明某年给还，存积较巨者，准将关卡税厘划交。上下既孚，官民一气，则保险、信局、铁路、矿务，织布等局，官力所未及办者，可准华商包开，许其专利若干年。（须预定货物货值，不准嗣后垄断居奇。）财源既浚，利途自辟，此诚保国裕商之至策也。

一兴制造。有能自出新意、制器利用者，造成报官给照，酌准专利年分。其或确能利国者，准世其业，物勒工名。图成，建议而无力自措者，官为按验核议，出示招股。泰西工即为士，中国士不知工，故势常不及，非真智巧之逊西人也。若遵前议设科，参用西学取士，则以士为师，以工为徒，引伸仿制，十年之后谓制造不及泰西者，吾不信也！

一奖工商。工商，图私利也。然因其私以济吾之公，裕国利民，则奖励之道亦有不可废者。工创物，商销货，皆令有籍可稽，给照存执（注明三代籍贯）。每人总销至百万者，以税则三分为率，是国家已收其税银三百两矣，宜奖以九品。二百万者八品，三百万者七品，四百万者六品而止。皆赐以利名郎，志乘列名。逾四万万者爵以通侯，锡名裕国，国史列传。此亦汉武赏卜式意也。

一讲懋迁。百工之事，迁地为良。今中国习用洋货，其实中国之器玩，西人亦嗜之若渴也。丝、茶、大黄，无论矣，此外如苏州之顾绣、处州之冻石、江西之瓷器，西人皆啧啧称赏。苟再能设局采购各省新奇可喜之器玩，载以出洋，当可获利。复设商务各官以总其事，开商报局，刺取西国器用之习尚与其制作之大概、价值之情形，附以图说；内地小件附销者，准报官搭卖，并小为大，交商运销，所得羡余，公同匀分。如此则百千之货皆可外达五州〔洲〕，人人觅利于外洋，风气一开，而内地之财不可胜用矣！闻之道光末岁鸦片行时，中国银钱输入外洋者八百万。今洋货广销，每岁漏出者且四万万（据光绪十三年洋关税册，中国通商共十九口岸，出入口税厘二千七百一十六万七千两），长此不返，其何以国？若大兴商务，有报馆以通其消息，有保险以防其耗折，有官局以剂其盈亏，因利而行，或可少修补牢之策欤！

一开新埠。泰西每次换约，辄求添设口岸。其得一埠，极力经营，置洋房，辟马路，整饰华丽，出人意表。以故百货辐辏，士女如云，商务因之日起，而彼得坐收十倍、百倍房租之利。若另于二十七埠邻近之处，参以形家旺气之说，扼要别开新埠，一仿洋式，彼高鼻深目之徒当亦噤无所施也！

一抚华商。华民散在泰西各国者，以南洋二十余埠百余万人计之（据戊子粤督张香帅疏），当不下千余万。其间挟巨资、尚名义者，所在而有。近西国凌虐吾民，无所不至，英、俄、美、法、德皆有禁止华工之议，或禁设领事（英吉利），或增重人税（法兰西）。美尤无道，设计焚烧，盖祖龙之暴不是过矣！同为皇家赤子，一任其推之沟壑，坐之涂炭，叫天无辜，曾莫之援，毋亦君临万国者有所不忍闻者乎！夫华工之久在西国者，于制造、机器、矿务诸西学濡染既深，当能得其指要。若诚能于此时特饬各钦使晓以祸福，因势利导，设法招回内地，自行开采、铸造，徙其余部署以实边，择尤授以冠带，越鸟巢枝，胡马依风，当有歌《硕鼠》而来归者！为汤武驱民，此其时乎！泰西力求通商，中国亦从此而得其格致之学，近又力驱华工，将自此而并兴其制造之利，日中必彗，操刀必割，时不可失，愿与权国是者借箸筹之！（《治平通议》卷一、卷二）

经世博议·保民

法变矣，而仍不得不取之民者，将以桑、孔商贾之术施之于周、孔礼义之邦乎？曰：不然！子夏之言曰："君子信而后劳。其民未信，则以为厉己也。"管敬仲曰："下令如流水之原者，令顺民心也。"古之为治者，杀之而不怨，多取之而不为虐，夥岂无道哉！亦视吾民之所甚苦者蠲去其弊病，养欲给求，力求保民之实而已。时则有若婴堂、粥厂、栖流所、药局、医院、官渡、清节堂，皆官为设。惠民局（主一切善事，如恤埋、棺木、借钱等均是）择绅董其事（中国各善堂皆徒博豪举，于事并无实济。如四民无告者，当分住各厂，给以资本，令自食力；其实在病废者，方准其虚縻。如婴堂、栖流所、清节堂，万不可令其醄豢终日，自坏有用之身。官渡尽可取钱，唯贫民免输，计其岁入以充经费。药局、医院，实系无力始可酌舍。而实莫妙于借钱局，不妨起息。八口之家若得数贯钱为资本，日赢百数，即可无忧，此莫大之善举也。至掩骼埋骴、施舍棺木，尤仁政所不可忽，不徒泽及枯骨，实足以消疵疠而酿太和之气云），费则摊之各铺户。

　　盖治国以保富为要，保富以恤贫为先。人贫而吾不能独富也，国贫而吾不能徒治也。诚得良有司休息生养，煦之以仁，摩之以义，民也激发天良，有输将恐后耳，尚琐琐计及于锱铢哉！夫州县官一事之善，去思之碑、遗爱之祠，且不惮剧金从事，盖三代直道犹有存也。封建之初，君为民谋，而恐无以遂其生，故井田、学校之制计之甚详。郡县以来，民为君谋，而恐无以保其生，故安内攘外之策，筹之宜豫。自五州〔洲〕通商以来，时局又一大变，如风雨之飒至、火焰之飙发，稍不为防，将鱼烂鼎沸，生民之祸有为吾口所不忍言者！出水火而欲登之衽席，则太史公所谓六家之学，实亦不得而偏废者。保民而王，在斟酌用之可矣！（《治平通议》卷二）

救时要议·治策

　　开议院　何谓开议院？泰西各有议院以通上下之情。顾其制繁重，中国猝难仿行。宜变通其法，令各直省札饬州县，一例创设议院。可即就所有书院或寺观归并改设，大榜其座。国家地方遇有兴革事宜，任官依事出题，限五日议缴。但陈利害，不取文理。议式附下。（为承议某某事，窃以谓其利益有几，其弊害有几，实系利害多害利少，似可难举行。□□年月日，某事某处某某谨议。）择尤议行，院中列名。（某年月日，某事遵某某等几人议行。）三年汇详，分等请奖。

广言路　何谓广言路？古时设铎悬鞀，善旌谏鼓，无非求通民情。故《夏书》曰："工执艺事以谏。"今制：外而督抚，内而科道，始得言事。以中国人民之众，事务之繁，可以言者不过百人，安望治理？宜令内官自司员、编检，外官自各道以上，各许直陈时事，不由本官，直达通政司。若遇大事变，则下诏求言，无论军民，概许上书。

更制举　何谓更制举？帖括猝不可更，则请以策问为头场。策凡六道，即就吏、户、礼、兵、刑、工六部内掌故、时务出题发问，庶平时有所肄习，临期方不至茫无头绪。

培人材　何谓培人材？曰内臣，曰外臣，曰使臣，曰边臣，国家皆资以有事。内臣宜令堂官按月一课，试以策论。外臣令道府按季汇其门簿，而默次其材具之高下为大计地。使臣周历外洋，宜多带学生，广其识见，非任参赞者不得充钦使，非充学生者不得举参赞。尤要者，令隐访华民之在外洋、杰而材者，予以诰敕，使以兵法部勒华民，而钦使为之保护。万一有事，即可率之以行。边臣议另详《经世博议》卷四《筹边》篇。

广方言　何谓广方言？学聘方言教习一人。生员不谙方言、西学，不得补廪食饩。行之数年，而中外一切语言文字无扞格不通之患矣。

整书院　何谓整书院？今书院所在多有，聘请山长，按月课试，名为造士，其实所益无几。虬谓延师不如购书，听人自择。（宜备洋报、一切西书。）各县宜各设大书院，稍筹经费为游学之资。（凡游学者，由地方官给照，所到书院酌助路费。）

严举主　何谓严举主？科目资格既不足以得人，则荐举之法有不可废者。愚谓荐举当求实绩，职官则胪其治行，士庶当考其著述，庶询事考言一洗私援虚声之弊。然非严定举主之刑赏，则夤缘标榜，仍恐冒滥多而真材终不出也。

疏闲曹　何谓疏闲曹？内而词林部曹，外而候补各员，数岁不得差，皆有"臣朔饥欲死"之虑。虬谓宜定制：翰林未开坊者不准考差，而编检另试一场策其高下，补乡、会之同考官及各省学政之幕宾，而翰林清矣。部曹无所事事，宜遣出其半，分发各省，各以其部之事兴剔利弊。又特设分巡之职，使之周历州县，以济道府之不及，而部曹清矣。候补者，将用以为道、府、州、县也。宜令藩、臬、道、府、州、县各置帮办数员，任以一切，而任官但主其成，坐啸画诺，无伤也，庶精神有余而事治。夫设官以经国也，乃先不能自给其身，尚望其宣劳于君国哉！

定户口　何谓定户口？国朝自地丁并入田亩后，所报丁口册皆约计其数，多不以实。宜逐岁转造册报。盖保甲、放赈、税则、科派皆从此出，不可不严其法，且可以知民生之登耗。

权盈虚　何谓权盈虚？州县每年于出产客货之进出，当皆令有籍可稽，而吾乃可施其进退之计。

严嫁娶　何谓严嫁娶？婚嫁之糜费，至今日而极！多者数千金，少亦数十金，其费数百金者，则视为寻常无足异。宜令嫁女之家不得以奁遣，娶妇者自备新衣一袭，舆接新妇。其敢再以片丝铢金私遣者，罚入婴堂充费。听告发，以二成充赏，特司以主其事。

定丧葬　何谓定丧葬？官设殡宫及义冢数处，家中不许停枢，宜令移置殡宫。三年而未葬者入义冢。

汇祀典　何谓汇祀典？今淫祠充满天下，而庙祀正神与名宦乡贤反无过问！宜罢淫祠而改祀名宦乡贤。须令教官、礼科每祠疏其生前功德及不朽之故，礼宜庙食者榜之神座。盖聪明正直之气久郁不伸，淫昏恣暴之鬼皆能出而为厉。故汇正祀典，不独教忠教孝，可以作民志气，实足隐消疵疠于无形，此亦燮理之要务也。

正词戏　何谓正词戏？唱书曰词，梨园曰戏，仍俗称也，势无可废。宜刺取史传中忠孝节廉、急公尚义、确有其人者，节为传本，改令肄习以作男女之气，而一切长欲道淫与无稽鄙野者，设禁以治之。

新耳目　何谓新耳目？国家励精图治，与民更始，上下皆当振刷精神，而耳目不可不新。宜更官制以振国宪，变要塞以挫敌谋，又为之齐冠服以昭等威，定启闭以节筋力。而一切服饰、旗帜、阶涂、耳目所接之处，皆当焕然一新，有蒸蒸日上之势，中兴之机庶有望乎！

申诰命　何谓申诰命？祖宗百战而得天下，经数朝圣人裁定夷疆，始克拓地万里。今边境日削，诸夷又屡肆要挟，此上下臣工卧薪尝胆之日，非粉饰太平之时。各宜激发天良，孜孜图治。昔唐庄宗负三矢以前驱，近法人图拿破仑被败之形，皆国仇未复，触目惊心，激厉上下之至意。

宜令有司于宣讲圣谕之余，告以外寇窥伺，内匪未靖，天灾时行，万一有事，则上下均受其害，不可不先图自强。而皇上亦当下罪己之诏，日以国事、夷氛诏监史，如夫差故事。将一成一旅，古借以兴。况以中国行省二十有三，丁口四百余兆，主圣臣贤，上下戮力，大一统之治何难再见哉！（《治平通议》卷五）

创设议院以通下情

国家威德覃敷，怀柔所至，泰西各国竞以长技入输。当道诸公，师问官之意，既节取其寸长，以为土壤涓流之助。如矿务、铁路、电线、制造诸法，以及广方言馆，水师武备等学堂，皆一一仿行。虬愚以谓泰西富强之道，在有议院以通上下之情，而他皆所末。议院之设，中土未闻，然其法则固中国法也。考之传记，黄帝有明堂之议，实即今议院之权舆。管子《大匡》篇，凡庶人欲通乡吏，不通，七日困。郑子产不毁乡校，其知此义矣。盖古圣铎辂之议，辎轩之使，皆诱之使言。凡以求通下情而已。今牧令以数千里外言语不通之人，贸贸然亲临其上，父事兄事，猝不得其要领，不得不委之无识之吏胥。于是施其鬼域狡狯之计，朦蔽长官，吓诈平民，上下壅格，而弊不可胜言矣！

请于省垣外，札饬各州县，一例创议政院，即就所有书院或僧道寺观，归并改设，大榜其座，与民更始。一年四课，每季一考于书院，经古之外，另策以近时利弊疾苦所在，与兴革按抚之方。论议策答，随题而施。卷面令直书姓名，不准捏名冒替。拔取前列数名，不时延请入署慰问劝勉。遇有大事则克期集议，轻舆减从，亲临议院，与地方父老，周咨详问，互相驳辨。议定而后，务使上下之煦煦昧昧，如家人父子之自议其私。则《诗》所谓乐只君子，民之父母。虽三代之盛，不难复也。泰西云乎哉！（《晚清文选》卷中）

何启、胡礼垣

新政真诠初编·曾论书后

曾劼刚袭侯之使于欧洲也，功业灿然，声施卓著，仰之者如北斗，闻之者若春霆，意其西学湛深，故能措施悉当乎。今春读其英文《中国先睡后醒》一论，于中外交涉事体，昭然若揭，洞中机宜，信夫西学之有功于世，而可补于时也。独惜其言于本末先后，未免混淆，效验工夫，漫无次序。恐才虽高而不能行其志，意虽美而不能底厥成。殆亦在官言官，就事论事，姑为是权奇之说，而非作探源之论耶？予前读侯之出使日记，而知其本旨实非如此也。虽然，侯之此论要不可以不辨。何则？以侯之名重泰西，功成樽俎，而犹为是言，则谈时事者，必将随声附和，而借口于侯之说矣。久欲有所辩论，以征其信而质其疑，献其可而替其否。会以事而未果为也。忽何君启以其所撰英文书后一篇见示，言言切实，字字由衷，而本末先后，条理晰焉，效验工夫，次序秩焉，可谓先得我心者矣。遂取其文而紬绎之，阐发之，间亦添以己意，涉以喻言，至外交国债等事，发挥更透，畅所欲言，援引经书，折衷尤广，区区之心，略见于此矣。侯其鉴诸。阅此文者其谅诸。初何君启之为此英文也，自隐其名称曰"华士"。予谓之曰："有道之世忌讳不行，长沙之策，东坡之书，贾山至言，杜牧罪言，何尝以激烈召罪？方今文明大启，即胪言风听，尚切访闻，而况言皆从实，事尽有征者哉。"何君启终以为然也。而予于是乎书。光绪十三年岁次丁亥五月翼南附识。

西历二月八日，香港德臣西字报刊有《中国先睡后醒》一论，谓撰自曾侯，且言四季录中，将以此论翻印。夫以此崇论宏议，殚见洽闻之作，读者霍然，听者翕然，而关心时事者莫不奋然起，穆然思，其文之见赏于中西人也，即侯之所由见重于中西人也。仆何人，斯敢赘一辞。虽然，干济者，当道之职司也；献替者，平人所能为也。而倾倒于豪杰之前，立说于未然之始，则尤机会之不可失也。士有握瑾瑜，怀芳芷，抱致君泽民之念，存民胞物与之心，其视中国大有可为之资也，则沾沾然以喜。而凡可喜之故，莫不研求默会，以得其真。如是者有年。其视中国未有可为之具也，则窃窃然以忧。而凡可忧之故，莫不缕析条分，以求其是。如是者亦有年。忧与喜交迫于中，未尝有所建白。则闻侯之议论，而竭诚尽致以罄衷怀者，人之情也，其能已乎。

夫中国之睡，百数十年于兹矣。凭陵侵削，置若罔闻，得失是非，付诸高卧，由斯道而不改，则厌厌者不难以委靡继之，逐逐者愈难以威武慑之。如行路然，不进前者必退后；如登高然，不趋上者必就卑，此理之必然者也。然而天运循环，无往不复，苟有人焉，为之发聋振聩，大声疾呼，使心之官复其思，目之官复其明，四体百骸莫不筋摇而脉动，所谓清明在躬志气如神也。如此则天心剥复之机，即在人事振兴之会。侯之智岂不足以知此？与侯同心者其才岂不足以辨此？而顾为是嚣嚣，而惟恐鄙言之不入，且恐侯说之虚悬者，诚以泰山不择土壤，故能成其高，河海不择细流，故能成其大也。侯之论固曰中国醒矣。试问中国果醒矣乎？在侯必以为中国真醒大醒，妙悟豁然，无复有睡之意矣。醒必有其据，而侯所执以为据者，则曰：中国今时用其全力，整顿海防，使铁舰坚固，战船得力也。又曰：中国现将卫固海疆，水陆军务逐渐推广，以目前论，铁路等事，凡可以富国利民者，在所应为，然尚可期诸异日也。又曰：国内政令在所应改者，存以有待，今可不言。如居室者先须缮葺垣墙，修理扃键，壁宇完固，方可条理家规也。治国亦然，先须国势盛强，藩篱巩固，外侮既绝，方可内修国政也。又曰：中国外务大略宜振刷者，在修好与国之邦交也，善处居外之华民也，申明藩服之权衡也，修合国约之体统也。又曰：中国决欲监察藩国之所为而为之，加意保护，非复前此之可比也。又曰：后有蚕食中朝藩属，干预此藩内政者，中国则视发难者为有意失和，无心结好也。又曰：通商口岸租界等事当时立约者，为他事牵制，勉强而行，然以中国之地，而行外国之权，体统蔑矣。今拟于十年重订之期，更张厘正，全国体也。又曰：机局之创设，矿窑之开掘，铁路之建置，中国皆有意为之也。凡此皆侯之所谓醒者也。中国未有是事，而侯则谓其先有此心；谓其先有此心，即信其必有是事。踌躇满志，揽辔澄清，侯之意诚足嘉矣。然使中国实有此心，而黾勉以赴，果能如愿以相偿乎？且使勉力枝梧，薄著成效，而中国之心即可谓之虚灵不昧，中国之事即可谓之湛然常惺乎？吾不谓其然也。

此等事虽甚所乐闻，然非徒曰愿之即可得之也，道在有以为之。又非徒曰为之即可得之也，道在为之而当。以今日中国之所为也如此，而其所欲也则又如彼，是无异睡中之梦，梦中之梦也。侯固曰中国而今既明明奋发有为矣，既明明实力举行矣。吾以为此等奋发举行者，如酣睡之人，或被魇而梦里张拳，或托大而梦中伸脚耳。以其全无心肝，绝欠依据故也。由侯所言以推其效之所至，有懵然鼾睡而在榻侧者，中国可乘其无知而中伤之；有惺然无端而来枕伴者，中国可出其不意而偶挫之；如斯而已矣。可虑者，奋瞢蒙之横力，发冒昧之狂威，一旦触及坚贞重大之质，银衡铁室之防，其势不至于反自倾伤不止也。此则尤为近理，而深觉可危者也。置车于马前，其效之所至者退也，必非进也。吾之所辩，大要在于此矣。请申其说，而详言之。

夫以中国土地之大，人民之众，利赖之广，滋息之繁，固可以恢廓规模，齐欧西而超漠北，高张旗鼓，保藩镇而却群雄。然而建国与建屋同，材料虽多，物力虽备，必先有哲匠为之经营，工师为之规画，使基址永固，然后大厦可成。吾所谓国之基址者，不须求之远也。自古及今，自今以往，凡所称上国名邦，神洲帝宅者，其肇其王迹，奠厥宏漠，所恃者无他焉，公平之政令而已。然则公与平者即国之基址也。公者，无私之谓也。平者，无偏之谓也。公则明，明则以庶民之心为心，而君民无二心矣。平则顺，顺则以庶民之事为事，而君民无二事矣。措置妥帖，众志成城，此其所以植万年有道之基，享百世无穷之业也。今者中国政则有私而无公也，令则有偏而无平也，庶民如子，而君上薄之不啻如奴贱也；官吏如虎，而君上纵之不啻如鹰犬也。基已削矣，址已危矣，而欲建层台，起岑楼，吾不知其可也。

人之为人也，必理直，然后可以气壮。国之为国也，必内修，然后可以外攘。夫中国之政令在所应改者，侯非不知之深而识之稔矣，乃其论则曰：治国者必先使外侮既绝，方可内修国政。犹之治家者，必先使壁宇完固，方可条理家规。此所谓本末舛逆，首尾横决者，而侯以为言，吾之所不解也。《大学》曰："身修而后家齐，家齐而后国治，国治而后天下平。物有本末，事有终始，知所先后，则近道矣。"侯之此言，得勿与孔氏明训相左乎。而侯又曰：今所急务，在整顿海防，藩篱巩固，内政各事暂可勿言。

此所谓缓其所急，急其所缓者，而侯以为言，吾又不解也。孟子曰："地利不如人和，城非不高也，池非不深也，兵革非不坚利也，米粟非不多也，委而去之，是地利不如人和也。如知其非义，斯速已矣，何待来年。"侯之此言，得无又与孟氏意旨相违乎。孔孟圣人也。兹之所引，乃圣人真谛。其言如日月之经天；如江河之行地，古今不易，遐迩无殊，深愿侯之体味之也。吾闻治家者，与其内有奸人，不若外有盗贼。治国者，与其内失民心，不若外存敌患。穿窬为害，齐心者可以却退之。宵小潜谋，疏检者不能独照之也。敌国鸱张，同志者可以捍御之。人心散失，寡助者不能收拾之也。侯如知此，则薄海人民之福矣。

荆棘之生也，必有其本。毒泉之流也，必有其源。祸害之至也，必有其所以然之故。数十年来，中国之所以见欺于强敌，受侮于邻邦，而低首下心，甘作屠王，而屈为软国者，实坐内政之不修也。故治荆棘者必拔其本，若徒事于剪其枝叶，恐萌蘗之生，复盛于前也。治毒流者必塞其源，若徒事于筑围止截，恐溃决之患，不可复收也。横逆之来，治之者宜反躬自问，消祸无形，若徒事于血气之勇，恐乘衅寻仇，祸无了日也。今侯以海防添筑炮利船坚为中国之醒之据，是犹治荆棘者仅剪其叶，治毒流者仅筑其防而已。以此为醒，吾宁其睡。何也？事贵有其可凭，力贵用于实际。譬如行远者必自近始，若不自近，将神游于四极之外，惆怅徒劳，睡则无此也。譬如登高者必自卑始，若不自卑，将心放于九霄之上，焦思何益，睡则无此也。故事空有为之之名，而无为之之实，空有为之之苦，而无为之之功者，此类是也。请质言之，以证吾说。

夫中国君主之国也。君人者不能总揽万几，躬亲庶事，势不得不委之官吏，以收奔走御侮之用，以作股肱心膂之资。是其造福于斯民，兴利于一国，均于官吏是赖也。官吏恃主上之命，故能役使小民。恃主上之法，故能胜服强暴。生杀予夺，虽曰上意，而官吏实操其权。礼乐征诛，虽曰上心，而官吏实为之宰。是官吏者，其人最贵，则其所以选之者自不容卑；其任最重，则其所以用之者自不容轻。以其人为国祚气数之所归依，亿兆苍生之所托命，能为福，亦能为祸；能为利，亦能为害也。是故古之明君，专以得人为首务，不特明四目，达四聪，使嘉谋嘉猷，善法善政得入告我后，旄闻朝廷而已也，凡硕德异能，高才博识者，莫不旁求汲引，待用无遗。或焚山以求，或图影以召，或长跪请教，或举国相从，竭其至诚，则三征九辟，隆其仪礼，则帛璧干旄。其有非常之德望者，则天子不敢屈以臣礼，或造庐请谒，或手诏咨询而已。此犹未足以洽其心也。又著为令典，曰进贤获上赏，不实有显戮。令有司随时访搜，务使野无遗贤，朝无幸位。是其孜孜然以得人为喜者，诚以此为祖宗社稷灵爽之式凭，得之则其国昌，失之则其国亡也。此中国之淳风，亦中国之善法也。

自圣人不作，斯道久已不行。今之服官者只有两途：曰科甲，曰捐纳，此外则军功而已。捐纳是直以钱买官也。以朝廷之名器，作市井之居奇，此风最劣，有识皆知，夫亦无庸深论矣。然若其人乐善好施，急公近义，所得品级，只作具文，则犹有可说。若竟以此为干禄之计，进身之阶，否则以此而鱼肉乡民，威福梓里，是朝廷之法令，适足以济其奸谋，官府之威权，反足以成其凶焰，输之于君，而攫之于民，出之者千，而入之者万，奸民之志愈逞，良民之苦愈深，皆此途之为之也。然而无足责也，彼既出钱买取此官，则君上当听其尽得此官之用，犹彼既出钱买取此货，则卖主应听其尽得此货之财，盈亏得丧，买主是问，天下之通义也。独惜其以官为名，以民为货耳。好人何幸而为中国之人哉？良民何不幸而为中国之民哉？向亦有言捐纳之途已废者，然今犹未改，殊可叹也。

科甲虽犹存学古之意，然不足以造就人才。何则？凡物必有用于人，方为好物。凡才必有用于世，乃为真才。古之人所以措一世于和平，造千秋之盛轨者，要自有真焉。若徒记其遗言以供词藻，则揆诸时务，扞格殊多。而况考试之法，弊窦丛生，贿赂夤缘，无穷狡狯，蓝本代倩，何所见真。故仅通者多侥幸成名，宿学者多颓唐落第。糊涂若此，而谓足以收罗硕士，网取英贤，吾不信也。且纵使所收之士，文章造极，策论名家，亦恐无补于时，有累于世。请以显近之事明之。福州之役，侯所关心者也。当时水师主将岂非所谓笔阵纵横，文词浩瀚者耶？其说理也岂非优入圣域耶？其运典也岂非如数家珍耶？方其宴琼林，登玉堂，天子以学士呼名，士林以英雄推许，举头见日，呵气生云。及其出为主将也，逖听者欢欣，闻风者鼓舞，而彼亦气吞法舰，雄盖闽洋。乃仅及一试其锋，而全军遽已覆没矣。所习非所用，所言非所行，其效必至于此。此不必为学古者讳也。故吾谓此一败也，咎不在于主将，而在于国家。盖自古用人必须历试，虽有英俊之器，必试其有无已成之功。若无已成之功，则试其有无适用之学。今试问其人曾入水师学堂乎？曾临铁舰战阵乎？胸无所主，身未亲临，而遽使之应变非常，膺当大任，则覆亡之祸，咎有所归矣。此科甲之失也。国家至此不悟，将何时而始悟哉？

军功者，论功行赏，似乎衷于理，而近于情矣。岂知陋习堪虞，莫此为甚。夫以敌兵方壮之时，而冲锋撼阵。于军士笼东之际，而斩将搴旗。以计胜者，施七擒七纵之能。以力争者，效三入三出之勇。以至敌忾从公，履九死一生而不顾。暴露瘴毒，作干城保障而逌然。彼其人者，惠及生民，功留天壤，纵予以旗常钟鼎而不为过，即褒以祠堂血食亦不为荣，而况区区头衔之耀，衣顶之观哉！而今不然也。有不知枪炮为何物，而公然红顶花翎者矣；有不知战法为何事，而居然勇冠三军者矣；此无他，财为之也。人虽没品，而财之所至，可以来二三等级之官阶；身纵无功，而财之所通，可以收数千里外之功绩。甚辱也而以为荣，甚非也而以为是。此风不戢，振作奚能？或谓此等人既以此物为荣，而此等物本国家所常有，何不以其所有易其所无，阳避卖官之名，阴受得财之益，两全其美，宜若可为。不知人之所以自立者在廉耻，国之所以自立者在纲维。天下汹汹，人难相胜，而所以维持名教，整饬彝伦者，赖有此物此志耳。此而可伪，何事不生。官，美物也，惟有德者可堪。乃有德者官，无德者亦官，则立德者反惭计拙矣。赏，美名也，惟有功者可与。乃有功者赏，无功者亦赏，则立功者自悔多劳矣。此风一长，是有国者自解其纲维，而教民自去其廉耻也。使人人皆耻于立德，举世皆羞于立功，则国将谁与立哉？吾故曰陋习堪虞，莫此为甚也。此皆中国之敝政，所宜先修者也。中国惟有此敝政，故见削于强邻。惟有此敝政而不修，故积弱而难返。

夫敝政之流也，其患岂特不能外御而已哉？即内治亦深觉其不可。何则？国之根本在于民，而民之身家托于官，官不保民而民危矣。官反害民而民愈危矣。今之从政者非理烦也，非治剧也，奔竞而已，趋承而已。今之牧民者非休养也，非生息也，营私而已，受贿而已。如此则民危。而浇陵刻薄之徒，谀谄面谀之辈，又复从而助虐之，搜剔之。则是豺狼之噬人也，犹有饱时，而官府之私橐，无时可饱也。盗贼之劫人也，犹有法治，而官府之剥民，无法可治也。如此则民愈危。根本浮动，国何以安？虽然，此其过不尽在于官也。盖俸禄之得，已形其薄，而应酬之费，又苦其繁，则其因公济私，亦复人情所有。是以怀清履洁者不敢居官，即居官亦不能久，为其不知掊克也。识卓才长者不屑筮仕，即筮仕亦不见其能，为其不善逢迎也。小人进矣，君子退矣，而欲天下平治，是犹太阳入矣，太阴生矣，而望世界光明也，其可得哉！

然则源之浊者，其流必不能清。理之屈者，其事必不能直。明乎此，则国家之用人也，非破格不可，国家之待士也，非重禄不能。孟子曰："尊贤使能，俊杰在位，则天下之士皆悦，而愿立于其朝矣。"今天下忠荩之士，杰出之才，非无人也，特患中国不能待以国士，畀以权宜，使其素所蓄积者不能表见于天下，则亦不足以罗致之矣。欲攘其外者，先修其内；欲修其内者，先得其人。侯其知所本哉。此不特治国为然也，防海亦然。水师固海疆所不可少，炮台亦海防所不能无，而在中国则尤为紧要，更切讲求。故金城坚筑铁舰，重装关铁牡以靖，铜驼镇寇氛而消反侧，诚今日急要之务也。然尤有急于此，要于此者，则得人是也。盖炮台之设，铁甲之用，岂直为是壮国威，美观瞻也哉？将以收其实效也。欲收实效，先视人才。炮身巨矣，垒台固矣，火药烈矣，然问其守御之卒，则心灵手敏者无人也，命中及远者无人也，审度形势者无人也，此以却敌，是物虽好，而终不能为我用耳。巡船捷矣，铁舰猛矣，鱼雷速矣，然察其驾驭之士，则勇往而果敢者无人也，识超力定者无人也，历练老成者无人也。此以攻战，是物虽善，而终亦反资敌人耳。然则人之功用也，比物为尤重，而人之宜得也，比物为尤先。如其有人而无物，则揭竿桀石犹可以振一军。如其有物而无人，则大戟长枪不可以当一战。斯亦明效大验矣。我请进而言之，以明巨炮战舰非得其人，则万不宜用。今夫纸鸢物之轻者也，蹴鞠事之小者也，然非玩习有素，尚不能高下从心，起落如意，而况重者大者哉。今炮舰之值，所费不资，置运之难，工程旷日，是其物非我自置，则敌不能来者也。火药之凶，遇之者死，弹丸之利，当之者破，是其物得之则虽败而犹胜，失之则虽存而亦亡者也。而以付诸未尝学习之人，或虽学习而非精熟之选，设若失机为敌所夺，是犹送车者兼为之御，赠剑者授人以柄也，其祸岂仅若借寇资赍盗粮而已哉！故曰苟无其人，万不宜用。

夫人才之亟若此，中国知之久矣。而无如积习自安，未能加勉，以致人心鲜所奋兴，造就少能成器。今所置水师各舰，使非雇用外人，借才异国，窃恐举鼎有绝膑之叹，折足来覆𫗧之饥也。以水师一军，中国无人以实之之故也。吾知今之建议者，为此之故，将建设水师学堂，延请洋人教习以行作人之法，而收武弁之才。斯固事理当然，无庸饶舌，独患有名无实，阳奉阴违，如福州水师学堂之故辙耳。夫福州学堂之建设也，不可谓不久矣。其教习也，不可谓不专矣。诸生之成就也，不可谓不多矣。教师之训诲也，不可谓不详矣。然国家之所以待诸生者，果曾因其学而重其人乎？昔日之所以期诸生者，果能守其约而践其言乎？诸生薪水，果能从厚给发乎？经手诸人，果无扣折情弊乎？诸生之考选成材者，果能得其奖赏乎？诸生之溺苦于学者，果能不失所望乎？及遇缺而使之承乏也，诸生果能得行其志，而不受制于官场陋习，以喜怒为黜陟者乎？及有事而使之折冲也，诸生果能独当一队，而不听令于上司官亲，以未学而督战者乎？为刻薄之故，诸生有无设法遁逃，以自免其难者乎？为陵虐之端，诸生有无多方告诉，以使人听闻者乎？凡此皆彰彰在人耳目者也。此而不改，吾谓中国无水师。何则？有之而不能得其力，则是虽有如无也。而其所以不能得其力之故，实由国家之自取耳。我不重其人，何由得其自重？我已失于信，何能望其无虚？我不厚其禄，何能得其尽心？我不待以忠，何能得其泯诈？我不赏其善，何由发其精心？我不酬其庸，何能进其学业？故曰虽有如无也。然至于补缺而仍使之受制于官场，遇事而仍使之听令于未学，设法遁逃而不问，多方告诉而无闻，则是中国宛然以无水师自视矣。岂待予言哉！其有之而视同无之也。盖自知平时鄙之若此，临事不应得其实力之报也。岂待予辩哉！

虽然，国家亦知水师之重，决不可轻视乎。学水师者，决不可鄙夷乎。风涛最险也，交战最危也，于最险之中，而行最危之事，是必其人气盖河山，心存君国，置死生于度外，凭祸福于天心，而又加以骨力精强，心思灵敏，性情坚忍，齿稚年轻，然后能习练有成，识见周到，当刀兵而悉度，走险地而如夷也。是其所学，择人而能，视空钻故纸，板执讲章者有间矣。而其所用，俱归实际，视笔有千言，胸无一策者径庭矣。是故时而战争也，拒敌者水师，攻坚者水师，封江塞泊乘间抵隙者，无非水师也。时而太平也，坐镇者水师，巡缉者水师，驶往外国保护华民者无非水师也。可与居安，可与虑危，可与处常，可与应变，可与扬威而示烈，可与摧亡而固存，而谓其事顾可轻视乎哉？其人顾可鄙夷乎哉？

今夫前事不忘，后事之师也。福州之役，中国战船多于法人，枪炮巨于法人，军士众于法人，乃交绥未定而片甲无存，以撼山横海之雄，作坠地无声之物，使誓心天地之士，仅随波逐浪而生。是役也，守陴皆哭，举国吞声，固不止每食不忘卧薪难寐者矣。谚曰："前车覆，后车戒。"吾愿今之立水师，用水师者慎，无蹈从前之故辙也。盖水师固须设法以图得力，而设法莫如去伪以拔真才也。然吾于铁甲战船之购办，窃惜其耗费不无过重焉。铁甲一艘，原值七十五万圆者，不知购运至中国，其费若干耳。此惟经手者知之，而非外人所能悉，故亦无须多论。

吾请进而言陆军：夫陆路与水路，战法虽各不同，而陆军与水军，情事实相表里。故兹之所言，有宜于此，即宜于彼者，有不宜于此，即不宜于彼者。以华人之剽悍迅捷，自可与作飞将而立奇功。以华人之劳苦耐烦，原可与冒艰危而成伟绩。然而不能者，训练无方也，军火不继也，主将无勇也，俸禄太薄也，粮发无期也，操期过缓也，虚名操演也，教战非人也，枪炮不新也，丸码失度也，将帅窥避也，弁员畏葸也，赏不论功也，罚不当罪也，功为财夺也，恤予不周也。审是，则所以振作之者固自有在矣。训以新法则人尽知方，厚以军装则兵无旷职，帅以猛将则奋勇争先，给予厚糈则从公恐后，依期发俸则无事他求，习法时多则工夫自熟，认真操练则应敌无虞，教师精通则学者悦服，铳用新式则巧技能施，码子中规则燃放不误，主帅督阵则军无不前，弁士捐躯则卒无自顾，论功行赏则皆尽其能，按罪施威则各循其职，功不见夺则大洽众心，死必见赒则人安天命。如此，则敌皆可御，战必成功，虽小屈而终可必其大伸，纵挫折而仍不失为节制。欧洲劲旅，大国雄师，其法或不尽于此，然其实亦不外乎此耳。不此之务，而欲以纸上空谈，意中方略，谓可出奇制胜，高论屈人，今则必无之事也。不此之务，而将以严刑酷法，威令胁从，谓可战无不胜，攻无不取，今亦必无之理也。然则欲使其军为真军，兵为真兵，则须革除旧弊，改换新章矣。

夫兵非以人多为贵也，以心同为贵；非以力多为贵也，以力齐为贵。枚条成束，其坚不可折也，分之，则其坚削矣。巨浸独流，其势不可当也，支之，则其势杀矣。惟兵亦然。力同，心同，则以多胜少；力异，心异，则少可胜多。忠武八千，非不少也，而兀朮以破。苻坚百万，非不多也，而建业安然。愿侯毋以三万万人为中国恃，谓可立于不败之地也。《周书》曰："受有臣亿万，惟亿万心。予有臣三千，惟一心。"细味斯言，亦可恍然于其故矣。且侯亦记戈登之常胜军乎？其所向无前也，岂在如火如荼之盛乎？其肤功叠奏也，岂在为虫为沙之众乎？今者戈登往矣，然其战守之策，练甲之方，犹有存者。中国师其遗意，而更进以泰西新法之善者，则军政一道，或可庶几。不然者，循行故事，恇怯成风，粉饰虚文，夸张自喜，吾恐按兵不举，黄桂兰之大失军机；空著兵书，邓辉踏之一筹莫展；越南之败，不难复见于他日也。

至谓外国所以待中国者，揆以交际常情，殊失公道，此事确凿，受侮正多，可为长太息者矣。夫中国自主之国也。言其民庶，天下无与比伦。论其冠裳，各邦无此文物。礼教则先于万国，纲常久炳于中华，似宜出则为外国所钦，入则为外人所敬矣。今也不然。和约各款，有大失中国之权衡者矣。然而不得不行也。苛求之事，有多违中国之意见者矣。然而不得不从也。中国所为，或于约章稍类不合，外国则严斥而切责之，中国不敢不作速谢过也。外国所事，或于约款大觉相违，中国虽婉言而善道之，外国犹挡塞未遽持平也。盖一则视和约为一成不易之规，一则视和约为可有可无之物也。为上如此，为下可知。今中国人之与外国人交接者，应得之礼数，鲜可得之也；应有之体面，鲜能有之也；事之可为者，鲜见其准为之也；情之可谅者，鲜见其能谅之也。其待华人也；有以畜类待之，而不以人类待之者矣。其视华人也，有以鬼物视之，而不以人物视之者矣。欺貌原生于一国，偏憎遂及于万民。畛域久积于心胸，龃龉辄成于交涉。冤抑之诉，往往而闻。枉屈之端，时时习见。此则大为可悯，而深觉不平者也。

故夫华人之以利物为心、尊君在抱、沉几应智、濡迹匡时者，莫不欲望中国之君可伯仲欧洲之明主焉，中国之民可比肩上国之平民焉。夫如是则君安其位，民乐其生，无欺陵掣肘之情，无束缚驰骤之苦，无敢怒难言之痛，无追呼鞭扑之虞，杂居本国则耦俱无猜，散处四方则往来无忌，彼此相敬，中外咸孚，此诚可谓太平而堪称盛世者也。吾竟无能躬逢其盛哉？吾果何时而躬逢其盛哉？吾以为此境原不难致，不禁喜不自胜也。吾见此

事之奋起无机，又不禁忧从中来也。何以言之？今夫礼让者人之所尚也，
拂戾者人之所恶也，此通同之理也。吾尚礼让，则不敢以拂戾加于人；吾
恶拂戾，则欲人以礼让加于我；此通共之情也。然吾尚礼让，而有时不敢
不以拂戾加于其人者，必其人之无礼让也。吾恶拂戾，而有时不敢以礼让
加于其人者，必其人之多拂戾也。挈矩之道，易地而观，其故可得而明矣。
故欲知我之有无礼让，则察人之所以待我者何如。欲知我之有无拂戾，亦
察人之所以待我者何如耳。礼让荣也，拂戾辱也，荣者吉也，辱者凶也，
荣者福也，辱者祸也，吉凶祸福，皆由己之自求而自召，初于人无与焉者
也。己为本也，人为末也，己为功也，人为效也，是以圣贤之学，专务反
己，君子之功，惟在自修，于人如此，于国何独不然。然则今之为中国计
者，应自察其所以致辱之由，乃可行其求荣之事。譬如诊脉者，当先察其
所以致病之故，乃可开以去病之方。陆军之建设，战船之添置，炮台之新
筑，枪炮之精巨，有之则其国重，无之则其国轻，夫人而知之矣。然吾谓
此仍事之小者耳，不足为中国忧也。中国真忧之所在，乃政令之不修，而
风俗之颓靡也。明其忧之所在，则当修者宜在此矣。如谓政令已修矣，风
俗已美矣，则我请言一事，以明其不然。

　　夫中国之君，自主之君也，以其权主一国也。权主一国，则除各国公
使诸员以外，凡人之在其疆宇内者皆归其管辖也。今外国人之在中国者果
受中国之君管辖乎？其犯事者果在中国衙门审断乎？其有罪者果经中国官
员科罚乎？纵或有之，果能执中国之法以审之乎？果能用中国之刑以判之
乎？我未之闻也。中国屡以此为言，而外国决乎其不肯，是大违君主之权
也，此吾所谓拂戾者也。拂戾之来，其故安在？侯必曰：在中国无威猛军
兵，无坚刚铁舰也。吾则曰：在中国无平情律例，无公当法司耳。

　　夫公平者，国之大本也。国之有公平，犹人身之有脊骨，脏腑之有气血
也。人无脊骨则耳目手足虽具，而起立无能。人无血气，则肌肤筋骨虽全，
而活动不得。国无公平，则虽猛士如云，谋臣如雨，勇夫如海，铁甲如山，
亦不能服人心而昭众信。今者中国之律例，其有平乎？无也。罪案未定，
遽用刑威，何平之有？供证无罪，辄罹笞杖，何平之有？毙于杖下，意气
杀人，何平之有？瘐死狱中，有告无诉，何平之有？陵迟枭首，死外行凶，
何平之有？今者中国之法司，其有公乎？无也。缙绅名帖，可逮无辜，何

公之有？苟且载道，上下皆同，何公之有？情面枉法，贫者无辞，何公之有？吏胥勒索，富室倾家，何公之有？监牢刻酷，不得为人，何公之有？其不平不公也如是。即中国人尚欲高举远飏，避水火而寻衽席，而谓外国人肯明知故犯，投罗网而入樊笼哉？吾料欧洲诸国，其朝廷苟非丧心病狂，盲聋否塞，必不忍以其商民赤子付诸威福任意之华官。吾故曰其决不肯从者，以中国无公平之故也。此由政令不修，因而风俗颓靡也。执此不悟，纵使中国兵威强于今日数十倍，亦不能尊纪纲于与国，等使权于列邦。盖攻心之具在政而不在刑，畏志之方尚德而不尚力也。吾愿侯于斯二者审察而详辨之也。

至若藩国所为，中国决欲监察之，而为之加意保护，非复前此之可比者，吾又不能无言焉。今夫人之相交，以义合者也。国之相与，以道济者也。我果厚于德，不招而自来。我果薄于仁，虽留而亦去。世未有己则家事未治，而别为人讲解治家者。国未有己则割地与人，而为别国保其疆土者。中国寰宇广矣，民物盛矣，纵有旋乾转坤之略，经天纬地之才，亦足以尽其能而毕其巧矣。他日声名洋溢，万国来同，虽意中事，而非课功事也。务外邀名，不若积中求实，攀跻辛苦，何如缓步为安。以今日力难自顾，而又兼欲顾人，正恐事与心违，徒萦梦寐耳。吾愿侯无惑于喜功好大之说，而驰域外之观；勿听于行险徼幸之言，而效并包之志也。越南之役，帑耗数千万，军无尺寸功，死伤流亡，不知其数，而其祸皆本于保卫藩服之一言，吾愿侯之念之也。

且保护之说，原属空文。我之不能护人，犹人之不能护我。人既不能护我，则我何可轻以保护许人。持此说以往，吾但见其害耳，不见其利也。以误人者在此，而误己者亦未尝不在此也。请以欧洲近事明之。普法之战也，为立王子也，其战非不得已也。英以枭雄之国，界居两国之间，地则邻封，义则婚媾，何曾为之解纷排难。俄土之战也，为立教门也，其战又非不得已也。德以威烈之邦，驾乎两国之上，谊属父兄，情同子弟，何尝为之居间调停。此可见各邦友谊之文虽厚貌深情，亦不足为国家颠危之助矣。然犹有可诿者，曰：逼于万国公法，无由偏袒，虽欲保护，而不能也。我请试言其能者。巴稣杜之乱稣坦也，法兵之出境，岂非欲平人乱，而为各国所许者乎？英兵之征调，岂非欲保藩封，而为各国所悦者乎？乃法则空为壁上之观，仅得无咎而无誉。英则遽为深入之计，不特丧财而丧师。然法廷不敢以此为辱，而求必战也。英廷亦不敢以此为羞，而图报复也，只归咎其大臣主战者之失而已。此目今近事，人所共闻者也。然则保护之说，虽在雄强，犹难为力。是以都护之请，光武急为谢绝。珠崖之附，捐之策尚弃遗。彼非不知荣名之可慕也，特以虚声之赫无当于民物之伤耳。

或谓虞不救虢，蜀不和吴，卒之沦胥以亡，同归于尽，则保护之说，岂尽无功？曰是又不然。以虞之贪，以虢之鄙，以吴之暴，以蜀之庸，纵彼此相救，守望相联，而道义不明，盟章易废，使其保护而胜也，则为犬戎之召，反以速周室之亡，使其保护而败也，则为苏秦之策，适以来六国之灭。故保护之说，吾宁以不讲讲之也。盖我以有所合而合者合之，则人之喜我之合者，虽不投吾之好，而无不合矣；人之恶我之合者，不能乘吾之间，而贰其合矣。夫至不能投吾之好，则是明示喜我者，以求人莫善于自强也。不能乘吾之间，则是明示恶我者，以直道常存于天下也。如此则不负人，亦不累己，能固国，亦能安民，而一切贪功乐祸之谋，黩武穷兵之患，因人成事之习，从〔纵〕横捭阖之风，可以捐除而荡尽。故曰吾宁以不讲讲之也。且越南之事，其足以垂为虎尾之戒，存作蓍龟之鉴者，固已朗若日星，明同观火，尚何俟监察而始知其故哉？夫西提六郡割与法人，是法人明告南人以封豕长蛇之渐，昭示越国以鲸吞蚕食之端者矣。乃二十年中，越南之君无忧深思远之心，越南之臣无虑患持难之见，越南之士无上书补阙之才，越南之民无慨慷仗义之志，泄泄沓沓，苟且图安，其一二孤愤之徒，则或自放于山林，或自经于沟渎，识者早已知阮氏之不祀矣，岂待萧墙祸起，骨肉变生，然后知东京之宗庙不复血食也哉？《诗》曰："殷鉴不远，在夏后氏之世。"然则今之有国者，厥鉴不远，宜在越裳氏之国矣。

侯之论首则曰："生老病死，在人则然，在国则否。"夫国无生老病死，岂无盛衰兴废乎？且吾谓国之衰而废，尤甚于人之病而死。人之病而死也，虽天数已定，而子孙继述，犹有延绵繁衍之机！国之衰而废也，苟人谋不臧，则灾害并来，恐成一蹶不振之势。故曰国甚于人也。

或谓万国公法，无灭国例。以是为比，毋乃不伦。不知其所谓不灭者，谓不灭其民耳。以民受天地之中而生，负灵明，备常性，得之则可以为王者，失之必至同于独夫，不敢言灭也。以民与天地之才并立，赞化育成，事功招之犹恐其不来，挥之则恐其即去，不能就灭也。若谓无灭国，则国固已有灭者矣，越南是也，缅甸是也，此其显者近者耳。其他有道则存，无道则灭，将不知凡几，亦不能逆料也。且亦知不灭之灭，尤甚于灭乎。同为君也，而彼则荣闻休畅，此则仰息难安。同为臣也，而彼则喜咏明良，此则忧深诅咒。以在天之飞龙，降而为在田之屈蠖。以大人之虎变，改而为孺子之雌声。将何乐乎为君，又何乐乎为臣也哉？而民则但安其凿井耕田之素而已，理乱可以不知也；但循其贸迁货殖之常而已，隆污可以不问也。此以知民之于君为更贵，以有民不患其无君，而有君独患其无民也。此以见民之于君为尤先，以有民然后可有君，无君必先以无民也。吾于君与民之际，尝深思其故焉。因于睡与醒之论，不免有所疑焉。

今夫人睡已则醒，醒已则睡，非睡则醒，非醒则睡，如阴阳之倚伏，若寒暑之代更。而国则不然，有一睡而不能复醒者，有一醒而不致复睡者。此义胜昌、欲胜亡、栽者培、倾者覆之理，而非日则作、夜则息、昼则行、宵则伏之理也。故夫睡与醒之喻，不足以明一国也。而侯独取此喻，得毋谓睡者无思无虑，与醒者有思有虑不同乎？醒者有作有为，与睡者无作无为自异乎？虽然，此仍不足以明一国也。国固有多思多虑、多作多为，而犹不得谓之醒者矣。何也？以其所思所虑，所作所为，不得其道故也。国亦有不思不虑，不作不为，而亦不得谓之睡者矣。何也？以其虽不思，虽不虑，虽不作，虽不为，而能得其道故也。如必以有事而始谓之醒，则无名之尧帝，恭己之虞君，睡而非醒矣。若以无事而即谓之睡，则跋扈之蚩尤，残民之秦政，醒而非睡矣。故曰睡与醒之喻，决不足以明一国也。

然则欲明一国，从何而观？曰：请观其治与乱。治者非必八弦静尘，十洲呈镜，然后谓之治也。虽兵戈扰攘，烽火仓皇，而仍不得不谓之治者，以其决有致治之具也。乱者非必寇仇蜂起，顽民变生，然后谓之乱也。虽海内晏然，兵休事已，而犹不得不谓之乱者，以其未能清乱之源也。古之时，文明未启，闭关自守者各君其国，各子其民，其仁智之君，勤于修省而国治。其昏庸之主，薄于德行而国乱。乱之极，即为治之端。治之极，亦为乱之始。故一治一乱，迭换循生。今之世，礼教昌明，群雄角立者势均力敌，并驾齐驱。其公议所归者，治则勃然。其公议所排者，乱则立见。乱之生，有确然难救之象。治之本，亦有显然难拔之形。故永治永乱，分途异适。故执古以论今，其情虽同，其事则异也。居今以稽古，其势既变，其法亦殊也。侯之论以睡与醒为喻，吾惧其不足以明中国也，故以治与乱之说明之。以治与乱之说明之，而犹恐其谓是一治一乱，自然而然也，故以永治永乱之说进之。侯其许我乎？与我同心者其韪我乎？

此则予考之往古，按之当今，察之人情，验之物理，质之中土，证之外邦，思之十年而益信，念之日夜而至熟者也。而必详之于篇末者，非谓此说本轻，可以置之于后，正谓此说最重，不宜置之于前。盖审乎此说，则知吾已上诸说皆真。证以此说，则知吾已上诸说可靠。此说而能行也，则其国必兴且强。此说而不能行也，则其国必弱且废。故谈国是者必其力能臻于此说，方为有效，否则，空夸经济，无裨也。讲时务者必其才能办乎此说，始为有功，否则，徒矜洋务，无益也。是说也，上可以追帝王郅治之隆，下可以保奕祀万年之利，内可以消奸民潜煽之患，外可以止各邦觊觎觎之心，则行之原不容缓也。不必好高而但求其全下，不必务远而但期夫迩安，不必深虑而但取夫躬行，不必烦言而但责夫实事，则行之似又无难也。且以皇太后睿智聪明之度，以今圣上春秋鼎盛之时，以醇亲王公忠体国之心，以李爵相投大遗艰之器，则行之已有其人也。有此之利，致此之易，具此之才，而又际此之急，犹不能行，恐过此以往，难望其行矣。即行之，恐亦无济矣。此吾不得不深赖夫侯者也。此吾不得不重望夫侯者也。请为侯言之。

今夫国之所以自立者，非君之能自立也，民立之也。国之所以能兴者，非君之能自兴也，民兴之也。然则为君者其职在于保民，使民为之立国也；其事在于利民，使民为之兴国也。其职其事，在朝廷无不自以为既尽其心，既殚其力者，然其所尽之心，所殚之力，有益无益，有功无功，惟小民知之最真而最当，以其身受之，而躬见之之故也。是以为君有寝馈廑忧，宵衣旰食者矣，而民不见其功也。若是者，其臣下之不忠乎？然为臣亦有夙夜在公，不忘恭敬者矣，而民不见其效也。若是者，其民庶之难治乎？而民不若是其顽也。民虽寡学，而断不可欺，民纵愚蒙，而善能知感。然则其中必有故矣。为国者将欲深明此故，则有至要之学问焉，则有至切之本领焉。其故不在于戡服群邦也。楛矢来庭，苞茅入贡，为君上声灵之事，于民无真益者也。其故又不在于拘制外人世。内外通商，华洋互市，为彼此相宜之事，于民绝无害者也。然则其故果安在哉？盖信是也。

吾所谓信者，非徒指效验而言，乃兼指功用而言，一理也，必有确当不移之迹，然后能取信于民。一事也，必有着实可凭之据，然后能征信于众。是其信不须责之于人，但须责之于己也。且吾所谓信者，又非指制民之事而言，乃指导民之事而言。一法也，不得不从，不敢不从，则其信由畏惧而生，虽信不足用。一令也，从者听之，不从者亦听之，则信者由心悦诚服，其信大可恃。是其信非由君之迫胁，乃由民之乐贡也。信则民心向，信民生力。一人之心有尽也，合亿兆万民之心则无尽矣。一人之力有穷也，合亿兆万民之力则无穷矣。

今中国之民心非向上也。中国之民力未尝生也。何也？以其不信也。而进言者辄曰：民心向上矣。民力可恃矣。中国既已治已安矣。此贾生所谓非愚则谀者也。吾心最愿有是言，而吾今最鄙闻是言，以其不实故也。夫进言者皆以为然，而吾独谓其不然，则我之立说，不亦自处于孤乎？我之置辩，毋乃太过于激乎？然天下固有说似于孤而卒不可易，辩近于激而终不可磨者矣。所谓千人之唯唯，不如一士之否否也。千人之诺诺，不如一士之谔谔也。况吾之说，乃人人意中之说，特非人人口中之说耳。是我之说，至众而非孤也。且吾之辩，乃人人心中之辩，特非人人笔下之辩耳。是我之辩，至随而非激也。是以听言者非徒听其人口中之言，必须察其人意中之言；非徒视其人笔下之言，必须究其人心内之言；则事得其实，理得其当矣。虽然，此犹不得谓能尽听言之法，而百无一失也。盖口与笔之言可见者也，心与意之言不可见者也。设使我谓其口与笔之言为非，而彼则确指为真情。我谓其心与意之言为是，而彼又极诋为妄拟。若是，则欲得其言之实也难。且朋党门户之见，每易起于朝端，批鳞逆耳之言，甚难陈于君父。设有畏难苟安者创为因陋就简之说，而惟与时俯仰，从俗浮沉。于是谀佞取容者循其随声附和之常，而谓人尽归心，民皆向化，若是，则欲得其言之实也愈难。

夫言不外是与非二者而已。不是则非，不非则是。今乃混淆如此，将何术以去其伪哉？曰：是不难。贾生有言，凡听言之法，必以其事观之，则言者莫敢妄言。今有言民心向上，民力可恃者，胡不取借贷一事以质之也。财者，民之所最悦而最重者也，而惟信则可以出之怡然，用之欣然。非不知爱惜也，特以为将本求利，移紧就宽，理当如此，法当如是而已矣。而不信者不足以言此也。大厦之构成也，费金十千，而主人不靳者，无他，盖自信其得以安居也。若得居与否未可而知，吾恐其一文不舍耳。八珍之罗列也，破财数十，而主人不吝者，无他，盖自信其得以适口也。若得食与否未能而定，吾恐其一毛不拔耳。故欲知民心之向背，莫若察借款之依违。欲观民情之真伪，莫若视借款之顺逆。卿云之歌，金天之颂，来暮之叹，去思之碑，无当亦无谓也。以其所为者，乃外貌之观耳。以其所能者，乃轻易之事耳。夫中国非无富户也，非无殷商也。坐谈时事者，何止感慨悲歌。纵论勤王者，几若毁家纾难。迨借款之说一出，而士皆缄口，人尽括囊，始则见于粤东，继则闻于直省，而民心大可见矣，而民力果难恃矣。夫军装海防所以保民者也，铁路矿务所以利民者也，而犹不足以兴民之心，而动民之听，谓非不信而何？平时尚不肯挪移，则临难何以望其接济。富室尚不知大义，则贫户岂能责其效劳。此之不信也，是中国无民也。苟无民，何有君？

　　而进言者曰：外国银行，转移甚便，华民观望，庸亦何伤。不知借款一道，若靠诸本国之民，则诚兴邦之略，若靠诸外国之助，则为误国之谋。何则？财者，民所赖以养命，亦民所借以谋生者也。合万民所以养命之资，而还为之养命，则大事可成矣。合万民所以谋生之物，而还为之谋生，则大功可办矣。设不幸而遇内乱，是贼之所至，害乎国者即害乎民，而民无不竭力以图肃清也。又不幸而逢外寇，是敌之所攻，伤于国者即伤于民，而民无不尽忠以为捍御也。休戚相关，与国终始。吾故曰兴邦之略也。欧美上国，借贷必出于民者，职此故也。若借诸外国则大不然。所作而有利也，其利则专归于外人，是为吾民者，吾不得而利之也。所作而有害也，其害仍取偿于百姓，是为吾民者，吾反得而害之也。且利既无与于民，则民之预其事者，必无实心。虽利不能利矣。且害将取偿于民，则民之阻其事者，必存异志。是害则真害矣。人自为谋，君谁与守？吾故曰误国之谋也。欧美上国，借款不求诸外者，职此故也。

　　而进言者又曰：今之海关，乃国家正供所出，今之税项，乃商民输纳之财，其不出于国债而纳诸税法者，事虽异而财则同。以海关按与洋人，于华民何尝有损？不知国之有海关，犹家之有管钥，店之有帐柜也。几曾见居家开店，而有以管钥帐柜给人作按者。以管钥帐柜给人，是自不有其家，不要其店也。以海关税饷作按，是自不有其国，不要其民也。且以大势而论，中国欲决行至计，大展经纶，将来所费之财，非数万万不能定尔功而收厥效，今乃千万之款而担保者海关，百万之款而担保者亦海关，而还期辄俟至数十年之后乃可清偿，吾恐旧债未完，新债复作，海关入息之数，不足以敌国债利息之数，势必授外人以国政之权，而取偿旧欠，准外人以朘民之法，而再借新财。则是数十年后，外人无取中国之名，而有得中国之实，外人无治中国之苦，而能收中国之财，是中国之君将欲求为守府之君而有所不得，中国之国将欲求为自主之国而有所不能也。越南之祸，金边之蹙，事之已然，迹之灼著者也。不谓中国竟若踵其后而步其尘也。

是知借贷一道，成败利钝之所由分也，存亡得丧之所由判也，能行之于民，则其国兴且强，不能行之于民，则其国弱且废也。其能也，在民之信之也。其不能也，在民之不信之也。夫信非天定之事，乃人为之事，何以若此其难能？信非求人之物，乃求己之物，何以若此其难得？此无他，无公平之政令故耳。

当今之世，而不变今之法，虽使尧舜临朝，禹皋佐绩，仲由慎诺，公绰无私，加以管晏之才，苏张之辩，亦无以决疑征信，大得于民。夫一政一令，在立之者无不自以为公，自以为平，而公否平否，当以民之信否质之，乃得其至公至平。且一政一令，在行之者多亦自谓无不公，自谓无不平，而公否平否，亦当以民之信否证之，乃得其真公真平。以立之者君，而循之者民也。行之者官，而受之者民也。貌之妍媸，在己无以见之，在人则无不见之也。味之浓淡，手调者知之难真，口尝者知之最当也。然则公平者，还当求之于民而已。民以为公平者，我则行之。民以为不公平者，我则除之而已。公平无常局，吾但以民之信者为归。公平有变法，吾但以民之信者为主。夫如是，则民信矣。民信，则借款可以兴；借款兴，则商务可以振；商务振，则大利可以图；大利图，则军威可以壮；军威壮，则外敌可以宁。至外敌宁，而复加以保泰持盈之学，使其效至于神武不杀，至德无功，则治天下之道尽于斯矣。而皆始于内政之修也。不攘外而外无不攘，不求功而功自无穷，而其理则平庸无异，其事则实在可行也。不然以聚敛为功，以陵轹为智，以深刻为计，以钩距为才，如近日者政烦赋重，民不聊生，苛察严求，人思避地，富者则仰屋而叹，而铢锱之算，转波累于贫家；大贾则辍业而逃，而密网之投，更株连于贩竖。因民不信而愈不公平，愈不公平，而民愈不信。情形岌岌，犹欲举行远略，慑服群邦，非独外宁必有内忧也，正恐内忧不能外宁耳。吾愿侯审辨乎此而详绎之，勿徇高论而逆至情，勿持空名而邀实祸，勿谓言浅而不屑道，勿谓语腐而不足行，则至切至要，而又至深至远者，无过于此矣。吾闻侯之先，为中兴之柱石，再造元黄。吾愿侯之世，系中国于苞桑，永绥福祚也。

凡吾所言，非有隐情，亦非有私意，非故为褒贬，亦非妄恣抑扬，要皆言必由衷，事求其实。至于触忌讳而宁不顾，犯直言而或不知，则是予素性质朴，不事浮文而已。然而无伤也。出胸膈以示人，惟同情之是谅。我非至诚之意，不敢以陈于大人长者之前，非至实之情，不敢以溷执政秉钧之听。言而有当，愿蒙采纳于刍荛；若其不当，勿吝教言于葑菲；则大道为公，不难复见于斯世。若排腹诽，忌人言，斯则不祥之大者，吾万不敢以拟今中之中国也。夫人生于中国，长于中国，其宗祖千百年食德饮和于中国者，虽身居异地，亦莫不欲高抬宗国，盛称故乡，以为天下交游之光宠。然有时非特不能，抑亦不敢者，以实迹在人，非可以言掩之也。

如越南之役，东京土宇已见夺于法人，而谓中国可执旧藩为言，索回其地，此则吾不敢以为然者也。福州基隆大受创于法敌，而谓中国果真乘胜立约，不事兵戎，此又吾不敢以为信者也。考之万国公法，法人之轰福州炮船者，名曰掯物取偿之法。法舰之驻塞杨子者，名曰事迫禁制之法。炮船轰而中国未肯和者，受亏虽大而法人无奈我何也。杨子塞而中国遽尔和者，商务阻碍而法人能绝我粮也。故此一役也，在天下各国视之仅作忿争小故耳，不以战仗名之也。以开仗无明文也。掯物禁制者不得扰居民，不得侵土地，故当时沿海之民虽甚恐惧，而在有识者观之，直以为秋毫不犯，鸡犬无惊耳。然则此一役也，虽胜不至得国，虽败不至丧邦，所耻者，将太无谋，兵太无勇耳。而浅见之士，必欲争胜于言论之间，以为非此则不足以尊崇中国，媚兹一人，非此则不足以排挤外邦，恫喝众口，而不知其大谬不然也。天下容有直言不讳，而不能办事之人，断无文过饰非，而不至偾事之人。天下容有烈胆忠肝，而不能定国之人，断无利口辩词，而不至覆邦之人。《书》曰："有言逆于汝心，必求诸道。有言逊于汝志，必求诸非道。"彼以争胜之言来者，是直以非道干人主也，是直以愚昧待君上也。听其言足以长中国之祸，信其论足以糜中国之民，是不敬之甚者，不可以不深察而明辨之也。

夫理无两可，事贵变通，不有小挫，焉能大胜？不有小往，何能大来？此否泰之机也，即升沉之兆也。夫中国之于法人也，陈之以理而不闻，慑之以兵而不顾，及一旦试行撑拒，忽又为彼折辱，大受揶揄。今而后，知徒理之不足以制敌矣。今而后，知虚兵之大不可用矣。知之则计变，知之则智生。是此一役也，大有造于我中国也。于此而犹吝于改过，耻于自新，则是买椟还其珠，追贼而馈之赆耳，岂智者事哉！吾喜当轴诸公见几神速，早事言和，而尤幸黑旗刘义，先挫其锋，而东京基隆，水土不服，法人见此丧亡，难于久待，是以相持未几，和约即成，向使法人添派战船，再增勇士，与中国作背城之举，成巨鹿之观，吾恐颠沛流离之状，伤亡奔溃之形，凄惨将不知何底。然而不然者，此中有天意焉。天盖甚爱中国，而又悯其无知也。于是稍降之凶，使其生于忧患，小惩大戒，使其发愤有为。是则知灾正可以弭灾，改过又何庸讳过。如治病者讳疾忌医，则厥瘵无日。如讲学者心高气傲，则至道奚闻。

读侯之论，盖深知中国之宜修者矣。独惜其以后为先，以本为末，功与效未分其际，则愿与事必致相乘耳。壮士之所以称强者，非但能摆甲执兵也。以摆甲执兵者，人尽可为故也。一国之所以称盛者，非徒多战舰炮台也。以战舰炮台，国皆能置故也。侯欲治外，请自治内始；侯欲治内，请自得民始；侯欲得民，请自得民之心始。民心不可见，见之于信耳，此一定不易之程途也。而行之者则曰公与平。国有公平，然后得民信；先得民信，然后得民心；先得民心，然后得民力；先得民力，然后可以养民和；可以养民和，然后可以平外患。外患非可遽平也，仍以民和卜之耳。此循序渐进之功效也。而验之者则曰行借款。

今之议者，治内有说，治外有说，治内而兼以治外，治外亦即以治内，而且或侧重于治内，或侧重于治外，或治内治外两持其平均，未尝无说。然慕富强者仅得富强之似，而昧于其所以然。说道德者虚存道德之名，而莫知其何所用。要皆似是而非，似真而伪，苟非偏僻，即是自高而已。夫国未有内不治而外能治者，亦未有内既治而外不能治者。何则？人之根本在元气，国之根本在民情。元气若全，虽尪羸而无害，及其已耗，则盛状而愈危，是以善养生者，培其元气而已。民情若厚，虽积弱而能兴，及其既漓，则刚强而反败，是以善治国者，厚其民情而已。吾见夫君泰然，而百体从令者矣；未闻精神枯索，而百病不侵者也。吾见家庭雍肃，而邻里咸钦者矣。未闻兄弟阋墙，而路人起敬者也。由心以及于身，由家而推之于国，如衡秤物，不爽分毫，若网在纲，有条不紊。

于此而群喙犹未息也。吾请质诸圣训，以扫俗学之蜉蝣，稽诸圣言，以靖伪儒之簧鼓。夫中国圣人，莫如孔孟。孔子当春秋之世，政令不修，王纲不振，颇类今日之中国。而其言则曰："道千乘之国，敬事而信，节用而爱人，使民以时。"又曰："足食足兵，民信之矣。自古皆有死，民无信不立。"又曰："某也闻有国有家者，不患寡而患不均，不患贫而患不安。盖均无贫，和无寡，安无倾。"至其闻南宫适羿奡禹稷之问，则曰："君子哉，若人。尚德哉，若人。"孟子当战国之时，诸侯争雄，干戈不靖，更有同于今世之天下。而其言则曰："王何必曰利，亦有仁义而已矣。上下交征利，而国危矣。苟为后义而先利，不夺不餍，未有仁而遗其亲者也，未有义而后其君者也。"又曰："王如施仁政于民，省刑罚，薄税敛，深耕易耨，壮者以暇，日修其孝弟忠信，入以事其父兄，出以事其长上，可使制梃以挞秦楚之坚甲利兵矣。"又曰："保民而王，莫之能御也。"又曰："域民不以封疆之界，固国不以山溪之险，威天下不以兵革之利，得道者多助，失道者寡助，寡助之至，亲戚畔之，多助之至，天下顺之，以天下之所顺，攻亲戚之所畔，故君子有不战，战必胜矣。"又曰："桀纣之失天下也，失其民也。失其民者，失其心也。得天下有道，得其民，斯得天下矣。得其民有道，得其心，斯得民矣。得其心有道，所欲与之聚之，所恶勿施尔也。"只此数章，亦足以明吾说之非妄矣。吾愿侯学圣学道，王道实而可凭；不愿侯术霸术功，战功虚而难据也。

或曰：侯之此论，所谓睡者，以昏迷之象而言也；所谓醒者，以见几而作为喻也。若然，则吾请以两言断之。曰：铁路等事贷款若出诸中国之民，使其民与中国共死守者，则谓之醒。铁路等事贷款若求诸外国之助，使外人夺中国之权衡者，则谓之睡。今者铁路等事次第举行矣，然工料必取诸贷款，经费亦取资贷款，而贷款所出，从何而来，其迹已显呈于天下。果睡果醒，吾不能起古之圣人而问之，所愿识时之士，抱道之儒，勿吝谠言，发挥胸臆，以作逌人之铎，以比清夜之钟，将见君民相维，上下一德，更张丕变，咸与维新，庶可有益于民生，无负于斯世。而不然者，委蛇为政，推诿成风，使吾说虚存，略无所补，必俟质诸后世之圣人，始叹吾言之不惑也，则岂鄙人之所愿闻者哉！（《新政真诠》初编）

4. 改科举、兴学校：早期维新
思想家的文教、人才思想

引　言

　　早期维新思想家对科教、人才的重要性有着充分的认识。正如王韬所指出："夫贤才者，国家之元气也，贤才在上则国治，贤才在下则国乱，至于虽有贤才而无如之何，则国亦随之以亡。贤才之系于国家不綦重哉？"（《原才》）他们一方面揭露了传统文教制度、科举取士制度的弊端，另一方面介绍了西方近代资本主义教育制度，提出了改科举、兴学校、培养新式人才的主张。为了培养人才、提高国人素质，他们还主张发展新闻、学会等近代文化事业，同时推进风俗变革，推进移风易俗。冯桂芬在《改科举议》等篇中揭露了科举制度的弊端，批评科举制"时文取士，所取非所用"，主张改革科举制度，引导有利于国计民生的实学、西学。王韬也建议："为今计者，当废时文而以实学，略如汉家取士之法，于考试之外则行乡举里选，尚行而不尚才，则士皆以气节自奋矣。""设以学时文之精神才力，专注于器艺学术，即不能出而献诸大廷，而终有一技之长、一材之擅，足以终身用之而有余者。故时文不废，人才不生，必去时文，尚实学，乃足以见天下之真才。"（《原士》）他提出："且取士之法，亦必一变。时文至今日而极弊，从未有行之五百年而墨守不改者。既崇实学，贵真儒，尽其所以待之之道，人才自日见其振兴矣。"（《重儒》）冯桂芬在《改科举议》批评时文"禁锢生人之心思材力"，"意在败坏天下之人才，非欲造就天下之人才"。薛福成呼吁对科举取士制度进行改革："为今之计，其必取之以征辟，而试之以策论乎。黜浮靡，崇实学，奖荐贤，去一切防闲，破累朝积习，则庶乎可以得人矣。"（《选举论上》）郑观应大声疾呼改革科举制度，痛陈"中国文试而不废时文，武试而不废弓矢，所学非所用，所用非所学，平日之所用已与当日之所学迥殊矣。及至外患循生，内忧叠起，又举平日之所用者而一无所用焉！"（《考试下》）他介绍了西方、日本分科立学的现代学校制度，如日本"若欲入分科大学，先入高等学校修豫备科。科分三部：第一部为法科、文科，第二部为理（即格致）、农、工，第三部为医学。门径既识，然后入大学。校中分科专习，科分六门，即法、文、理、农、工、医六者，但较豫备科为专精耳。分科毕业，发给凭照，略如中国举人"。他建议全国设学校、派留学，"务使各州县遍设小学、中学，各省设高等大学，一体认真，由浅入深，不容躐等。各州、县、省会学堂生徒之课艺，凡自备资斧游学外邦，专习一艺，回国者准给凭照，优奖录用，则人材日出，何患不能与东、西各国争胜乎？"（《学校上》）早期维新思想家改科举、兴学校的呼吁，对晚清思想文化变革产生了深刻的影响。

冯桂芬

公黜陟议

今试泛论取人者，将重文字乎？将重才德乎？则必曰："才德重矣。"将重一二人之私见乎？将重千百人之公论乎？"则必曰："公论重矣。"然而自汉以来，取人之法，荐剡策试百其途，要不外试之以文字，举之以数大臣。岂不以才德虚而无据，公论又散而无纪，不得不舍之而凭文字、凭私见哉！而不知其断不足以得人也。人第知刘蕡下第江东，不知为文字之不足凭。夫岂知通籍后之黜陟，乃并不足凭之文字而无之。自枚卜以下，无非取人于容貌语言奔走之间。例举之而例用之。虽公论皆知为斗筲无足算者，年迁岁擢，无何而参鼎铉，无何而拥节旄，比比皆是。士大夫平居论说，从不闻曰"某德可大贵，某才可大贵"，但闻曰"某命某相可大贵"，夫至言命言相，而其效可睹矣。於乎！奚怪其不能得人哉！

欲求变计，非虚者实之，散者一之不可。《尧典》曰："师锡。"师者众也。《礼》曰："爵人于朝，与众共之。"孔子曰："举直错诸枉，则民服。民者，亦众词也。"《孟子》曰："国人皆曰贤，然后察之。见贤焉，然后用之。"三代上，固有善取众论之法。经传文简，不可考。而《孟子》之言独彰明较著，则其事可意会也。《新唐书·赵憬传》："憬曰：'宜采士誉，以誉多先用。'"即此意。道在以明会推之法广而用之。又以今保举之法反而用之。会推必重臣之贵，今广之于庶僚。保举为长吏之权，今移之于下位。责成京官，自中书以上，皆岁举六部九卿一人，翰詹科道一人，外省知府以上一人，吏部籍之，以得举多少为先后。遇应升缺，列上。其无举者，不得列。又令岁举部院司官一人，吏部交各堂官。有请升缺，用其举多者。若用举少者，则必言其故，候钦定。外官则令在籍在京在外各绅及诸生各乡正副董耆老，岁举同知以下、巡检以上一人上之郡。郡核其得举最多者，上之大吏，大吏博采舆论折衷之，许删不许增。造册奏闻。有缺以次保升。不与上司以权。而参劾之权则与之。夫乡人皆好恶之，未可，就平人言之也。至于官，则未有乡人皆好而非好官者，即未有乡人皆恶而非劣员者。故此法至当不易。至各官考绩，宜首以所举得人与否为功罪，以重其事。所谓取才取德，取千百人之公论者，如此。另议，通籍后不得再试。又议考官学政皆由公举即无庸考试差。他如诗文传播脍炙人口者，宜词苑；风裁峻整胆识兼优者，宜谏垣；文笔敏捷记识无遗者，宜枢廷；通达治化机警绝人者，宜外任；皆可随事分举。公论所在，岂不胜于一日之试哉！（《校邠庐抗议》上篇）

改会试议

国家将收养士之报，宜求恤士之方。四民中，士最贵亦最贫，商贾无论已，农工勤力，类能自给，独安分读书之士，修羊所入，辄不足以赡八口。平日之苦，已逾平民，及应试，则舟车、庐舍、糗粮以及代馆事、备试卷，随在需费，其苦又甚焉。省试途较远，时较久，又其苦倍甚焉。至会试，则必弃置平日佣书之地，聚粮治装，间关跋涉数千里，经时逾年，劳费十倍，其苦益甚焉。计集阙下数千人，素封便家十不一二，中人之产往往为之中落，况寒素乎？谚谓："举人为破家之子、亡命之徒。"又云："举人老，盘川少。"不虚也。借贷不足，继以典质；典质不足，继以干求。弱者暮夜乞怜，丐富贵之润；强者乡曲武断，分官吏之肥。寡廉鲜耻，坏法乱纪，习为固然。得志则移以莅官，安望其为国为民乎？不得志则益纵恣无所不为，黄巢、李岩辈，特其尤甚者耳。其间循分自爱者，裹足不前而已。远省举人一试不中，或毕生不能望国门，虽有皋、夔、伊、旦之才，不且终身屏弃者哉？此事有害于士，无利于国，其究也大害仍归于国，在上者所宜动心也。

窃意生监骤得举人，论其进阶，在举人得贡士之上，功令可畀乡试考官以举人之权，何不可以贡士之权并畀之？应请乡试榜发后一月，即于省闱借地会试，定为若而人取一人，一切如乡试法。中式者始令进京殿试，是亦恤士之一道也。（《校邠庐抗议》下篇）

广取士议

明初取人之法，三途并用，科目也，吏员也，荐举也，可谓广矣。独惜其所以行此三者之未善也，专重时文，用科举之未善也；流品不别，用吏员之未善也；至于荐举之权，宜用众不宜用独，宜用下不宜用上。

历代用人，大都宰相举百僚，长官举属吏，夫知人则哲，惟帝其难之。宰相以一人之耳目，收天下之贤才，遗固十八九，滥亦十二三。至属吏则其途至狭隘，其事至寻常，例保之而例用之耳。二者皆不足以得人，魏立九品官人之法，郡县各置大中正，似乎用众矣、用下矣，然以一人而定千百人之品，依然独也。大中正不得纠举，依然上也，宜乎其不公不明也。

今欲于科目之外，推广取士之法，幕职已具前议。又宜令各州县在籍、在京、在外各绅及诸生、各乡正副董，各举才德出众者一人，皆取数奇不遇、公论称屈者，及才德上上、文学中下者，间及于岩处隐沦从不应试者，奇材异能、别有绝技者，州县核其得举最多者一二人申大吏，会同学政、山长，博采舆论，简其尤，列入荐牍。诸生赏举人，举人赏贡士，一体会试、殿试。三年一行。是则荐举之权用众不用独，用下不用上，宜亦可十得八九矣。（《校邠庐抗议》下篇）

停武试议

天下有优劣高下显然为众目共知共见，虽亲爱不能阿私，虽仇雠不能沮抑，无可幸亦莫或屈者，莫如武事。视弓力之强弱，射中之多寡，非文艺之无定评比也。自顺治十二年复行武殿试，遂与文科一一相准，视汉六郡、良家、羽林、期门，唐翘关、负重之选，殆于过之。选举之法不可谓不备，宜乎网罗天下豪俊而无或遗矣。乃事竟有大不然者，何哉？则以右文左武之见太重，而循名责实之道不讲也。

承平日久，文吏视武弁如奴仆。郭隗曰："冯几据杖，眄视指使，则厮役之人至。若恣睢奋击，呴藉叱咄，则徒隶之人至矣。"故武科一途，衣冠之族不屑与，一也。力士多出藜藿，而试事之费十倍于文，寒素不能与，二也。武职有教师垄断，非其素识无门可入，穷乡僻壤不得与，三也。所取之途既狭，故所得之才不真。试以常人之有文学者十人与十文生校，其胜文生者究少；以常人之有勇力者十人与十武生校，其胜武生者比比皆是矣。虽举人、进士亦然。

当世为大将、立大功者，行伍多而科甲少，武科之不得人，视文科尤甚。故武职以行伍为正途，而科甲不与，显与国家设科之意不合，而沿袭具文何为者？夫优劣高下既有一定之数，何取乎一日之短长，何取乎一人之衡校，何取乎关防之琐碎，何取乎考试之劳费？宜停罢大小一切武试，一归之荐举，仍存进士、举人、生员为出身之名，专以膂力为高下，不与选阶，而绿营之迁擢必由之。法由兵部明定一格，举若干斤者中生员选，若干斤者中举人选，若干斤者中进士选，无论满汉直省一律遴选，无定额。令各州县于书烟户门牌时，凡有成童以上力能举若干等斤者，造册由县而府，而督抚、学政，考验符合，皆登之册，礼之如文士，删一切前跪、报名等例。其中进士选者，给咨送部引见授职，内用者留京营学习，外用者回省营学习，余分别作为举人、生员，皆留营学习，序补弁兵额。其不愿留营，愿仍就士农工商旧业者，虽状元授职后亦听，逾时愿至者亦听。三年一举，著为令，嗣后绿营弁兵无出身者不得补。凡以武改文者，武生作为俊生，举人以上作为附生，一体肄业，皆仍其章服。

或曰：专以膂力为高下，何也？曰：此就其易见而难强者用之也，旁涉于马步弓刀，即有一日之短长，即有幸有不幸，不如专凭膂力为一定不可易。或又曰：不与选阶，何也？曰：专凭膂力，可为兵不可为将，可为裨将不可为大将，或凶悍，或贪黩，或胆不足临阵，或智不足制敌，或才不足驭下，虽有膂力，犹之不可用也。归营学习，令上司廉察之，昭其慎也。或又曰：不分省分又无定额，何也？曰：文试之就地定额，无定评也。

显然有定评而颠倒高下，此何理也？余尝遇顺德府一武童，百人之敌，以射中不及数，三黜于小试，而吾吴与试即取中，犹不及额。圣人之治天下曰平，若是者平乎，不平乎？或又曰：听其以武改文，何也？曰：宋嘉定十年，始定武举不得应文试，是武举应文试，古之道也。庶几有文武全才出其间，渐可复文武不分之旧邪。或又曰：听其来去自如，何也？曰：此牢笼天下勇士之术也。骁雄悍鸷之徒，辄多不喜束缚，故不肯就我。又其人往往不事生产，至他日迫饥寒流而为匪，虽欲就我而不能。今于弱冠之初，以举人、进士之荣名为招，明示以无所束缚，必欣然就我。迫饥寒既至，更无不就我之理。是有余者以虚文縻之，不足者以实惠抚之。始有余而继不足者，则又预为之地以待之。然吾知甘于为匪者少矣，一转移间举前三弊而一空之。有科目之荣，无武夫之辱，衣冠何至不屑，一也。按户而求，不遗僻远，二也。不经教师，无所浮费，三也。如此则罗致既广，不特干城腹心之选可收实效，兼可以清伏莽之源，而弭无形之患矣。（《校邠庐抗议》下篇）

王　韬

原才

天下非无人才，患在取才之法未善，用才之志不专，又患在上之人不能灼知真才。其所谓忠者不忠，其所谓贤者不贤，而于是天下之贤才隐矣。夫贤才者，国家之元气也，贤才在上则国治，贤才在下则国乱，至于虽有贤才而无如之何，则国亦随之以亡。贤才之系于国家不綦重哉？乃世之当轴者，其所为收罗人才之道，则曰："我不用之略示以羁縻，则将北走胡、南走越矣。"呜呼！此以天下之人才而概以张元、吴昊目之也。如此，则人才岂为之用？

夫所谓天下之贤才者，往往难进而易退，用之则谨身以进，不用则奉身以退，且用之不得其正，与用之而不尽其才，则宁老死岩穴已耳。故贤才之于世，犹威凤祥麟，景星庆云，天之生贤才，亦若甚郑重以出之，岂有贤才之自待，反敢自菲薄乎哉？士有怀才不遇而不能见用于世者，往往慷慨悲歌，牢骚抑郁，促其天年而致殒其生。楚屈原之怀石自沉，贾长沙之赋鹏自悼，皆是也。千载而下凭吊人才者，犹为之欷歔累叹而不置。呜呼！此非长国家之咎欤？夫天地生才，而国家非惟不能用，又从而摧残屈抑之，以自斫其元气，国家何由而盛欤？

今国家取士，三年而登之贤书，升之大廷，称之曰进士，重之曰翰林，以为天下人才在是矣。不知所试者时文耳，非内圣外王之学也，非治国经野之道也，非强兵富民之略也，率天下之人才而出于无用者，正坐此耳。乃累数百年而不悟，若以为天下之人才非此莫由进身，其谬亦甚矣。败坏人才，斫丧人才，使天下无真才，以至人才不能古若，无不由此。每一念之，未尝不痛哭流涕而长太息者也。

然则用才当如何？曰：凡有拔擢人才之责者，当随时随地以留心。有才堪大任者，有才可小受者，有才能胜艰巨者，有才克远到而能宏济于艰难者，一一志之而弗忘，悉收之于夹袋中，因才器使，各当其任。其有才不能招致者，则屈节以求之，弓旌之召、缫帛之加，虽穷巷蔀檐而亦至焉。如是，天下亦安有遗才哉？夫上以真才求，则下以真才应，其有饰貌矫情、鬻奇炫异，以惑天下之耳目，以乱天下之聪明者，自不敢至前矣。

世有真才，亦有伪才。伪才之与真才，犹碔砆之于宝玉，鱼目之于珍珠，久之而后知，而不能猝辨也，试之而后见，而不能空说也。为上者，若不能兢兢致权乎此，但震于其外之应对捷给、言论纵横，自以为能仔肩天下之重而负一时之望，则未有不误及苍生祸流赤紧者，如王安石之于宋是也。

是以治世而人才盛，都俞吁咈于堂陛之间，拜手扬言于朝廷之上，上尽用之而弗遗也。乱世而人才亦盛，或躬耕于陇亩之中，或诵读于草野之内，上虽弗之用，而衡门泌水固有以自乐其天也。若人才而处亡国之际，不惮捐躯绝脰，毁家灭身，以求挽既去之天心而扶已衰之大局，决不肯策名新室，拜爵兴朝，有宁蹈东海以死而已。由此观之，人才何负于国家哉。

其有一不见用，即生怼上之心，怨咨谤讪，致形诸言语而见之篇章，此其才则秉天地之戾气而生者也，不得谓之真才。夫所谓真才者，与国家同休戚共患难者也。国家培养人才数百年，至此乃食其报，用与不用一也。

（《弢园文录外编》卷一）

原士

余尝闻何君镜海之言曰："天下之治乱，系于士与农之多寡。农多则治，士多则乱。非士之能乱天下，托于士者众，则附于仕者亦众，而游惰者且齿甘乘肥，三代下之国家，所以有岌岌之势矣。五行百产不能给生人之用，生齿繁则杀戮相仍，此天道之当然也。耽于逸，极于欲，斗于巧，百族万类元气剥丧，而倾折夭札随之，此人事之自然也。大难初平，百物凋敝，人安耕凿而无竞无求；极盛之时，文治昌明，而诈伪日生，杀机潜匿。此又历代之盛衰相为倚伏者也。汉举孝弟力田，与策贤良并重，此其制犹近于古。后世以文取士，以资为郎，以级纪功，皆以黠民御朴民耳，虽欲治，其可得哉！"呜呼！何君之言，其即余欲以简治天下之意也。

返朴还醇，正在今日。夫今之所谓士者，皆有士之名而无士之实者也，其实民而已矣，安得窃名为士哉！今国家之于士也，取之太多，简之太骤，人人皆可为士，数年间，一邑之称士者已至数十百人，按其中皆贸然无知者居多，由是士习日坏，士风不振，而士遂为人之所轻，因而叹天下之无士。呜呼！岂通论哉！譬如采珠于渊，采玉于山，取既竭则以泥沙代之，人见泥沙，并咎珠玉为无用，而士遂无以自见其长。

为今计者，当废时文而以实学，略如汉家取士之法，于考试之外则行乡举里选，尚行而不尚才，则士皆以气节自奋矣。至以考试取士，亦当减其额，远其期，与其多取而贤不肖之皆多，毋宁寡取而贤不肖之皆少。且士既少则下知贵，而为上者，教养皆有实用。学中廪饩，书院膏火，养数百人不足者，养数十人而有余，于是士不为非而廉耻懋焉。且士既不为时文，其心思智慧咸磨砺以成有用之学，何至所习非所用，所用非所长，问以钱谷不知，问以兵刑不知，出门茫然，一举步即不识南北东西之向背哉！

或曰："有明之以时文取士，盖欲其废书不观，使之囿于一隅之中而莫能出其范围，往往有髫龄就学，皓首无成，而士之受其愚者不少矣。"呜呼！此徒以功名富贵鼓舞其心志，虽有奇材异能，非是莫由进身，其愚黔首之心，实无异乎祖龙之一炬也。乃后世仍复因循不改，明知其无用，而绝不思为之变计，岂以在廷诸公皆由时文以进身，一若舍是并无良法欤？夫书，取其足以记姓名而已，宣圣有言曰："辞达而已矣。"是即文字尚不必求其甚工，况于无用之时文？即曰时文所以代圣贤立言，顾圣贤之前言往训，昭然具在，固在乎身体力行，又何烦乎口为摹拟，作优孟之衣冠？夫学时文不成，则竟成废人耳。设以学时文之精神才力，专注于器艺学术，即不能出而献诸大廷，而终有一技之长、一材之擅，足以终身用之而有余者。故时文不废，人才不生，必去时文，尚实学，乃足以见天下之真才。

或又曰："时文中何尝无人才，本朝之功烈彪炳、才德彰闻者，何一不由科第中来？即今时曾、李、左三相国，亦以时文为进身之阶，是安见时文之足以害人才也？"不知此即吾向之所谓非时文之能出真才，乃真才之不囿于时文耳。

吾请一言以蔽之曰：今日之徒能时文而嚣然自足者，皆不得谓之士；此乃民之实，而窃士之名者也。况乎今日之士即异日之官，巍然身为民上者也。时文中果有治民之谱欤？昔者，取士之途宽而用士之法严；今者，取士之途隘而用士之法滥。乳臭之子，朝登科第而夕握印绶矣，不必试而后用也，而乌得不病国而殃民！故时文不废，天下不治。吾今请开数科以取士，即以其虚言而征之以实效。取之宽，则人才皆入吾夹袋之中，而自无或遗；用之严，则自不得以空文徼幸于一时。士习既端，而民俗亦厚，将见尚气节，懋廉耻，敦品行，而无实之士自转而归于农工商贾，以各遂其生。今日风俗之弊，在好谀而嗜利。欲反其弊，莫若闭言利之门，而开谏诤之路。故停捐纳所以伸士气，奖直言所以坚士节。如是而官方有不澄，仕途有不肃，不足以扬郅治之休，而臻于汉代文、景之隆者，未之闻也。（《弢园文录外编》卷一）

取士

古者取士用人之法，莫善于乡举里选，论秀书升，以取之公，择之审，采之舆评而核之实行也。两汉治绩之懋，循吏之众，其效可睹已。自科目之制兴而此法久废，野无弓旌之招而贤良不奋，里无束帛之贲而孝弟不闻，徒老死牖下，湮没于乡党中耳。于是人材日以薄杂，士习日以卑污。取士之途隘，用人之程滥。士舍科目之一途，虽有高才硕学，达识明辨，无由自进。

金陵管同之言曰：今之士，皆民之实而窃士之名，以取之太多，简之太骤，人人皆可为士，数年间一邑之称士者已至千百人，按其中皆贸然无知者居多。由是士习坏，士风不振，因而曰天下无士，岂通论哉！譬如采珠于渊，采玉于山，取之既竭，则以泥沙代之，人见泥沙，并咎珠玉为无用，有是理乎？为今计者，莫如减其额，远其期，与其多取而贤不肖之皆多，毋宁寡取而贤不肖之皆少。且士既少则下知贵，而为上者教养皆有实用，学中廪饩，书院膏火，养数百人而不足者，养数十人而有余，于是士不为非，廉耻懋焉。

顾其为说是矣，而犹仍以科目取士也，不知科目之弊可胜言哉！采浮华而遗实行，习经义而暗时务，判不知律，策不通今，掇拾剽窃，以徼有司。童之所习，壮之所试，不出章句，陋亦甚矣！其不为俗学所囿者，千百中无一二耳。夫人之精神智识亦甚有限，自幼而壮皆消耗于帖括中，及其为政，茫无所得，势必尽弃其昔之所学，而更期用世，此吏胥所以得操其权而颠倒之也。今欲明习政务，通达治体，崇尚廉孝，奋励贤能，则在增制科，开荐举，而间行以科目。至科目之制，亦当变通，宜分数端：一为经籍史义，一为诗赋策论，一为经济时务，一为舆地天文，一为格致历算，一为兵刑钱谷。如是则取士之途广而士无遗贤，责实之政成而人无饰行。

欲士敦实行，莫若修荐举；欲士通世务，莫若开制科。国家康熙、乾隆两朝，曾有博学鸿词之举，虽来者率以言进，而一时之文学经术怀才负望皆出其中。何则？上之所好，下奔走焉，以此循名而核实，得人亦不难矣。制科所取，如兵法、吏治、水利、边防、艺术、地理，凡有一材一能者，无不俱收并蓄，终期有以佐为政之实用。荐举责之于督抚、藩臬、道府、州县，而需由下以达上，以民间推选之多寡，定其人品行之邪正，声望之贤否，众人好恶之所归，即其人平日之所为，亦可概见。又所荐举之人，必其未登朝籍而隐逸于草野者，否则不在此例。毋徇私，毋谬举，隐匿蔽贤者有罚，举任得人者有赏，终期有以鼓舞闾阎孝弟忠信于无形，如是而人才不生，风俗不厚者，未之有也。（《弢园文录外编》卷十二）

简辅

夫国家任人，所恃以安危者，辅臣而已。唐、宋、有明以来，多以一人兴，以一人丧。元代立相，皆取用色目人，而汉人不得与中书，然有元九十年间，未闻有贤相也。明祖以宰相权重，不复建置，寄其权于六部，而后之大学士即宰相也，所谓名去而实存也。本朝立相，参用满、汉，法至善矣。近今十年来，道、咸之间，汉人之为相者，未闻有赫赫之光，足以震动朝野，维系君民。岂草泽布衣知之有未尽耶？徒闻旅进旅退，以窃位苟禄固宠全身已耳。

或曰：本朝之无权臣，足为盛德事。满臣中如鳌拜、噶礼等，虽稍有姿横者，而汉臣则无闻也。本朝未尝轻杀大臣，近时间有如耆英、柏葰等，未易一二数，而待汉臣尤厚，居台阁者，多以功名终，则所以保全大臣者，其恩意岂不渥哉？吾则曰：此皆汉臣之为自全地者多也。本朝动以资格拘限，循至为相，不复采诸民望，察诸舆情，古昔慎简之意无有也。其为相者，已多臻中寿，半致耄昏，谚曰："老将智而耄及之。"孔子曰："及其老也，戒之在得。"况其循至相位者，由于阅历甘苦得失而来，锋芒已尽，肝胆不张，不肯为国家担持大利害，而为深谋远虑之计，徒忝高位重禄，汶汶没没，拱居其职数年而已，国家何赖乎有此相也！

盖上智之人，老则历练精；中材以下，老则趋避熟。而天下上智少，中材多，则所以慎加遴选者，可不亟哉。善为政者，先在平日亲贤储材，亲贤则不肖者远，储材则缓急有可用之人，二者所以为简辅之地也。诚以辅臣所系乎国者甚重，其职佐天子，进贤退不肖，黜陟百官，各当其位。昔者尧以不得舜为忧，舜以不得禹、皋陶为忧，盖欲为天下得人也。宋之相韩、富、寇、范、司马也，天下交贺，外彝动色，及其相王安石、蔡京，而天下嚣然不靖矣。明之三杨在位而事治，严嵩以青词取相而国弊。则下民之休戚，可以卜相臣之贤否也。今相臣之去就废置，若无预乎草野之休戚，并不系乎朝廷之重轻，在民若马牛风，在朝若九牛毛，嘻！焉用相为哉？此皆由公辅之不能得人，而枚卜相臣未极天下之选也。

今必破除陋习，毋拘常例，务采舆望之所归，苟其材也皆可简用，一岁三迁，不嫌其速，不由科目，毋患其浅，不必定取诸翰林中也。夫翰林不过徽一日之短长，其所对策，多浮泛掇拾，务诡时好。其未得志也，趋权门，排同列，鲜励名操。及既得志，养骄居优，日积月累，坐致高显，爵位已极，而患得患失之心更不可问，虽未必人人尽然，而委靡末流之中，

难自振也久矣。惟上能不循成格以求相，则在位者人人皆思奋勉，而贤不肖辨矣。(《弢园文录外编》卷十二)

薛福成

选举论上

　　方今人才之进，取诸制艺。制艺之术，果可以尽人才乎？明初设科，始尊制艺，谓其能阐发圣贤意也，谓其根柢经史，足征学问器识也。迁流既久，文日积日多，法日讲日新，一变趋机局，再变修格调，三变尚辞华。浸淫至今，驱天下数十百万操觚之士，敝精疲神于制艺之中，不研经术，不考史事。辨性理之微言，则惊为河汉；讲经世之要务，则诧若望洋。每岁掇巍科，登显第者，大抵取近科程墨，转相剿袭。同其文，不必同其题，有其辞，不必有其意。苟有舍是而别抒心得，高古绝俗者，有司往往摈不录。夫人情皆惮迂远，慕速化，古今理乱得失兴坏之故，《大学》格致诚正修齐治平之要，求之者数十年难窥阃奥，仍无当于进取之数，孰若缀缉肤辞，规模时调，博清显于数年间哉。先儒亭林顾氏有言："八股盛而六经微，十八房兴而廿一史废。"易堂诸子，遂创谓秦皇以不读书愚黔首，明祖以读书愚黔首，殆有为言之也，且时文至今日，非独其文之谫陋，无足尚也。今即有一能文之士于此，一旦登要职，握事权，其经世宰物，未必稍异于恒人也。是何也？试之以素所不习也。彼其平居所熟习者，不过曰孰为天崇国初，孰为名家大家而已。夫先辈不可磨灭之文，岂竟无得于实学者哉？然譬诸水，六经，海也；诸子百家，江湖也。天崇国初名家大家之文，取河海江湖之水，置诸沟渠以资灌溉者也。傥日汲沟渠以资灌溉，则涸可立俟。豪贾入五都之市，猝阅瑰宝，悉仇所望，斥巨资，辇货以归，久之而因此得售者稍多焉。则所积不溢于所陈之外，久之而相踵得售者益多焉。则焜耀通闤者，无非伪物以炫人耳目。是故明初以制艺取士，征实学于制艺之中；今世以制艺取士，别制艺于实学之外，积重之势然也。或谓制艺信不足取士矣，自有明以逮近今，凡魁儒硕学，与夫瑰琦卓荦名世之大

贤，曷尝不以制艺进哉？是不然。夫天生异才，必使出为一世用。其翘然
不可泯没，不为末流所驱煽者，固有之矣。孰知夫二百年来，聪明才杰之
资，迭遭场屋，槁项黧馘以老死牖下者，肩相望也。然则如何而可得人才
乎？曰：制艺之盛，已五百年，至今日而穷矣。穷则变，变则通，通则久。
为今之计，其必取之以征辟，而试之以策论乎：黜浮靡，崇实学，奖荐贤，
去一切防闲，破累朝积习，则庶乎可以得人矣。（《庸庵文外编》卷一）

选举论中

或曰："然则征辟独无弊乎？今即以科场论，自扃门搜检，以至糊名易
书，防检严矣，然且一有罅漏，百弊丛生。若以荐举事付有司，其能无弊
乎？"曰：是知其一，未知其二也。夫上以苟贱不廉之心虞其下，则下亦
以苟贱不廉自待。不治其本而防其末，防之者益周，应之者益巧矣。且使
为有司者而贤与，必能搜访幽隐，荐扬才杰，其可以得士之术，十倍科第，
非若冥搜穷索，决片刻之短长于文艺之末也。为有司者而不贤与，则其人
不可一日加于民上，不当待取士之日而始防之也。窃尝观汉、唐、宋之世，
自贤良方正以逮直言极谏等科，皆大臣有司荐之，天子试之，非常之人，
往往而出。

本朝博学鸿词一科，其被举者虽有赴有不赴，或赴而不用，若汤潜
庵、顾亭林、陆稼书、李中孚以下，凡道德经济之彦，指不胜屈，未闻有
庸陋阘茸之士厕其间，是何也？朝廷苟真切求之，非才望卓著，与束修自好
者，不敢妄以应诏。即有幸获虚名者，十不过二三，且其才器必稍有过人
者。若今之科举，无论有司百执事之弊，未必能无；无弊矣，而夹带、枪
替、剿袭之弊，断不能绝；诸弊绝矣，而所取之允推名手者，多不过十之
一耳；能文之士之有潜德，有实学者，亦不过十之一耳；是百人而得一人
也。是故以科举取士，虽诸弊皆绝，而百人仅得一人；以征辟取士，虽弊
端偶见，而十人可得四五。或曰："征辟之盛，三代下莫如汉，然末流之弊，
士以标榜相尚，甚至矫饰名誉，非议朝政，则何如浑贤否之名，而息其争
竞之心哉？"曰：是所谓因噎废食者也。夫汉之立国四百年，风俗朴茂，
政事清明，独非得士之效与？其后，上无明君，朝无是非，诸名士乃争相

倡和，树朋党，然上下知畏清议，汉之赖以维持者数十年。且凡物不可偏重，偏重必敝。今科第之偏重久矣，宜以征辟之法救之。若子所言。其弊当见于数百年后，救之之术，在后之人，非愚所敢知也。或曰："今之孝廉方正，与各省优贡，仍仿古征辟之法，未闻得士盛于科第也。"曰：天下大势所趋，恒视上之轻重以为的，今举天下惟科第是慕，其不由此进者，则概指为他途，未闻上下交轻，犹可以得人者也。况孝廉方正之目，间数十年一举，其中真伪参半，若严先生如熤、罗忠节公泽南，皆举孝廉方正，未可谓所得之不如科第。优贡则曩时有司奉行故事而已，今进用之涂已稍改，得人固不逊于科第也。然则今之取士宜如何？曰：常科之外，宜开特科。常科以待天下占毕之士，试策论，论仍以四子五经命题，特易其体格而已；策则参问古今事，问之古事以觇其学，问之今事以觇其识。勿以一节之长而遽取，必统观其实学；勿以一句之疵而遽黜，必合校其三场。特科以待隐逸之士、不羁之士，及才行素著、久困场屋之士。令内外大臣荐举，天子亲试之廷，取其学通古今、器识闳伟者授以职，罢者以礼遣归。其科，或贤良方正，或直言极谏，或博学鸿词，随时设目。其举之也，或一二十年，或五六年，凡俟有大政事则举之，大谋议则举之，大恩则举之，灾异则举之，举无定岁，取无定数。其已得科第者，五品以下亦许与选；大臣得人者，受荐贤之赏；举非其人者，受欺罔之罚；若是则人才庶少遗逸矣。虽然，法无定而用法者在人，苟此法初行，而所任或非贤者，则不知者且以咎法之不善，然则任人尤不可不慎哉，尤不可不慎哉！（《庸庵文外编》卷一）

选举论下

曩余尝论制艺取士末流之弊，由今思之，人才之进，不尽重制艺也。人才所由大用，其在小楷与试帖乎？且制艺号为代圣贤立言，文之至者，得不偏不易之旨；所病者体日刓，及有司识不精耳。即使连掇科第，苟不工于小楷试帖，不过得一知县而止。而世所谓清要之选，如翰林，如御史，如内阁中书，如军机章京，大都专选小楷，或以试帖辅之，舍是末由进也。又如三品以下京员之膺试差，及大考翰詹之迁擢，舍是亦末由得也。此数

端者，定制或考策论，或考制艺，或考律赋，而小楷试帖往往兼之。自校
阅之大臣，不皆邃于学，又殿廷之上，期限促迫，日趋苟简，惟小楷试帖
一望可知优劣，不能无偏重之势，避烦斗捷，流风相师，久之而考者阅者，
皆忘其所以然，莫不谓功令当然者矣。夫小楷取匀润，非有钟、王、颜、
柳之书法也；试帖尚新巧，非有李、杜、苏、王之诗派也。其理之狭，体
之庳，尤出制艺下远甚。然而圉百余年来之穹官硕辅，必令出于其中，凡
经史、掌故、律令，一概可束高阁，翰詹清班，骤闻大考，懔懔焉惟恐小
楷试帖偶襮其瑕，非特不能迁转，而罢黜且随之。余尝疑策论之禁涉时务，
及翰詹各员专以小楷试帖为殿最，或由故相和珅之欲揽权蔽贤，为此束缚
英豪之举。盖此风盛于乾隆中叶以后，浸淫渐染以迄今日也。夫以四五品
之华资峻望，宜于此等汩没性灵之具，可少止矣；珍其日力，讲经世宰物
之略，研国计军谋之要，岂非朝廷育才本意哉！不此之务，而尚詹詹之小
技，近世如陆建瀛、叶名琛、何桂清等，皆专精小楷试帖者也，一出而殃
民辱国，为世大僇，岂不哀哉！何者？所用非所学，所学非所用也。余友
有官翰林者，须发班白，犹以制艺试帖小楷分立课程，刻苦尤过人，终身
如童子之在严师侧者。其言曰："吾一日离此，则不能得试差。居翰林而不
任试差，此饥寒之媒也。吾为此所以救饥寒也。"厥后，果迭充主考学政，
终以神郁气悴，得疾遽殒。余尝惜其遇而惆然悯之。曾文正公入翰林，其
师季侍郎芝昌劝令劬于考试之学，文正辞以体羸多病，而大肆力于理学、
古文、经济，成就至为闳远，皆于京邸十余年内基之。此文正所以为文正
也，而今之翰林，能若是者鲜矣。或谓："子因何桂清等而病翰林，然文武
具备、经纬区宇者，如曾文正公、胡文忠公，及今伯相合肥李公，皆出自
翰林，则小楷试帖，奚负于天下哉？"应之曰：今世人才之进，不外考试、
劳绩、捐纳三端，劳绩尤著者曰军功，而军功、捐纳，颇为时论所訾謷矣。
惟考试有正途之目，翰林尤正途上选。胡公以编修降调家居，幸借捐纳，
再得进用；李公以编修崎岖十年，继入曾文正公莫〔幕〕府，累以知兵保
荐，始由道员超擢巡抚，亦不能无借乎军功；惟曾公已由检讨仕至侍郎，
然其后奉讳家居，起兵讨贼，亦因军功始获大用，否则以京员老耳。以军
功、捐纳之蒙诟病，而三公不免涉其藩，盖贤豪应运，不可抑遏，无论何
涂，必由之以进也。若夫江忠烈公、罗忠节公、李忠武公兄弟、今伯相左

公、威毅伯曾公，及衡阳彭侍郎等，联翩踔起，则纯倚军功矣。是故乾隆以前，贤才未尝不盛，其时登进之涂，不恃小楷试帖也。乾隆以后，小楷试帖，日重一日，至咸丰初年而弊不可救，幸有军功以剂之，遂能罗英俊，济艰难。今内寇已平，而强邻环伺，其势又稍变于昔矣。而小楷试帖之相嬗成风，则如故也，斲人志气，锢人聪明，所谓自侮自伐也。为今之计，宜变更一切成法，如大考翰詹之类，可罢者罢之，其余则以策论、掌故、律令，代制艺、律赋、试帖，以糊名易书代小楷，以责公卿保荐贤才、重其赏罚，代大臣之阅卷，尤在九重之上，精神默运，询事考言，采宿望，核舆论，如是而真才不出，吾不信也。（《庸庵文外编》卷一）

应诏陈言疏

奏为应诏陈言，仰赞高深事。窃臣伏读邸钞，钦奉慈安端裕康庆皇太后、慈禧端佑康颐皇太后懿旨，谕令内外大小臣工，竭诚抒悃，共济时艰，仰见圣朝博采谠言之至意。海内臣民，同深钦仰。恭惟皇太后、皇上勤求治理，纶音初布，即停三海工程，斥去宫中纷华浮丽之品，申明列圣家法，所有不安本分之太监，分别斥革定罪。用御史李宏谟之奏，将内务府大臣立予革职。九卿科道陈言者，莫不立蒙褒答。凡所谓节用爱人之政，亲贤远佞之谟，皆已实见诸施行。四海向风，翕然称颂，孰能复有遗议？然臣所欲进其愚悃者，则慎终如始，日新又新之说也。伊古圣人造诣愈高，则克治愈密。盖节俭之至，而仍虑及耗费；清明之至，而仍虑及壅蔽；忧勤之至，而仍虑及因循。惟谨之于微，防之于渐，而后圣德无纤毫之累。治本既懋，上理可臻；若夫用人行政诸事宜，莫外乎遵循成宪。然必有修明之术，有补救之方，有变通之道。臣窃就管见所及，谨拟治平六策：曰养贤才，肃吏治，恤民隐，筹漕运，练军实，裕财用，均期有裨实务，稍济时艰。如蒙圣明俯赐察核，天下幸甚。

世运之所以为隆替者何在乎，在贤才之消长而已。夫天之生才，恒足以周天下之用。然而贤才有盛有不盛者，则培养之道为之也。曩者大行皇帝御极之初，皇太后殷殷求治，博访贤才，大臣荐举，每多不次擢用。于是硕辅盈朝，勋臣辈出，四方环俊，奋袂崛起，以赞中兴之运。是岂无术以致之哉？盖由虚怀宏奖，振古罕有，而又不拘一格，随宜器使，用能光显丕业，至今犹被其庥。迩年以来，奖进之贤才，似稍不如前矣。窃恐数十年后，老成凋谢，继起无人，此事之大可虑者也。夫欲贤才之奋兴，必先培养于平日。培养之术，其要有三：一曰重京秩。自古设官，重内轻外。汉汲黯出守淮阳，则至于流涕；唐班景倩入为大理，则喜若登仙。此古帝王居中驭外，鼓舞豪俊之微权也。我朝颁禄，因明旧制。京员俸薄，不逮汉唐十分之一。又自耗羡归公之后，外官有养廉，而京员无养廉，人情益重外轻内。然其初升转犹易，京外两途互为出入，故供职者不以为苦。近日京员盼慕外放，极不易得，恒以困于资斧，告假而去，绝迹京华。其留者衣食不赡，竭蹶经营。每于国家之掌故，民生之利病，不暇讲求，此京秩所以愈轻也。查乾隆二年，增京官恩俸，法良意美，度越元明。似宜略仿前谟，酌为推广，别筹恒款，普加京员养廉。筹款之法，宜取诸节省之饷项。方今滇黔关陇，次第肃清，勇营大半凯撤，将来所节饷需，合计不下一千余万。应查明各省停拨之饷，酌提十分之一二，饬令每岁解部，以备京员养廉之用。所费于国计者甚微，所裨于治体者实大。至若清要之选，当课以经世之具，勿专尚小楷之精，试律之巧，俾获讲求实用。其各部院保举人员，在圣明鉴衡不爽，随宜超擢以励其气，中外迭用以练其才。庶举世重外轻内之见，可以默转于无形。百年树人之计，在此举矣。一曰设幕职。伏查雍正元年，世宗宪皇帝命督抚保举幕宾，以彰激劝。谕旨有云，今之幕客，即古之参谋、记室，凡节度、观察等使赴任之时，皆征辟幕僚，功绩果著，即拜表荐引，彼爱惜功名，自不敢任意苟且。臣谨案，我朝名臣若方观承、严如熤、林则徐，近年如大学士李鸿章、左宗棠，始皆托迹幕僚，洞悉中外利病，故能卓著忠勋。可否略仿汉、唐、宋遗法，仰承世宗鼓励人材之盛心，准令各督抚奏辟幕僚。自京外官以至布衣，如有才守出群者，许即专疏保荐。视其本职，计资论俸，一体升转，无职者量加录用。行之稍久，必有闳骏之士，出乎其间，此亦造就之一法也。一曰开特科。隋、唐以降，始专尚考试。然其时科目甚多，登进之途颇广。明初始专以八股取士，文风浑朴，得人称盛。今行之已五百余年，陈文委积，剿说相仍，而真意渐泯。取士者束以程式，工拙不甚相远，而黜陟益以难凭。遂使世之慕速化者，置经史实学于不问，竞取近科闱墨，摹拟剽窃以弋科第。前岁中式举人徐景春，至不知《公羊传》为何书，贻笑海内，乃其明鉴。然则科举之法，久而渐敝，殆不可无以救之矣。我朝康熙、乾隆年间，两举词科，一时名儒硕德，及闳雅俊异之才，悉萃其中。文运之隆，远迈前古，非贤才之独盛于此时也。诚以大臣之举，非闻望素著者，不敢妄登荐牍。其与冥搜于场屋，决得失于片时者，迥不侔也。诚法圣祖、高宗遗意，特举制科，则非常之士，闻风兴起。其设科之名，或称博学鸿词，或称贤良方正，或称直言极谏，应由部臣临时请旨定夺。庶贤才无沉抑之患，可辅科举所不逮。而前此空疏之弊，亦且渐以转移。或谓方今科甲人员不少，而复举特科，恐益致仕途之壅滞。不知特科乃旷世而一开，所用不过数十人，且其所举大半亦出于科甲。是未足为科甲之累，而适所以剂科甲之穷。补偏救敝之方，不外是矣。盖重京秩，则贤才奋于内矣；设幕职，则贤才练于外矣；开特科，则举世贤才无遗逸之虞矣。臣之所愿养贤才者此也。

自来吏治之升降，视乎牧令之贤否。牧令之黜陟，由乎大吏之考察。大吏果贤，则吏治不患其不肃也。伏读皇太后懿旨，谕令各直省督抚秉公举劾，任用贤能。煌煌圣训，整饬吏治之宏规，不外是矣。臣愚以为方今激劝牧令，又有两端：一在清其途，一在励其气。何谓清牧令之途？国朝捐输之例，向因不得已而设。我宣宗、文宗御极之初，首停捐例，当时以为美谈。嗣因发捻肇衅，饷需浩繁，始议推广捐例。然收数未见赢余，仕途益形庞杂。臣尝考乾隆年间常例，每岁捐监、捐封、捐级等项，收银约三百万两。今捐例既从折减，以示招徕，而每岁户部收银，转不及百五十万。是何也？名器重，则虚衔弥觉其荣，虽多费而有所不惜；名器滥，则实职不难骤获，虽减数而未必乐输。人情大抵然也。自顷军务告竣，饷需大减，如谓国家阙此百数十万之经费，臣有以知其不然矣。况今甘捐、皖捐、黔捐等局，所得无几，所伤实多。该省既已肃清，尤宜亟行停止。今欲议停捐例，宜于各省盐课、洋税项下，均匀指拨，合成巨款，以抵京铜局之所入。其捐输常例，但留捐监、捐封、捐级与捐杂职等项，概收实银。人人知名器之足贵，则户部收数，亦必不至于过绌。国计无纤毫之损，吏治有澄清之益，转移之机，非细故矣。何谓励牧令之气？东汉县令，往往入为三公。唐世凡官不历州县，不拟台省。宋制非两任州县，不得除监察御史。

自明以后，行取知县，皆入为御史及主事，得人最多。我朝康熙年间，名臣如郭琇、彭鹏、陆陇其、朱轼，皆由县令入为京员，理学经济，震耀一时。康熙四十四年，御史黄秉中疏言知县考选科道，殊觉太骤，廷议停止。乾隆初年，又以主事人多缺少，凡行取知县，改以知州拣选。在当日酌更成法，原所以协一时之宜。然行之百年，州县无望于清华，渐乏循良之绩，京员未膺夫繁剧，或少练达之猷。吏治与人材，不免两为减色。今欲整饬吏治，陶铸人材，莫如复圣祖初年行取旧制，或稍变通其意，州县两途，并予行取。凡科甲出身、保举卓异之员，知州行取授御史，知县行取授主事，庶衔缺亦足相当。而上司操此为激扬，牧令羡此为清贵，吏治必有振兴之一日。或谓近日京员壅滞，而复参用外员，恐愈失疏通之意。不知康熙以前，京员练习民事，上而督抚，下而道府，莫不起自京员。方今圣朝知人善任，若果摩厉京员，俾与外员互为出入，正所以疏通京员也。京外两途，无扞格不通之患，而后郅治可期矣。夫既清其途，复励其气，然后责大吏以考课，虽中材之牧令，犹将自奋于功名。然尤有宜治其本者，则养廉坐支各项减成，不可不复也。查各省文职养廉，向支钱粮耗羡。同治八年，部议廉俸复额，必须各省钱粮耗羡征收足额，始可抵放，此亦本末兼权之意。惟是州县养廉，大者无过千两，盖与坐支各款，均属办公不可少之费。今皆减成发给，其公私之用，必至竭蹶，欲其不妄取于民，不可得也。州县无清廉之操，欲其课农桑、勤抚字、善催科，不可得也。且钱粮之不足额，半由民欠，半由官亏。与其靳数成之发款，而亏无限之公帑，似不如全复旧额，而严核官亏，可以勖官常，即可以裕国计。驭吏之本，莫先乎是。若夫劝惩之具，表率之资，是在大吏平时之措注，非一朝一夕之故也。臣之所愿肃吏治者此也。

天下当有事之时，军饷之不能不借资于民力者，势也。曩以剿办粤捻各寇，不得已而设局抽厘，酌取商贾之赢余，略济饷需之支绌，以视元明之加赋筹饷，相去不啻霄壤。加以我国家二百余年深仁厚泽，浃髓沦肌，商民踊跃输将，源源接济，故能馈数十万嗷嗷待食之军，而灭方张之寇。惟其如是，而民情大可见矣。然民力必休养于平日，始可借资于一时。今海内军事已平，臣愚以为圣朝轸念民瘼，此其时也。军兴以来，厘金之旺，素推东南数省。今试以江苏一省论之，江苏久遭兵燹，创痍呻吟，元气未

复。向已力筹巨饷，剿平诸寇。今则户部指拨之款，各省岁协之饷，悉以
江苏为大宗。计其所出，地丁居其一，漕粮居其一，洋税居其一，盐课居
其一，厘金又居其一，每项各数百万。幅员不广于他省，而财赋倍蓰过之，
民力之竭，亦可知矣。以臣所见，闾阎十室九空，而百物昂贵，小民奔走
拮据，艰于生计，力田之农，终岁勤动，尚难自给，偶遇水旱，即不免流
移道路，其颠沛饥羸之况，不可殚述也。一省如此，他省可知。伏惟圣慈
恫瘝在抱，似宜乘此群寇荡平之际，与民休息，渐裁厘金。即以一时经费
未充，尚难骤撤，可否饬下各省督抚察度情形，或酌减捐数，或归并厘卡，
以为异日尽裁之渐。至于布帛粟米，为群黎衣食所资，尤宜普除厘捐，大
慰民望。若再因循不革，恐承平无事，上下视为定额，必将有不可少之出
款，与为抵销，一旦复有不虞之事，将筹何款以应之？故裁之所以为异日
缓急计也。若夫厘金之外，又有厉民之政，则莫如四川津贴一项。四川古
称饶沃，国初定赋，以其荐经寇乱，概从轻额，故其地五倍江苏，而钱粮
不逮五分之一。厥后生殖日繁，物阜民富，仕宦之人，遂视四川为财薮。
其公私杂费，与一切陋规，莫不按亩加派，名曰津贴，迁流日久，变本加
厉，取之无艺，用之愈奢。凡州县供应上司之差，小者千金，大者逾万。
综计民力所出，逾于正赋之额，几有十倍不止者。夫圣主有轻徭薄赋之仁，
而小民转受苛派无穷之累。揆厥由来，虽非一日，而循是不变，终为厉阶。
兹欲剔除宿弊，诚宜大加整顿，斟酌时宜，明定经制，饬下疆臣，风励僚
属，敦尚廉隅，庶积习可蠲，而于国计民生两有裨矣。臣之所愿恤民隐者
此也。

自元明漕东南之粟以实京师，累代讲求，其法屡变。元用海运，患多
漂溺；明用河运，患多劳费，二者得失维钧。今则海道便利，事捷而费省，
运河梗阻，法敝而费多。窃尝综其利弊论之，盖河运不如海运，海运不如
商运，臣请略陈其说。自前明以屯田养卫军，以卫丁运漕粮，国朝改为旗
丁，其始法非不善。暨其弊也，屯户不能耕，而佣平民以耕，旗丁不能运，
而募水手以运。于是积耗多而游手繁，旗丁诛求于州县，州县暴敛于平民。
其取盈于旗丁者，则有闸官，有弁兵，有仓书。其取盈于州县者，则有上
官，有豪绅，有胥吏。上下交征，而州县之取诸民者，往往三四倍于正赋。
其费之出于上者，则有漕艘之修，有旗丁之粮，有州县之支销，有粮道之

经费，加以闸官、卫官之俸，漕标、河标之饷。溯查嘉庆年间，协办大学士刘权之疏，言南漕每石需费十有八金，盖合上下浮费而言之。国家岁漕四百万石之米，是有七千余万金之费也。近岁海运之法行，盖穷极变通之候，在国家减省浮费，裨益实多。其州县之漕章，亦经各省大吏酌中厘定，明予以办公之经费，隐绝其无限之浮收，民情翕然，至今称便。乃闻议者颇欲规复河运，苟非狃于故见，则必有所利于其中者也。启中饱而便私图，孰甚于是，是河运之不如海运明矣。臣又闻京仓支用以甲米为大宗，八旗兵丁不惯米食，往往由牛录章京领米易钱，折给兵丁，买杂粮充食，每石京钱若干，合银一两有奇，相沿既久，习而安之。官俸亦然，领米辄发米铺，或因搀杂泥沙，霉烂不堪复食，则发糖坊，每石得银一两有奇，赴仓亲领米者，百不得一。盖涉途远则侵蠹必多，经时久则折耗自易。以漕运无穷之劳费，而每石仅获一金之用，亦可慨矣。今诚统计南漕抵仓之米，每岁共有若干，饬令各省将折漕之价，与其应发水脚之费，解交部库，所有甲米官俸愿领银者，照漕折银数发给。每岁部发巨帑，慎选廉干之员，于天津、通州、京仓三处，招商运米，宜于免关税外，援粮船带免他税之例，定为运米若干石，准免他税若干。回空之船，一体给照免税，仓米既满，而运米鬻于市者亦如之。商人惟利是鹜，一闻定例，则江浙之米，与奉天、牛庄之米，必将航海而来；山东、河南之米，亦由运河而至；京东、丰润、玉田之米，络绎骈集，惟所择之，如此则有七便焉：米色精洁，一便也；部库充裕，二便也；民力久纾，三便也；内外支销漕项，节省至千万两以外，四便也；甲米官俸，所得有丰于前，五便也；都门内外，米商奔赴，百货流通，六便也；畿民见米之易售，多种稻田，渐兴水利，七便也。有此七便，上下交益，是海运之不如商运明矣。或谓沧海茫茫，恐一旦有不测之变，招商亦难经久，终不如河运之可恃，不知护运道以备不虞可也。虑沧海之有警，因谓海运不如河运，此因噎废食之见也。况今洋面平稳，轮船迅速，虽在多事之秋，富商大贾，挟数百万之资，致数万里之远，逾山涉波，艰难险阻，曾不假尺寸之势，什伍之卫，不患不达。而运河数千里，节节浅阻，一有烽尘之警，亦未必畅然可行。为今之计，宜以海运与招商并举，如招商著有成效，不妨渐推渐广，而略以海运辅之。仍随时保护运河，量加修浚，每岁酌行河运十数万石，务使运道毋废而已。

若是而谓运道有壅阏之虞，京仓有阙乏之患，必不然矣。臣之所愿筹漕运者此也。

自古养兵无善政。南宋之括财，晚明之加赋，皆为兵多所累，识者病之。我朝绿营兵额五十余万，较之宋明，业已大减。然养兵之费，岁二千万，几耗天下岁入之半。军兴二十余年，各省剿贼，皆倚勇丁以集事，曾未闻绿营出一良将，立一奇功。臣盖尝深究本末而知其弊也。查各省绿营旧制，马兵月饷银二两，步兵一两五钱，守兵一两。平时仰事俯畜，尚难自给，咸以小贸营生，手艺糊口。承平日久，或没齿不经战阵。其居将领之任者，亦复狃于因循，拘于文法。于是乎有老弱滥竽之籍，有役使趋走之卒，有侵减虚悬之饷。其兵仰食县官，视为当然，悍者饮博无赖，愿者疲玩不振，每遇操演之期，巧饰虚艺以炫耳目，一闻征调，胆寒气沮，甚者雇人顶替。行则需车，役则需夫，繁索供张，官民交病。洎乎临敌，真能折冲致果者，百无一二。积弊相嬗，虽有豪杰之士，无由奋兴。然则绿营之不可复恃者，时势然也。自楚军、淮军相继并起，勇丁月饷，倍于绿营之战兵。其得力尤在法令简严，事权专壹，自统领以至营官什长，莫不情意相洽，谊若一家，而又可撤可募，随募随练，用其方新之气，故能奋建殊勋。然今之勇营，已稍不如前矣。若使积年屯驻，不见大敌，久而暮气乘之，又久而积习锢之，恐复如绿营之不振。故中外之议，皆主撤勇而练兵。夫练兵诚急务也，然使仅守绿营旧制，是兵愈冗而愈弱也。臣愚以为居今日而修戎备，与其以一饷养一兵，而十兵无一兵之用，何如以两饷养一兵，而一兵获数兵之用。昔人谓兵贵精不贵多，其成效可睹也。臣谨案，乾隆四十七年，增兵六万有奇，大学士阿桂上疏力争，以岁饷骤加，恐难为继，厥后果因帑藏大绌，叠议裁汰。顷者海内用兵，未遑兼顾，绿营兵饷，欠发甚巨。自是每有战守之事，一倚勇营，而绿营几同虚设。近见各省整理绿营，如浙江之减兵加饷，直隶、河南之添饷练军。前大学士曾国藩在两江总督任内，整顿外海水师，旧兵一万余名裁为二千余名，以济添给薪粮、修造船只之费，部议韪之。盖中外大臣，皆已深鉴绿营之敝而思有以救之，非一日矣。可否推行此法，饬下各省督抚，裁汰绿营虚额，与其衰废斥退之缺，病故开除之缺，一概勿补，仍体察各路情形，或存绿营原额之半，或减存三之一。以其所节之饷，酌加马步口粮，分隶数镇，会合训练。营制太破者，归而并之。汛防太散者，撤而聚之。约计腹省有劲兵一万，边省万五千人，即可以弹压盗贼，隐备不虞。仍酌留得力勇营，参错屯驻；有事则辅以召募，借战守之实务，行训练之成法。如是则平时无冗食之兵，临事获劲旅之用，循名核实，化弱为强，计无过于此矣。虽然，方今要务，整理绿营之外，尤有培护根本之计，有慎筹门户之计。所谓根本之计何也？我国家神武开基，东三省劲骑，为亘古所仅见。近以征调络绎，渐至凋零，老者物故，弱者未壮。其于布阵合围之法，驰驱击刺之术，渐失其传，若不及时整饬，恐斯事遂为绝学。似宜饬下吉林、黑龙江将军，挑选驻防子弟，优加廪饩而勤练之，务使制胜妙技，赓续不穷，将来健旅日出，北可固边塞之防，西可备新疆之用，所裨岂浅鲜哉？所谓门户之计何也？东南军事，以水师为最利。长江水师，利用舢板、长龙、快蟹等船；外海水师，利用广艇、红单、拖罾等船。而论今日海疆所需，则轮船尤为利器。然其操演之法，与长江水师截然两途，与外海水师亦迥然异辙。苟非专门名家，穷年毕世，不能洞悉其精微。今中国闽、沪各厂，虽陆续制造轮船，似尚乏统带轮船之将才，则利器不可得而用也。夫事当缔造之初，非破格鼓舞，不足以彰激劝。似应饬下海疆大吏，荐举轮船将才，其尤异者不次拔擢。俾天下知功名之路，相率研求，殚精毕力，以备干城之用。庶几将才益练，水师益精，而外侮无虞矣。臣之所愿练军实者此也。

孟子有言，无政事则财用不足。《大学》平天下一章，于理财之道，盖兢兢焉。臣之愚策，如所谓加养廉、停捐例、裁厘金，皆有妨于财用者也。如所谓核冗饷、筹漕运、减兵额，皆有裨于财用者也。以其所赢，补其所绌，原足相当。而论方今不涸之源，则尤赖朝廷崇尚节俭以风天下，天下尽趋于节俭，而财用无不足之虞。故臣又以为理财之政，不必开其源也，惟在节其流而已。节流之法，不必广其术也，惟在核州县之交盘而已。谨查吏部定例：州县交代，正限两月内不能结者，谓之初参；展限两月，复不能结者，谓之二参；如旧任官亏缺正项钱粮，或并无亏缺，而新任官迟延不接者，皆由该督抚题参革职；交代未清，而该上司不声明者，司道府州降三级调用，督抚降一级留任。此行之久而无弊者也。降及晚近，州县交代，不尽依限完结，上司惮处分之繁，亦遂不依限题参，往往借辗转驳查，宕延岁月。及其浸久，旧任困于旅费，无款可交，终身寄寓，子孙流离，皆所不免。其新任以旧款未清，转相牵率，于是交代不结者，什有八九，而上司亦遂有参不胜参之势，库款之所以日亏，职是故也。臣闻近来办理交代，以山东为最善。山东一省，自前抚臣阎敬铭申明旧例，刊刻交代章程十一条，颁发州县，并通饬各属，不得借各项工程名目，报销正款钱粮，其交代逾限者，参革毋贷。同治初年，每岁藩库所收正杂各款，不过八九十万两。近则藩库收款至二百五六十万以外，借支本省饷需，及京协各饷。一省如此，天下可知矣。夫州县职司钱粮，坐拥仓库，计其公私之用，每岁多耗数千金，未甚觉其费也。然合天下千五百州县计之，是三年而耗二千万也。彼曾任州县者，亦以挪移甚便，不能节缩衣食，终不免窘乏之虞，查抄之累，此公私两损之道也。若交代素严，俾州县豫知节啬，则国家少亏帑之虞，州县免终身之累，此公私两便之道也。如臣愚见，可否饬下户部申明旧例，并咨取山东交代章程，通行各省，实力办理。又恐积亏之后，骤加整顿，则新旧相混，窒碍必多。欲杜侵亏，惟有宽既往而严将来之一法，酌复养廉以裕其力，禁止摊赔以清其流，庶各省大吏，易于措手。自兹以往，逾限必参，二参必革，功令严而亏挪少，亏项绝而库藏充。理财之道，莫先乎此矣。臣之所愿裕财用者此也。

以上六策，皆史册经见之端，士民欣慕之事，或经列圣创垂而著为良法，或系大臣筹措而迭见成功。臣不过就闻见之余，略参引伸之义，冀可推行乎海内，先期斟酌乎时宜。虽国家大政，不止此数端，然苟非治术所深资，平时所切究，亦不敢掇拾细故，冒昧渎陈。臣自惟学识疏庸，无以仰答高厚生成于万一，谨体圣世求言之意，稍摅千虑一得之愚，臣不胜战栗待罪之至。伏乞皇太后、皇上圣鉴。谨奏。

再密陈者，自古边塞之防，所备不过一隅，所患不过一国。今则西人于数万里重洋之外，飙至中华，联翩而通商者，不下数十国。其轮船之捷，火器之精，为亘古所未有。恃其诈力，要挟多端，违一言而瑕衅迭生，牵一发而全神俱动，智勇有时而并困，刚柔有时而两穷。彼又设馆京师，分驻要口，广传西教，引诱愚民。此固天地适然之气运，亦开辟以来之变局也。臣愚以为欲御外侮，先图自强；欲图自强，先求自治。臣所拟治平六策，于中国自治之方，既略陈其要矣。兹复谨筹海防密议十条，冀于自强之道，稍裨万一。伏惟圣明鉴其愚诚，俯赐采择焉。

一、择交宜审也。昔者乐毅伐齐，必先联赵；诸葛守蜀，首尚和吴。盖有所备，必有所亲，其势然也。洋人之至我中国，专恃合从连横，而我以孤立无助，受其钳制，含忍至今。诚欲于无事之时，多树外援，则择交不可不慎也。方今有约之国，以英、法、俄、美、德五国为最强。五国之中，英人险谲，法人慓悍，所至之地，便思窥伺衅隙，隐图占踞。此中国之深仇，不可忘也。俄国地广兵强，为欧洲诸国所忌，今且西守伊犁，东割黑龙江以北，据最胜之地以扼我后路。是宜罗设大防以为藩篱，而尤注意于东三省，严为之备，而婉与之和。此中国之强敌，不可忽也。美国自为一洲，风气浑朴，与中国最无嫌隙。其纽约与蒲公使所立新约，则明示以助我中国之意。盖亦恐中国稍弱，则欧洲日强，还为彼国之害也。故中国与美国，宜推诚相与，略弃小嫌，此中国之强援，不可失也。德人新破法国，日长炎炎，几与俄、英鼎峙。幸其通商之船尚少，则交涉之事亦无多。此亦中国他日之强敌，不可恃为援，亦未至骤为患也。自昔列国争雄之世，得一国，则数国必折而受盟失一国，则诸国皆从而启衅。盖择交之道得，则仇敌可为外援；择交之道不得，则邻援皆为仇敌。诚宜豫筹布置，隐为联络，一旦有事，则援助必多，以战则操可胜之权，以和必获便利之约矣。

一、储才宜豫也。自中外交涉以来，中国士大夫拘于成见，往往高谈气节，鄙弃洋务而不屑道，一临事变，如瞽者之无所适从。其号为熟习洋务者，则又惟通事之流，与市井之雄，声色货利之外，不知其他。此异才所以难得也。今欲人才之奋起，必使聪明才杰之士，研求时务而后可。昔汉武帝诏举茂才，异等可为将相，及使绝国者。似宜略仿此意，另设一科，饬令内外大臣各举所知，亦不必设有定额。其新科进士，大挑举人，优拔两贡，如有洞达洋务者，亦许大臣保荐，仿学习河工之例，别为录用。其用之之道，如胆识兼优、才辩锋生者，宜出使；熟谙条约、操守廉洁者，宜税务；才猷练达、风骨峻整者，宜海疆州县。求之既早，斯用之不穷。彼士大夫见闻习熟，亦可转移风气，不务空谈。功名之路开，奇杰之才出矣。

一、制器宜精也。西人器数之学，日新月异。岂其智巧独胜中国哉？彼国以制器为要务，有能独创新法者，即令世守其业，世食其利。由是人争自奋，往往有积数世之精能，创一艺而成名者。中国则不然，凡百工技艺，视为鄙事，聪明之士，不肯留意于其间，此所以少专家也。夫《周官·考工》一册，自梓匠轮舆，以逮凫氏函裘陶冶，莫不设为专官，子孙世守勿替。他若奇肱氏之飞车，公输般之攻具，诸葛亮之木牛流马，其精诣独至之处，何尝不逮西人哉？正以后世不崇斯学，故浸失其传耳。今欲鼓舞人心，似宜访中国之巧匠，给之虚衔以风励之，随时派员带赴外洋，遍游各厂以窥其奥窔。有能于洋人成法之外，自出心裁者，优给奖叙；或仿西人之法，俾获世享其利。庶巧工日出，足与西国争长矣。

一、造船宜讲也。外国轮船之制，有商船，有兵船。商船以运货为主，式略短而中宽；兵船以战阵为主，式较长而中狭。至其暗轮之高下，食水之浅深，皆自截然不同。方今闽沪所造轮船，不尽可作兵船者，其初用意，盖欲取两式而兼营之。然其弊也，运货不逮商船之多，战阵不若兵船之劲，是欲求两便而适以两误也。窃谓自今以后，各厂造船，宜令访上等兵船之式，专精仿造。如有商民愿缴造价，公置轮船者，准其赴局专造商船。如此分晰办理，庶中国之船渐推渐精，而经费不至浪掷矣。

一、商情宜恤也。查西洋立法，以兵船之力卫商船，即以商船之税养兵船。所以船数虽多而饷项无缺者，职是故也。往年中国议定章程，设立轮船招商局，夺洋人之所恃，收中国之利权，诚为长策。惟是推行未广，华商之应募领船者，尚属无几。且自中外通商以来，江浙闽广诸商，亦有置买轮船者，大抵皆附西商之籍，用西国之旗。虽经费甚大，利归西人，而诸商曾不以为悔者，其故何也？盖为华商则报税过关，每虞稽滞，掣肘必多；为洋商则任往各口，无所拦阻，获利较易也。今诚体恤商情，曲加调护，务使有利可获，官吏毋许需索，关津不得稽留，令明法简，将来缴价造船之商，自必源源而来。贸易既盛，渐可驶往西洋诸埠，隐分洋商之利。然后榷其常税，专养兵船，务使巡缉各洋，以为保卫商船之用。从此兵船益多，而经费不绝。富强之道，基诸此矣。

一、茶政宜理也。中国出口之货，以丝茶为大宗。茶叶一项，与洋人进口之鸦片，其价值略足相当。然鸦片之来，为害于中国甚深；茶叶之往，为利于西洋甚大。洋人以茶叶为性命，恃以消瘴毒、除疾病，不能一日稍离。闲尝询诸茶商，核诸近日新闻纸，综计每岁各路出口之茶，价值约在三千万两以外。若榷其什二之税，是岁入六百万也。今者海关税则，刊在条约，不可复改；而各省之茶捐茶税，收数未旺，隐漏尚多。夫欲筹御外之规，必先操裕财之本；欲勿累吾民而财足，莫若仍取诸外洋。昔管子谨正盐策，而诸侯敛袂朝齐，诚知利权所在，足制诸侯之命也。方今中国大利，被洋人网罗尽矣；只此物产之菁华，可以默操其权。宜于闽浙、湖广、江西、安徽出茶诸省，酌加税额，而严核其隐漏。茶税暗增，则茶价亦昂，显取诸内地之民，实隐收洋人之利。惟其经理之法，宜出之以渐，济之以权，务使洋人相安于不觉，数年之后，必有成效。举凡制器、造船之费，练兵、筹饷之源，皆可取资于是矣。

一、开矿宜筹也。中国金银煤铁等矿，未经开采者，处处有之。货弃于地，而外人垂涎久矣。似不妨用彼国开挖之器，兴中国永远之利。查有矿苗旺处，由各省大吏谘访民情，察度地势，果其毫无妨碍，始许兴办。其开采之法有二：一曰官采。由官酌拨款项，雇洋人，买机器，随宜办理。一曰商采。仿淮盐招商之法，查有殷实华商，准其集资报名，领帖设厂，置备机器，自行采取。官为稽其厂务，视所得之多寡，酌定收税章程，严禁隐漏。如是则地不爱宝，民无弃财，不失中国饶富之权，不启彼族觊觎之渐，似亦筹饷之一助也。

一、水师宜练也。外国兵船之式，船主为全船纲领。其下有总领官，主水陆攻战；有领队官，主船中排队；有大伙、二伙、三伙，专佐船主行船；此外如管理机器，看守汽表，与夫装送子药，视敌取准，各有专司；其收放帆篷，登陟桅顶，驾驶舢板，抽水、救火等事，皆令水手操练。职司有定位，作息有定时，习之既专且久，所以能纵横无敌。今中国轮船，亦颇仿效西法，参用洋人，究未造其深际。无他，学习不如阅历之精，而所用洋人无上选也。昔巫臣教吴，武灵胡服，始皆借才异国，终则远出其上；唐太宗驾驭蕃将，多能得其死力。窃谓沿海大吏，与出使外洋之员，皆宜留心物色，如洋将中有挟高才而愿游中国者，不妨罗致一二人，縻以厚禄，善为驾驭，先令教练一船，久则推演渐广。仍仿俄国初年练兵之术，选沿海勤敏之子弟，送入西船，俾习各司，而协贴其经费，数年回国，分配各船，庶技艺日精，水师日劲，不难操券而决矣。

一、铁甲船宜购也。西洋守港之恃铁甲船，犹行军之恃营垒，寻常轮船，当之辄碎。又有铁甲小船，所以缠护炮台，四面伏击，最为灵活坚利。

惟食水过深，不能远越重洋，是以至中国者，颇属寥寥。今中国既有轮船数十号，亦宜酌备铁甲船，外则巡缉洋面，恃为游击之师，内则扼守要口，胜于炮台之用。盖有一铁甲船，而诸轮船即可依护以增气势，尤幸彼之不能来犯，我即可恃为专长。苟非未雨绸缪，则仓猝必难筹措，似未可以需费稍巨，而失此远图也。盖铁甲小船，不难由内地仿造。其大者工程繁重，骤难得其要领，非在外国定购不可。又恐定购之后，难越重洋，不妨将铁料如式翦裁，分拆运送，饬匠钉配。但必议价定造，不可承买旧船耳。

一、条约诸书宜颁发州县也。西人风气，最重条约，至于事关军国，尤当以万国公法一书为凭。如有阻挠公事，违例干请者，地方官不妨据约驳斥。果能坚韧不移，不特遏彼狡谋，彼且从而敬慕之，如或诡随馺法，不特长彼骄气，彼且从而非笑之。盖西洋立国，非信不行，非约不济，其俗固如此也。方今海疆州县，商船之络绎，传教之纷繁，事事与洋人交涉。乃当其任者，往往以未见条约，茫然不知所措，刚柔两失其宜。其偏于刚者，既以违约而滋事端；其偏于柔者，亦以忘约而失体统。启衅召侮，职此之由。似宜将万国公法，通商条约等书，多为刊印，由各省藩司颁发州县。将来流布渐广，庶有志之士与办事之官幕书吏，咸得随时披览，一临事变，可以触类旁通，援引不穷矣。

以上十条，皆系显著之端倪，亦有可乘之事会。臣谨稽之古籍，准之时宜，虑欲周而臆见不敢参，谋欲决而先机不容缓，用敢附片密陈梗概，伏乞皇太后、皇上圣鉴。谨奏。

伯兄抚屏云：光绪元年四月，平远丁稚璜宫保在山东巡抚任内，代上此疏。奉旨留中，旋交军机大臣发各衙门议奏。其海防密议十条，由总理衙门汇入各行省大吏议覆海防各折核议；而治平策六篇，则由吏、户、礼、兵四部分议。于是，总理衙门议先上，以择交、储才两条关系较重，且与南北洋大臣所论大意相同，始定遣使往驻西洋各国之议。盖谓此举为可联与国而练人才也。又议准将条约诸书，由总理衙门刊印，颁发各关道、各行省，分行州县。其制器、造船、恤商、茶政、开矿、练水师、购铁甲船各条，大致颇多许可，并行南北洋大臣酌办。各部所议之事，除设幕职、复行取、筹漕运三条，由吏部、户部议驳，开特科一条由礼部议请暂缓外，其恤民隐、练军实、裕财用三端，并下各行省酌办。自是十年以来，有停止捐例之令，有津贴京员之议，有稽核州县交代之新章，而四川之裁撤夫马局，各省之蠲免米商厘税，及汰减绿营，添设练军，吉林、黑龙江相继遣大臣练兵，皆以此疏为之嚆矢。当此疏初上时，京师颇多传诵者。议论一播，鼓动中外，建言者往往响应而起。昔贾长沙、董江都条议汉事，或于数十年后见之施行，后儒称其通达治体切于世事，吾于此文亦云。

朱亮生云：此疏洋洋洒洒，浩浩落落，有千岩万壑之观，有清庙明堂之概。循绎数过，始知为纲者六，为目者几二十，有纲中之纲，有纲中之目，有目中之目。以新圣德为治平缘起，此为纲中之纲。养贤才则有重京秩、设幕职、开特科三端，肃吏治则有停捐例、复行取、加养廉三端，此为目中之目。篇中所议停捐纳、行海运、裁兵加饷，皆与鄙见不谋而合。其复养廉、恤民隐、重京秩、核交代，皆绝大关系，为治乱盈虚之所从出，言之诚不厌其详。至酌裁厘金，为后日缓急计，识虑更深。若京员因谋食不遑，未能讲求治道，及科目求速化，置经史于不问，尤能言人之所不敢言。而开特科所以剂科甲之穷，复行取无碍于疏通之路，措辞复甚圆湛。作者于二十一史因革损益、成败得失，了了胸中；而本朝掌故，近今利弊，尤谙悉无遗，故能折中立言以成至文。最可爱者，直言无讳中，复能处处婉曲，笔笔斡旋，读者但觉其忠爱恳挚，不见其激烈迫切，奏疏中有数文字也。瓣香从何处得来，知其渊源所渐者远矣。

曾栗诚云：海防密议十条，笔达而圆，意新而确。此议未出之前，系是人人意中所无；此议既出之后，乃觉人人意中所有。方洋务之初起，世之人或惊为异事，或鄙弃而不屑道，或挟其绪余以自重，数者皆非也。篇中所引，如《周官·考工记》、汉武帝、唐太宗、管子、乐毅、诸葛亮等，皆于时事极为贴切。今之所谓洋务者，实多前古已行之事，似极奇创，却极平常。尤妙在事事从浅处、显处着笔，使人易晓而世易行。宜乎乙亥、丙子间，斯议传播一时也。（《庸庵文编》卷一）

叙曾文正公幕府宾僚

昔曾文正公奋艰屯之会，躬文武之略，陶铸群英，大奠区宇，振颓起衰，豪彦从风，遗泽余韵，流衍数世。非独其规恢之宏阔也。盖其致力延揽，广包兼容，持之有恒，而御之有本。以是知人之鉴为世所宗，而幕府宾僚，尤极一时之盛云。

窃计公督师开府，前后二十年，凡从公治军书，涉危难，遇事赞画者，闳伟则太子太傅大学士肃毅伯合肥李公，礼部侍郎出使英吉利总理各国事务大臣长沙郭公嵩焘筠仙（郭公原籍，因避家讳，改书其郡，下从此例），兵部侍郎巡抚陕西长沙刘公蓉霞轩，云南按察使平江李元度次青。明练则四品卿衔内阁侍读长沙郭崑焘意城，候补道长沙何应祺镜海，武冈邓辅纶弥之，歙程桓生尚斋，主事甘晋子大，直隶清河道溧阳陈鼐作梅，河南河北道奉新许振袆仙屏，四品卿衔吏部员外郎嘉兴钱应溥子密，候补道长洲蒋嘉棫莼卿，定远凌焕晓岚。渊雅则知和州直隶州长沙方翊元子白，江苏按察使中江李鸿裔眉生，四品卿衔刑部主事歙柯钺筱泉，候补道伙程鸿诏伯羲，候选知府阳湖方骏谟元征，江苏知县溆浦向师棣伯常，出使日本记名道遵义黎庶昌莼斋，知冀州直隶州桐城吴汝纶挚甫。右二十二人，李公功最高。公之志业，李公实继之。郭公、刘公与公交最深。所议皆天下大计。

凡以他事从公，邂逅入幕，或骤致大用，或甫入旋出，散之四方者，雄略则太子太保大学士恪靖侯长沙左公，兵部尚书衡阳彭公玉麟雪琴，前布伦托海办事大臣汉军李云麟雨苍，权福建布政使护巡抚事益阳周开锡寿珊，候补直隶州赠太常寺卿云骑尉长沙罗萱伯宜，安徽布政使权巡抚事新建吴坤修竹庄，甘肃甘凉道合肥李鹤章季荃。硕德则兵部尚书总督两江开县李公宗羲雨亭，兵部尚书总督湖广合肥李公瀚章筱泉，前兵部侍郎总督东河河道南昌梅启照筱岩，前兵部侍郎巡抚安徽衡阳唐训方义渠，都察院左副都御史吴川陈兰彬荔秋，兵部侍郎巡抚山东桂阳陈士杰俊臣，光禄寺少卿江夏王家璧孝凤。清才则太仆寺卿瑞安孙衣言琴西，监察御史乌程周学濬缦云，前知建昌府江阴何栻莲舫，候补直隶州湖口高心夔碧湄。隽辩则候选道阳湖周腾虎韬甫，前湖南布政使剑州李榕申甫，兵部侍郎巡抚广东望江倪文蔚豹岑，前山西冀宁道东湖王定安鼎丞。右二十二人，左公、彭公功最高。李云麟闻公下士，徒步数千里从公。皆才气迈众，练习兵事，而受知于公最先。

凡以宿学客戎幕，从容讽议，往来不常，或招致书局，并不责以公事者，古文则浏阳县学教谕巴陵吴敏树南屏，前翰林院编修南丰吴嘉宾子序，候选内阁中书武昌张裕钊廉卿。闳览则前翰林院编修德清俞樾荫甫，芷江县学训导长沙罗汝怀研生，诸生新城陈学受艺叔，知永宁县当涂夏燮谦甫，江苏知县独山莫友芝子偲，举人衡阳王开运纫秋，秀水杨象济利叔，刑部郎中长沙曹耀相镜初，出使俄罗斯参赞道员武进刘瀚清开生，知易州直隶州阳湖赵烈文惠甫。朴学则海宁州训导嘉兴钱泰吉警石，知枣强县桐城方宗诚存之，候补郎中海宁李善兰壬叔，举人江宁汪士铎梅村，候选道石埭陈艾虎臣，诸生南汇张文虎啸山，德清戴望子高，仪征刘毓崧北山，其子寿曾恭甫，海宁唐仁寿端甫，宝应成蓉镜芙卿，候选知府金匮华蘅芳若汀，候选县丞无锡徐寿雪村。右二十六人，吴敏树、罗汝怀、吴嘉宾名辈最先。敏树与张裕钊之文，所诣皆精。莫友芝、俞樾、王开运、李善兰、方宗诚、张文虎、戴望皆才高学博，著述斐然可观。

凡刑名、钱谷、盐法、河工及中外通商诸大端，或以专家成名，下逮一艺一能，各效所长者，干济则苏松太兵备道南海冯焌光竹儒，徐州兵备道歙程国熙敬之，候选主事海宁陈方坦小浦，候选教谕宜兴任伊棣香，候选知县江宁孙文川澄之。勤朴则前两淮盐运使泾洪汝奎琴西，候选直隶州汉阳刘世墀彤阶，候补道浏阳李兴锐勉林，候补知府衡阳王香倬子云。敏赡则监察御史武昌何源镜芝，江西知县忠州李士棻芋仙、候补同知宣城屠楷晋卿，候补知府富顺萧世本廉甫。右十有三人，皆能襄理庶务，剸繁应琐；虽其用之巨细不同，亦各有所挟以表见于世。凡福成所尝与共事，及溯所闻而未相觌，或一再晤语而未共事者，都八十三人。其碌碌无所称者不尽录。

古者州郡以上得自辟从事参军记室之属，故英俊之兴，半由幕职。唐汾阳王郭子仪精选幕僚，当时将相，多出其门。降及晚近，舍实用而崇科第，复为壹切条例，以束缚贤豪，而登进之涂隘矣。惟公遭值世变，一以贤才为夷艰定倾之具。其取之也，如大匠之门，自文梓楩楠，以至竹头木屑之属，无不储。其成之也，始之以规矩绳墨，继之以斧斤锥凿，终之以磋磨文饰。其用之也，则楹栋榱桷，棍阒楔楔，位置悉中度程。人人各如其意去，斯所以能回乾轴而变风气也。昔公尝以兵事、饷事、吏事、文事四端，训勉僚属，实已囊括世务，无所不该。幕僚虽专司文事，然独克揽其全。譬之导水，幕府则众流之汇也。譬之力穑，幕府则播种之区也。故其得才尤盛，即偶居幕府，出而膺兵事、饷事、吏事之责者，罔不起为时栋，声绩隆然。夫人必有驾乎天下之才之识之量，然后能用天下才，任天下事。福成居公幕仅八年，于未及同游者知之不详。然于公知人之明与育才之心，粗有所睹矣。谨诠次公宾僚姓名，并叙其爵里著于篇。而于所未知者则姑阙焉。（《庸庵文编》卷四）

治术学术在专精说

中国上古之世贤者，与民并耕而食，饔飧而治。孟子讥其以大人小人之事，并而为一。盖鸿荒朴略之时。文明尚未启也。厥后耕织、陶冶之事，不能不分。分之愈多，术乃愈精。是故以禹之圣而专作司空，皋陶之圣而专作士，稷、契之圣而专作司农、司徒，甚至终其身不改一官，此唐虞之所以盛也。管子称天下才，其所以教民之法，不外士之子恒为士，农之子恒为农，工之子恒为工，商之子恒为商，此齐国之所以霸也。宋明以来，渐失此意。自取士专用时文试帖小楷，若谓工其艺者即无所不能，究其极乃一无所能。仕于京者，忽户部，忽刑部，忽兵部，迄无定职，仕于外者，忽齐鲁，忽吴楚，忽蜀粤，迄无定居，忽治河，忽督粮，忽运盐，亦迄无定官。夫以古之圣人，所经营数十年而不敢自谓有成效者，乃以今之常人，于岁月之间而望尽其职守，岂不难哉！

泰西诸国，颇异于此。出使一涂，由随员而领事，而参赞，而公使，洊升为全权公使或外部大臣，数十年不改其用焉。军政一涂，由百总而千总，而都司，而副将，洊升为水陆军提督，或兵部大臣，数十年不变其术焉。他如或娴工程，或精会计，或谙法律，或究牧矿，皆倚厥专长，各尽所用，不相搀也，不相挠也。士之所研，则有算学、化学、电学、光学、声学、天学、地学及一切格致之学，而一学之中，又往往分为数十百种，至累世莫殚其业焉。工之所习，则有攻金、攻木、攻石、攻皮、攻骨角、攻毛羽及设色搏填，而一艺之中又往往分为数十百种。即如造炮攻金之一事也，而炮膛、炮门、炮弹、炮架，所析不下数十件，各有专业而不相混焉。造船攻木之一事也，而船板、船桅、船轮、船机，所分不下数十事，各有专家，而不相侵焉。所以近年订购船炮，每由承办之一厂，向诸厂分购各料，汇集成器，而其器乃愈精。

余谓西人不过略师管子之意而推广之，治术如是，学术亦如是，宜其骤致富强也。中国承宋明以来之积弊，日趋贫弱，贫弱之极，恐致衰微，必也筹振兴之善策，求自治之要图，亦惟详考唐虞以后，宋明以前之良法而渐扩充之，而稍变通之，斯可矣。（《庸庵海外文编》卷三）

郑观应

学校上

学校者，造就人才之地，治天下之大本也。古者家有塾，党有庠，州有序，国有学。比年入学，中年考校，一年视离经辨志，三年视敬业乐群，五年视博习亲师，七年视论学取友，谓之小成；九年知类通达，强立而不反，谓之大成。故其时博学者多，成材者众也。比及后世，学校之制废，人各延师，以课其子弟，穷民之无力者，荒嬉坐废，莫辨之无，竟罔知天地古今为何物，而蔑伦悖理之事，时见于通都大邑，此皆学校不讲之故也。（学校废而书院兴，原所以集士子而课以艺学，使之明习世务，而为国用。乃今日虽有书院，而士子依然散居里巷，绝少肄业其中；间或有之，亦无程范，听其来去自由。虽有山长，不过操衡文甲乙之权，而无师表训导之责。届试期，则聚士子而课以文，尽一日之长。所作不过尘羹土饭，陈陈相因之语，于国家利病，政治得失，未尝一及。而天文、格致、历算等学，则又绝口不谈。其有讲实学，严课程，以文章砥砺，务为有用之学者，千不得一二。书院虽多，亦奚为哉！）

今泰西各国犹有古风，礼失而求诸野，其信然欤！迹其学校规制，大略相同，而德国尤为明备。学之大小各有次第，乡塾散置民间，为贫家子弟而设，由地方官集资经理。无论贵贱男女，自六岁后皆须入学，不入学者罪其父母。先入小学堂，教以浅近文理、地图、算法、史事、格致之属。小学成后，选入中学堂。所学名类甚多，名曰普通学，如国教、格致、算学、地理、史事、绘图、体操、兵队操，本国行文法、外国言语文字行文法，皆须全习，惟外国文字只兼习一国。无论大、小学堂，皆有讲国教一门，皆有学兵队之操场。

日本之教科名伦理科，所讲皆人伦道德之事，其大义本教育敕语，旁参五经、四书及泰西伦理。学生中学校毕业，则发给凭照，自此以后文、武分途，或文或武各听其便。习文事者，入高等专门学校习专门之学。凡可称高等专门学校者，如高等师范、高等商业、高等工业、医学专门、东京美术（即绘画、雕刻、嵌钿、铸冶之技）、东京外国语、东京音乐皆是（此外尚有女子高等师范，为女子专门学校）。若欲入分科大学，先入高等学校修豫备科。科分三部：第一部为法科、文科，第二部为理（即格致）、农、工，第三部为医学。门径既识，然后入大学。校中分科专习，科分六门，即法、文、理、农、工、医六者，但较豫备科为专精耳。分科毕业，发给凭照，略如中国举人。其愿再学者，入大学院以精究奥义。大学院毕业领照，则如进士、翰林矣。凡习武备者，自幼年学校毕业入营，但学为弁半年。若从中学毕业，选拔入营，则须先学为兵半年，再学为弁半年，然后同升入士官学校，名为候补士官生。命名士官，盖取三代庠序之称曰士，卒伍之称亦曰士之遗意。教以战术（兼战史）、兵器（即军械）、地形（兼测绘）、筑城（即工程）、军制、卫生、马学（卫生与军医殊，马术与骑术殊）等事。一年毕业为试用士官，再入营练习士官之事半年，国家即用为各军少尉，位如中国千总。自少尉以上，曰中尉、大尉，如守备、都司。官至少尉后，可在本营叙劳升转（若充兵出身，非战时不得为士官，至特务曹长而止。特务曹长位如中国把总）。其自少尉、中尉之中入陆军大学校，以储参谋之资。自大尉而上，曰少佐、中佐、大佐，略如游击、参将、副将。再上曰少将、中将、大将，则位如提、镇、总统矣。凡愿习水师者，先入海军兵学校，三年毕业为候补少尉，在舰练习一年，此一年中须远航一次。其隽秀者升入海军大学校。查海、陆大学校，其体制与文事大学校颇殊。

泰西各国学制不同，入学之岁亦不同，然其用意事事相同。故大、中、小学年限，无论文、武，大率三、四、五年不等。等级渐深者，子目亦渐多。学生多则班数亦多，然每班不过数十人。此班学满即迁彼班，依次递升，不容躐等。小学堂于来学之生徒，察其贫者免取修脯，稍赡者半之。

中学堂（即普通学）之脩脯亦廉。此外国学校教士官人之大略也。

中国亟宜参酌中、外成法，教育人材，文、武并重，仿日本设文部大臣，并分司责任（一蒙学、一普通、一专门、一编译、一会计、一典试、一巡查）。聘中外专门名家，选译各国有用之书，编定蒙学、普通、专门课本，颁行各省。并通饬疆吏督同地方绅商就地筹款，及慨捐巨资，相助者报部奖励。务使各州县遍设小学、中学，各省设高等大学，一体认真，由浅入深，不容躐等。各州、县、省会学堂生徒之课艺，凡自备资斧游学外邦，专习一艺，回国者准给凭照，优奖录用，则人材日出，何患不能与东、西各国争胜乎？且中国向无工艺院，故贫民子女无业谋生者多。倘各处设院，教其各成一艺，俾糊口有资，自不至流为盗贼。闻泰西工艺院急于文学院，以工艺一事，非但有益商务，且有益人心。院中课习制造、机器、织布、造线、缝纫、攻玉，以及考察药性与化学等类，教分五等（事详篇末）。中国生齿日繁，生计日绌，所以工艺学堂亦今世之亟务也。（《盛世危言》卷一）

学校下

孔子论学道之功，循序而进，譬诸升堂入室。余谓读书之功，亦循序而进，譬诸自地登楼。中国师道日衰，教术日坏，无博学通儒克胜教习之任，无师范学校以养教习之材，故为师者类皆迂儒老生，终身从事于章句之学，帖括之艺。试问以五洲形势、列国政治、历朝史鉴、诸子百家，天算、动植、形声、格致之学，皆懵然漠然，不知所对。其课徒也，曰五经，曰古文。五经将以通圣人之道，古文将以开童子之智，斯固然矣。特是五经中有童子能解之篇，有童子不能解之篇。其述往事而无议论之文，童子所能解；其讲性理道德之学，童子所不能解。今乃取其难解，略其易解，以为圣人之道义尽在于此，童子虽不能解，必令读之。犹大言曰：士子读书，所以通圣人之道。欲通圣人之道，须通圣人之经；欲通圣人之经，非童而习之不为功。是以黄口小童，入塾数月，先将"大学之道在明明德"之语腾跃于口，洋溢于耳；继而读《中庸》，读《论》《孟》；四书读竣，又习五经。然膏继晷，朝夕从事于斯，彼其用心，将为考试之题目耳，制艺之取材耳，于义理无所讲究也，于文法无所留意也。故有读书六七年徒以多记为功，不辨菽麦；故名为读圣人书，学圣人道，实则蠢愚迂谬不可向迩，腹笥空虚，毫无心得，岂非可笑耶？岂非可悲耶？

凡人之灵有悟性、有记性，教童子者导之以悟性甚易，强之以记性甚难。试观五尺之童，有人讲一笑谈故事，彼即入于耳，会于心，牢记不忘，津津乐道。若课以数行《学》《庸》，彼罔然不知所解，口吟终日尚难背诵，为之师者又从而殴之。于是童子以读书为至苦，就学校如就图圄，对师长如对狱吏，恒思半途废业，弃文就武。

夫《大学》之道，至于平天下，《中庸》之德，至于无声臭，《论语》讲仁义道德之事，《孟子》言尽心养气之功，吾恐老儒经生亦难悉其底蕴。今以老儒经生所难解者，而教数龄之学童，知其必不能解也，而犹然授之，非天下至愚者不为也。况今之为师者，当讲解时不过将各家注释翻诵一遍，苟且塞责而已。设有颖慧子弟问先生，何谓明德，何谓至诚，何谓用力于仁，何谓浩然之气，将舌桥口呿，甚或恼羞为怒，斥子弟不敬而深责之，俾不敢复言。若此，非贼人子弟乎？非锢蔽智慧乎？

然则如何而可？曰：初学蒙童，每日授以方字，逐字讲解意义，不防悉用土音，每日以识二十字为限。俟识二千余字，即选《二十四孝》《二十四悌》《学堂日记》《感应篇图说》《阴骘文图证》等书，先取目前有形之物、日用寻常之事，或俗语浅文，或韵言歌诀，使其易于索解，易于记诵者，编为三百课，配以石印绘图。每晚为讲一课，随令还讲，即加句读，作为次日之生书。次晚背诵无讹，再上第二课。每早仍添识新字，以满六千字而止。(由《说文》中挑出六千字，分别繁、要、简三种，均刻木板，用坚硬之洋纸刷印，切成方字，每生各给字一匣，务必读识二千余字方准读书。)此第一年功课也。次年，仍兼温字义，取《家语》《国策》、子史等书文义浅近者，及地舆、算法(孔教有礼、乐、射、御、书、数六门，今之学校纵不能全授，而礼仪、体操、算法，是人生日用必不可少者。盖不知礼无以立，不知体操无以卫生，不知算法无以谋生)、各国人物、风俗、诙谐故事，编成三百课，仍随解随读，兼温旧课。此第二年功课也。再次年，择《国策》《史记》《汉书》等文理稍深、篇幅较长者，仍选三百课，随讲随读，兼温字义。此第三年功课也。

合计三年后，有六千字义烂熟胸中，有九百课由浅入深之书本，而谓不能融会义理乎？后授之以四书五经，有不声入心通乎？其开笔联句之法，或函牍，或故事，或新闻，先由一二句至三四句，扩充至数十句、数百句。苟文理通顺，自成段落，即谓之作文。岂若世俗做破、承、起讲，方谓开笔耶？然做破、承、起讲，实亦基础于此矣。夫如是，教者不劳，而读者有味，愈读而愈有精神，愈有意味。何不仿而行之？

或谓中国小学堂宜仿德国小学堂章程：教分七班，每年历一班。学分十课：一曰经学，以中国十三经之大义，择其浅近而切于伦常日用者训之，以培其德行也；二曰读中国书，凡华人不能不通华文，上而章句，中而论说辩难，下而浅近往来书牍，虽文理有浅深，而学徒皆不可以不通也；三曰算学，以西算为主；四曰地舆，以中国地理为主，旁及各国之地舆；五曰史学，以中国史学及外国近百年之史学为主，其外国古史，稍明大概足矣；六曰生物、植物学；七曰格致学；八曰画图学；九曰体操；十曰习中国字。小学堂为本国通用之学而设，故不及外国文字功课。其欲子弟大成者，则有中学堂与溥通学在。（《盛世危言》卷一）

女教

古重胎教，盖谓人生自孩提以至胜衣，大都瞻依慈母，跬步不离。此家有贤母，其子若女必多造就，然后日之贤母，即当年之名媛。中国女学诸书失传已久，自片语单文散见六经、诸子外，以班昭《女诫》为最先，刘向《列女传》，郑氏《女孝经》《女训》《阃范》《女范》，各有发明。近世蓝鹿洲采辑经、史、子、集中为妇人法式者，谓之女学，颇称详赡。所惜者，朝野上下间拘于"无才便是德"之俗谚，女子独不就学，妇功亦无专师。其贤者稍讲求女红、中馈之间而已。于古人所为妇德、妇言、妇容、妇工者，有其名无其实。礼教之不讲，政化之所由日衰也。

泰西女学与男丁并重。人生八岁，无分男女，皆须入塾，训以读书、识字、算数等事。塾规与男塾略同，有学实学者，有学师道者（学成准在女塾教授女徒），有学仕学者，有入太学院肄业以广其闻见者。虽平民妇女不必如男子之博雅淹通，亦必能通书文，明道理，守规矩，达事情，参以书数、绘画、纺织、烹调之事，而女红、中馈附之，仍能佐子相夫，为贤内助矣。瑞士国有大书院准女子入内习医，如果精通亦可给凭行道。而收生一端，关系尤重。俄国特设教女收生院，凡胎前产后一切要症，必须明白透澈，体恤入微，既讲求妇科，即内、外各科亦可兼习也。

中国之人生齿繁昌，心思灵巧，女范虽肃，女学多疏。诚能广筹经费，增设女塾，参仿西法，译以华文，仍将中国诸经、列传、训诫女子之书别类分门，因材施教，而女红、纺织、书数各事继之。富者出资，贫者就学，由地方官吏命妇岁月稽查，奖其勤而惩其惰。美而贤者，官吏妥为择配，以示褒嘉。至于女塾章程，必须参仿泰西，整齐严肃。庶他日为贤女，为贤妇，为贤母，三从四德，童而习之，久而化之；纺绣精妙，书算通明；复能相子佐夫，不致虚縻坐食。愚贱皆知礼义，教化具有本原。此文、武之所以化行俗美也。

至妇女裹足，合地球五大洲，万国九万余里，仅有中国而已。国朝功令已加禁革，而相沿既久，俗尚未移。夫父母之爱子也无所不至，而钟爱女子尤甚于男儿，独此事酷虐残忍，殆无人理。或四五岁，或七八岁，严词厉色，陵逼百端，必使骨断筋摧，其心乃快。以为如此而后，他日适人可矜可贵；苟肤圆六寸，则戚里咸以为羞。此种浇风，城市倍于乡曲，世家巨室尤而效之。人生不幸作女子身，更不幸而为中国之女子，戕贼肢体，迫束筋骸，血肉淋漓，如膺大戮，如负重疾，如觏沉灾。（西人论女子裹足，男子宫刑，乃极弊之政，为合地球五大洲之所无，宜为彼族嗤笑。革之者真为圣君贤相矣！）稚年罹剥肤之凶，毕世婴刖足之罪。气质虚弱者因以伤生，虽父母爱怜，而死者不可复生，断者不可复续矣！即幸全性命，而终日需人扶掖，井臼安克操持？偶有水火、盗贼之灾，则步履艰难，坐以待毙。戕伐生质以为美观，作无益以为有益，是为海淫之尤。苟易裹足之功改而就学，罄十年之力率以读书，则天下女子之才力聪明，岂果出男子下哉？所望有转移风化之责者，重申禁令，立限一年，已裹者姑仍其旧，而书"裹足"二字表其额，悬其门楣。嗣后一律禁止。故违者罪其家长，富贵者停给诰封。通饬各省广立女塾，使女子皆入塾读书。其美而才者，地方官吏赠物赠匾以奖荣之。各塾女师如能教化贤才，卓有成效，咨请旌奖以劝将来。一转移间利兴弊去，二百兆裙钗皆能佐夫教子。成周之雅化，

《关雎》《麟趾》之休风，无难复见于今日矣！

天下事贵自然，不贵造作；人之情行其易，不行其难。惟裹足则反是，并无益于民生，实有关于世教。且稽之三代，考之经史，无有一言美之者，而举世之人皆沿习成风：家家裹足，似足不小，不可以为人，不可以为妇女者。真所谓戕贼人以为仁义，亦惑之甚矣！国朝八旗妇女皆不裹足，古道犹存，其风足尚。庄子云："天子之侍御，不爪揃，不穿耳。"耳尚不穿，岂可裹足耶？应由地方大吏出示禁约：凡属贵臣望族以及诗礼之大家，俱遵王制；其倡、优、隶、卒及目不识丁之小户，听其自便。如以此法行之十年，则积习渐消，天下万民皆行古之道矣。况妇女裹足，则两仪不完；两仪不完，则所生男女必柔弱；男女一柔弱，而万事隳矣！夫裹足为贱者之服，岂可以行之天下，而且行之公卿大夫之眷属耶？予所以言之喋喋者，实有系于天下苍生，非仅考订其源流而已。

我朝崇德三年七月奉谕旨："有效他国裹足者，重治其罪。"顺治二年禁裹足。康熙三年又禁裹足。七年七月礼部题为恭请酌复旧章以昭政典事，都察院左都御史王熙疏内开："顺治十八年以前，民间之女未禁裹足。康熙三年遵奉上谕，下议政王、贝勒、大臣、九卿、科道官员会议，元年以后所生之女禁止裹足。其禁止之法，该部议覆。等因。于本年正月内臣部题定：元年以后所生之女，若有违法裹足者，其父有官者交吏、兵二部议处；兵、民则交付刑部责四十板，流徒，家长不行稽察，枷一个月，责四十板。该管督、抚以下文职官员有疏忽失于觉察者，听吏、兵二部议处在案。"查立法太严，牵连无辜，以为无关紧要，事竟中止！第使当时禁不过急，持之以恒，则今日已可永除此陋习也。（《盛世危言》卷十三）

考试上

泰西取士之法设有数科，无不先通文理算学，而后听其所好，各专一艺。武重于文，水师又重于陆路。考试之法，虽王子国戚，亦等齐民。如欲为将帅者，必先入武备院、韬略馆读书，兼习天球、地舆、测量诸学。期满，由现任水陆提督偕各大臣亲到学院，与掌教鉴定，考取一等者即编入行伍，授以把总、千总之职，次第而升，以资历练，文件自理，枪炮自发，虽至贱至粗之事，亦不惮辛劳而尝试之。及功成名就，致仕闲居，犹不废立说著书以传后世。即矿师、医士，必须精于格物，通于化学。讼师尤须明律例，考取文凭方准用世。

无论一材一艺，总期实事求是，坐而言者即可起而行。而中国文士专尚制艺，即本国之风土、人情、兵刑、钱谷等事，亦非素习。功令所在，士之工此者得第，不工此者即不得第。夫以八股为正途，视别学为异端，其不重可知矣。人材焉能日出哉！如是，虽豪杰之士亦不得不以有用之心力，消磨于无用之时文。即使字字精工，句句纯熟，试问能以之义安国家乎？不能也。能以之怀柔远人乎？不能也。一旦业成而仕，则又尽弃其所学。呜呼！所学非所用，所用非所学，天下之无谓，至斯极矣！

朝廷亦知其不可深恃，屡诏中外大臣保举人才。然所谓大臣者，分高位崇，与下民隔绝，虽有奇杰异能之士，安得而知？何从而友？日夕所接者，下僚狎客而已，僚客未必有才也。所习者，私亲密友而已，亲友未必有才也。不得已而应诏，亦惟举一二有交之显宦，或庸懦无能之辈，以塞责而已，何曾保一岩穴隐遁之真才哉！以中国之大，人文之盛，何在无才？或市井潜藏，或名山终老，苟科名蹭蹬，则终不得一伸其志者，皆科目害之耳。

如不能复古制选材于学校，拟请分立两科，以广登进。一、考经史以觇学识。二、策时事以征抱负。三、判例案以观吏治。（原拟：一曰考证经史，疏通疑义，以觇学识。二曰策论时事，昌言无讳，以征抱负。三曰审问疑难例案，以观吏治。四曰兼试文章诗赋，以验才华。）首科既毕，凡海疆各省主试者，宜就地会同各西学大书院山长（如天津之水师学堂、博文书院、福州船政学堂、江南水陆军学堂、广东水师学堂诸山长），订期挂牌招考西学：一试格致、算、化、光、电、矿、重诸学。二试畅发天文精蕴、五洲地舆水陆形势。三试内外医科、配药及农家植物新法。考生各卷皆由山长分别取中，呈主试者鉴定，论其艺而不论其文，精其选不定其额。令于制艺外，习一有用之学，苟能精通制艺，虽不甚佳，亦必取中。凡深明政治律例者，名为政学举人；精通艺术者，名为艺学举人。如制艺之外一无所长，虽文字极优，得以考列上等者，名为文学举人。政学、艺学，用以富国强兵，较文学尤重，有若泰西牧师，然使其专以著述，宣扬孔孟之教导，以训民化俗。如此变通推广，亦转移世运之一端乎？并令内外臣工博访周咨，下僚中如有异才大器、堪任将相者，立行表荐。聘岩穴之隐逸，举幕府之宾僚，参行古征辟荐举之法。得其人则荐主同膺懋赏。或怀私滥保，则举主坐罪。斯不敢徇情面，植党援，应故事矣。武生向以骑射技勇见长，而世之习武者，武经一卷尚属茫然，一旦临敌出师何恃不恐？咸、同间荡平丑类，建立大功，并无武科中人。所习非用，其明征已。如不能学西法选材于武备学堂，亦当力求新法。今战守之事，借以出奇制胜者不外乎水师、火器，似宜于武科中列三等以考试之。（今之考试，有奔走数百里至数千里者，其费甚巨，且钦差学政、主考总裁，所费国帑不知凡几。不如仿泰西考试之法，由掌教会同地方官考取，亦三年一考。府试中学堂，考列上等者为秀才，贡之于省。省试大书院，考列上等者为举人，贡之于京师。京都大书院考列上等者为进士。京书院所学，虽与省书院相仿，惟大书院掌教仍禀请奏派总裁会考，否则，主考总裁亦须奏派精于制造之机器师、熟识驾驶、能施火器、是船政学堂出身之水师提督，会同督、抚考取，庶得真才。惟所费国帑更巨，不若各省船政局、武备学堂，会同地方官，岁订一期，由各生自行赴考，以省糜费。）一试能明战守之宜，应变之方，深知地理险阻设伏应敌者。（勿计文字优劣，只要其胸有韬略，对合机宜。）二试能施火器，命中及远，驾驶战舰深知水道者。（变骑射为马枪火炮，变举石为驾驶战舰、司理机器等法。上以此求，下以此应。讲求火器，命中及远，精于驾驶机器者必多。人材自然日出矣。）三试制造机器，建筑营垒炮台，善造战守攻诸具者。（必要其绘图贴说，精其事者与之考究，方知真伪。原拟：一试山川形势，军法进退，以观其韬略。二试算学、机器制造，以穷其造诣。三试测量枪炮，命中及远，以尽其能事。）一经拔擢，凡武秀才考有大书院执照者，可称举人。精制造者，则令入制造局；精驾驶战舰、司理机器者，令入兵船历练，给予俸禄。若无大书院执照，其年在三十以内，文理通顺者，仍令入武备院、水师学堂、艺术院，再行肄业，期满考列上等者，给予执照，俱名为举人。由武备院、水师学堂出身者，名为武学举人；由艺术院出身者，名为艺学举人。所有武学举人、艺学举人，分途资遣各营、各船、各厂，优给俸禄，历练三年。其学力与历练俱深（无历练者，虽学富五车，不论何事骤膺大位，错失必多，故谚云熟读王叔和，不如临证多），赴都会考。取中者名为进士，给予职衔，不论资格，量材授事。

且特降明谕，俾以后文武并重，不得歧视，庶多士向风，可得干城之选矣。

虽然，切时之学不可不习而知也，出类之才不能不教而成也。既求实学，当列科考，如唐时之制度，各专一艺。先令各直省建设西学书院，选聘精通泰西之天文、地理、农政、船政、算化、格致、医学之类，及各国舆图、语言文字、政事律例者数人为之教习，或即以出洋官学生之学成返国者当之。其学徒选自十五岁以上二十岁以下，已通中、外文理者，就其性之所近专习一艺，以三年为期。其膏火经费仿上海龙门书院章程，官为筹备。按月出题课试，所出之题务须有裨时务，如铁路、轮船、矿务、邮政，以及机器、商务、纺织、银行、格致、政事、农学、医学、钱法、钞法、测量、测候、地理、地舆、博物院、赛珍会、息兵会、派员游历、使臣出洋，与夫各国风土人情、文学武备皆可出题。令诸生详究利弊，择其文之佳者登诸日报，以广流传。其历考上中等者咨送院试，考取后名曰艺生，俟大比之年咨送京都大学堂录科（查各国京师俱有大学堂，各精一艺、各专一业者，非比我国同文馆教习只通算学、天文、地理、各国语言文字而已。或谓同文馆如外国小、中学塾，非大学堂也。尝考日本自其王公大臣出洋游历，返国后，即广设大、小学堂。据日报云：现计其能当管驾轮船、机器、武备各员者，每业约有数千人。通化学、矿学、制造机器者，每业亦有数百人。我中国人民、土地十倍于日本，而所设西学堂，所育人材，尚未及其半，恐他日海军有事，人材不足耳），准其一体乡试会试。其有独出心裁，能造各种汽机物件，及有著作者，准其随场呈验，并许先指明所长何艺，以凭命题考试。此于文、武正科外，特设专科以考西学，可与科目并行不悖，而又不以洋学变科目之名，仍无碍于国家成法也。且我朝有翻译生员举人、进士、翰林异试异榜，与正科诸士同赐出身，援例立科，必无扞格，又何不可于正科之外添一艺科乎？

至于肄业之高才生，有愿出洋者则给以经费，赴外国之大书院、武备院分门学习，拔置前列，回国后即授以官，优给薪资，以昭激劝。昔曾文正奏派幼童出洋学习，意美法良，特稚齿髫年，血气未定，沾染习气，乖僻性成，甚至有从教忘亲不愿回国者，因就学诸生于中学毫无所得故也。（全数遣回，甚为可惜。既已肄业八九年，算学文理俱佳，当时应择其品学兼优者，分别入大学堂，各习一艺，不过加四年工夫，必有可观，何至浅尝辄止，贻讥中外。日本肄业英、美、德、俄之学生，至今尚络绎不绝。）欲救其弊，须选以上所论之武学、艺学举人出洋历练，及深通中西言语文字之秀士，年二十岁内外者，出洋肄业（过稚则气质易染，过长则口音难调），厚给资装，分途资遣，庶事理通达，而各有成材，身列胶庠，而咸知自爱，功崇业广，体用并行。曾文正作育之苦心，不致因噎而废食，诸生之数奇不第者，亦得别出一途以自效。（归后愿就职者听，愿就科举者亦听。）他日奇才硕彦，应运而生，天地无弃材，国家即永无外患，斯万变之权舆，及今为之，未为晚也。（《盛世危言》卷二）

考试下

或谓："中国仕宦首重科举，乡、会试取决于时文，京朝官絜长于小楷，自明至今五百余年，上以此求，下以此应。其由他途来者，不能得高官，膺重权。上篇论文、武科外，另立一科专考西学，恐未必能与正科并重，仍糜费而无实效。如能变通成法，广科目以萃人材，则天下之士皆肆力于有用之学矣。考试之法将若何？"

窃谓中国自州、县、省会、京师各有学官书院，莫若仍其制而扩充之，仿照泰西程式，稍为变通：文、武各分大、中、小三等，设于各州、县者为小学，设于各府者为中学，设于省会京师者为大学。文学酌分其目为六科：一为文学科，凡诗文、词赋、章奏、笺启之类皆属焉；一为政事科，凡吏治、兵刑、钱谷之类皆属焉；一为言语科，凡各国语言文字、律例、公法、条约、交涉、聘问之类皆属焉；一为格致科，凡声学、光学、电学、化学之类皆属焉；一为艺学科，凡天文、地理、测算、制造之类皆属焉；一为杂学科，凡商务、开矿、税则、农政、医学之类皆属焉。武学酌分其目为两科：一曰陆军科，凡枪炮利器、兵律营制、山川险要及陆战攻守各法皆属焉；一曰海军科，凡测量、测星、风涛、气候、海道、沙礁、驾驶及海战攻守各法皆属焉。每科必分数班，岁加甄别以为升降。延聘精通中、西之学者为学中教习。详订课程，三年则拔其尤者，由小学而升中学。又三年拔其尤者，由中学而升大学，然后分别任使进用之阶。文、武一律，无所轻重。各乡亦分设家塾、公塾，无论贫富皆可读书习艺。即不入小学肄业者，逢小学甄别之期，亦须赴试，必先由小学考取有名，三年后始准与试。入学之始，必令于文、武各科自择一科，专其心志，一其趋向。至于登进之阶级如秀才、举人、进士、翰林之类一仍旧称，三年一试，由朝廷命该省督、抚、水陆提督，会同大书院掌教校阅，广其额，精其选，一返从前空疏无补之积习。如此变通办理，约而计之有数善焉。

从前各州、县学官仅拥虚名，几同疣赘。若由各省督、抚改择通中、西实学者以为教习，且有已成之学宫、书院可以居住，无须另筹经费，另行建筑，一转移间，通国即可举行。一善也。各分各科，人得以就其质之所近专习一业，或大成或小就，皆得蔚然兴起，为国家有用之材。二善也。学中甄别，以三年为程。士之学问浅深，平时同业诸生共闻共见，期满考试，或优或绌，参考三年之学业，可得其详。其取人又不凭一日之短长，怀才者有必得之权，废学者无侥幸之望，考核明而人材出矣。三善也。西法各种，西人借以富强，已收实效，皆有程式，我步趋其后，较易见功。由西文译作中文，以西学化为中学，不及十年，中国人才无难与泰西相颉颃。四善也。一科有一科之用，任使务尽其所长；一人有一人之能，驱策必久于其任。将见士气振作，人才奋兴。以之制物则物精，以之制器则器利，以之治国则国富，以之治兵则兵强，以之取财则财足，以之经商则商旺。政无不理，事无不举。五善也。

《易》曰："穷则变，变则通，通则久。"千古无不敝之政，亦无不变之法。中国文试而不废时文，武试而不废弓矢，所学非所用，所用非所学，平日之所用已与当日之所学迥殊矣。及至外患循生，内忧叠起，又举平日之所用者而一无所用焉！以一人之身而终身三变，精乎不精乎？幼学壮行之谓何？而国家犹勉策驽骀，期以千里，株守成法，不思变通，以此而言富强，是欲南辕而北其辙耳，其何裨乎！（《盛世危言》卷二）

陈　炽

请开艺学科说

同治初年，总理各国事务衙门初设同文馆，因制造机器火器，必须讲求天文算学，议添设一科，招取翰林院编修、检讨、庶吉士并五品以下由进士出身京外各官，考试录取，延聘西人在馆教习，并定章程六条，奏准施行。

嗣以御史张盛藻谓：朝廷命官，必用科甲正途者，为其读孔孟之书，学尧舜之道，明体达用，规模宏远也，何必令其习为机巧，专明制造轮船、洋枪之理乎！臣以为，设立专馆，只宜责成钦天监衙门考取年少颖悟之天文生、算学生送馆学习，俾西法与中法互相考验。至轮船洋枪，则宜令工部遴选精巧工匠或军营武弁之有心计者，令其专心演习，传受其法，不必用科甲正途者员肄业其事，以养士气而专责成云云。于是前议不行，但招满举人、恩、拔、副、岁、优贡生考试录取，虽不乏聪明颖悟之士赴考充选，然一经选取之后，未必刻意研求，仍不过视为兼管之业，所以然者，廪气未能优给保举，但属虚衔，应取之生，身在馆中而心不专一，或仍注重时文，以冀正途出身，或得一途半解，即希出外谋事，以故专心致志艺也，而通于道者，实罕其人。设馆二十年，外有广东、上海方言馆调选之生，前后百余人，其中不乏卓卓之士，而实能精深天算、研究机器火器之学、神明变化者，屈指可数，不足以敷各省制造局调遣。故至今仍须雇用洋匠，糜费巨资，而向外洋购船械，犹不免受欺，此则国自强者所宜急思变计者也。

夫学，非专习不经心，非专用不锐事，非专科不重我。本朝沿前明旧制，文以制艺取士，武以弓石量才，此外别无专科。然康熙乾隆朝，特两开博学科，而硕士鸿儒联裾而起，可知典重而人不肯轻视，而人才于是辈出，是于中外一家，实启数百年未有之局也。

世运由静变动，人事由略致详，将来日出其奇，所当酌改旧制，以范驰趋者必不少，而如天算制器之法，则尤为今日至急之务。盖其端已开三四十年，往者循其端而尚未竟其绪，是以步人后尘者不能出人头地，及兹不振，势将岌岌其危，此潘少司成所以有特开艺学科之请也。

夫以天下之人，不乏精思奇巧之士，习其性之所近，以专名而名家，诚使宏开特科，号召招致，度必有挟尺持寸载规怀矩奔走求显于世者，然后仿古时百工居肆之意，荟萃智巧之士，参究西法，穷源竟委，翻陈出新，事事必想突过其前，毋若学步之孩，常欲借提挈，如是行之十年，必有宏效大验，以破中国数千百年未泄之奇，而他邦之人，咸欲慕而不敢侮慢矣。

夫日本，海中岛国，土地之大，人民之多，财物之富，万不能如中国，乃维新以来，一洗积弱，西人不敢侮慢，恒从而叹服之，而我中国则事事为其愚弄，时时受其要挟。所以然者，无人焉以破其独得之秘，而欲仰仗于彼耳。诚如少司成之奏，实力奉行，国运之隆，有不蒸蒸日上哉！（《皇朝经世文新编工艺》）

教养

天生民而立之君，国家之设官，以为民也。三代以上之为治也，君臣上下汲汲然以教养为先务，治天下如国，治其国如家。井里桑麻，教之树畜，养民之政，若此其详也；庠序学校，申以孝悌，教民之事，如此其备也。至秦而后，咈百姓以从己之欲，以天下奉一人。患其富而得众也，而务贫之；患其智而生事也，而务愚之；患其强而为乱也，而务弱之。先王教民、养民之方，去之惟恐不尽。谓今而后，莫予毒也，已恣睢暴戾，曾不旋踵而亡。炎汉既兴，宽法省禁，师黄、老之清静，以与民更始，而古人之良法美意，无一存焉者矣。

自是以后，循良之治，旷世一逢，条告之颁，虚文徒具。当世所称能吏，竞以催科折狱为长，偶有尽心民事者，则上官掎之，同僚笑之，众庶疑之，不入考成，不登荐牍，群掣其肘，必溃于成而后已。不肖者，专揣缺分之肥瘠，以图饱私囊；其贤者，亦第求案牍之清厘，以规避处分。于设官为民之本意，上下泰然，久已忘之，而且习之矣。

或曰："治民之道，廉静不扰而已，教养奚为者？"而不知民情，可与乐成，难与图始，近而不能远，私而不能公，非不知勤四体而分五谷也。水利沟渠，备旱备潦，非一人一家之力所能为者，无以董之则废而不修矣。非不知贵礼义而尊圣贤也，僻壤穷乡，见闻孤陋，或中人之产无力延师者，不有以倡之，则废而不学矣。此所以饥馑荐臻，流亡载道，颛蒙愚昧，刑罚滋多者，无他故焉，教养之道失焉耳。又况补助无方，卤莽灭裂之患滋而土田瘠；山泽无禁，斧斤网罟之时失而物力殚；民习游惰，读法悬书之不讲而盗贼多；士有秀良，亲师取友之无资而贤才少。工师贫匮而器用苦

窳，商贾蠢愚而货财日绌。不教不养，以贫中国、愚中国、弱中国，暴秦
之祸深矣！远矣！烈矣！酷矣！蔑以加矣！

　　谓宜详稽古制，参以自古迄今养民教民之法，分门别类，明著为令，饬
各省牧令实力奉行。借以厉民肥己者，加等治罪，三年大计，列入考成，
仅仅折狱催科，止能免过也，必有教养之实政，始得登卓异之章；虚应故
事者以违制论。《传》曰："上有好者，下必甚焉。君子之德风，小人之德
草。"并心壹志，持以十年，而人才不日多、民生不日富、国势不日强者，
未之有也。（《庸书·内篇》卷上）

学校

　　古之时，有家学，有乡学，有国学。夏曰校，殷曰序，周曰庠，学则
三代共之，皆所以明人伦也。虽有世子、庶子之贵，犹复下伍于齐民；虽
以至愚极贱之人，亦得自达于天子。故学也者，非止范围天地，曲成万物，
省刑罚，偃兵戎，亦所以联上下为一心，合君民为一体也。士非学，无以
兴礼乐，立制度，开太平；农非学，无以辨菽麦，别肥硗，尽地力；工非
学，无以区美恶，审良楛，制械用；商非学，无以察时变，精权算，殖货
财，由是而游惰之民多矣。彼异端邪说，乃得乘虚而入，惑世诬民，其则
流为盗贼，暴桀恣睢，白昼横行，掠人于市。故今之幅员广于古，今之生
齿繁于古，而其民则古智而今愚，其世则古治而今乱者，岂果今不古若哉！
学不学之分耳。通商六十年矣，泰西各国之文物制度，厘然秩然，有先王遗
意，奉使游历者，众口一辞。即以工商二事论之，工则彼巧而我拙，商则彼
富而我贫，相校相形，而优绌立见，岂果中不若西哉？亦学不学之分耳。

　　夫今不若古，犹可言也；中不若西，不可言也。近日各省学官，有名
无实，惟书院一席，乐群敬业，成就较多，然所教时文、帖括而已。僻陋
之州县，并书院而无之，欲求教化之兴，人才之众也，其可得乎？宜由督
抚分饬所属，仿书院之意，广设学校。或集民捐，或提官款；其规制必整，
其廪饩必丰，其生徒至少无逾百数。始于城邑，而后分及于四乡。至于商
埠、海疆，人情浮动，尤宜急建书院，广储经籍，延聘师儒，以正人心，
以维风俗。其同文、方言、水师、武备各馆，即可并入其中，并请洋师，

兼攻西学。庶几体用兼备，蔚为有用之才，不至覆辙重寻，徒縻巨款矣。

其各省丛林道院，藏垢纳污，坐拥厚资，徒为济恶之具。有犯案者，宜将田宅一律查封，改为学校。僧道还俗，愿入学者，亦听之。一转移间，而正学兴，异端绌，宏治化，毓贤才，不必有沙汰禁革之文，而已收经正民兴之效。此根本之要图，治平之首务，即因宜制变，驭夷狄，朝万国之先声。不此之务，徒汲汲然购器练兵，欲以争雄海外，恐有器无人，将有一蹶而不可复振者，所谓逐末而忘其本也。（《庸书·内篇》卷上）

太学

古之太学，兴贤造士，人材之消长关焉，世运之兴衰系焉。诚以十年树木，百年树人，不有以养之于平时，而欲用之于临事，不可得也。纵奇才硕彦，间世一生，未必俯首、就经生之业。然世变日多，需才日广，自古丰功伟绩，未有不学无术而能相与有成者。

三代以后，学校之事，实废而名存，国子监一官，夷之闲曹，视同疏缀，资轻禄薄，生徒寥寥。比年捐例广开，资照费金，官僚吏胥，借以糊口，辟雍圣庙，倾颓朽坏，鸡栖鸽粪，布满阶除，何以壮万国之观瞻，肃四方之观听哉！谓宜广筹款项，修举雍宫，务使壮丽乔皇，足以昭示四海。酌定岁修之费，俾规制整肃，勿稍凌夷。自祭酒以下各官，慎选贤员，优加廪给，详稽功过，以定迁除。所有各城官学，各省书院，各城乡学塾，统归国子监考核稽查，并博采《周礼》成规，由各乡学升之邑学，由郡达省，以升太学。科名蹭蹬者，校其学行，赏给举人，一体会试。愿就知县或教职者，亦听之。廪饩资装，皆由官给。至于大挑之制，取决临时，以貌取人，殊非核实，似宜统归太学，肄业一年，派员会同，试以政事，庶侥幸之途塞，而贤良之路开矣。惟旧有各斋褊小湫隘，宜购地推广，俾恢宏爽垲，莳花种树，以资游息，而便起居。太学课程，宜令旧学诸臣，会同监官，博采良规，通行遵守。另建书阁，罗致四海有用之书，四库百城，罔有遗滥。推广算学，创立格致一门。广译西书，延订西士，优其薪俸，宠以职衔。其各省武备、方言、水师，及总署、同文各馆，俱归国子监综核，勿使离经畔道，自矜异学，忘厥本来。

太学各官，亦宜博览兼通，毋得局守旧闻，自贻轻蔑。盖依仁游艺，古人具有渊源；博学多能，至圣本由天纵；中学西学合同而化，人才辈出，足以上备干城矣。他日美富宫墙，规模聿备，则举行临雍巨典，圜桥观听，率天下于尊师重道之中。上书房皇子、贝勒、镇国公及王公大臣子弟，统令每月至学，以考学业，广见闻。愿留肄习者听，范一世于学，通各学为一。而后民兴经正，圣学大明，异端无接迹之期，万国识同文之义。然而风俗不厚，国势不尊，四夷不宾，八方不服者，统中外，横古今，达上下，未之前闻。（《庸书·内篇》卷上）

书院

论世之君子，观于郡邑之书院，而知复古之期不远矣。四时之运，夏不能骤变而为冬；一日之间，暮不能骤更而为早。世之衰也，其降必有渐也。秦、汉、魏、晋日即凌夷，乱极于六朝、五季之间，而生民之祸亟矣。世之盛也，其升亦必以渐。宋崇理学，明重节义，至本朝而昌明正学，俊彦云兴。盖世运之升降系乎人才之盛衰，关乎学，而为学之道，莫善于群萃州处，敬业而乐群。

书院之兴，肇于宋之宫观奉祠，延历三朝，教思弥广。咸丰、同治之际，中兴将相，什九湖、湘。闻岳麓书院山长某公，自道光建元即以气节、经济、文章立教，瑰玮奇杰之士咸出门墙。一人善射，百夫决拾，气机之所感，运会所由开也。统直省计之，其书院经费充裕，山长得人，则人才多，成就众；无书院之郡县，则见闻孤陋，虽有才隽，振奋无由。此中之消息盈虚，如景随形，如桴应鼓。故书院虽非典制，不隶官司，而育才造士之功，至为宏大。惜院中传习，仅以时文、帖括猎取科名，而经史之故籍无存也，圣贤之实学无与也。山长则瞻徇请托，不校其学行，惟第其科名，甚则贿赂苞苴，喧腾众口，人心以敝，士习以偷，地方有司，置之膜外，有心人怃然忧之。

宜令礼部、国子监行知各省，分饬所属，广筹经费，建立书院。向未有者，设法兴修；有之而经费不敷者，增筹充裕。一律拓地增建书楼，官局所刊，备文咨取，外间坊刻石印，有用各书，广购兼储，必周必备。西书除教事外，亦宜博采无遗，以通时变。山长一席，坊表所资，宜慎选经明行修、博雅淹通之士，或科名未显，无妨起自诸生，即桑梓无人，大可求之异地。疆吏访求延请，礼敬有加，仍列具姓名，达之部监，责成学政每岁稽查，果其学问赅通，育才成德，奏闻奖厉〔励〕，赏给俸金，年迈者宠以虚衔，欲仕者予以擢用。其或教诲无术，学行有亏，即由学政檄令易人，亦不加以罪责。生徒薪水，必优必丰，三年递升，入之太学，正途而外，与以出身。书院必慎择名区，必须不城不乡，山水清深，足供啸咏。

庶天地钟灵之气，国家养士之心，薄海英贤慕义向风之意，相感相发，相荡相摩，追三王化育之隆，开万古文明之治。斯作君作师之盛轨，宜今宜古之良规，天运之所以成始而成终，圣道之所以成人而成物也，懿欤盛已！（《庸书·内篇》卷上）

育才

天地之生才，而不能以自成也，必国家有以养之，而后人才不可胜用也。而惟今日之洋务，开古今之大变，为耳目所未经，欲闭关绝市而不能，方合纵连横之是惧，而且船坚炮利，国富兵强，发五行百产之精，罄墨守输攻之巧，即使穷年毕世，已苦于莫究莫殚矣。重以文字不同，语言不达，书须重译，理未易通，守旧闻者，固执而不移；学新法者，浅尝而自足，以故通商遣使，风气渐开，虽能稍习其情形，终未悉通其肯綮。彼粤闽市侩，略解西文，纳粟补官，列居津要，而若辈于中学西学，均属茫然，折足覆𬜯之讥，其能免乎？而况乎其心未必可恃也，即使忠诚不贰，而已上辱国家也。矫其弊者，又深恶痛绝，欲一切屏而弃之，自以为秉公持正矣。然性情各别，嗜欲不同，操纵失宜，猜嫌即启，兴戎召衅，厥罪均也。

曾国藩有鉴于此，当同治之初，创出洋学生之议，领以卿贰之任，置之庄岳之间，以为事半功倍矣。然髫年稚齿，书数未谙，携以出洋，懵无知觉，虽涉西学，仅属皮毛，而先已厌薄中朝，沾染异俗，此非立法之不善，由所遣之未得其人耳。宜由各省学政，拣选聪颖诸生，年在二十岁以内，通古今，识大体，而气体充实，能任辛劳者，询其父母及其本身，厚给资装，咨送总署，使臣持节携带出洋。期以十年，分类学习，仍以半日温经读史。期满回国，考验有成，赏给官阶，速其升转，分拨总署、海军、商部及南北洋大臣，量材器使，予以事权，愿就科举或艺学科者，赏给举人，一体会试，此一途也。

中国海疆各埠，英文法文之馆，栉比星罗，仅习语言，未尝学问，以致习向汰侈，情性嚣张，成者可备舌人，败者流为匪类，中西之游手无业者羼杂其间，作奸犯科，无所不至，人心之敝，风俗之忧也。宜于各埠一律增设书院，延聘中西宿儒主之，薪俸必极丰饶，规模必期闳壮，斋舍制度，参仿华洋，由海关道主持其事，所需经费，酌取之关税、房租，约捐百分之一，已能敷用。学业成后，咨送京师，考验录用，补官次出洋学生一等，愿应艺学科者，赏给生员，一体乡试，此又一途也。

盖今日万国通商，千古非常之变也。既有非常之变，必生非常之才，不有非常之才，不足以待非常之变。养之于平日，选之于清门，博其才能，端其志业，以清流品，以肃观瞻。辟此两途，持以廿载，则奇才硕彦，应运而生。万里中原，媲隆三古，我国家亿万载无疆之业肇于斯，即全球大一统无外之规亦开于是矣。（《庸书·外篇》卷上）

艺科

科目之兴，一千有余岁矣。耳目之所熟习，心志之所专营，所得人才，斗量车载。其所以行之永久，屡废屡兴，终无善法以持其后者，盖深合于古人敷奏以言之义，此郡县之天下至当不易之良规也。

通商以后，时势变迁，论者忧国步之多艰，慨书生之无用，遂有欲废科目之议。无论乡举里选，古意久湮，骤而复之，易滋流弊。彼三品之第，专重门楣，则寒畯之出身无路矣；诸色之称，下及匠役，则选人之托业已卑矣。等量齐观，絜长较短，何如科目以诗书之气化鄙倍之心？即未必所举皆贤，犹可拔十而得五乎？故科目之制，变而通之，推而广之可也，因而废之不可也。

变通之法，考之乡评，试以政事，已见于《乡官》一议矣。欲推而广之，非增设艺学科不可；而欲增艺学科，非预有以教之养之不可。曩者法越失和，海防孔亟，中外束手，患于有器而无人。侍讲潘衍桐请开艺科，交阁部会议，然而试官无其人也，举子不及额也，统维全局，窒碍良多。礼部调停其间，改艺科为算科，以二十名中一名为额。行之数载，每岁大比，数皆不及廿人，文具空存，竟同旒赘。盖当事意存歧视，则闻者有戒心；他日用违其才，则行之无实效。而中西学术，本末相殊，不有以作育于平时，则欲学焉，而既苦无师，欲往焉，而又忧无力也。见卵而求时夜，见弹而求鸮炙，不可得已。

兹既遣幼慧诸生出洋学习矣，沿海各埠，见闻相习，聪俊子弟不乏其人，复增设大书院以教之矣。嗣后乡会届期，宜由礼部先期奏明，人数若干，请定中额，开科之始，以二名取中一名，稍宽其途，以资鼓舞。当总署录科之日，考核不妨稍严，俾通达者不致见遗，而摽〔剽〕窃者无由幸进。立科暂久，人数渐多，则中额随时酌增，约以五名取中一名为永式。所命题目，宜切艺学，别于诸生，考古证今，致诸实用，并严查夹带，以杜雷同剿袭之端。殿试亦然。另为一榜，翰林以备海关、出使，部属以分译署、海军。详定阶资，以垂久远，三十年后无弃才矣。

至今日，科场条例，整肃精严。然翻译则请试他题，满员则另行升转，正可援照此例，以待奇才。夫而后视听专，趋向壹，留情时务者不致以异学见疑，自诩科名者不敢以他途相诟。变通尽利，体用毕赅，综贯中西，权衡今古，斯久安长治之良模也。（《庸书·外篇》卷上）

分建学堂说

欧洲各国之人环历地球，区天下人种类为四：欧洲英、法、德、俄诸国，自命曰白人，以亚西亚洲之中国、日本、蒙古、朝鲜、越南、暹罗、缅甸诸国为黄人，以阿美利驾南北两洲之土番为红人，阿非利加洲、印度、南洋万岛巫来由种族为黑人。欧人探地而西，通商于南北美洲，而红人均为所逐矣，今美利坚、巴西、秘鲁等国皆英人也，非美洲旧日之君长也。继也航海而东，通商于南洋万岛，而黑人均为所吞矣，如爪哇、渤尼、苏门答腊诸国，见于有明朝贡典录者，今已无一存焉。继也通商于亚西亚洲，英灭印度，法殄越南，英夷缅甸，今暹罗、朝鲜亦岌岌矣，仅存者中国、蒙古、日本耳。终也通商于阿非利加洲，五六年间将非洲国土十余分割净尽，无敢抗颜行者。始之诱之也以商，继之服之也则以兵，兵之所以必胜者，火器也，轮舟也，轮车也，电报也。

西人自谓其种出于印度，而印度之婆罗门种实出于中华。黄帝暮年，巡狩昆仑，弓剑桥山，留此神明之胄，即《山海经》之"白民"是已。婆罗门者，白民之转音也。则知黄种白种，中西本出一源，更无容同类相残，强分轩轾矣。如日本三岛，实即海外之三神山，秦始皇遣徐福率童男女三千人入海，遂据地而君之。倭者，徐福之切音也。今乃数典忘祖，自诧天生，抑知其始祖天皇皆在汉兴以后乎？

彼西人亦人耳，非有牛首蛇身之异表也，非有补天缩地之奇能也，而所过拉朽摧枯，鲸吞蚕食，自中国、日本、土耳其、波斯、阿富汗数国尚能自立外，自余苟非欧人种族，皆不能自守其宗社，自有其土地，自保其人民，麦秀禾油，家亡国破。呜呼，惨矣！

西人之治兵与商也，如腹背之相倚，兵以护商，商亦为兵，故其开疆拓土之初，大半由于商会。商会之所以能举大事者，一曰财，二曰人。其财力之富，萃于公司，数千万金，咄嗟立办，每举一事、辟一地，以必得为期，不得不已。其人才之众多，则皆出于商学，灭印度之阿苏飞，乃商学中一少年司笔札者，而深明大略，文武兼资，遂能万众一心，擒其王而灭其国，拓数万里之土地，收八十兆之人民，谈笑指挥，不逾数月，可不谓瑰伟绝特矣乎？而固无他谬巧也，亦非别有神奇也，一言以蔽之，曰：学而已矣。

西人于通商辟埠之区皆安家业，长子孙，设商学。其学之浅者，本国语言文字、外国语言文字、算数会计而已矣；其深者则天文、地舆、测量、绘画、文事武备、光、重、化、电诸学，无不循序渐进，深思力索，务底于成，略视其天资之高下以为断，此总学也。至日后专习何业，则又分设学堂。如轮船公司，则有管轮学堂也、驾驶学堂也，必由管轮学堂考验给凭，而后汽机之利弊周知，始可以为大副矣；必由驾驶学堂考验给凭，而后海道之情形熟悉，始可以充船主矣。轮车有铁路学堂也，电报则有电报学堂也，丝业则有蚕桑学堂也，制茶、制糖、制磁、制酒、制一切食用各物，无不有学堂。开煤、炼钢则有煤铁学堂也，纺纱、织布则有织作学堂也。每创一业必立学堂，是以造诣宏深，人才辈出，凡一材一艺之微，万事万物之赜，无不考求整顿，精益求精，遂能创开大利之源，尽夺华民之业。而外国轮舟、轮车、电报、火器以及机器制作之属，入中国者永须用西人管理，华人瞠目直视，束手而无可如何。轮船商局之开二十有余载矣，各船船主大副仍用西人，岁费薪资六十余万，局中每岁赢利亦不过数十万金，是名曰收回利权，而此项利权实永与西人共之，而无日可以收复者也。欲径将西人辞退改用华人，则全船数十万之金资，数百人之性命，又谁敢操刀学制，轻试波臣，西人驾之，固亦间有失事者，而华人之失事，则若早在意中，而不必期之意外者也。日本通商后于中国，仿行西法仅三十年，今其国兵轮商轮皆自行管驾，遍历五洲，无一西人羼杂，即此一事论之，其优劣巧拙之相去远矣。无他，一学一不学故也。

今中国商业资本数十万、数百万或数千万金者，自宜各提公积，倡立学堂。如丝业则宜设蚕桑学堂，茶业则宜设制茶学堂，轮船江海通行，关系尤巨，宜分设管轮、驾驶两学堂。自余纺纱织布、炼钢开煤以及铁道、电报，中西制造各事，每创一业，开一厂，设一局，均应附设一学堂，或独力创兴，或数家合办。学成后，入船入厂习练有功，愚拙者为工人，聪颖者为总管。嗣后，无论扩充何事，推广何业，分布何地，制造何工，需用何人，取之宫中而皆备。华人工价，一切皆廉，即使上等英资，不甘小就，工值与西人相等，而所赢之利终在中华，免致守候稽延，且所订合同，动以十年五年相挟。天下事固未有不学而能者，亦即未有学而不能者。谓华人不若西人，妄也；谓华人不若倭人，则断无是理。不过人皆学而我独不学，因循颓废，听客所为耳。噫！中国之受害也深矣，华民之受困也亦剧矣。

古之时，财不在上则在下，否则饱于中，今则不在于内，而流溢于外。为节流之策者，徒欲以磨针削杵，搜括贪囊，实则血已腾、肉已飞，今亦仅存皮骨耳。无论散碎零星，无济于事，彼官吏亦人耳。又谁能枵腹从公，概责以毁家纾难者。大吏之耳目见闻，有所不及，敲骨吸髓，其害仍中于民。农也，矿也，工也，商也，皆取我地上地下本有之物，制之售之，以收外泄之利源，而还之中国者也。其事似难而实易，其效似迟而实速，其功似远而实近，其义似浅而实深，其法似杂取泰西，而皆我三古圣王因利而利，有德有人，有土有财之正道，而非举通国之人，讲求整顿，纳之于学，不为功，夫天下滔滔，大抵皆中人耳。惟有利而后能知义，亦惟有义而后可以获利。圣人立身行义，舍生取义，而治国平天下之经，不讳言利，且日孜孜焉谋所以利之者，圣人之仁也，即圣人之义也。

盖为天下之中人计也，公其利于天下，溥其利于万民，即以食其利于国家，享其利于百世者。故天下之工于言利者，莫圣人若也。因益恶夫后人之贤人君子，不以中人望天下，而以上知责天下，使天下之人既不能为上知，又不敢为中人，乃日皇皇然趋利避害，狗苟蝇营，举世政敝俗偷，甘溺于下流之归而不自恤也。噫！世无圣人，斯言谁信？愿仰而质诸好生无上、至诚不息之天心。（《续富国策》卷四）

马建忠

拟设翻译书院议

窃谓今日之中国，其见欺于外人也甚矣。道光季年以来，彼与我所立约款税则，则以向欺东方诸国者，转而欺我。于是其公使傲睨于京师以陵我政府，其领事强梁于口岸以抗我官长。其大小商贾盘踞于租界以剥我工商，其诸色教士散布于腹地以惑我子民。夫彼之所以悍然不顾，敢于为此者，欺我不知其情伪，不知其虚实也。然而其情伪虚实，非不予我以可知也。外洋各国，其政令之张弛，国势之强弱，民情之顺逆，与其上下一心，相维相系，有以成风俗而御外侮者，率皆以本国语言文字，不惮繁琐而笔之于书。彼国人人得而知之，并无一毫隐匿于其间。中国士大夫，其泥古守旧者无论已。而一二在位有志之士，又苦于语言不达，文字不通，不能遍览其书，遂不能遍知其风尚。欲其不受欺也得乎？

虽然，前车之覆，后车之鉴也。然则，欲使吾士夫之在位者，尽知其情实，尽通其壅蔽，因而参观互证，尽得其刚柔操纵之所以然，则绎〔译〕书一事非当今之急务与？语云：知己知彼，百战百胜。战胜于疆场，则然，战胜于庙堂，亦何独不然！泰西各国，自有明通市以来，其教士已将中国之经传纲鉴，译以辣丁、法、英文字。康熙间，于巴黎斯设一汉文书馆。

近则各国都会，不惜重资，皆设有汉文馆。有能将汉文古今书籍，下至稗官小说，译成其本国语言者，则厚廪之。其使臣至中国，署中皆以重金另聘汉文教习，学习汉文。不尽通其底蕴不止。各国之求知汉文也如此。而于译书一事其重且久也又如此。近今上海制造局，福州船政局，与京师译署，虽设有同文书馆，罗致学生，以读诸国语言文字。第始事之意，止求通好，不专译书。即有译成数种，或仅为一事一艺之用。未有将其政令治教之本原条贯，译为成书，使人人得以观其会通者。其律例公法之类，间有摘译，或文辞艰涩，于原书之面目尽失本来，或挂一漏万，割裂复重，未足资为考订之助。

夫译之为事难矣。译之将奈何？其平日冥心钩考，必先将所译者，与所以译者，两国之文字，深嗜笃好，字枇句比，以考彼此文字孳生之源，同异之故。所有相当之实义，委曲推究，务审其音声之高下，析其字句之繁简，尽其文体之变态，及其义理精深奥折之所由然。夫如是，则一书到手，经营反覆，确知其意旨之所在，而又摹写其神情，仿佛其语气，然后心悟神解，振笔而书，译成之文，适如其所译而止，而曾无毫发出入于其间。夫而后能使阅者所得之益，与观原文无异。是则为善译也已。今之译者，大抵于外国之语言，或稍涉其藩篱，而其文字之微辞奥旨，与夫各国之所谓古文词者，率茫然而未识其名称。或仅通外国文字言语，而汉文则粗陋鄙俚，未窥门径。使之从事译书，阅者展卷未终，俗恶之气，触人欲呕。又或转请西人之稍通华语者，为之口述，而旁听者乃为仿佛摹写其词中所欲达之意。其未能达者，则又参以己意而武断其间。盖通洋文者，不达汉文，通汉文者，又不达洋文。亦何怪夫所译之书，皆驳杂迁讹，为天下识者所鄙夷而讪笑也。夫中国于应译之书既未全译，所译一二种又皆驳杂迁讹。而欲求一精通洋语洋文，兼善华文，而造其堂奥，足当译书之任者，横览中西，同心盖寡。则译书之不容少缓，而译书之才之不得不及时造就也，不待言矣。

余生也晚，外患方兴，内讧洊至。东南沦陷，考试无由。于汉文之外，乃肆意于辣丁文字，上及希腊，并英法语言。盖辣丁乃欧州〔洲〕语言文字之祖。不知辣丁文字，犹汉文之昧于小学，而字义未能尽通。故英法通儒，日课辣丁古文词，转译为本国之文者，此也。少长，又复旁涉万国史事、舆图、政教、历算、度数，与夫水、光、声、电，以及昆虫、草木、金石之学。如是者五六年。进读彼所谓性理格致之书，又一二年，而后于彼国一切书籍，庶几贯穿融洽，怡然理顺，涣然冰释。遂与汉文无异。

前者郭侍郎出使，随往英法。暇时因举曩所习者，在法国考院，与考其文字、格致两科，而幸获焉。又进与考律师之选、政治之选、出使之选，亦皆获焉。曾拟将诸国政教之源流，律例之同异，以及教养之道，制用之经，古今沿革之凡，货财敛散之故，译为一书。而为事拘牵，志未得遂。近复为世诟忌，摈斥家居。幸有暇日，得以重理旧业。今也倭氛不靖，而外御无策。盖无人不追悔于海禁初开之后，士大夫中能有一二人深知外洋之情实，而早为之变计者，当不至有今日也。余也蒿目时艰，窃谓中国急宜创设翻译书院。爰不惜笔墨，既缕陈译书之难易得失于左，复将书院条目，与书院课程，胪陈于右。倘士大夫有志世道者，见而心许，采择而行之，则中国幸甚！

一、翻译书院之设，专以造就译才为主。诸生之入院者，拟选分两班。一选已晓英文或法文，年近二十，而姿质在中人以上者十余名入院校，其所造英法文之浅深，酌量补读，而日译新事数篇，以为工课。加读汉文，如唐宋诸家之文，而上及周秦汉诸子，日课论说，务求其辞之达，而理之举。如是者一年，即可从事翻译。而行文可免壅滞艰涩之弊。

一、选长于汉文，年近二十，而天姿绝人者，亦十余名。每日限时课读英法文字，上及辣丁希腊语言。果能工课不辍，用志不纷，而又得循循善诱者为之指示。不过二年，洋文即可通晓。然后肆力于翻译，收效必速。盖先通汉文，后读洋文，事半功倍。为其文理无间，中外所异者，事物之称名耳。

一、拟请一兼通汉文洋文之人，为书院监理，并充洋文教习。凡诸生应读洋文书籍，与每日译书课程，皆其派定。应译之书，亦其择选。而考校诸生之勤惰进退，及学有成效与否，胥责成焉。

一、拟请长于古文词者四五人，专为润色已译之书，并充汉文教习，改削论说，暇时商定所译名目，必取雅驯，不戾于今，而有征于古者，一一编录。即可为同文字典底本。又拟雇用书手五六名，以备钞录。

一、院中有执事者，必须常川住院。诸生则旬日休沐一次，准假，岁无过一月。岁终，诸生勤惰，由监理禀报，批饬榜示。

一、应译之事，拟分三类。其一为各国之时政。外洋诸国内治之政，如上下议院之立言，各国交涉之件，如各国外部往来信札，新议条款，信使公会之议，其原文皆有专报。此须随到随译，按旬印报。书院初设，即应举办者也。其二为居官者考订之书。如行政治军，生财交邻诸大端，所必需者也。为书甚繁，今姑举其尤当译者数种。如《罗玛律要》为诸国定律之祖；《诸国律例异同》《诸国商律考异》，民主与君主经国之经，山林渔泽之政，邮电铁轨之政；《公法例案》，备载一切交涉事件原委；《条约集成》，自古迄今，宇下各国，凡有条约，无不具载，其为卷甚富，译成约可三四百卷；《东方领事便览》，生财经权之学，国债消长，银行体用；《方舆集成》，凡五洲险要，皆有详图。为图三千余幅，乃舆图中最为详备之书；《罗玛总王责撒尔行军日记》《法王那波伦第一行军日记》，此两王者，西人称为古今绝无仅有之将材，所载攻守之法，至为详备。他书应译者，不可胜记。而诸书类皆英法文字，择其善者译之。开院后一年，其已通洋文诸生，即可将前书分课翻译。二年后，新读洋文诸生，亦可助译。则出书自易。其三为外洋学馆应读之书，应次第译成。于彼国之事，方有根柢。如万国史乘，历代兴废，政教相涉之源，又算法、几何、八线、重学，热、光、声、电，与夫飞潜、动植、金石之学，性理、格致之书，皆择其尤要而可资讨论者，列为逐日课程。一二年后，即派诸生更译，附旬报印送，以资观览焉。

一、书院中拟设书楼。除初设时已购中外书籍外，新出者应随时添购。其书籍必派人专司，日时启闭。每月按簿查点。其初应购之书，值约数千。每岁添费数百金，可以补其未备。

一、一二年后，拟于院中自备活字板一副，雇刻工之精于刻图者数名。其初译件不多，可倩书坊代印。

一、书院房屋，总宜宽敞整洁。其居地宜附近通商口岸。取其传递便捷，消息灵通。而外洋各报纸，公司船随到随送，则可分译，不致稽留。

一、书院费用，皆有定额。拟派一支应者，专司出入，按月呈报。至书院内各项额外开支，皆宜预筹经费，按年拨给，以为书院立不拔之基焉。（《适可斋记言》）

5. 争利权、御外侮：早期维新思想家的
对外交涉思想

引　言

　　在近代中国与世界的联系不断加强、中外交往不断增加的背景下，在认识到"天朝大国"在诸多方面"不如夷"的情况下，早期维新思想家对中国传统夷夏观进行了反思与批判，形成了具有近代意识的外交思想，包括加强对西方国家的了解，平等看待国与国之间的关系；积极发展对外关系，加强中外使节往来；重视国际法、条约制度，注意维护正当权利；注意培养外交人才、外语人才等。冯桂芬在《善驭夷议》中称"今国家以夷务为第一要政"，不能认为列强"无异志"，必须立足于自强，"自强而有事，则我有以待之。矧一自强而即可弭之使无事也。自强而无事，则我不为祸始，即中外生灵之福，又何所用其猜嫌疑忌为哉！"王韬也强调驭外敌关键在于自强，"我国今日之急务，在治中、驭外而已。治中不外乎变法自强，驭外不外乎简公使，设领事，洞达洋务，宣扬国威而已"（《治中》），"夫治中即所以驭外。器精用足，兵练民固，而加之星使分驻各邦，消息相通，呼吸互应，诸国有不咸遵王度，共凛约章者乎？"（《驭外》）立足于自力更生，首先把自己的事情办好，这是开展外交工作应该坚持的重要思想。早期维新思想家主张积极发展对外关系，反对闭关锁国。王韬指出："时至今日，泰西通商中土之局，将与地球相终始矣。至此时而犹作深闭固拒之计，是直妄人也而已，误天下苍生者必若辈也。"（《睦邻》）要开展对外交往，就需要建立现代使节制度、领事制度，加强对外交人才的培养。王韬提出："我国自与泰西通商以来，中外交涉之事亦正多故矣，于是议者遂谓中外之相隔阂，固由于语言文字之不同，而亦由于声气之不通也，莫如遣使驻扎各国都城，而于华人汇聚之地，简派干员，设立领事，借以为之保卫。"（《设官泰西上》）薛福成注意到"大抵外洋各国，莫不以商务为富强之本。凡在他国通商之口，必设领事，以保护商人，遇有苛例，随时驳阻"，他建议借鉴西方国家经验，注意在国外通商口岸设立领事保护华商。（《通筹南

洋各岛添设领事官保护华民疏》）郑观应非常重视使臣的作用，称"一不得人，则辱君命，损国威，所关非细故也。今中国与外洋各国通商立约，和谊日敦，设无使臣联络声气，则彼此之情终虞隔阂，虽有和约何足恃，虽有公法何足凭哉？"（《通使》）早期维新思想家认识到国际交往需要遵循一定的规则，因此，他们认为对国际法、条约应予以重视。但他们也清醒地认识到"弱国无外交"，郑观应指出，"公法一书久共遵守，乃仍有不可尽守者。盖国之强弱相等，则借公法相维持，若太强太弱，公法未必能行也"（《公法》），还指出"我国昔与外国所立条约，受害甚深，事事悉为人所掣肘"（《条约》）。他们对国际法的作用不抱迷信，对不平等条约侵害中国主权的实质与危害进行了揭露、谴责。

冯桂芬

善驭夷议

今国家以夷务为第一要政，而剿贼次之。何也？贼可灭，夷不可灭也。一夷灭，百夷不具灭也。一夷灭，代以一夷，仍不灭也。一夷为一夷所灭，而一夷弥强，不如不灭也。盛衰倚伏之说，可就一夷言，不可就百夷言。此夷衰，彼夷盛，夷务仍自若。然则驭夷之道可不讲乎？驭夷之道不讲，宜战反和，宜和反战，而夷务坏。忽和忽战，而夷务坏。战不一于战，和不一于和，而夷务更坏。今既议和，宜一于和，坦然以至诚待之，猜嫌疑忌之迹，一切无所用。耳属于垣，钟闻于外，无益事机，适启瑕衅。子贡曰："无报人之志，而令人疑之，拙也。有报人之意，而使人知之，殆也。事未发而先闻，危也。三者举事之大患。"（见《史记·孔子弟子传》，《战国策·燕策》苏代语略同。盖本子贡。）以今日行之，直所谓无报人之志，而令人疑之者也。

然则将一切曲从乎？曰：非也。愚正以为曲从其外、猜疑嫌忌其中之非计也。夷人动辄称理。吾即以其人之法，还治其人之身。理可从，从之。理不可从，据理以折之。诸夷不知三纲，而尚知一信。非真能信也。一不信，而百国群起而攻之，钳制之，使不得不信也。吉勇烈之事（见《重专对议》），即能为理屈之明证。

然则和可久恃乎？曰：难言也。盖尝博采旁咨，而知诸夷不能无异志。而目前数年中，则未也。中华为地球第一大国，原隰衍沃，民物蕃阜，固宜百国所垂涎。年来遍绘地图，辄迹及乎滇、黔、川、陕，其意何居？然而目前必无事者，则以俄、英、法、米四国，地丑德齐，外睦内猜，互相钳制，而莫敢先发也。俄与英法讲和未久（咸丰三年，俄伐土耳其，欲灭之，英、法及墺地利萨丁卯救之，至六年三月始议和，凡连兵四年，大小数十战，阵亡及黑海遭飓风、冬冻夏疫死者，俄数十万人，英、法十万人，为近今泰西一大事），米尝大困于英（米本英属部，乾隆中，英与法构兵久，练饷苛急，米人不能堪，众推华盛顿为帅拒英，英不逮，乃议和。嘉庆十七年，英人又入米都），英、法亦世构兵（嘉庆二十年，法主拿破伦死之后始和），其于他国，亦无岁无战争。要其终，讲和多而兼并少。故诸夷多千年数百年旧国。（诸夷惟米新造外，俄禄利哥开国当唐懿宗时，英威廉开国当宋英宗时，法路易开国当宋理宗时，诸小国亦多久长。至日本自周惠王时至今不易姓，与西夷无涉。）不特兼并难，即臣属亦不易。何则？诸夷意中各有一彼国独强即我国将弱之心。故一国有急难，无论远近，辄助之。盖不仅辅车唇齿之说（英尝助俄伐土耳其、埃及，后悔之。英志云：坐令土弱俄强，至今为梗。其意可见），其识见远出乎秦时六国之上。如土耳其欲并希腊，俄、英、法救之。俄欲并土耳其，西班牙欲并摩洛哥，皆英、法救之。讫归于和。彼于小国犹尔，况敢觊觎一大国哉！津门戊午之事，发端于英，辄牵率三国而来者，无他，不敢专其利也。惧三国之议其后也。庚申之事，得当即已者，亦惧俄、米之议其后也。可取而忽舍，可进而忽退。夫安有兴师动众，间关跋涉八万里之远，无端而去，无端而复来哉？不待智者而知其不然矣。

故曰：目前必无事也。可以坦然无疑也。将来四国之交既固，协以谋我，或四国自相斗，一国胜而三国为所制，而后及于我。然四国之相仇，胜于仇我，交必不能固。而自斗，则为日必不远，可虑也。

又西藏之南及新疆天山南路，皆与英属部孟加拉本若等境接壤，可虑也。俄境东自兴安领，西至科布多，毗连者数千里。近闻俄夷踪迹已及绥芬河一带，距长白、吉林不甚远，更可虑也。然则，前议自强之道，诚不

可须臾缓矣！不自强而有事，危道也；不自强而无事，幸也。而不能久幸
也。矧可猜嫌疑忌，以速之使有事也。自强而有事，则我有以待之。矧一
自强而即可弭之使无事也。自强而无事，则我不为祸始，即中外生灵之福，
又何所用其猜嫌疑忌为哉！（《校邠庐抗议》下篇）

王　韬

睦邻

呜呼！时至今日，泰西通商中土之局，将与地球相终始矣。至此时而犹
作深闭固拒之计，是直妄人也而已，误天下苍生者必若辈也。尝见俞君廉
石与张少渠书，其言曰："今日中外大势，惟有因势利导之方，万无杜绝驱
除之理。得之者安，失之者危，固中国可盛可衰、可强可弱、可分可合之
一大机会也。及今而不图，一旦高辛先我，悔之晚矣。每叹明季缙绅，谬
以宋人金元之事比辽东，遂致不可救药，不谓今日议论，又将以议辽东者
议西海，前车覆辙，殷鉴无闻，是亦可哀也已。"又读郭瀛仙侍郎《使西
纪程》，其言曰："西洋立国二千年，政教修明，具有本末，与辽、金崛起
一时，倏盛倏衰，情形绝异。其至中国，惟务通商而已。而窟穴已深，逼
处凭凌，智力兼胜，其所以应付处理之方，岂能不一讲求？并不得以和论。
无故悬一和字，以为劫持朝廷之资，侈口张目以自快其议论，至有宁谓可
覆国亡家，不可言和者，京师已屡闻此言。召公之戒成王曰：'祈天永命。'
祈天者，兢兢业业，克抑贬损，以安民保国为心。诚不意宋、明诸儒，议
论流传，为害之烈，一至斯也。夫尊主庇民，大臣之责，胥天下而务气矜
何为者？凡为气矜者，妄人也。观此，乃恍然于邻之不可不睦矣。"呜呼！
二公盖深知洋务者也。

昔在丙辰之冬，粤东肇衅，因循不问，贻误良多，而庚申遂至于决裂。
顾其时，草野小民未尝不逆料其出于和也。淞滨老圃谓余曰：处今日之事
势，若舍和之一字，无可下手。天实为之，谓之何哉。及事大定，金粟峰
头词人猝然问余曰："诸葛武侯何如人也？"余应之曰：三代下一人而已。

顾子之意，将以为猇亭之辱不报，而议和之使遽遣，忘怨崇仇，隐忍保国，平日自命为管、乐之才，而乃一筹莫展至此欤？

顾天下事固有不得不出于此者，苟反其道而行之者，未有不败者也。子舆氏曰："以大事小者，乐天者也；以小事大者，畏天者也。乐天者保天下，畏天者保民者也。"汤犹事葛，文王犹事昆夷，何足为病？汉高困于平城之役，而终至遣使和亲。太宗开国英主，而屈尊于突厥，终唐之世，周旋于回纥、吐蕃。宋真宗澶渊之捷，而犹许酬以岁币，聘使往来，悉以至诚相待。历代以来，所以结好远人者，其规模广博，犹可想见。盖王者保国安民，其道应如是也。山薮藏疾，瑾瑜匿瑕，国君含垢，天之道也。设使不忍小忿而遽开边衅，置数十万生灵于涂炭，而国是益以杌陧，岂计之得哉？况乎今日泰西诸国之来中土，非同有宋之于辽、金、元也。无皮币之奉，无金缯之酬，无聘问庆吊之烦，无慰劳送迎之费，不过出我市廛以陈琛货，利便商贾，转输南北而已。惟我待之亦惟克循条约，一秉定章，外示以优容，内行其裁制而已。即各国使臣驻我神京，咸奉礼仪，以与周旋，未尝不遵我制度，就我范围也。即有所请，可者许之，不可者拒之已耳，绝无所谓甲兵以示之威，干戈以示之勇也。即曰旧隙尚存，夙嫌未释，亦惟以大度包容之而已，岂若南宋之于女真，其仇不可一日忘哉？

故在今日，惟有开诚布公，讲信修睦，遇有中外交涉重大之事，不妨召见其使臣，俾得从容以毕其辞，而总理衙门王大臣时与之往来，以得联其情谊，集思广益，未尝不由乎是。勿外示以羁縻，勿内行其阻抑，勿加以束缚驰骤，勿苛以繁文缛节。试观我国使臣至其国中，彼所以待之者何如，则我独不可行之于彼乎？自恃甚高而视人太卑，此虚憍者所为也，非圣朝含宏之盛量也。夫中外之情所以不通者，以隔阂太甚也。而隔阂之故，由于情疏而不亲，势尊而不近。我国王大臣又何妨纡尊降贵，相与通款曲、伸情愫，而了然洞烛中外之事故欤？（《弢园文录外编》卷一）

遣使

泰西诸国以通商为国本，商之所至，兵亦至焉。设官置守，隐若敌国，而官之俸糈、兵之粮饷皆出自商，国家无所糜其帑项也。商力富则兵力裕，故商人于国中可以操议事之权，而于外也亦得以割据土地，经营城邑。如英之于阿美利加洲、于五印度，何尝不如是哉。近来情形虽已稍变，而商人固犹主持其间也。惟我中国则不然，重本而抑末，且商人亦绝少远贾于外者。

今者海市宏开，泰西各国皆聚于一中国之中，通商口岸无不各设领事，著名大国无不互简公使，驻扎京师，往来兵舶，络绎不绝。而我国商人，从未闻有行贩于重瀛者，东南洋各岛及古巴、秘鲁，美之嘉厘符尼亚、纽约等处，所有华人皆亡命流离，计无复之，而飘零于海外者也，绝无所谓有身家名望者在其中也。故中国设立领事，简遣公使，或有以为是者，或有以为非者。盖无兵舶以为之翊卫，则不足以张国威；无商务以为之经营，则不足以裕经费。其势几同于孤立，一有龃龉，且亵国体。

不知领事之设，所以司理商情，所系尚轻；公使之遣，则恭承简命，职重分尊，专以固好修睦，筹画军国重务。苟我国中有中外交涉之事，其中曲折是非所在，可以与彼国大臣面为敷陈，否则亦可陛见国王，布宣壹是。而所刊日报之中，如其议论未遵乎持平，是非有同乎倒置者，可以立为驳斥，俾通国之人见之而晓然。此所以达外情于中朝，而即所以布中情于远地也。如是则既不至于隔阂，又何事于纷争。故遣公使驻扎各都，于国事要非无裨者也。今通商诸国，其事变众多交际殷繁者，莫如英、法、俄、普、美，简遣公使，亦惟此五国为先，其他尚可从缓，此原权宜通变之道也。若以为非成例所宜，则今日通商一切诸事，请增埠，请驻京，其余纷纷上渎者，岂皆列祖列宗时固有例可援耶？何为乎既请而辄许也？总之，事贵因时以变通，道在与时而消息。先时而能通者，圣人也；后时而不违者，贤人也。时之为义大矣哉。呜呼！察几审势，此中自有权衡，安可与泥古非今者同日语哉？（《弢园文录外编》卷二）

使才

泰西诸国往来，首重通商，于是简公使设领事以联络之。公使总其大，领事治其繁，而交际之道寓焉，盖亦以礼维持之而已。使臣以忠诚外结异国之知，内为朝廷耳目之寄，诸国有意外大事，立即奏闻，其职綦重焉。领事则在保卫商贾，护持贸易，有事则据公法和约为办理，或有不行，则禀陈己国使臣，或转请之外部大臣，以俟裁决，此其大略也。惟是保商贾兴贸易者，固使臣、领事也，而远卫使臣、领事，使其威令得行者，则水师兵力也。水师、陆营以兵战，以力战，以出奇行诡战；使臣领事以笔战，以舌战，以心战，此所谓驾驭于无形，战胜于不兵。

况西国使臣、领事设立已久，应办各事均有成章，且国步富强，在外商民均知法守，其办理交涉各事易若转圜。今日者，我国公使远行，领事出驻，为从来未有之创举，兼以中外异形，强弱异势，既无成法之可循，抑且远情之未浃。所驻之处，商舶未闻其时至，水师徒属之空谈。又在外商民率皆亡命无赖，结党肆行，淫博酗悍，靡所不为，而在中国之绅民，又复罔知顾虑，动与西人为难，一遇交涉事起，辄形掣肘。中西所立使臣、领事，其难易判然若此。吾窃以为无难也，在乎任用得人而已，其大要不外乎守约持礼，结信树威，达内事于外，通外情于内而已。今西国使臣之在中国也，动恃一己之见，辄肆欺凌，彼国朝廷多未之知也。夫中西之所以隔阂者，原以语言文字之不同耳。每岁西人在中国所行之事，其有关于中外交涉，而或未循乎约章，显悖乎和谊者，不妨备刊日报，俾其国人见之，庶知选事生衅者，咎不在华人而实在西人也，此所谓达内事于外也。使臣行辕宜设译官数员，汇观各处日报，而撷取要略译以华文，寄呈总理衙门，则泰西迩日之情形，正如犀燃烛照，无所遁形。即遇交涉之事，胸中自具成竹，此所谓通外情于内也。

商力、兵力、使臣才力，虽互相表里，然有时亦不尽以势力行事。如美索逸犯芝士露，而英必谓依其国例，所交之犯毋许治以别罪。惟美人不可，谓例一国所颁私也，约两国所立公也，且立约在前而颁例在后，何得以例废约？英卒不从，两国遂将和约删除，此不以兵力之一证也。

要之，使臣固当熟谙和约，详稔公法，审时度势，察机观变，以忠信笃敬，上结主知。泰西历来使才，均极一时之选。今我朝事当创始，尤宜郑重，遴正人，清流品，采声望，慎名器，毋使夤缘竿牍者，逞游说而恣簧鼓。盖简拔不精，登用太杂，收罗过广，升擢近滥，恐有以褒国体之尊严而贻远方之口实。今我国人才彪蔚，炳炳麟麟，文章经济足以华国而耀远者，讵乏其人？将见后来宣上德而树远威，必有班定远、傅介子其人者出焉，引上国以自重，辑强邻以来归，必有随何、陆贾其人者出焉。

惟是维持使臣虽不尽在兵力，而指授机宜，则实系于总理衙门，故诸国部臣中以外部为最重。普相俾思麦之总理外部也，知俄人久存窥伺印度之心，于是貌与俄亲，以坚其兼并之志。俄人遂唆土耳其两教相争，而其乱以作，知英未尝须臾忘保印度也，阴怂英廷购受苏彝士河，以壮其拒俄之怀。于是英、俄遂有不并立之势，而又授意国中日报，屡言俄人在新疆辟路往印度，以激英之怒，及英相识其行间，而嫌衅已构，难以骤为挽回矣。

若夫本国之事、西国之情，彼此皆宜速付邮筒，以通消息，故于亲疏强弱之际，所以待之者高下适宜，轻重各当。夫有使才而无兵力固不可，有兵力而无使才亦不可。法使边尼德体轻写约稿，徒为人绐，见哂邻邦，贻误本国。至如英使意理葛，一闻土王许俄兵来驻土京，即行飞报国中，请拨战舰守俾嘉锡海，谋于土臣，废去土王，而俄遂失望。此使才兵力俱极其能者也。凡此西国使臣之近事，我国使臣当耳闻而心识之，以扩其胆智，练其干材，而后睦邻修好尽其职，保商御侮著其长。上有以副朝廷委任之隆，下有以慰草野爱戴之切。树厥风声，恢乎阃外，非宣尼所谓"使于四方不辱君命"者欤？呜呼！孰谓使才之难得哉。（《弢园文录外编》卷二）

设领事

我朝今日拟遣使臣、立领事于泰西各国，诚千古一时之创举也，而论者或以为轻重失宜，后先倒置，而于睦邻之道犹未探其原也。岂以中朝之所谓睦邻者，不过在无事则羁縻之，有事则弥缝之而已耶？因此有不惬于西人之心欤！今在内者，措施未极其宜，办理未极其当，而即欲驰域外之观，则以后中外交涉之事，更臻繁剧，此不宜遽遣者一也。华民之羁旅于外者，悉遵其国之地方官约束，或有平时受土人之虐遇者，无可伸雪，今立领事，则控诉有门，吁呼有路，案牍之繁，势所必然。兹于莅临之日，不为之挽回申救，则不足以张中国之声灵，伸华民之愤抑。若领事许为之经理，则不独日不暇给，亦且力有未逮，此不宜骤遣者又一也。

睦邻之道无他，首在自强，而自强尤以得人为先，得人必先以总理衙门始，所谓由内以及外，由近以及远也。今洋务一切未明，而遽欲长驾远驭，逞其雄图，吾未见其必有裨乎国是也。呜呼！洋务亦易明耳，不外乎以情喻之，以理折之而已。事有可行则许之，事不可行则明告之，务期于必信必速，毋卑毋亢。苟自问情无可疑，事无不直，则虽因此以得罪，亦无所憾。总之，凡事以一身任之，无贻朝廷之隐忧而已。苟徒以委曲周旋，逢迎接纳，以为弥缝之至道，羁縻之长策，则吾未见其可也。

夫在今日非无通悉洋务之人，其在上位者亦未尝懵不知西情，无如身家之念重，利禄之情深，临事不敢担持大利害，惟虚与之委蛇而已。

中朝之情，西人了然若指掌，阴为播煽，阳为恫喝，以肆诛求而行要挟者，无所不至。而西人究不得逞志于中朝者，非中朝之礼义可以优柔之，中朝之甲兵足以震慑之也，盖在乎泰西各国之互相牵制也。然将来强弱大小必有所归，其执牛耳而为盟主者，乃惟其所欲为矣。封豕长蛇，恣其荐食，虽在日后即在目前，然则我中朝自强之术曷可缓哉？惟能自强，则遣使臣、设领事，一切皆有实用，否则亦不过以虚文相縻而已。

夫有国家者，在乎举贤任能，敬教劝学，通商惠农，所谓本也；练兵选士，制器造舟，开矿理财，所谓末也。睦邻柔远，一视同仁，破除畛域，相见以天，此以尽乎内者也；遣使臣、设领事，通文告之词，浃往来之谊，此以尽乎外者也。本末兼备，内外交修，则庶乎可矣。（《弢园文录外编》卷三）

保远民

东南洋诸岛国，久为欧罗巴洲诸国东来之逆旅，兼并翦除，殆无遗蘖。而在曩时，固中朝贡献之邦，预共球之列，备藩封而登王会者也。闽、粤之人惯于航海，不惮陟波涛，历险阻，以远贩于东南洋。三百余年来，往者日众，多有购田园，长子孙，建室庐，以此为乐土者，其数散布于新嘉坡、槟榔屿、噶罗巴等处，几不下百数十万。呜呼！何其众哉。顾其人虽久旅不归，而犹奉正朔，守法制，语言文字不改其常，服御衣冠无殊其素。虽在遐陬，而犹翊戴王灵，眷怀故土。窃尝谓此百数十万中，岂无为之魁为之杰？如昔日吴元盛其人者，是亦海外之扶余也。故欲收拾人心，莫如我朝设立领事，以约束而维系之，而惜乎其迟之又久而不行也。

乃观于今日则有不然者，而未尝不慨想乎昔之盛也。异俗殊方，无不喁喁向慕，梯山航海，弗惮其难。至于今，凡兹远旅东南洋海岛之人，何莫非圣代之苍生，盛朝之赤子，而乃一离版籍，遽昧本来。于何见之？于郭筠仙侍郎衔命出使英京，道经新嘉坡、槟榔屿而知之。当星使旌节之遥临也，闽、粤诸商人择其耆硕公正者，恭迓于江干，星使爰进而谓之曰："庶矣哉，我民之旅于兹土也，耕作食力，乐业安居，几若海外别有一天。然我圣朝膏泽涵濡，恩德汪濊，眷彼南荒，爱兹黎庶，未尝不念汝众之寄处于遐陬绝峤也。保卫之思，劳于宵旰。不久拟即设立领事，以抚绥而教导之，想亦汝众之所乐闻也。"时有一人，彼众之所推为巨擘者也，起而对曰："我侪托处于兹，受庇于英国宇下。英之官吏保护有加，我侪固安之久矣。今中朝欲设领事，窃谓徒多此一举也。"噫！由此言观之，东南洋旅处之人心涣散久矣，其尚能收拾乎哉？

西人之论是事者，谓华商之不愿设立领事，实恐中国领事官或习于贪婪也。簠簋不饬，苟且公行，诛求无艺，悉索难堪，适足为中国玷耳。呜呼噫嘻！是何言欤？乃说者犹谓是亦别具见解，殆不可以尽非，岂以我国之所谓官者，皆不能称其职欤？窃谓事势至于今日，设立领事固有所甚难，我民之旅居于其地者虽众，而悉归西官所辖治，一切讼狱主自西人，彼以居我地即我民也。中国虽有领事，徒拥虚名而已，实不能治一人也。其所理者，华商至彼之船舶而已，事简刑清，直可卧治成之。若其设领事于香港，亦犹是耳。英国虽无入籍之例，托居境内，即属编氓，且我民为其所治久矣，岂肯以中国设一领事，一旦尽举百数十万之众，而归隶于中国也哉？

按欧洲诸国之例，凡他国商民行贾于其国中者，犯事则归其国惩办，然不能视同己国之民也。独于华民，一若私为己有，亦以中国自二百余年来，未尝一过而问之也。蚩蚩之众，犹羊无牧，亦可哀已。至于今日，根深蒂固，实难骤以挽回。顾其道则惟在自强而已矣。自强之道奈何？曰：治战舰，练水师，商舶贾艎，绎络海外。凡闽、粤商人之货舟往来，悉以中国旗帜，以兵力佐其商力，如是始可惠保远民而收拾人心。呜呼！亦惟需之以渐而已矣。(《弢园文录外编》卷三)

除额外权利

呜呼！今日者，中外交际，云为繁变，亦正多故矣。西国凡有所请，务在必行。中朝每谓其要挟，议其恫喝，时思所以裁抑之，由是龃龉之故，率起于此，而究之彼之所请，我又不得不允也，徒多往来烦渎而已，徒见纷纭鞿鞚而已。彼惟以许之难，故索之奢，以为此日之所得，由于力请而致，非然者恐难如愿以偿也。其实中外交涉之事，不外辨其公私、分其曲直而已。即如开埠一款，中外既已立约通商，依泰西各国之体制，则遍至内地贸易，亦例之所当然。而中朝不能尽开内地者，以西人不归中官管辖也。西人来中土贸易，其立论命意，盖亦极为广大而旷远，动以地球一家、中外一人为言。故见我中国因循自域，以外交为耻，而时作深闭固拒之计，彼亦恒从而姗笑其间，以为识见之甚隘，襟怀之不旷。夫中国不欲尽开内地者，盖只见夫西人之日来，而不思华人之可往也。不知既已开埠通商，至一处无异于至各处，我之所宜与西国争者，额外权利一款耳，盖国家之权系于是也，此后日仁人杰士之所宜用心也。倘因通商内地而与之争，徒示外国以不广，而彼反得有所借口矣。夫我之欲争额外权利者，不必以甲兵，不必以威力，惟在折冲于坛坫之间，雍容于敦槃之会而已。事之成否不必计也，而要在执持西律以与之反覆辨论，所谓以其矛陷其盾也。向者英使阿利国以入内地贸易为请，总理衙门亦以去额外权利为请，其事遂不果行。夫额外权利不行于欧洲，而独行于土耳机、日本与我中国，如是则贩售中土之西商，以至传道之士、旅处之官，苟或有事，我国悉无权治之。此我国官民在所必争，乃发自忠君爱国之忱，而激而出之者也。故通商内地则可不争，而额外权利则必屡争而不一争，此所谓争其所当争也，公也、直也。又往者领事一官，虽与我府道并行，而一旦龃龉，亦得调遣兵舶，权宜从事，此通商口岸办理洋务者所以益形掣肘也。今我朝廷已准英使所请，增埠各口，盖以见中国并无自域之心，而深具柔远睦邻之意。彼于增埠之后，而请减厘金，盖欲以加惠于商人，中朝亦不能不许，我朝廷于是亦酌加税项，因时制宜，以示一朝之规制。盖加税一款，乃我国家自有之权，或加或减，在我而已，英使固不得强与我争也。于是宜与者与之，宜取者取之，此中具有权衡，我朝之从容驾驭，不远出于寻常万万哉。夫我中国不能以有益者尽与英人，犹英国不能以有益者悉畀我中朝也，去取之间，盖在当轴者明其公私曲直而已。(《弢园文录外编》卷三)

薛福成

上李伯相论西人传教书

宫太保年伯中堂钧座：春间接读赐函，过蒙眷注，奖诲勤拳。顷闻黔、蜀教民之案，洋人以未得所欲，啧有烦言，复驶兵船溯江西上，冀遂其虚声恫喝之谋。逖听传闻，敢陈瞽说。

曩者洋人不靖，因我粤寇之难，抵巇捣虚，震惊京师。当是时，洋人以全力争传教，传教不行，则约不成；约不成，则兵不退。与时变通，以释近患，非得已也，势也。和议既成，骤难无故而变约。且迩年内寇未尽除，海防未尽修，故含诟捐忿，弥缝瑕衅，非得已也，亦势也。势之所在，明者知不可违，则姑从容静镇以徐为之图，而不必斥言其害。然而十数年来，布于海内，其法于各州郡先立教堂，招诱愚民，济之财而饵之以药。其人辄变天性，背人伦，惟传教之师是从。

其始也，一二至愚极贫之民，歆其微利而趋之耳。既而群不逞之徒，倚为藏身之窟，肆其奸顽。有司不敢致诘，其贤者勉而致诘，动须关白教主，教主惟其徒是庇，而又何理之得伸。民知未入教者，受教民之虐而无所诉，一入教，则恣睢而莫之能治。于是，相随入教而不辞，甚者剖家财之太半，输之教主无难色。是其始莠民趋之，继且迫平民而附之矣。其始民赴洋人之利，继且倾所有而纳洋人矣。浸淫蔓延，日久益炽。其间强直守正不惑之民，恃气积愤，强与之抗；而虚憍乐祸者，亦或借以生事。于是教堂之设，闭境坚拒者有之，率众攻毁者有之，仇杀教民兼及教士者有之。一夫攘臂，群口欢哎，官不能禁。斯时欲右民而抑教，则洋人持约而责其后，恐因此召兵而误大局，且启内民玩法之渐。其或扶教而惩民，则民谁不气沮心慑，以从洋人之教，是驱吾民以归敌也。中外牵率，进退交疐，则不得不调停客主之间，为之治其狱，偿其室。委曲经营，烦辩费财，仅乃无事。事未毕而各省攻教之狱，复纷然起矣。

中国之衅，何时而弭？虽然多事，犹中国之幸也。何也？以民之未尽变于夷也。窃恐数十年后，耳目濡染，渐不之怪，则附之者日益多。彼洋人敛中国之财，唆中国之民，即率中国之民，启中国之变。胶固盘结，踞我堂奥，伺瑕伺会，猋迅云合以起，而洋人纠群国以制其弊。虽有圣人，不能为之谋矣。英、法诸国之远辟疆圉，蚕食西土，大率用此术耳。

议者或曰：“吾自修吾政教而正吾民心，则彼教当不振以去。”此诚探本之论矣。然譬诸治疾，或治其本，或治其标，标不治，有旋伤其本者矣。昔者尧舜之世，民心无不正，而风俗至纯美也。然使有执左道，挟幻术以蛊其民者，则尧舜必执而戮之。夫尧舜不恃其风俗之纯美，而谓民之无可蛊也。苟有一人之戾于教，则尧舜不能保天下民之不受其蛊，而足以伤纯美之教化。夫是故不得不以刑法佐教化之穷。今天下人心，远不逮尧舜之世，而异教之蛊吾民，与入教之民之挠吾政者，非特于法不能禁，又当从而保护之，势将尽化天下为奸民，而良民无以自立。本之不治，孰甚于此邪。

然则为今之计宜如何？曰：尼洋人之传教，则变速而祸小；徇之畏之，则变迟而祸大；与其坐而待莫大之变，何如先事而制其小变。且洋人之心，虽我徇之畏之，固未尝不思变也。抑又闻之，日本、朝鲜诸国，尝禁传教而綦洋人矣。洋人悉锐压其境而不能螫也。岂中国之人才兵力，不如诸小国哉？然所以许其传教者，则以向之屡困于洋人也。夫向之屡困于洋人，非中国人才兵力之不逮，其弊由于不审敌情，而和战无定议，承平久而人不知兵。厥后贤才勃兴，兵威至盛，虽坚拒洋人之传教不难，然悉力以角内寇，而未暇与洋人校也。故彼得纵横肆侮，以至今日。今内寇将略平矣，诚令豫讲战守，广储人才，察诸国之可与者，厚约结之，以携其交而披其党。一旦有事，则闭关绝市，扼其牟利之源，然后确持定谋，据险逆击，未睹洋人之必得志也。夫苟操是数者，则洋人虽欲为变，固不足为中国病，且适以自速其病。夫苟操是数者，则洋人一有桀悖，暴其罪状而击之可也。否则重与之议约，许其通商而罢其传教可也；否则严立条约，俾吾有司得致法于教民可也。不然，则坐受其困矣。

伏惟中堂规置六合，弛张不测，渊深闳廓之谟，想已早定于胸中，非鄙儒所敢拟议。客冬金陵侍坐，窃闻谈及洋人事，英气伟辩，感发愚衷，至今耿耿。故因睹洋人之纵恣而敢纵论及之，惟希亮察不宣。福成谨上。

季怀弟云："洋人传教，是中国一大变局。将来为害，何所底止，其不可不及早禁阻，已无疑义。文止将传教之祸，与当禁之故，畅切言之。虽未能速见施行，后必有用其言者。至其意议层出，泉涌涛驱，格高气迈，当在昌黎、眉山之间。"

李眉生云："此集中最精诣之文。"

此余十六年前所作。盖专论理不论势者。理胜，则言之短长高下皆宜，而文自不可磨灭。故录存之。自识。（《庸庵文编》卷二）

上李伯相论与英使议约事宜书

宫太傅中堂钧座：昨闻梅辉立翻悔前言，毅然由烟台南下，其得步进步，狡狯叵测情状，昭然若揭。窃思自古两国相持，必先审彼己情势，情势了然，而后应敌之方裕如矣。方今英之富强，固非中国所能敌。而论天时地势，英必不愿启衅于中国者，何也？英虽主盟西土非一日，然自俄、德之交合，英人惴惴自顾，常有虑其吞噬欧洲之意，一旦有事中华，俄人必乘间长驱以窥印度，德人必兴兵侵并旁近小国，以逼法兰西，则英之唇齿亡矣。此固英之君臣所四顾踌躇者也。近闻土耳其国王为其臣民所废，俄人意在用兵，而英人不敢漠视，香港兵船已有调归之信。虽未必即确，然其不轻用兵之意，则已有明征。且威妥玛在都商办滇案，始以八条所允，既餍其欲，未尝不渐就范围。其既允而旋翻者，梅辉立之意，盖谓中国非劫之以势，不能大获所欲，故唆威使于成议之际，拂衣径出，必待我再四挽回，然后示我以勉强应允之意，此正梅辉立之妙用也。今梅辉立已抵沪矣，度其来书，必故作决裂之语以相恫喝。我之应之，不妨以距为迎，先加驳斥，然后徐徐因势利导，可以保其必不决裂，而转圜必速。设令再从而将顺之，羁縻之，则彼又必幡然改辙，而大肆厥求矣。何也？彼之所欲，本无底止；彼之所谋，亦初无定衡。彼但知事穷势迫而后言和，其和必无遗憾也。彼但知中国不见其兵船，所许必未到极至之地也。是故敌兵之来不来，不在所许之厚不厚，即令所言必允，彼以为可劫也而兵至转速，必复大索于所许之外。迨无可许而至决裂，则何如靳其所许，犹有可加于兵至之后，且使彼无奢望，而收拾转易乎。窃谓此时威使如有要挟，宜折之以理，勿稍迁就，则议和或易为功。且威使在华数十年，近将归国，设因此兵连祸结，牵掣大局，彼将内为国主所尤，外为商人所怨，实非其所深愿。彼之本计，不过见可而进，知难而退，欲乘此时迫胁中国，大得便利，以见好商人，为归老之荣耳。其水师兵船游弋各埠，呼召十数号，不难立集，彼挟其伎俩，或欲一试而后快，固未可知。然则为今之计宜如何？曰：设备而已矣。洋人之性，以强弱为是非。昔执事在上海，驾驭西洋兵将，有鞭挞龙蛇视若婴儿之风。以其时有淮军五六万人，战胜攻取，先声足以慑之也。同治九年天津之案，法国兵船数号来泊，法使罗淑亚意气骤厉，急索天津守令之头，迨闻执事率兵数万由陕东行，则骄气为之顿杀。故设防所以定和局也。或谓设防而触其怒，不如示不设防以速其和。不知自古两国相持，备愈严则和愈速，形格势禁，理有必然。诚宜密速调兵，节节布置，俾人心固而声援厚，隐然有虎豹在山之威。敌船一到，饬我军严兵以待。斯时议和，其诎伸损益之数，自与无备者迥不侔矣。谨将紧要事宜开列于后，其中有宜急筹者，有豫拟而不妨缓行者，有姑存此说以钤制敌人者，伏惟恕其愚陋而采择焉。

一、劲旅宜调也。议者或谓洋兵精悍，中国之兵，十不当一，则调兵与不调同。不知调兵而谓必胜者非也。调兵而蓄锐勿动，借以张军声、固民志，彼之要挟，亦当稍减，此必然之理也。且洋兵恃其船炮，最利攻坚，若战于旷野，岂能操必胜之券。昔英军、法军助剿粤贼，屡挫衄而亡其将矣。淮军以枪炮剿流寇，不甚得力，至用长墙圈制而始灭之。盖野战不专尚火攻也。今诚厚集兵力，自大沽接于津郡，自津郡接于通州，分段设营，万一用武，则大沽之势不孤，而迎敌之兵相续。彼涉海远来，兵数不多，且无后继，是已居可胜不可挫之势，闻我兵力既厚，则心孤而意怯矣。直隶自周盛传一军以外，各镇练军抽调七成队伍，可得五千人。此外河南宋庆一军，剿捻剿回，百战以成健旅，今闻有遣撤之议，惜小费而弃远图，甚非计也，亟宜咨请暂停遣撤。山西树字六营，久经训练。此二军者，似须奏请谕旨作为河南、山西所遣拱卫畿甸之师，其月饷仍由两省源源运给。济宁铭军全部万人，亦宜飞调北来。如此则兵力稍厚，不至为狡寇所乘矣。

一、饷项宜裕也。曩者西师远迈，特发部帑二百万两，分作四批运解，所以重边防、励军心也。今若京畿有警，则腹心之患，百倍新疆，似宜奏请朝廷权其轻重，暂缓批解，以观形势。如英事就绪，固当陆续解往以符原议，否则宜移缓就急以顾根本。揆诸左相公忠体国之心，当必谓然。又西征军数，洋人莫测其众寡，且知其久练战事。万一海疆有急，似可奏请明降谕旨，俾左相尽率所部，克期东指，仍密属按兵勿动以待消息。洋人一闻此音，虑中国之无意于和也，则求成必速，而西军不至掣动矣。此亦虚实相济之权，伐谋之先幾也。

一、密告各省设防也。夫京师者，天下之首也，宜以全力护之。沿海、沿江各行省者，天下之支体也，宜各自以其兵力守之。然以中国海疆之广，洋人船炮之捷且利，又无铁甲船、铁炮台以御之，其不能处处设守也明矣。今宜令各省酌量兵力，择要设防；力所不逮者，准令官民迁避，让以空城。彼航海远来，人数无多，不敢深入腹地，所占不过一二城，又与吾民龃龉，动多疑惧。夫耗兵费以守空城，犹获石田也。而各口贸易为之停罢，则彼所损甚巨，久必废然退矣。昔年海疆有事，必欲处处设守，一城偶失，先自震惊，以至张皇失措，受制洋人，由不知此术故耳。

一、团练宜倡也。英人若仅以兵船数号来泊，固无事于团练，万一志在必战，调兵不敷堵御，则号召团勇，其急务矣。往者粤寇之变，各省团练，虽或奋绩一时，终以溃散不振，而今谓其可用者何也？盖粤寇人众而势盛，利攻散，不利攻整。洋人兵少而器精，利攻坚，不利攻散。彼团勇散居乡里，攻不胜攻，以洋人之所向无前，而粤东三元里之役，大为团练所困，殆不过以多制少，以散制整耳。咸丰三年，天津县令谢子澄号召团众与猎凫枪手，摧折粤寇十万之众，此又团练可用之明证。诚令密为布置，数万之众，一呼可集，可以广张疑军，出奇掩袭，亦救急之一大助也。

一、滇案本末，宜布告各国使臣也。中国于马嘉里一案，特发重臣，为之辑凶，为之议恤，可谓郑重周至。乃威使播弄其间，欲坐我以指使之名。中国若不亟自剖白，方且受英国君臣之怨，方且被各国商民之谤，方且为地球万国所不右。今宜历叙滇案颠末，揭明曲直之理。且威使自办滇案以来，始则多方禁阻，不许详告各使，继则百端要挟，不使及时议结。宜将此两层反覆详述，咨明各国驻京公使，请其秉公评论。仍密饬江海关冯道，转属税务司，遍刻各国各埠新闻纸中，作为中国商民之言。彼都议院，非无公论，久必有据理以讥威使者。如此则所费无几，而转移大局之机，已在其中。或谓此法虽善，恐威使因愧生怒，愈激事端。不知洋人之性，刚则吐而柔则茹，可以势禁，不可以情感。以文文忠公之断断好辩，而威使钦服至今，气足以折之也。诚能道其隐微，洞中肯綮，彼自畏其国人之讥弹。英之君臣，必且憬然而自悟，或亦釜底抽薪之一术乎？

一、商务一条宜坚持也。威使所索八条（英使威妥玛所索八条：一、滇案前后事宜，由总署奏明请旨宣示悯惜之意，先索观折底，再会商入奏，咨会各省遍发示谕，张贴各府厅州县；一、听英使派员赴各处查看所张示谕，以两年为期；一、内地有关系英人身家案件，由英使派员观审；一、滇省与英缅边界商务，两国派员妥议章程；一、五年为期，由英派员驻寓重庆及云南大理等府，稽查通商事宜；一、补救通商大局一节，原有另议，其余正子并交之议，另具节略声明；一、钦派使臣赴英，克期启行，所有宣明悯惜之意之玺书，该使先查看底文；一、偿款由英使咨呈本国作主），惟商务尤关紧要，尤其全力所注（威妥玛所索第六条补救通商大局一事，凡沿海、沿湖、沿江，酌定各埠，开作洋船往来口岸，订明洋货进口完税，时正子并交，惟宜昌一口，克期开作通商马头。总税务司赫德又递威使所索第六条内另议要端，共有六条：一、洋货入内地，华洋一律完子口税、领税单；一、买洋货时，在本口内完子税，概不重征；一、洋布在通商口岸、通商省分，概免抽厘；一、洋货在通商口岸抽厘，定不得过值百抽若干之章；一、出洋土货准华洋一律请报单入内地购办；一、通商各口设官信局，归总税务司管理；一、设铸银官局，归总税务司管理），其余似皆非其本意。此次怫然出都，故作决裂之势，盖为洋货免厘一事而发也。然彼不专就此事措辞者，何也？彼欲侵我自主之权，于理既为不顺，擅各国使臣应议之柄，于情又为不公，且与滇案毫无关涉，究属节外生枝，威使其自知之矣。故忽允忽翻以布其势，旁敲侧击以纡其途。其诬及疆臣，吷及枢府，怵我以所甚危也。其请觐见，请提滇案，逆料我所不能行也。而要无非为商务一端，作引而不发之机，欲使我自屈于无形，甘心以厘税全数相让，彼乃安坐而享其利。吁！可谓黠矣。虽然，厘税一宗，全允所请，每岁所损于中国者，将及一千万两。淮军、西军必从此而撤，京饷、协饷必从此而亏，海防应办诸务必从此而废。不数年而他案复兴，彼乘我之无备，又议减洋税矣。斯时财匮力弱，虽欲一战，不可得矣。是故商务之说，彼以全力争，我当以全力拒。即不得已而遂至用兵，用兵不胜，不过赔偿兵费，兵费少者数百万，多者千万而止耳。千万之款，取诸厘金一岁所入而有余，犹愈于不战而自困也。且以每岁千万之正款，可养劲兵十余万。诚如同治初年剿办粤寇之时，聚精会神，贤才竞奋，则何敌不可克，何功不可成哉？议者又谓失之厘金，可稍取偿于洋药。洋药乃无源之水也，厘税所收者百万，而民财之隐耗已数千万矣，其可恃以为利乎？今威使既将八条作为罢论，不妨舍此而别议，或酌添一二口岸，或另加可许者一二条，所损犹轻。倘彼必理前说，亦当告以中国关税之轻，向为地球各国所未有，今宜增至什二，以昭中外之一体，以补厘税之不足。否则饬各海关道别议办法，必令相当乃已。庶中国利权，犹保一二乎。

一、请觐见，请提滇案，并非威使本意也。洋人所重者莫如利。商务一节，乃其全神所注，外此二者，盖料我所不能行，而故以此相搅耳。我视之愈重，彼索之愈急，就令许之，中国尚无大害，洋人亦无大利，是许之而转足以止之，或未可知。若其意在必行，则提案一节，可由刑部照原供审理，坚勿改移。至岑中丞提京之说，不妨告以大员并无过犯，但可驿召至京，与威使面质是非，万无提讯之理。中国之例，虽无罪细民，不得妄加呵斥，岂独大员为然。至觐见一节，同治十二年成例具在，诚令盛设仪仗，慑以天威，彼自詟伏之不暇，似无损于体制。但未可轻易允许，或留为仓猝转圜之地，或借以塞他事之要求，是在斟酌于轻重之间，权衡于临事之顷耳。

一、俄、德两国宜速遣使臣也。今日欧洲形势，俄、德鸥张于东北，英、法虎视于西南。俄军方下基发，窥印度，逼土耳其，英人岌岌自顾，几有僬焉不终日之势，其不能耦俱无猜也久矣。明知泰西诸国，种类虽殊，而交涉中华，则仍联为一气，牢不可破。然速遣俄、德之使，收外助则不足，布疑阵则有余，何则？俄、德乘英之多事，出兵而议其后，则印度必危，土耳其必亡，欧东小国必敛衽而朝于俄、德，大非英人之利也。诚早发使二国，彼恐俄、德与中国之交骤合而轧己也，则顾忌多；顾忌多，必不敢有事于东方矣。或谓值此中外多故，士大夫必不愿行。不知以天下之大，时艰之棘，岂无忠义才略之士，思得当以报者乎？彼畏葸偷安者置之可也。

以上八条，聊就所见拉杂书之，妄蹈出位之愆，谨抒愚者之虑。是否有当一二，伏祈采择。六月十九日，福成谨上。

丁稚璜宫保云："识微鉴远，洞中机宜。其体国之忱，匡时之略，应机之敏，料敌之明，超越寻常万万。篇中尤深切著明处，直将威、梅二人狡猞肺肝，雕镂出之。当事者已采择施行，决有成效可观。"

此书既上，适威妥玛久驻烟台，誓不北上，仍微露愿与伯相定约之意。朝廷特命伯相驰往，以示牢笼。伯相奏调余随行襄理，凡匝月而蒇事。一切相机措注大略，与此书吻合者十之七八，盖非必专用余言也。谋议之金同，时势之相迫，有欲不如此而不可得者。始知凡事皆有綮要，当局者设施次第，虽稍有先后异同，固百变而不离其宗耳。自识。（《庸庵文编》卷三）

上李伯相论赫德不宜总司海防书

宫太傅中堂钧座：顷见总理衙门来书，将以赫德总司南北洋海防，添购快船、蚊船，分驻大连湾、南关两处，由南北洋各派监司大员，与赫德所选洋将会同督操。详绎总理衙门之意，岂不以中国创办水师，久无成效，而倭人发难，擅废琉球，外侮日迫，亟图借才异国，迅速集事，殆有不得已之苦衷。然福成窃见其患，未见其益也。

夫赫德之为人，阴鸷而专利，怙势而自尊，虽食厚禄，受高职，其意仍内西人而外中国。彼既总司江海各关税务，利柄在其掌握，已有尾大不掉之势。若复授为总海防司，则中国兵权、饷权，皆入赫德一人之手。且以南北洋大臣之尊，尚且画分界域，而赫德独综其全；南北洋所派监司大员，仅获列衔会办，而赫德独管其政。彼将朝建一议，暮陈一策，以眩总理衙门。既借总理衙门之权，牵制南北洋，复借南北洋海防之权，牵制总理衙门，南北洋不能难也，总理衙门不敢违也。数年之后，恐赫德不复如今日之可驭矣。

或谓："赫德以治兵为荣，非以揽权为事，即以权论，亦不过十余号炮船耳。夫奚足为重轻？"噫！何言之易也。中国创办海防，以全力经营者，原只此十余号炮船。乃举以畀之赫德，彼得是为嚆矢，渐拓规模，中外魁柄，潜移于不觉。此履霜坚冰之渐，不可不慎也。或又谓："借才异国，古有明效，何独于赫德而虑之？"不知赫德长于理财，本不以知兵名。中国初振武备，所倚惟一赫德，恐为东西洋各国所窃笑。如欲延揽洋将以供任使，宜致书出使大臣，访求专门名家，而又能受南北洋调遣者，酌量订募，庶免太阿倒持之患，其获效亦必胜用赫德远甚。

福成昨读中堂复总理衙门一书，未尝无长虑却顾之意，特以既有成议，不欲显与立异耳。窃谓中堂自任以天下之重，天下安危所系，不得不剀切言之，总理衙门亦断无不从之理。与其使赫德掣肘于异日而酿无穷之患，不如使赫德觖望于一时而葆固有之权。此中得失，不待智者而决也。又经中堂核定赫德所拟章程，凡海防司所领粮饷军火，应先移文监司大员，由监司大员转禀南北洋大臣给发，似稍足限制其权矣。然其定章，又谓用人、支饷、造械诸事，惟赫德一人主之，虽南北洋不得侵越。则所云核转一节，实无予夺增减之权，不过奉行赫德文书而已。事权倒置，孰甚于此？

若谓总理衙门已与定议，不能中止，宜告赫德以兵事非可遥制，须令亲赴海滨，专司练兵，其总税务司一职，则别举人代之。赫德贪恋利权，必不肯舍此而就彼也。则其议不罢而罢矣。且蚊船徒能株守一口，快船仅备两号，声势亦孤。赫德所谓海防，本不过敷衍之局。今欲声威雄壮，战守咸宜，非购铁甲船不可。从前南北洋谋创水师，所以久无成功者，良由中外视为缓图，饷不裕而权不壹也。今若以畀赫德之权畀南北洋，供赫德之饷供南北洋，添制船械，广罗将材，精心训练，提倡风气，将何功之不可成？是在中堂力任之，与总理衙门密商之而已。福成因斯事利害较巨，辄敢摅其千虑一得之愚，惟恕其狂瞽而财〔采〕择焉，大局幸甚。六月二十三日，福成谨上。

伯相既得是书，踌躇旬日，始撮举书中要语，函达总理衙门。总理衙门以专司练兵，开去总税务司一缺之说告赫德。赫德果不愿行，遂罢此议。己卯八月识。（《庸庵文编》卷三）

论中国在公法外之害

泰西有《万国公法》一书，所以齐大小强弱不齐之国，而使有可守之准绳。各国所以能息兵革者，此书不为无功。然所以用公法之柄，仍隐隐以强弱为衡，颇有名实之不同。强盛之国，事事欲轶乎公法，而人勉以公法绳之，虽稍自克以俯循乎公法，其取盈于公法之外者已不少矣；衰弱之国，事事求合乎公法，而人不以公法待之，虽能自奋以仰企乎公法，其受损于公法之外者，已无穷矣。是同遵公法者其名，同遵公法而损益大有不同者其实也。虽然，各国之大小强弱，万有不齐，究赖此公法以齐之，则可以弭有形之衅。虽至弱小之国，亦得借公法以自存。惟亚细亚东方诸国，风气不同，政事不同，言语文字不同，初与公法有格格不相入之势，而此书亦若未挈东方诸国在内。三十年来，日本、暹罗尽力经营，以求附乎泰西之公法。日本至改正朔，易服色，以媚西人，而西人亦遂引之入公法矣。中国与西人立约之初，不知《万国公法》为何书，有时西人援公法以相诘责，秉钧者尝应之曰："我中国不愿入尔之公法。中西之俗，岂能强同？尔述公法，我实不知。"自是以后，西人辄谓中国为公法外之国，公法内应享之权利，阙然无与。如各国商埠，独不许中国设领事官；而彼之领事在中国者，统辖商民，权与守土官相埒；洋人杀害华民，无一按律治罪者；近者美国驱禁华民，几不齿中国于友邦。此皆与公法大相刺谬者也。公法外所受之害，中国无不受之。盖西人明知我不能举公法以与之争，即欲与争，诸国皆漠视之，不肯发一公论也；则其悍然冒不韪以陵我者，虽违理伤谊，有所不恤矣。余尝谓中国如有秦始皇、汉武帝、唐太宗、元太祖之声威，则虽黜公法，拒西人，其何向而不济？若势有不逮，曷若以公法为依归，尚不受无穷之害。秉钧者初不料其一言之失，流弊至于此极也。近年以来，使臣出驻各国，往往援据公法为辩论之资，虽有效有不效，西人之旧习已稍改矣。往岁余殚竭心力，与英廷议定设立香港领事官，此可为风示他国张本，即可为隐抽昔日受亏条约张本。无如当事诸公，有一二人挟私怀忌，出死力以阻之。余独不解其是何肺肝？中国办事之难，一至于此，可胜叹哉！可胜叹哉！（《庸庵海外文编》卷三）

郑观应

公法

公法者，万国之大和约也。中国为五洲冠冕，开辟最先。唐、虞、三代，相承为封建之天下；秦并六国，改为郡县，历汉、唐以迄今，莫之或易。其间可得而变易者，宗子之封藩，疆域之分合也。其虽变而莫之或易者，概不得专礼乐征伐之权也。然均有相维相系之势，而统属于天子则一也。统属于天子一，故内外之辨，夷夏之防，亦不能不一。其名曰有天下，实未尽天覆地载者全有之，夫固天下之一国耳。知此乃可与言公法。

　　公法者，彼此自视其国为万国之一，可相维系而不能相统属者也。可相维系者何？合性法、例法言之谓。夫语言文字、政教风俗固难强同，而是非好恶之公不甚相远，故有通使之法，有通商之法，有合盟、合会之法。俗有殊尚，非法不联。不能相统属者何？专主性法言之谓。夫各国之权利，无论为君主，为民主，为君民共主，皆其所自有，他人不得侵夺。良以性法中决无可以夺人与甘为人夺之理，故有均势之法，有互相保护之法。国无大小，非法不立。《尔雅·释训》云："法，常也，可常守也。"《释名》曰："法，逼也，逼之使有所限也。"列邦雄长，各君其国，各子其民，不有常法以范围之，其何以大小相维，永敦辑睦？彼遵此例以待我，亦望我守此例以待彼也。且以天下之公好恶为衡，而事之曲直登诸日报，载之史鉴，以褒贬为荣辱，亦拥护公法之干城。故曰：公法者，万国一大和约也。

　　今泰西各国兵日强，技日巧，争雄海陆，将环地球九万里，莫不有火轮、舟车。我中国海禁大开，讲信修睦，使命往来，历有年所。又开同文馆，习西学，译公法，博考而切究之，如此详且备矣。然所立之约，就通商一端而言，何其矛盾之多也？如一国有利，各国均沾之语，何例也？烟台之约，强减中国税则，英外部从而助之，何所仿也？华船至外国纳钞之重，数倍于他国，何据而区别也？中国所征各国商货关税甚轻，各国所征中国货税皆务从重，何出纳之吝也？（闻鸦片在孟加剌每箱征银六十磅，中国税银十磅，中国出口茶税每箱仅征银百元之七五，不足一成，至英人入口所征不下四五成，即茶与鸦片较之，其公道为何如？）外国人至中国不收身税，中国人至外国则身税重征。今英、美二国复有逐客之令，禁止我国工商到彼贸易工作，旧商久住者亦必重收身税，何相待之苛也？种种不合情理，公于何有？法于何有？而公法家犹大书特书曰："一千八百五十八年，英、法、俄、美四国与中国立约，嗣后不得视中国在公法之外。"又加注而申明之曰："谓得共享公法之利益。"嘻，甚矣欺也！

然则如之何而可？曰：约之专为通商者，本可随时修改，以图两益，非一成不变者也。税饷则例，本由各国自定，客虽强悍，不得侵主权而擅断之。宜明告各国曰：某约不便吾民，某税不合吾例，约期满时，应即停止重议。其不专为通商者，则遣使会同各国使臣，将中国律例合万国公法两两比较，同者彼此通行，异者各行其是，无庸越俎代谋。其介在异同之间者，则参稽互考，折衷至当。勒为通商条例，会立盟约，世世恪守，有渝此盟，各国同声其罪。视其悔祸之迟速，援赔偿兵费例，罚锾以分劳各国。若必怙恶不悛，然后共灭其国，存其祀，疆理其地，择贤者以嗣统焉。庶公法可以盛行，而和局亦可持久矣。

虽然，公法一书久共遵守，乃仍有不可尽守者。盖国之强弱相等，则借公法相维持，若太强太弱，公法未必能行也。太强者，如古之罗马，近之拿破仑第一，虽有成有败，而当其盛时，力足以囊括宇宙，震慑群雄，横肆鲸吞，显违公法，谁敢执其咎？太弱者，如今之琉球、印度、越南、缅甸，千年旧国，一旦见灭于强邻，诸大国咸抱不平，谁肯以局外代援公法，致启兵端？不特是也，法为德蹶，俄人遽改黑海之盟，法无如之何也。土被俄残，柏林不改瓜分之约，各国无如之何也。然则公法固可恃而不可恃者也。且公法所论，本亦游移两可，其条例有云：倘立约之一国，明犯约内一款，其所行者与和约之义大相悖谬，则约虽未废已有可废之势。然废与不废，惟在受屈者主之。倘不欲失和，其约仍在两国，当照常遵守，至所犯之事，或置而不论，或相谅革免，或执义讨索赔偿，均无不可。由是观之，公法仍凭虚理，强者可执其法以绳人，弱者必不免隐忍受屈也。是故有国者，惟有发愤自强，方可得公法之益。倘积弱不振，虽有百公法何补哉？噫！（《盛世危言》卷五）

通使

昔汉武帝诏举茂才异等，可为将相及使绝域者。诚以出使之选，与将相并重，折冲樽俎，赞美皇华，胥于是乎赖。一不得人，则辱君命，损国威，所关非细故也。今中国与外洋各国通商立约，和谊日敦，设无使臣联络声气，则彼此之情终虞隔阂，虽有和约何足恃，虽有公法何足凭哉？使臣者，国家之耳目也，所驻之国，必知该国之情形，凡陆兵之数、水师之数、库款之所入所出、交涉之何亲何疏、商工船械如何，精细讲求。故泰西公例：凡通商各国，必有公使以总其纲，有领事以分其任，又虑威权之不振，简兵舶往来游历，以资镇抚，而备缓急，事或未协，彼此悉心公议，或请各国官绅裁断，以期必协而后已。其慎重也如此。

迩来中国人民出洋贸易佣工者，年多一年，不可胜计。（中国之人经营出洋者，为天下之至众，故钦差领事等官，比天下各国更宜加隆。顾中国未设钦差以前，外邦政府尚知爱护华民，多方招致；既设钦差领事之后，外邦设法竟抽华民身税，极力驱除。或疑中国到彼争食，今其见逐，情理使然。夫争食者，岂止华民，何以不逐他国，而独逐中国？是其薄华民者乃所以薄钦差，薄钦差乃所以薄中国。薄钦差者何？为其不知西国之例，而动多可嗤也。薄中国者何？为其不行富强之法，而徒夸其大也。中国外部及出使各官，必须全用深通西学、深明西例之士，则庶乎其得矣。）洋人每肆欺陵，无由伸理，乃仿西例，于各国设公使，于华民寄居之埠设领事，遇事往来照会，按公法以审其是非，援和约以判其曲直，保吾民，御外侮，维和局，伸国权，使臣之所系，不綦重欤！（夫通使者，中古邦交之道也。春秋时，贤士大夫必周知列邦政教之隆替、民情之向背、俗尚之好恶、国势之盛衰。探听各国军务消息人员，某国现用何样新式轮船、铁舰、炮台、枪炮？炮台形势如何？兵官才能如何？或探访不全，必能得其大概，虽糜费亦有所不惜。所派侦探之员，概须武员知兵事者，或随同公使前去，或另派游历，总之无处不有。平日洞知各国强弱盛衰之故，如有战事，则措施自中机宜矣！）用能事大字小，各协其宜。今泰西数十国，叩关互市，聚族来居，此诚中国非常之变局，于此而犹不亟讲外交之道，遴公使之才，乌乎可哉！华民之出洋者，就南洋之西班牙、荷兰、英、美各属考之，岁输税银自一二元至百数十元不等。暹罗本我旧属，乃亦仿西法，岁征我民身税，否则拘作苦工。虽有公使、领事，其如鞭长莫及何！

曩者，法、越多事，彭刚直檄委潜赴越南、金边、暹罗、新加坡等处，侦探敌情，返粤后上书当道，略谓：法兰西侵占越南，其国危亡，已同朝露。然越南亡而暹罗、缅甸未即亡也。现在缅王暴虐，昆弟失和，英萌废立之心，缅不自安，转倚法援，为英所忌，恐逾速其亡。向闻暹、缅二国素称恭顺，附近各岛如英、法、和、西等国之属土，华民流寓其间者不下数百万人。亟宜简派公使驻扎南洋，所有南洋各国，如越南、缅甸、暹罗、小吕宋，及英、法各国属土之华民，悉归统辖。即选各埠殷商，或已举为甲必丹中外信服者为领事，联络声气，力求自强。仍仿西人在华训练民团，以资保护，令各埠商民捐资购置一二兵船，公使乘之出巡各埠，庶信息灵通，邦交益固。声威既壮，藩属不敢有外向之心。以兵卫民，即以民养兵，一举两得，无逾于此。

或疑各埠华人多借洋人以自重，董事亦各树党援，不肯受约束于华官，持节南行，动多掣肘，可奈何？此则兵力之不逮，而权势所由不行也。非有水师兵舰出洋巡缉，不能折外人陵侮之心，非有老成练达、精明强干之才，难以胜公使、领事之任。夫各国广招华工，美国独限制华工前往。外人之虐待，应如何设法保全？与国之苛条，应如何峻词拒驳，斯非使臣之责欤？

使臣简在帝心，朝廷用人自有权衡，固非卮言所敢论。至若每届使臣持节奏调人员，如参赞、领事、翻译、随员等官，尤当格外慎选。（使臣、参赞、领事，识其国言语文字、律例，遇事可以立谈，情意必然相孚。）盖参赞为使臣之副，凡交涉大事，彼之请于我者，或从或违，我之求于彼者，或可或否，皆赖参赞与使臣商定而行。使参赞毫无才猷，则使臣可者亦可之，使臣否者亦否之，亦安用此参赞为？故必熟悉情形，洞明利弊，始能匡使臣之不逮，而措置不至失宜。翻译、随员，则又使臣之喉舌、手足也。凡事之大者，由使臣亲裁，小者必令其代理，或办署中案件，或与洋人周旋。至辩论公事，惟翻译是赖，曲直所关，轻重皆须得体。苟喉舌、手足运掉不灵，必于全身有碍矣。若夫领事一官，关系尤重。华民百万，良莠不齐，小而钱债纷争，大而命盗案件，使臣之不暇兼顾者，调停审断，皆于领事是资。领事贤，则商民既安，邦交亦日睦；不肖，则矜情任性，不但流寓华民失其庇护，而且外人轻藐，口舌滋多，彼此往来必多扞格，难免不因此失和。所谓参赞、领事、随员、翻译，尤当格外慎选者此也。

似宜明定章程，毋得滥徇情面，援引私亲，必须以公法、条约，英法语言文字及各国舆图、史记、政教、风俗考其才识之偏全，以定去取。就所取中明分甲乙，以定参赞、随员、领事之等差，不足乃旁加辟举，有余则储候续调。倘出洋多次，办事勤劳，允符人望者，即可由翻译、随员荐升领事，参赞备历各国，荐升公使。如有始勤终惰，或沾染洋习，措置乖方者，上则由公使特参，下则许同僚公揭，咨明总署，覆核得实，奏请除名。夫予以可进之阶，则群才思奋；课以难宽之罚，则不肖怀刑。庶外可为四国之羽仪，内可塞终南之捷径矣。自使臣以下各官，无论出洋久暂，务将所办各事，以及地方风土人情、国政、商务、工艺、土产，随笔登记，回国进呈，择要刊刻，以示天下。庶知彼知己，决胜无形。此三代询事考言之成法也。戊子岁，曾遣京曹分往各邦游历，惜非王公大臣，又不晓该国语言文字，虽略知中外利弊，著述等身，不能坐言起行，亦与翻译西书者无异耳。

抑更有进焉者。泰西各国，无论国之大小，公使皆以等第分班次。头等可随时入见，君主请茶会面商要事，不致隔膜。二等先期约定，止能接见外部，君主茶会势分不及。今土耳其、希腊、日本各小国，皆遣头等公使，分驻各邦，而中土堂堂大国，行走班次乃反居其后，于体统有关碍，于交涉亦动多掣肘。拟请嗣后驻扎英、俄两国使臣，均以头等派充，增费无多，而收效甚远，国体亦因之而尊矣。且出使官员，亦宜酌增公费，使之足用。（昔总署所定出洋各员薪水，数本不多，今复经屡次核减，则各员必有以简陋贻讥外国者，惜小失大，甚无谓也。）一切车马服饰，皆不可过事寒俭，以壮观瞻，而尊国体。所驻之国，其官吏有应接见者，固宜交相拜访，询悉情形；其不应接见者，断不可率意往来，俾知使臣之尊贵，国制之严明。如是，则华洋之人见而敬服，专对有才，贤于十万师远矣。至如胆识兼优，声望夙著，当诤则诤，当从则从，当行则行，当止则止，回积议如转环〔圜〕，化巨祸为细事，使于四方，不辱君命，如汉之苏子卿、傅介子、唐之颜真卿、宋之富弼，炳炳诸贤，至今不朽。英风亮节，今岂无人？有志之士，所为奋然而兴也。（《盛世危言》卷二）

禁烟上

无祸中国，使士不能食旧德，农不能服先畴，工不能守矩矱，商不能勤懋迁，其洋烟乎？自嘉庆季年以迄于今，每岁有增而无减，顾烟之为害深矣，禁烟之议亦夥矣。始也操之过急，继又失之过宽，遂使痼疾缠绵，充塞宇宙，败坏不可收拾，以至于今日也。

当议和定约之时，若能坚持前议，商埠可开，兵费可增，而鸦片必不许入境，当亦唯命是从。何则？彼时出产无多，运售中国者，岁不过二千余石，彼固易于改图也。吸食尚少，各省仿种者未致蔓延，我亦易于查禁也。此机一失，吸食日众，贩运日多，遂为进口大宗之巨款（查洋烟先到香港，转达各口，岁计约大土五万箱，小土四万箱。其金花土及在新加坡等处华人所销者，不在数内），岁约十万箱以为常。每箱价约五百余两，除关税捐款外，洋商约得四百两左右，统计每岁出口银四千余万两。今直省相率仿种，甚如川、黔全境皆是，岁约十二万箱，箱重百二十斤，合计烟土约二千六百四十万斤。以每人岁食六斤计之（以土十灰六熬膏，土约五成，灰约七成，层层折算，实每人日食四钱七分零），当得四千四百万人。而佣工小贩之依此为生者约十之一。其余自种自吸者，或相倍蓰。年年坐困于此，犯法伤生，废时失业者，不下千百万人。于是中国之智士，莫不痛悔从前之失计，而思有以禁绝之。

尝考日本与英国立约，鸦片土不得入境，例止三斤以配药之需。如违约，关口拿获全数充公，或竟抛弃于海。有闯关者，每斤鸦片罚洋十五元。我国亦宜设法严禁吸食，并仿日本条约，请各国劝英国一律行之。即英国好义之士，亦深以流毒中国违背公法为耻，立会议禁。（英国禁烟会董事亚力山打，自伦顿来游印度、中国，查探洋烟是否有害华人，曾偕广学会董李提摩太、仁济医院总理慕维廉，到招商局与余一谈，问有无良策。余即将所拟禁烟论告之。）谒我使臣，陈说利害，而英之政府终迟疑不决者，盖数十年来恃此以致富强，而本国煤铁矿产之饶，渐非昔比，印度兵饷赖此支持。苟我能借箸代筹，使无大损，则彼亦何乐而不为也。然即禁洋土之来，而不能禁内地之种，亦非正本清源之法也。

夫每岁四千余万金之漏卮，千万余口之鸩毒，洵非一朝一夕之故，其所由来者渐矣。迄今痼疾日深，疗救猝难奏效；症候多变，换方亦少成功。闻印度岁出鸦片烟，英国官为之经理，召商贩运，以时消息之。我中国不禁则已，苟欲禁矣，即宜破除成见，不分内外，一体严禁。

欲内禁必先外禁，不妨招商集股创设公司。吴瀚涛大令曾偕马观察奉檄赴印度，与英督商办此事，再三辩论，始允将印度所出之鸦片，尽归我华商公司承办，逐年递减，以五十载为期，即行截止。惜总署批驳，谓招商承办，明设公司，殊于国体有碍，而此议遂停，天下有心人均为叹息。独不思广东筹防捐，炮台捐，闱姓赌捐，皆系招商承办者乎？果能与印督商办，并可责其担保，如有偷捐，从重罚赔，省内地无数缉私经费，五十年后烟不禁而自绝矣。便孰便于此者。

至民间吸食，亦宜逐渐严禁，以绝萌芽。内禁之法有二：

一曰定限期。由各处地方官出示晓谕吸烟之人，限四个月内一律报明，报后以一年为限，一体戒绝。如逾限未戒，官则削职，士则褫衿，吏则革役，商则罚锾，兵则除名，一切下等之人则治其罪。既经严办，仍予半年展限，改过自新。倘再届期不改，立发边远充军，以儆效尤而除积弊。风行雷厉，孰复甘蹈刑章哉？然而立法虽善，奉行尤在得人。否则，适启官府之苛求，吏役之需索，捕快地棍之讹诈。鱼肉乡愚，欺压良懦，而于禁烟之事，仍无实效可观耳。此急以驭之之法也。

二曰编籍贯。通饬天下，将食烟人户逐一查明，无论官、商、军、民，编成烟籍，谓之烟民，照差役例，不准应试，不准当兵，不准捐纳职衔，不准充当绅士，平民不准与婚。其有秀才、举人、进士词林及现任官，已吸烟者限三年戒清，由族长或同乡官具禀地方官，注销烟籍之名。如逾限尚未戒清，立即革职，不稍宽假。如此明示区别，严定科条，一挂烟籍，即不得侪伍平民。庶父勉其子，兄勉其弟，妻勉其夫，既吸者将痛改前非，未吸者亦不敢再沾陋习。是乃攻心之法，王道之功，较之势迫刑驱，徒滋纷扰者，大不同矣。此缓以治之之法也。

然而草偃必风行，上行则下效。要必政府左右无吸食之人，然后可禁部寺；京朝左右无吸食之人，然后可禁外省；疆臣左右无吸食之人，然后可禁僚属；将帅左右无吸食之人，然后可禁弁兵；现任无吸食之人，然后可禁候补；幕府无吸食之人，然后可禁师儒；职官无吸食之人，然后可禁士庶；胥役无吸食之人，然后可禁平民。故欲禁烟，必自上始。若为上者吸烟，而欲禁群下之不吸，虽朝申一令焉曰禁烟馆，暮申一令焉曰禁土栈，而民将嗤嗤然笑之以鼻也。呜呼！如是而曰禁，何惑乎终不能禁！

泰西烟酒之税最重，至有值百抽六十者。夫以中国人民四百兆论，即有不嗜烟酒者，牵扯合算，每人日费烟酒三文，一日需钱二百二十万缗，以一年三百六十日计，即需钱四万三千二百万缗。倘援古人什一之法，以征其税，通盘等算，一岁可得四千余万缗。且所加之数，合则见多，分则见少。以每斤每两节节摊匀，渐渐加贵，在吸食者不觉，而国家得此饷源，当亦不无裨益。然此犹不过就中国之烟酒言也。若外洋进口之烟酒，亦宜加重其税，如纸烟、雪茄烟、麦酒、葡萄酒之类，当通商立约时，以为西人食物例不征税，嗣因西人之寓华者众，而洋酒之进口日多，于是稍加捐税。查今通商则内载：进口洋酒装玻璃瓶，大者每百瓶输税银一两，小者每百瓶输银五钱，其装桶则每百斤输银五钱。至外国烟则并无进口税。然查洋酒之贵者，每百瓶价值洋三四百元不等，而收税止银一两，于值百抽五之例，未免相去太远。若烟则非特西人嗜吸，即华人与彼族往来，亦不免沾染习气，以外国烟携带轻便，而吸者渐多。今中国政府若遇修约之期，据理直争，使二物亦照值百抽五完纳，一岁税项，当亦颇巨。

顾或谓：加中国之税，其权在我；加外国之税，其权在彼。洋人以钱财为性命，此说恐不能行。则尚有一妙法在。如鸦片为进口大宗，今已厘税并征，每箱收银一百十两，核与英国常税值百抽二十之数相等，似无可再加。然可照香港、西贡、新嘉坡例，俟其熬膏后再议抽厘，设官膏局于通商口岸，招商承充，认定缴数，准其将生土熬成熟膏，分运各处销售。凡嗜鸦片者，只准买熟膏吸食，不许购生土自煎，违者律以私铸之罪。如是，则洋土可全数归公，私土并无处可买，而中国各省所出之土药，亦照此法办理，则岁赢银钱，何止数百万。

闻官膏之例，西贡最严，虽为数一二钱，亦必给以凭印纸据。每日按户稽查，必使所吸烟数与凭印纸据相符，方得无事，否则有罚。凡入境商贾，有私带烟膏者，不但充公，并议罚锾。闻近日新旧金山、香港、南洋各埠，亦有是例。每岁输饷多者百余万，少者亦数十万。今中国若行此法，以生土熬成熟膏，犹以洋货变成华货，权自我操，利不外散，虽英廷不得挠我自主。况鸦片系害民之物，虽横征暴敛，亦不为苛，与治乱民用重典之意相同，又谁得议其后哉？（《盛世危言》卷十二）

禁烟下

《易》曰："履霜坚冰至。"戒其渐也。盖当事机初萌，挽回原易；及乎积重难返，则虽有圣哲，亦将痛心疾首，而无可如何。天下事大抵然矣。禁烟之策，固今日所宜行，然而立法尤贵得人，无人不得行法，言之似易而行之实难。欲筹简易之方，则不必议禁于今兹，而徐图禁之于日后。且使漏卮不致外溢，西贾不能居奇，莫如广种罂粟之一法也。

顾或犹不能无疑者，谓：种者既多，吸者必广，举世皆入陷阱，他日安有禁绝之时，其害一。中国人口繁庶。若准种罂粟，小民必相率效尤，弃嘉禾而植毒草，不特粮食日贵，一遇荒歉，何以堪之，其害二。洋药流毒，几遍天下，然犹曰来自外洋也，今弛禁自种，其价渐低，人人喜吸，使声明文物之国，转为烟熏雾塞之区，大伤国体，其害三。印度之烟土其味厚，中国自造质味既薄，搀杂尤多，以伪乱真，何能与洋药相敌？其害四。今人喜吸洋土，然内地少而海疆多，自种既多，反使洋药不能到之地，土药起而乘之，是不啻添薪而助焰也，其害五。印度种烟，有种植法，有刮浆法，有砖制法，中国既不谙其法，必不及其佳，徒增一害人之物，何能塞洋药之源乎？其害六。洋药税厘并征，日有起色，每岁收数至八百余万，土药盛行，洋药锐减，收数必疲，于国课不无窒碍，其害七。此数害者，骤而听之，似皆可虞；切而按之，则皆不明时势者也。

夫洋药之所由不能禁者，半以英人阻挠耳。今自种罂粟以杜来源，英人岂能责问？且洋药味厚，土药味薄，厚则瘾重，薄则瘾轻，重则难禁，轻则易戒，此自然之理也。他日土药日多，洋药日少，英人自顾获利无几，徒招与国讥评，必将与中国会商禁烟，以博高名而洗前耻。日前禁贩黑奴，英人不惮费千万金钱以成义举，何独于禁烟之事而疑之？其不必虑者一也。

种田粪壅多费人工，一夫之力不逾二亩，而一亩罂粟可抵十亩稻粱。农民可以余资转购粮食，如西贡、暹罗一岁三熟，今闽、粤等处多贩运其米。苟铁路已成，轮舶、火车水陆飞挽，乞籴邻境，速于置邮，但使小民有买米之钱，何虑地球无买米之处？其不必虑者二也。

土药价值虽廉，较他物犹昂十倍，吸不吸自关天性，岂以贵贱而分？况吸之与种，其有伤国体均也，何如姑纵之，而他日尚有可禁之望也。其不必虑者三也。

天下有用之物，恐其搀杂以致害人。若烟固害人之物也，惟恐其不搀伪，愈伪则其毒愈轻，愈轻则其瘾愈薄，其价愈贱，人贪省费。积弊渐以挽回。其不必虑者四也。

自云土、川土、西土、关东土，及鄂、皖、江、浙之土盛行，借分洋药之种；而清江、汉口以上，更赖土浆御诸门外。否则，洋药毒如水银，无孔不入，内地元气剥削尽矣。所憾者未得印度秘制之法耳。将来大弛禁令，广种而精制之，不出十年，利权可以尽复。其不必虑者五矣。

印度种烟制浆之书，栽花结实，取胶拔本，莫不有法。本年所收之浆，必待隔年出售，气味乃厚。如派人学制，复储一年，则物美价廉，争先乐购，畴复办洋土哉？欲塞洋药之源，莫善于此。其不必虑者六矣。

至如第七害，固非害也。洋药之税厘入于中国者日旺，即中国之金银流于外洋者日多。若恋区区税厘，而忍听斯民之朘削，是犹鬻产于人，而扣其中资小费，诩诩然自鸣得意，有不赅识者讪笑乎？况乎洋药照约征税，土浆亦可加征，何必胶柱刻舟，鳃鳃过计？其不必虑者七矣。

总而论之，以为罂粟不当种者，皆务祖英人者也，皆欲贫中国者也。各关税务司，或谓阳为中国，阴助西人，故税厘并征之第一年，入口洋药之数短至四千箱左右。赫德皇皇然条呈总署，请加抽土药厘金，数年以来，土药加增，洋药复有起色，其孳孳为利，并无竭诚中国之心亦略可见矣。于此有三策焉：无论洋药、土药，严定限期，一律申禁，中、外之吸食者绳以重法，一体戒除，策之上也。广种土药，以杜洋药之来源，目前既塞漏卮，日后徐申厉禁，策之中也。既不能禁洋药之来，又加征土药以自塞销路，吸者、种者，洋药、土药，一任其自生自灭，自去自来，惟图多收税厘，稍济然眉之急用，是为下策，所谓止沸扬汤，抱薪救火者耳。公忠体国之君子，其将何去而何从乎？

戒烟方药颇多，惟不费钱而又简捷者，乃李云山所传之方。据云：假如烟瘾三钱，分三次而食者，则未食烟之前，先食盐汤一茶盅，约食盐二钱，不宜太多，每日减烟二分。以三钱烟瘾计之，四十五天可戒绝矣。

尝考土耳其受神豆汤之祸，较中国受鸦片之祸尤烈。当百年前，南极南冰洋产一种小黑豆，名曰冰豆，土人煎取其汁以代茶，其味嗅之颇腥，饮之却甘。犹太人游历至其地，撷而给病者服之，病立愈，然愈后即成瘾，几于不可一日无，服之愈久，其体愈弱，国家知其有损，严行禁止，惟药肆中准存些少，必俟购者觅有保人方许出售。犹太人知其地已禁，改而运往他国，亦率闭关不纳。及运至土耳其，适国中瘟疫盛行，服此者皆立效，好事者因锡以嘉名曰神豆。其价遂因而翔贵。民间无论男女，嗜此者几至十分之二。迨数十年后，虽无病者亦甘之如饴。偶向街市游行，必腰佩神豆一小罐，居家客座中，必列神豆几瓶，豆汤几碗，煮豆器一分，一若不如是不足以示豪富也者。客至，有不饮主人家所备豆汤，而取自佩者饮之。市廛设有豆汤局、神豆馆，各种豆瓶汤罐，每枚有价值银饼数十元者，杂嵌金银珠宝象牙，甚为美丽。斯时人民之被神豆所害者，多至十之五六。神豆每两值一元，豆汤每两贵至一元而二三元，由是富贵者忽焉贫贱，贫贱者至于流亡。国家虽每年增入神豆税数万金，而所得究不偿所失。久之而上自官僚，下逮兵勇，亦无不嗜此。每至阅伍之期，时刻不齐，队伍不整。有明理者面斥犹太人不仁，犹太人曰："凡人谋生，总以获利为重。贵国人如不嗜此豆，则我等自然无法运售矣。"明理人不能答。直至数十年之后，有贤王名亮连者即位，始谕令朝臣会议禁饮豆汤之法。有言禁止彼国贩卖者，有言本国应自往收买者，而绝无一人言及禁止。盖当时不惟王家子弟嗜此，即秉钧各大臣亦无不饮之成癖，故朝臣多畏而不敢言也。王意已决，乃不待议成，即手书严例八条，誓必禁绝。各处建造戒豆院，限六阅月一律告成。官治戒豆药材，雇用男女婢仆，制备床榻、器具、饮食、水火，下令各地方禀报饮神豆汤人数，无论官民，有妄报及知而隐匿不报者斩。自入院戒除后，各处神豆局及器皿铺一律禁止。再有出售者，经官查出，货物入官，人则严行治罪。戒豆之人入院调治一个半月。放出后，仍不自愧而饮豆汤者，经官收入，再为疗治。愈后官则革职，永不叙用，民则发往边境做苦工，妇女下狱，半年再犯则一律斩首。此令一下，一年之后，通国男女之饮神豆汤者绝无一人，而犹太人之贩运神豆者可不禁而自绝矣。夫土耳其曾以鸦片害人，而在己先受害于神豆，犹幸其主能力图整顿，国中大患得以顷刻洗除。奈何我堂堂大一统之中华，而禁令难申，竟出土耳其之下哉？（《盛世危言》卷十二）

交涉上

中外通商日久，交涉之案层见迭出，卒鲜有办理公平，能折彼族之心而伸吾民之气者，何也？以不得办理之法，未用度外之才也。

夫洋务交涉之事甚繁，约其大纲，君民两大端而已。如杀伤、斗殴、焚毁、抢劫、占产、拐贩、债务、辛工以及碰船、碰车诸案，皆事之小者，关华民生计者也；侵越疆界，偷漏税款，违例便己，辟埠通商，以及传教建堂，游历杀伤诸案，皆事之大者，关国家安危者也。西人舟车所至，每以语言互异，律法不同，利己损人，任情蔑理。入国不问禁例，入乡不知土俗，在租界外创办之事，亦不禀准当道而后行。惯以恫喝之词，势迫力成，否则勒赔巨款。是以猜嫌易启，动至激成巨案。我中国顾全大局，忌开边衅，官长多从迁就，士民谁敢抗衡？如吴淞铁路电线、四川彝陵轮船等案，虽然无理，尚赔巨款。洋船撞毁华船，反咎以不谙趋避，或诬其桅灯不明，改重就轻，含糊了结。马车碾伤华人，反谓不知让道，祸由自取，扭赴公堂亦仅薄罚。又如华人受雇洋行及充洋船水手，往往借端扣减工资，甚或殴辱毙命。西人之狡黠者，更串通地棍拐贩乡愚，冤惨尤无天日。他若华商负欠洋商，一经控告，追封产业，扰及亲朋。西人负欠华债，虽饶私蓄，循例报穷，便自逍遥事外。外国税华货进口，务从其重；中国税洋货进口，务取其轻。华人商于西国者，按名纳税，岁有常规；洋人商于中国者，北突南奔，绝无所费。我招商局"和众"轮船，曩年开抵美国金山，关官执意重征船钞，冀不复来。（美之商船至华，所征税额较诸英、法商船，无畸轻畸重，亦系一律征收。美国何得歧视？）凡寓居新、旧金山之华工、华商，有回国后不准重到之例。（查从前美国甚恶黑人，时时群议驱逐。自南北花旗之战，美廷立例：准黑人入籍，与操保举总统、议绅、地方官之权，遂无议驱逐者。然则华人之不容于美者，乃以不入美籍之故欤？英国、丹国均与美有准客民入籍之约。我国如与各国重订和约之时，亦宜仿行，以顾国体保护商民。）我之待西人如此其厚，彼之待华人如此其薄。天理何存？人心何在？夫轮船飞驰于港汊，马车冲突于通衢，无事而带持军器，用人而刻扣工帐〔账〕，空盘倒资，袒庇教民，包揽关捐，掠贩人口，凡此种种妄为，亦西律所必禁，公法所不容，只以中、西刑法不同，彼族反能趋避。遇有杀伤交涉事件，华官以华法治华人，抵命之外，更断偿银；西官以西法治西人，罚锾之数且从轻减。如华官稍持公论，执公法条约以争，西官即回护故纵，并薄罚而不加。（上海及各处租界之地，华人不能买。如要买，须出外国人之名。华人所住房屋，工部局估值租银，每百两岁捐十两，洋人所住房屋，每百两岁捐银八两。且准其在内地买地造屋，契虽写"永远出租"字样，仍与卖无异。所以有福州乌石山、九江庐山盗卖官地之案。日本国例不然，非土人或入籍者，不准买其本国之地。中国宜仿行之。）此尤事之大不平者也。

近有俄都书院生马尔丹著论云："中英出入口货约值四千五百万磅。英国获利可知。然驻华英商犹时时播弄是非，屡请英廷力胁中国。幸执政者洞悉情形，顾全大局，凡遇不平之事，概行批驳，并禁止领事、武官非奉本国或公使之谕，不得擅调兵船。"云云。前英人额尔金奉使驻华，亦尝函致其妻云："抵华后，日见英民在华地恣意横行，实出情理之外，皆因华民过于驯顺，不敢抗拒，又过于愚蒙，不知控诉，以致时遭凌辱。"云云。不知华民纵极驯顺，岂难抗拒西人？实因彼动挟全力以争，故我每曲法相就。华民之忍辱，由于畏官长；官长之曲法，由于畏朝廷也。若公使能持平识大体，不肯偏袒己民，则我民伸诉有门，又谁肯横受其辱乎？曾文正言："方今中国好言势者，专事羁縻，幸免开衅。然习于畏葸，难期振作。好言理者，又激于忠义，卤莽从事。然操纵无术，决裂堪虞。皆非万全之策也。"旨哉斯言！诚老成谋国之笃论也。故洋务交涉非不可办，特患向之办交涉者，非畏葸即卤莽。畏洋人而希图省事，即为多事之阶；愤洋人而务求取胜，反为取败之渐。间有熟读条约、稍谙公法者，又辄欲舞文弄墨，仗笔舌之小巧，以折其猛鸷凭陵之气，多见其徒劳而鲜功矣。且也鄙夷洋人，谓为"非我族类"，几欲不与之同日月，而于其制器精巧，作事实践，亦一概抹煞。是为愤时。愤时者不可以办交涉。重视洋人，炫其所长，平日誉之不容口，临事不加揣度，更欲借终南为捷径。是为趋时。趋时者不可以办交涉。

然则洋务交涉之事，竟无善法以处之耶？曰：何为其然也！是宜先储善办交涉之才，次定专办交涉之法。取才之法必察其人品诣端正，大节无亏（吸鸦片、好赌博、重财惜命者不宜用），熟史书，谙政体，洞悉中外律例，而又经出洋周知彼国文字、政教、风俗，著论确有见地，存心公正，无抑中扬西之习，并无我中彼西之见者，则根柢既真，措施自当。南、北洋特辟一洋务馆以收储之。然后集群策群力，兼延西国著名状师，遍考中、西律例及条约公法诸书，据理持平，定为《中西交涉则例》一书。盖中西律例迥然不同：中国有斩罪，有仗罪，西国无此例；西国有罚锾罪，罚作苦工罪，中国亦无此例。西例听讼有公堂费，不论原告、被告，案定后责由曲者出费，直者不需分文，中国亦无此例也。中国办理命案，误伤从轻，故杀从重；乃西人于故杀，亦有从轻者。如往岁英牢头哈金击伤中国侍者，状师照轻打人例罚锾释放。夫击人至死尚谓轻罪，试问以何者为重？而讼师受贿即为开脱，揆诸情理，岂得为平？此皆办理者不知西律，未能与争耳。是以西律诸书亟宜考订，择其通行者照会各国，商同外部，彼此盖印颁行，勒为通商交涉则例。凡有交涉案件，须委深通西律之员审办。合于律例者，立即办结，不必羁延，上下推诿，致滋口实，转启罚赔开埠之端；其不合乎律例者，彼公使、领事纵百计恃强要挟，官可罢，头可断，铁案终不可移。彼虽狡悍，其奈我何？且以西例治西人，则彼无可规避；以西例治华人，则我亦免偏枯。每届年终，将交涉各案如何起衅，如何定谳，删繁就简，勒为全编，分送各国使臣及彼外部公览；兼发各省刑司，互相考证，庶枉直是非无能遁饰，洋人无故纵，中国亦少冤民矣！虽然，知之匪艰，行之维艰。近各省偶有要案，疆吏据理而争，彼辄嗾其公使与总署为难，甚或百端恫喝。故必当轴者洞知外事，上下一心，操纵刚柔，曲中窾要，始克收政道刑齐之实效耳。

　　溯日本初与泰西通商，西人以其刑罚严酷，凡有词讼仍由驻日西官质讯科断。强邻压主，与中国同受其欺。乃近年日人深悟其非，痛革积习，更定刑章，仿行西例，遂改由日官审判，彼此均无枉纵，而邦交亦由此日亲，竟于光绪二十五年收回租界。噫！亚细亚洲以中国为最大，二十三行省不如日本三岛，可耻孰甚！苟能毅然改图，一切与之更始，于治军、经武、行政、理财、通商、惠工诸大政破除成见，舍旧谋新，设议院以通上下之情，执公法以制西人之狡，定则例以持讼狱之平，力矫不慎不公之弊，以服其心。有时争所必争，执以西国之法，不敢稍宽；让所应让，给以格外之恩，不必过泥。临时勿使我受其愚，事后勿使彼蓄其怨。庶大权不致旁落，而强邻弗敢觊觎。不然，遇事曲从，过为迁就。我以为怀柔，彼以为尊奉也；我以为优容，彼以为畏缩也。交涉之事日益多，办交涉之法日益绌，能办交涉之人日益少，忍辱含垢，民气日靡，丛雀渊鱼，国势日弱

（闻俄人移界之法：将耕牛耕费给于界外华民，诱令迁居俄界。俾界外成为荒地，即将界石逐步迁移。华官恐争论开衅，佯作不知），遂启彼族吞噬之心。而乡愚无知，不识时势，惑于会匪之言，动与教士为难，更授彼族要求之柄。是以年来夺我港口，握我利权，欺我商民，非但英、美新旧金山不准华人重到，即其属岛檀香山、飞猎宾，闻亦如是。且犹不止此，我属国安南，暹逻均抽华人身税。呜呼！堂堂中国受辱如此，倘再不知发愤自强，窃恐交涉之案更不能平，流祸将有不忍言者矣！（《盛世危言》卷十二）

交涉下

上海租界会审公堂之缺，实为洋务之枢纽，未可泛视，宜委道员与总领事品级相当又素有声望、谙悉中西律例者，方可胜任。

查租界四至，因当年未划沟立界为限，致为外人侵占不少。如上海之新闸、老闸、虹口等处地方，曾闻本地人云："昔年租界无如此之远，至前年始定界限，已被侵占不少矣。"凡租界之地宜仿日本国例，一经勘定，即划沟为限，方可杜侵占滋事之虞。然与泰西通商数十年来，华人遇事隐忍，而洋人则遇事欺陵。非但上篇所论上海华人房捐较洋人多二成，中国内地洋人可租九百九十九年，而租界之地华人反不能买等事而已。

尤有不平之事数端，今列于后：上海杨树浦、新闸及泥城外等处不入租界之地，亦归英工部局，照其向章办理。地方官竟置之不辩，且遇有是处讼事，反听领事判断。不平者一。洋人马车行只纳一总捐，而华人马车必须逐一纳捐领牌。如与洋人马车同行，不准赶在洋人马车之先，违则拘罚。不平者二。西人打猎，例有时候，违例者罚之。去冬有乡人不知西例，猎有山鸡、水鸭携至上海出售，被巡捕拘获，押至公堂，罚银四十元。有被累至倾家荡产者。不平者三。西例猎地有税，猎狗、猎枪皆有税，中国一无所税，随处可猎。故寓华之西人往往好猎，虽华人禁猎之地，彼亦往猎，无所顾忌。纵然肇事，地方官只谓其不知俗例了事，无所谓罚也。不平者四。又冬间西人游戏于郊外，有一艺西名曰"啤把亨"，华名曰"跑纸"。其散纸于田中，随者百十成群，骑马追之，田中所种棉花皆为践踏。地方官畏事不理，乡人苦之，无从控诉，徒有赔补之名，无赔补之实。不平者五。西例巡捕出票拿人，须随时禀请领事签字。如例不应拿，而巡捕与原告请之甚坚，领事须令巡捕当堂发誓，必无弊窦，乃允签名出票。今会审公堂，不能援照西例，所出空白拘人票百数十张，交华捕与包探，任其随时填注拿人。故闻有借此拘人、私刑拷打之弊，勒索不遂，然后押至捕房，转解公堂。往往小民无辜受累，含冤怀怨而不敢言。不平者六。香港、南洋各埠均选华商为董事、为议员，惟中国租界设工部局，董事七人皆系西籍，不使华商与闻其事。所出规条，无不华人吃亏。不平者七。上海租界工部局房捐，华人十居六七，其所筑公家花园、跑马场，俱不准华人入内。不平者八。沿江一带草埔，近亦不许华商往来。不平者九。乡民田地被工部局开马路，用去数分者，未能一律给价。不平者十。有此十不平及上篇所论交涉之案，易地而思，当无不愤恨，是为肇祸之基。幸我国绅士不敢多事，间有爱民之官与其理论，彼则恫喝政府，责其不善调停，迫令撤任，反谓中国士大夫虚骄气重。故历来交涉之事，初时互相推诿，继以势挟，即任所求。是我国情形已为彼窥透，即与中国两次立约，皆得之于兵戎，而非得之于玉帛。年来交涉之案，动以兵船恫喝，要求非分，职此故耳。今因日本一役更为彼族所轻视。当轴者必能洞明时局，知屈伸进退之机，有负重致远之量。凡事筹之于先，使人由之而不知，措天下于泰山之安，国家阴受其福。一己之祸在所勿计，况千秋自有公论也。

　　从来各国交涉之案，莫不视国势之强弱为损益。我国亟宜变法，破格用人，幸勿拘文牵义，顾虑繁多，驯至一筹莫展也。英国数十年来政治最得民心，且各国外部公使及各处商务局有心世道之正人君子不少，何不闻与译署大臣会议，妥订一中西交涉合用之律例，不偏不倚，遇事持平办理，庶毋尔虞我诈。而胥吏、差役、巡捕、包探皆无从舞弊，自能交欢于无间，弭衅于未萌矣！所有中、外教士，东、西商贾，均得安居乐业矣！若动以势力服人，非理陵铄，势必至逼迫愈甚，而华民之私愤愈深，恐他日群起而攻，酿成巨祸。斯时玉石不分，贤愚莫辨，祸起仓卒，地方官亦救御无及。语云："怨毒之于人甚矣哉！"中、西士夫不乏忧深虑远之君子，曷弗详思而善处之也耶？（《盛世危言》卷十二）

条约

　　各国初订通商条约，措辞皆言彼此均沾利益，其实皆利己以损人也，骤观之几莫能辨。惟强与强遇，则熟审两国所获之利益足以相当，而后允准，否则不从。若一强一弱，则利必归强，而害则归弱。甚至有不谙他国强弱之势，而误以弱为强，甘受其制，而因受其害者。故洋务不可不明也，而明洋务尤必兼明商务，盖条约中交涉商务者为多。

　　我国昔与外国所立条约，受害甚深，事事悉为人所掣肘。同治八年总署与英、法更修条约各节，所论洋货入内地税单一事，只能保单内所开之货由通商口岸至单内所指之地，沿途免征税厘，若已到单内所指之地后，该货即与无单之货无异。厘捐一事，中国既为自主之国，其如何征收应听自便，如他国前来干预阻碍，实不能谓之公允。管辖一事，条约内不归管辖之条，非准由洋人将华民应遵之章任意违背，至于领事官既有审鞫之权，则应委派实授官员充当此职，不应以商人代充。均沾一节，此国请沾彼国所得之益，则应同彼国所遵之章。教务一节，中国界内只有中国官可以管理中国百姓，而中国百姓入教与否均应遵守中国法纪。按总署所论五端，事属平常，乃如进口各物，凡有夺我民生计者不准免税，而彼不计也。烟、酒害我民者也，即使重征其税，彼应无辞。而今不然也，我国之货到彼国，则任彼重征；我国之人到彼国，则任彼抽税。较之日本与外国更修条约诚有天渊之隔，而彼尚云万难照允，往来辩论久无成说。诚如崔星使所论，两强相遇，其国势稍有等差，即其存心隐有区别。如畏彼则不得不让利于彼，而归害于我。一时让而时时如斯，一事让而事事如斯，以后他国立约亦以此心相待，而立约遂无平允之日。盖泰西各国不讳言利，所以兢兢相持者，恐利源之耗于外国，而欲自保其利源也。入口免税之物，皆本国所急需，故以此招徕，非有所加惠于他国也。若酒、若烟，非民生之所恃以养者，则重其税使食之者寡，则亦自保其利源也。（抵制之税，防他国之税朘吾民之利。如他国重征我国土产入口之税，则土产无所销，而产于天者失其利，成于人者失其业，则我国亦必以重税报之，使不致独擅利权。）

　　今外国所来杂物为行船行旅所需者，如美之麦面岁至中国数十万包，概不征税。烟、酒两项在外国且加以极重之税，而今亦免之，则借口于食用所必需者也。而美廷则于中国之白米、药材、衣服凡入美国口者，其征税过于成本。类此者甚多。不平之事令人为之气塞，已于《交涉》《税则》篇中论之详矣。尝闻西人云：通商交涉之事胶扰虽多，一言以蔽之曰，抵制而已。通商之约必曰两国均益。今益于人而损于我，则我亦以损人益我者报之。其人如愿，则我以抵制者增我国所收于人之税；其人如不愿，则我亦以抵制者裁彼国所收于我之税。必使持平，方不至脧我而肥彼也。（今各国薄待我中国者，如人则抽税、货则重征之类，可援例争之。或谓："强国之于入口税，议加、议禁，他国不敢置喙。"而不知非也。日弱于法，何以加法货入口之税；墨弱于美，何以加美货入口之税；欧洲小国多禁鸦片入口者，非强于英也。盖税则者，国之内政，议加、议禁固可以自主焉。）各国交涉无时不有者，我国宜加意也。

近阅崔星使所译去年西报纪日本下议院呈递日廷奏章，所陈条约四端，确中亚洲之弊。今录之以备参考。其略云："为请旨议改条约四端以图振兴收利权事：窃查一千八百四十八年至十九年，大权旁落，外侮沓来，遂致有城下之盟，立此不公条约。藩王逞雄海内，强邻逼迫境中。明治初年是以有兵戎之举。所可惜者，前与外国所立不公之约未能改换耳。查我国有自主之权，凡外人托庇宇下自应归我管辖，税务亦应在我权衡。今为条约所限，不可措手，殊失国威。臣等每一思维，欷歔欲绝。外人在我国旅居，不隶我国治下，只受彼国公使领事所辖，一如在本国然。我日人往彼国，何以须遵彼之管束？至税务又格于条约，不得我行我法。我国货物至彼入口，则任彼重税。是我有权彼则夺之，是彼重征我则依之。此我商务、技艺之难以振兴，国库之所以日削者，职是故也。虽皇上深宫劼毖、励精图治，亦未由振发矣。推其初与外国订约，不深虑于日后，而苟安于目前。想当日秉钧大员，未深谙外国情形，率尔立约，致有此掣肘之患。臣等请嗣后遇换约之期，宜为弥缝补苴之计，所有牵掣我国之款亟图更改。谨将议就四端为我皇上陈之：一、请外人在日本居住者，必须由日国管辖。二、税务如何征收，皆系我朝自立主意，外国不得预闻，条约不能限制。三、有约之国通商口岸，我国均沾其利，不得畸轻畸重。四、我国政治，外人不得干预。以上四款，伏求皇上睿智如神，俯加俞允。他年条约更换之期，望将四款增入"云。闻日本均与各国商允矣。按中国受病之重，岂止四款，亦望我国变法自强，亟宜尽为修改，以保利源，国体幸甚！生民幸甚！

崔星使日记云：中、美两国税则，美收中国入口米税，每包二角二分，每年五十万包，计税银已百余万两。而美之麦粉入中国口者，竟不纳税。我之油彼按成本抽税百之廿五，而煤油入中国按成本仅纳百之五。丝绸美收百之五十，美之绸布入中国仍纳百之五，两相比较已少收十之九。烟、酒美收税极重，而中国不收税。外国药材如屈臣氏、德记各号分布各省，每年所售出之药计已数百万两，一概无税；而中国药材仅供华人所用者，其数甚微，金山入口收税极重。中国入口衣服、烟、酒、蜜饯，始以为洋人自用不纳税，今则各洋行出售亦无税。中国之衣入金山口者无不纳税，且华人附体之衣过五层者仍纳税，何其锱铢必较，一至于斯！鸦片一物，美国计两收税银一两，中国仿之则每年收税有一万万两矣。昔年风气未开，通商条约粗具，所定各货税则，我国大受其损。岂可因仍隐忍，虚与委蛇！

是宜由各海关聘深明各国税章、灼知洋华价值之人，并由商务大臣通饬商务局董，各将税则详细考究：何者我亏？何者彼利？何者应加？何者应改？一一核定，草本呈上总署，集议酌定。俟届修约之期，照会各国，指明应改条约，彼此各派洞明商务之使臣，会议妥订，以期彼此有益，而交谊可以永久。然必当讲求于平日，非可取用于临时。若平日绝不讲求，临时任通商大臣派一二亲信私人订立，则遗漏罣误之处必多，一经修定，后悔何及？将年复一年，坐受亏耗，利权不可为矣！（《盛世危言》卷十二）

陈　炽

公　法

古有帝者，神灵首出，刑威庆赏，所以持天下之平也。自王迹既微，圣人不作，喜则玉帛，怒则兵戈，天下泯泯棼棼，日趋于乱。五霸乃始假托仁义，挟天子以令诸侯，仗义执言，四海亦阴受其福，此泰西公法之所由滥觞也。迄乎战国之时，上无王，下无霸，纵横捭阖，彼此以诈力相高，秦人蓄累世之威，席河山之险，鲸吞蚕食，远交近攻，连百万之师，战必胜，攻必取，六王俘虏并入咸阳，而天下之生民将尽矣。今之世，一七雄并峙之形也，力不足服人，何以屈万方之智勇，德不能冠世，莫能持四海之钧衡。德也，力也，相倚而成，亦相资为用者也。然而天下万国，众暴寡，小事大，弱役强，百年以来尚不至兽骇而鱼烂者，则公法之所保全为不少矣。

考公法初兴，肇于奥都维也纳之约，英吉利救邢存卫，俨然主牛耳之盟，嗣而法之巴黎继之，德之柏灵又继之。俄之贪鸷不减强秦，而英君臣之远虑深谋，迥异楚怀之愚暗，迩来泰西智士于公法讲明切究，渤有专书，总署同文馆教习丁韪良亦屡加翻译，惟比年有大交涉，西人辄谓奥都之约，中国未及与闻，则公法之行，中国亦不能援照，此謷言也，亦欺论也。美利坚、日本诸邦，皆未与此约者也。

夫理之所在，以势为衡。今天下之强国，惟俄罗斯；可以敌俄者，惟英吉利。然水师虽劲，陆兵尚单，其在欧西，昔交欢于法，今结援于德，俄人俯首息喙，乃改道而欲出珲春。日本地小民穷，欲致富强，尚需岁月。亚洲之可以拒俄者，惟中国耳。英与中、德之交不绝，则四海升平之局，虽再阅数百年可矣。知大局安危之所在，则盱衡时势可毋庸尊己而卑人；知中国关系之匪轻，则改易约章亦不必畏难而自阻。

宜将公法一学，设立专门，援古证今，折衷至当。盖中国道咸之际，当轴暗于外事，始也欺敌而败，终乃听客所为，太阿倒持，授人以柄，渊鱼丛雀，几兆已形，安可不据理援情力图补救耶？揣西人之隐衷，在当日则虑中国之过强，强则绝市闭关，将迫逐之不暇；在今日又虑中国之过弱，弱则强邻密迩，以肉饲虎，彼之祸害随之也。虽有智慧不如乘势，虽有镃基不如待时，伺间以批之，迎机以导之，盖有知之而未能遽行者矣，未有不知而能行者也。统维全局，洞悉外情，谁谓济济天朝不如区区日本乎？

（《庸书外篇》卷上）

使才

夫子曰："行己有耻，使于四方，不辱君命，可谓士矣。"又曰："诵诗三百，授之以政不达，使于四方不能，专对虽多，亦奚以为知。"行人一职，见重《周官》，必体用兼该，经权具备，有大过人之才识者，乃能胜任而愉快也。春秋之世，季札、晏婴、叔向诸君子，皆以风流文采照映当时，修好联盟，隐系国家之轻重。迨汉武议开西域，张骞凿空博望封侯，所从吏卒，皆争言外国奇怪利害以相夸耀，言大者予节，小者为副。外国浸厌薄，乃禁绝食物以困辱之，汉使乏绝，争言外国灾害兵弱易击，遂有乌孙大宛之师。使命之非才，边衅之所由启也。

唐宋以还，夷夏迭相强弱，金缯书表，亦国体所关。本朝出使泰西，肇于图理琛之役，然意主抚循藩部，轺车所指，仅及里海之滨，尚未至俄京彼得罗堡也。同治而后，五口通商，使命往还，遂成故事，周旋坛坫，岂曰无人？而等量而观，终觉彼之气盛而我之气衰，彼之势伸而我之势屈者，此其间有大蔽焉，不可不察也。彼之使者，皆考察本末，慎选贤才，洞知彼此之情形，熟悉坤舆之大势，一事之从违可否，确然有见于中，一身之利害死生，漠然不以为意，以保商务，以张国威，以侦敌情，以敦睦谊。而我所遣之使，或书生迂腐，不达外情，或新进浮夸，未谙政体，重以当道节省经费，参佐任用私人，非以寒俭开轻藐之端，即以浮薄启侵陵之渐，名实交丧，威重日摧。矫其弊者，乃避客杜门，一无事事，迁延三载，坐待保升，尸位素餐，徒糜巨款，苟责以不能举职，则诿于兵船之不至也，党类之太孤也，独不思彼国使臣亦何尝辄调兵轮、轻开战事乎？夫伊古以来，使事之难，莫此时若矣。而窃观出使诸臣河上逍遥，易莫易于此者，抑独何也？

宜令内外大臣，保举使才，必须兼采论著，发策考试，以验真才。参赞随员，关系亦重，预饬中外保举贤员，定期扃试，取录者总署记名，使臣按单拣员奏调，不得瞻徇亲故，任意滥竽。三载而还，核计功绩，随员可升参赞，参赞可放使臣，使臣可入总署，心力专注而以一考为之基。使臣职任，宜仿泰西，申举《周礼》小行人之职，辨物反命，广译西书，以周知天下之故，上尊国体，下养人才，及返国之时，皆宏济艰难之良佐矣。否则，因徇苟且，年复一年，徒开侥幸之门，孰任仔肩之寄，远人腾笑，强敌生心，求其熟察夷情、不辱君命如曾纪泽者，有几人哉！《兵法》曰："知己知彼，百战百胜。"《传》曰："兼听则明，偏听则暗。"老成谋国者，可以

思矣。（《庸书外篇》卷上）

合从

至哉林则徐之言曰："英法诸国不足虑也，终为中国之大患者，其俄罗斯乎？"文忠之言其殆圣矣！虽然，其事常相因，其害若相等，而其中自有缓急轻重之差焉，不可以不审也。

夫英法诸国之病中国也，其始也如蚊蝱飞而噬人，扑之不能，搔之不可，其既也如痈疽创痔，吸人之膏血，而聚之一隅，久则尪削疲羸，饮食锐减。治之之法，当先扶元气而渐下刀砭，即日久失治焉，而致殆之原，亦当在精气销亡而后。故务农殖货通商惠工者，水谷之真源、元气之所由日复也。彼俄罗斯则虎狼也，食人无餍，并四肢百体而吞之，求缓死须臾而不可得。其于我又心腹之疾也，中于藏府，伏于膏肓，入之也深，而发之也骤，七日不汗不下而大命倾矣。惟是俄入中国二百余年，恭顺谦柔，异于他国，及五口通商之役，始阳为居间，阴便私图，后乘中国粤捻交讧，而始割珲春、据伊犁、煽高丽，终未显然抗我颜行者，岂俄人之情果殊英法哉？陆路悬隔，馈运艰难，力不及势不便耳。

彼泰西诸国，当道光以前，未有轮舶之日，乞恩互市，蜎伏澳门，亦安敢桀骜恣睢，如今日之动相要挟哉？故轮舟铁路者，缩地之神方，补天之秘术，翼虓虎而使之抟飞者也。俄人蚕食鲸吞，见利忘义，彼何忧于中国？独能善保初终。故西伯利亚铁路之工不成则已，成则必败前盟，必攻中国，断断然无可疑者。秦霸西戎，东面以临天下，俄背北海，南向以争中原，先后同揆，若合符节。故俄罗斯者，今日之强秦也。

德相毕思马克曰："俄地如长蛇，袤延三万里，荒远寒瘠，他人所弃，而西界欧洲，东邻中国，皆富庶之名邦也。若权衡，然轻重相等，彼得中国，必灭欧洲，彼得欧洲，亦必并中国，惟东西合力，拒而塞之于内，始可永持大局之平。英国君臣深窥此意，舟师铁舰随所向而犄之，然陆兵无多，必结援他国。欧洲之近俄足以敌俄者，惟德国；亚洲之近俄足以敌俄者，惟中朝。故德之与中，相距七万里，而唇齿相援之局，天定之矣。德联奥意以保土，中联日本以保高。俄人用兵于西，则德合奥意御之，而中国议其后；俄人取道于东，则中合日本击之，而德国捣其虚，英以海军游击其间，水陆相资，首尾相应，则柙中虎兕，虽永不复出焉可也。"赿哉斯言！泰西之苏季子矣。惟德英奥意诸国，均已订立密约，有事相援；而日本中朝，仍相猜忌，不思御侮，惟虑阅墙。俄人倾一国之金资，汲汲然冀铁道之早成，以图一逞，非豫谋合从，何足以力摈强秦？形势所成，了如指掌，中西智士，所见略同。理有固然，事有必至，六国已矣，后人哀之，愿毋使后人而复哀后人也。(《庸书外篇》卷上）

马建忠

玛赛复友人书

接奉来谕，嘱就中国情形拟成出使学堂章程。窃思遣使各国，岁费帑金数十万，无裨国是，是朝廷必不得已之举，不过多开一仕途，适以逞钻求者之志而已。夫今天下之自诩稍通时务者，莫不曰："治本在富强，采矿炼铁，防口设险，则国库殷实而兵力日振，以临欧洲，孰不震慑！若出使者不过聘问专对之才耳，乌足以言治本？"然而为此言者业已阅数十年矣，而矿山无恙也，磁铁宛在也，炮垒战舰或有之而不适用也，或适用而未成军也，至于出使，则辂车几遍欧洲矣。是则所谓治本者至今未能行，而所谓治末者反为外人制而先行。则为今之计，亦姑即向所谓不必先行者为之设一可以先行之法，使人以制我者而我反以制人，庶几补牢顾犬之犹未迟晚也。其法维何？曰严选使才而已。严选使才维何？曰教导有方而已。

且夫西人之欲我遣使于彼也，其意有二：一则中华使臣驻扎彼都，凡遇大礼，亦得随他国使臣按班申贺以壮观瞻，是则使臣不过为之备数而已。一则西人好夸耀，近百年来政治聿新，商贾通而生路日广，议院创而民情可达，赋税则实收实报无侵吞之虞，狱讼则比事比情无刑求之虐。其民安居乐业，各事其事而不相侵扰，虽无熙皞之风，差胜欢虞之象。至于街衢整洁，路途平坦，无击柝之警而有开门之治。此效也，而非本也。然西人每以此自矜，谓"中国积四千年之教化而未克臻此，而我百年来破除习见，日新日盛，遂至于斯"，则欲中华士大夫之深究其理而幡然改图，固莫若令我使臣庄岳其间，朝夕观摩，以为他日返国之师资，而不失邻善之望也。是则各国之强我使使者，虽属铺张之意，尚有乐与之心。

　　假如使臣当秉节伊始，一递国书，一献颂词，兢兢业业，惟无陨越是幸，不问其他；或有彼都人士莚会衣冠，一往即退，闭门不出，不交一人；即间有酬酢往还，又皆彼国所谓夤缘之辈，致使门庭多俗客，见闻悉庸流，则徒为西人窃笑，以为东方之人不可与语。若曰："土尔基与波斯等国知识未开，其不知邦交无怪也。日本性类沐猴，不辨贤愚，不知本末，其习于我也新，亦宜其不深相知也。中国则我素所仰望，为四千年文物之邦矣。今使臣之初至也，亦有参赞随员之名目，亦有国书颂词之呈递，彬彬乎有礼哉。而于我国之政教、财用、法律、兵实诸大端，则亦未见其一过问也。岂其知之而不屑问欤？将不知而矫以为知欤？抑轻我而所使来交际乎？我者亦犹土尔基、波斯、日本之流欤？是其故见自封，虽出使犹在中国也。"由是以观，则是使臣不足取重而反以取轻，不亦重可惜哉！

　　然而此非遣使之失策而不可行，亦由出使之未得其人、养之未尽其道耳。参赞、随员等名目不过为调剂私交之具，而非为襄理公事之材。其得之者亦自知侥幸而来，不过计数年积居薪水之资，为异日俯仰饔飧之计。如必考求实学，则当读其方言。舌音初调，而瓜期已届，倥偬返旆，依然吴下阿蒙。问所谓洋务者，不过记一中西之水程，与夫妇女之袒臂露胸种种不雅观之事。即稍知大体者，亦不过曰："西洋政治，大都重利以尚信。"究其所以重利尚信之故，亦但拉杂琐事以为证，而于其本源之地茫乎未有闻也。呜呼！是岂朝廷所以高官厚禄，特开此一途之初心也哉？非其初心，而事势乃必至于此，则其间得失之故可深长思矣。

　　夫出使绝域，周、秦前未有闻也。盖昉于汉武之诏，宜与将相相提并论，其矜重何如哉！必其识量胆略裕于平素，温文博物足以肆应，沉静宽裕足以有容，而又达人情，通事变，批却导窾，从容游刃，而悉泯异同于始萌，烛利害于机先，然后胜任而愉快。董生有言："素不养士而欲求贤，犹不琢玉而求文采也。"夫以西国之素重使才，而偻指近百年来自壁斯玛、大意郎、加且高弗、巴末斯东等寥寥数人外，犹难其选。矧吾华人从古不与外人相闻问，未读其史，未习其语，一旦远涉数万里，而谓于其政教风俗之本末可以习知，譬犹使学语乳孩咿哑而中乐节，未髫赤子扶服而娴礼容，虽有枣梨之诱，夏楚之威，终两穷而无所施矣。是岂其心之不尽哉？不量材而强为用，不课功而遽责之效也。

然则如之何而可？曰：人情可与乐成，难与图始。凡吾所谓量材课功者，初非务为惊世骇俗非常之举，高远而难行也，亦第就今日同文学堂等已收之效，为中材所易知易能者，而变通损益，教导有方而已。拟于上海设一学院，收录身家清白聪俊子弟，凡五经、四子书全毕，文理粗通者，以十五岁以上至二十一二岁为限。收录之日，试以策论，或与之名臣奏议一段，使演绎其旨，或从而驳辨之，以词意清顺、气机畅达为主。每岁录取十名，以三年为限。第一年课以法国、辣丁语言，第二年课以文义，第三年课以词章，各有呈限。正课之外，仍兼华文史鉴，不得偏废。又时为讲解外史，以及度数之学，格致之功，皆当领略一二，以为异日酬应之资。每年有考，劣者革出，优者方准进读，三年后总考，选录者咨送总署，或内留当差，或外放随员。如是者试用一年。此一年中每人仍自读英文并法国律例摘要，以备后二年课读之功。一年期满，由所随使臣出考语，送至巴黎使署学馆内，仿英人在京都设立领事翻译学馆之意（英馆薪俸束脩，每年至六千三百二十三磅者。巴黎学馆责派一人以董理之，如英馆之有汉文正使者然），学习二年。入馆之初，先将每生试用一年中所课略为考问，以觇其荒熟；荒则责令重学，熟则进以二年正课。此二年中所讲者公法、律例、条约、理财、赋税以及各国交涉来往公牍，所课者法文与华文公牍，英、普二国语言。二年期满，乃汇考咨送总署，或内留为司官，或外遣为三等参赞。如是首尾六年，所谓教导有方也，虽于西学至粗至浅，而始基立矣。且其前之升用者试以言，而后之升为二等、头等参赞以及公使之类，则试以事。夫自为学生以至为参赞，历六年之久，其人之才品亦既昭著。而三年文字，约以学规以闲其心志，一年试用，宽其约束以观其自守。且三年文字之后，复令闲养一年，使凡年少气盛、狂傲不羁之习，借使馆之差委以销磨变化之。而后二年之功，专习西学，宽立期限，严督课程，得以虚心下气，成就可造之品，而免滥用之弊。夫岁选十人以读文字，更阅六年而方能造就，不过什之三而已。然而不出十年，风气开而士习变，不但使署无才难之叹，且先以正业群经加之，时习孔教根本，体立用行，日后或可内调以赞国政，未必不出乎此。此即所谓姑即其不必先行者而设一可以先行之法，计似无便于此也。至两处学馆费用，不妨由各使馆严剔幸用之人之薪俸以济之。是则国家无费财而有实用，树人之功，即在十年以后，亦何惮而不为哉！（《适可斋记言》）

陈　虬

论外交得失

呜呼！环地球五大洲，雄国且数十计，而有域大班四，民众推首，而巍然以中国称者，而竟不能与公法之列哉！而竟不能与公法之列哉！我谓自欧亚通道以迄今日，我直百失而绝无一得也！

夫古无独立之国：放华盛世，猾夏命士，苗民、鬼方，夏、殷不廷，然必中强而外弱，中盛而外衰，中治而外乱。虽秦、楚之于周，胡、羌之于晋，辽、金之于宋，亦既侵而侮之矣。然未能决其孰强孰弱、孰盛孰衰、孰治孰乱，何者？自主之权无失也！

乃者，挠我政令，议我租税，夺我教而专我利，而我方苶然敝然，忘其所欲噬，而姑与之！而姑甘之！呜呼！一言违和，大海扬波，蹙国千里，不平则何？此我九皇六十四氏以来中外一大变局也！夫岂中固弱而外固强？中固衰而外固盛？中固乱而外固治欤？不然而宁有今日哉！

我谓自欧亚通道以迄于今，我直百失而绝无一得也，何以言之？彼族之初至，亦既艳我、慑我、欣慕我，而非敢遽生戎心于我也！设我稍融华夷故见，开诚布公，甄短师长，无愧于古者“柔怀远人”之意。我知彼资我物产，沾我利益，必将感我之信，悦我之厚，惕我之明，而岂有仇于我欤？夫孔不入秦，孟恶变夏，而穆公誓师，殿辞谟诰，孙叔敖、百里奚之盛事，“七篇”辄称述不衰。圣贤无我之量，宁尚有一毫畛域之见哉！然而拂箓德之见绝于疆吏也，斯当冬之见尼于部臣也，犹幸庙算神明，视周万里，转圜之间，中国得以无患。不然，英吉利之将叛，当不待义律之师矣！而况于澳民之狱，蔽罪肆阁，误伤之辜，议定大辟，我方懵然于交涉之宜、外人之情，乃令彼之疑我日甚，即彼之叛我亦日亟。重门四空，长驱来东，诸白种起，五口商通。呜呼！自香港首祸，而彼始知我之易与矣！夫向者彼固疑我之轻彼也，至是而反其术以轻我！于是要挟之计益工，恫喝之言屡至，于是有为公法所必不能容者，彼亦百试其端，必思饱其欲而后止。然使我坚忍不拔，力持大体，关其口而夺之气，则彼又岂能苟逞无餍之求而甘违公理哉！

呜呼！中国之外交，其始误于虚憍，而不少予以余地之容；其继迫于要胁，而不预筹夫后患之烈。其有忠荩赴难，与夫老成持重，卓然有古名大臣遗风者，然亦不免于斯二者之失！呜呼！尚何言哉！尚何言哉！乃至安南、缅甸、高丽、琉球诸属国尽沦于敌，而台、澎内境弃以畀日，而英侵科干，而法划江红，而俄揽西伯利亚铁路，而德亦骎骎乎有中分我国口岸之势。异族接肩，卧榻鼾眠，兵燹四连，矛地剑天。悲夫！可危夫！

而今之论外交者，犹曰"结俄以拒日"，又曰"结英以拒俄"，又曰"联美和日，因英通德，以拒俄、法"。呜呼！此吾孟氏所谓"是谋非我及"者也！夫中、日之役，辽左来归，犹恃俄、法、德之助。然法、德实附俄议，即俄岂真有爱于中国哉？但以日得据辽，则大海之阻，日人专之，固知其非俄利，而非愤其为中害也！必谓亲日弱中，俄固不然；然必欲俄扶中以摈日，恐俄亦必不出此也！况即出此，则中既无日，而中之隐祸方长矣。彼大彼得将死之言，俄人宁能一日忘哉？"结英以拒俄"，颇为近之！然自通商以后，中国利权让英独握。中国所以输英奉英、而惧失欢于英者，亦不为不至矣、不尽矣！中国有事，固亦五印度大后帝所宜屡于皇、剑于寝门之外，而问命师之罪名者也！然而中日和约，俄人首倡干预之议，英人决不闻知，然犹阴为日助，而犹欲其弃宿昔畏忌之俄，而为萎靡不自振之中国拘祸强敌，此未易为英望也！况俄、德之交最固，而英所为日结欢于德人者，其心殆不可问矣！而谓英能与俄争哉！若谓"联美和日，因英通德以拒俄、法"，则可施之旅顺未破、台湾未割之日。我之虚实未尽为白人所识，张我邦强大之名，为亚洲辅车唇齿之助，率古人远交之旨，以淡诸雄国弱肉强食之心，或亦一时权变之谋欤？乃数十年勉强支持、万端掩盖之局，而日人以一战得之，彼白人方且悔谋之不预，而甘让日本以先鞭之着矣？然果使江红不割，科干不畀，北方之铁路不通，则我之险阻犹足自固。

外益其助，内强其民，或可徼幸于一奋也！而今究何如哉？腹地屯兵，重关洞辟，我所恃以拒人者，人且得以并我、蚀我、属国我而瓜分我矣！不然，美固无事之国也，又尝与中国为相助之约，然乃中受日侮，美输日饷，不惟不助中而已，且甘犯公法不韪之名，而不安局外观战之例，其视我中国何如矣？！德亦何仇于中？而英人于倭衅初酿，挟德议和，卒阻于德而止，乃令东方小邦雄视亚域。而德既见中国之弱，终亦垂涎一方，其无助于我也亦决矣！

或曰："土耳其之不亡，英、法诸邦之力也。岂白人之视中不及土耶？"曰："俄苟并土，欧洲之祸立至。中即入俄，俄有一统全亚之势，而诸欧犹能自立，或亦非彼之所急欤！况诸邦既许土为自主国，而入公法而予以保护矣；然犹将土国辖地十分其五，则土未蒙诸邦保护之益而先被其毒也。设诸邦以待土者待中，我又宁忍朝夕安之哉？"

陈虬曰："外交之道，亦去彼之所以轻我者而已矣。"夫我之见轻于彼，匪自今始也！

陈虬曰："为今日外交计，一切权谋诈术举无所用，惟能察彼之情而出以公心，持以定力，其约章之可允者允之；如不可允，则虽重兵临我，严词啁我，多方迫胁以误我，而我必坚持以万不能允之意！私之以利而远其害，予之以虚而斩其实，断未有一朝决裂之势也。夫向者固惟惧一朝决裂，而不料其流祸至此也。亡羊补牢，覆车改辙，我其识所从事矣！且彼所为临我、啁我、多方以误我者，彼必先有轻我之心，而后敢而为愚我之计。愚之不已，则瓜分之约，突厥、波兰之殷鉴，亦可为寒心已！噫！中国虽弱，要岂若前日日本之甚哉！明治初元，白人挟制百端，至以细民斗杀小故，赔费盈数百万，乃持之数十年，而彼国交涉之局大变。何者？彼向固以日本为可轻，而究未可轻也！噫！中国虽弱，要岂若前日日本之甚哉！不务知此，而苟求助于彼族之庇，曾亦思异种殊心，各扶其类。彼数国者，方且多其与，厚其资，协其谋以垂我敝，而我中国乃适孤立而无徒也！夫《军志》有之曰：'上兵伐谋，其次伐交。'如或所云，则伐交之下策也。我但思去彼之所以谋我者而已矣！夫彼所以谋我者，乃其所以轻我也欤！"

陈虬："外交之道，亦去彼之所以轻我者而已矣！"（《经世报汇编·本馆论说一》）

6. 早期维新思想家的"中体西用"思想 及对洋务运动的反思

引　言

在洋务运动初期，洋务派官僚与早期维新思想家的分野并不明显，"中道西器""中本西末""中体西用"，不仅是奕䜣、曾国藩、李鸿章、左宗棠等洋务派大员的主张，也是冯桂芬、王韬、薛福成、郑观应等早期维新思想家处理中西文化关系的基本模式。冯桂芬在《采西学议》中提出"以中国之伦常名教为原本，辅以诸国富强之术"，这成为"中体西用"思想的源头。王韬认为："形而上者，中国也，以道胜；形而下者，西人也，以器胜。如徒颂西人，而贬己所守，未窥为治之本原者也。"（《弢园尺牍》）郑观应专门写了一篇《道器》，以"道器论"考察中学与西学的关系。他认为中西之间的差距是："盖我务其本，彼逐其末；我穷事物之理，彼研万物之质。"道为本，"此中国自伏羲、神农、黄帝、尧、舜、禹、汤、文、武以来，列圣相传之大道，而孔子述之以教天下万世者也"。他在《西学》篇里直接提出："合而言之，则中学其本也，西学其末也。主以中学，辅以西学。"薛福成也认为："取西人器数之学，以卫吾尧、舜、禹、汤、文、武、周、孔之道。"（《变法》）陈炽在为《盛世危言》所写的序中以"器存而道亦寓焉""道之中有器焉"概括道器关系。他在《自强》一篇也以"道器"说明中西关系："形而上者谓之道，修道之谓教，自黄帝、孔子而来，至于今未尝废也。是天人之极致，性命之大原，亘千万世而无容或变者也。""形而下者谓之器，是道之粗迹，先王遗意之所存，经秦政之酷烈熏烁而迁流于西域者。天将以器还中国，而以道行泰西，表里精粗，交易而退，人情之所便，天意之所开，虽圣人复生，其能拂人情、违天意，而冥行独往，傲然其不顾哉！"李圭对"中体西用"的阐述也有独到之处，他认为："今日翊赞宏图，有不当置西人之事为而弗取也。是道德纲常者，体也；兼及西人事为者，用也。必体用皆备，而后可备国家器使，此尤今之所不可不知者也。"（《书幼童观会事》）随着洋务运动的发展与学习西方的深入，早期维新思想家对洋务运动的局限进行了反思，开始从洋务派中分化出来。他们对洋务派的维护君主专制、"官督商办""中体西用"等观点进行了批判，提出了诸如"君主立宪""商办"之类更为激进的主张，对"中体西用"的框架也有所突破。何启、胡礼垣在《新政安行》《劝学篇书后》就深刻批判了"中本西末""中体西用"的观点，如指出："虽然，本末者，事之始终也。指一事之全者而言，谓其有是本，因而有是末也，非指二事之散者而言，谓其本在此，其末在彼也，本末有先后而无不同也……泰西之学之有是末也，由其有是本也。泰西之才有是用也，由其有是体也。"（《新政安行》）

冯桂芬

采西学议

《传》称左史倚相能读《三坟》《五典》《八索》《九邱》。孔安国曰：九州之志，谓之《九邱》。诗列十五国之风。康成《谱序》云：欲知源流清浊之所处，则循其上下而省之。欲知风化芳臭气泽之所及，则旁行以观之。孔子作《春秋》，有取于百二十国宝书。伊古儒者未有不博古而兼通今，综上下纵横以为学者也。

顾今之天下，非三代之天下比矣。《周髀算经》有四极四和，与半年为昼半年为夜等说。后人不得其解。《周礼》职方疏，神农以上有大九州。后世德薄，止治神州。神州者，东南一州也。驺衍谈天，中国名曰赤县神州。中国外如赤县神州者九。当时疑为荒唐之言。顾氏炎武不知西海，夫西洋，即西海。彼时已习于人口。《职方外纪》等书，已入中国。顾氏或未见，或见而不信，皆未可知。今则地球九万里，莫非舟车所通，人力所到。《周髀》《礼疏》、驺衍所称，一一实其地。据西人舆图所列，不下百国。此百国中，经译之书，惟明末意大里亚及今英吉利两国书，凡数十种。其述耶稣教者，率猥鄙无足道。此外如算学、重学、视学、光学、化学等，皆得格物至理。舆地书备列百国山川厄塞风土物产，多中人所不及。昔郑公孙挥能知四国之为，子产能举晋国实沉台骀之故。列国犹其有人，可以中华大一统之邦而无之乎？亦学士之羞也。

今之习于夷者，曰通事。其人率皆市井佻达游闲，不齿乡里，无所得衣食者，始为之。其质鲁，其识浅，其心术又鄙，声色货利之外，不知其他。且其能不过略通夷语，间识夷字，仅知货目数名，与佣浅文理而已。安望其留心学问乎？惟彼亦不足于若辈。特设义学，招贫苦童稚兼习中外文字。不知村童沽竖，颖悟者绝少（余尝于吾乡村塾、义塾中物色异敏之士，数十年无所得），而又渐染于夷场习气，故所得仍与若辈等。今欲采西学，宜于广东、上海设一翻译公所，选近郡十五岁以下、颖悟文童，倍其廪饩，住院肄业，聘西人课以诸国语言文字，又聘内地名师，课以经史等学，兼习算学。（一切西学皆从算学出，西人十岁外无人不学算，今欲乘西学，自不可不学算，或师西人，或师内地人之知算者俱可。）闻英华书院、墨海书院藏书甚多，又俄夷道光二十七年所进书千余种，存方略馆，宜发院择其有理者译之。由是而历算之术，而格致之理，而制器尚象之法，兼综条贯，轮船火器之外，正非一端。如历法从古无数十年不变之理。今时宪以乾隆甲子为元，承用已逾百年，渐多差忒。甲辰修改，墨守西人旧法，进退其数，不足依据。必求所以正之。闻西人见用地动新术，与天行密合，是可资以授时。又如河工，前造百龙搜沙之器，以无效而辍。闻西人海港刷沙，其法甚捷。（法用匹马大火轮置船旁，可上可下，于潮退时下其轮，使附于沙而转之，沙四飞随潮而去。凡通潮之地皆宜之。黄河水性湍急，更无处不宜。自下游迤逦而上，积日累月，锲而不舍，虽欲复由地中行之旧不难。此不特黄河可用，北河亦可用，即南运河徒阳等处亦可用。且东南水利久不治，数日之霖，积月不退。宜于通潮各海口如法浚之，使下流迅驶，则上流虽不浚而自有一落千丈强之势，可收事半功倍之效。）是可资以行水。又如农具织具，百工所需，多用机轮，用力少而成功多。是可资以治生。其他凡有益于国计民生者，皆是。奇技淫巧不与焉。三年之后，诸文童于诸国书，应口成诵者，借补本学诸生。如有神明变化，能实见之行事者，由通商大臣请赏给举人如前议。

中国多秀民，必有出于夷而转胜于夷者，诚今日论学一要务矣。夫学问者，经济所从出也。太史公论治曰：法后王（本荀子）。为其近已而俗变相类，议卑而易行也。愚以为在今日，又宜曰鉴诸国。诸国同时并域，独能自致富强，岂非相类而易行之。尤大彰明较著者，如以中国之伦常名教为原本，辅以诸国富强之术，不更善之善者哉！且也，通市二十年来，彼酋之习我语言文字者甚多。其尤者，能读我经史。于我朝章、吏治、舆地、民情，类能言之。而我都护以下之于彼国，则懵然无所知。相形之下，能无愧乎？于是乎不得不寄耳目蠢愚谬妄之通事，词气轻重缓急，转辗传述，失其本指。几何不以小嫌酿大衅。夫驭夷为今天下第一要政，乃以枢纽付之若辈，无怪彼己之不知，情伪之不识，议和议战，汔不得其要领。此国家之隐忧也。此议行，则习其语言文字者必多。多则必有正人君子通达治体者出其中。然后得其要领而驭之。（《地理全志》作于癸丑年，书中于日本国，记其欺侮亚墨科加触石渔船，时思报复；于安南国，极恶其机防之严、榷税之重；于缅甸国，亦有胥吏横征之怨。未几，日本、安南皆有兵端。可见彼国书不可不观，若能知其未译之书，所得必倍多。）绥靖边陲，道又在是。如谓六合之内，论而不议，封故见而限恐闻，恐古博物君子必不尔也。（《校邠庐抗议》下篇）

制洋器议

有天地开辟以来，未有之奇愤，凡有心知血气，莫不冲冠发上指者，则今日之以广运万里，地球中第一大国，而受制于小夷也。以地球三百六十度，每度二百五十里（或云二百里，或云二百三十里），如圆周积计之，大海三分去一，实为方一里者十三亿五千万。我大清国北自兴安领，南自崖州，距四十三度，计万七百余里，东自库页岛，西至噶什喀尔，距七十七度，计万九十余里，截赢补缩，约南北八千里，东西万一千里，为方一里者八千八百万。是一国而居地球十有五分之一也。余百许国，俄、英、法、米为大。据英人《地理全志》稽之，我中华幅员八倍于俄，十倍于米，百倍于法，二百倍于英（但就本国言，属部不占）。地之大如是，五国之内，日用百须，无求于他国而自足者，独有一中华。地之善又如是。虽彼中舆地书，必以中华首列。非畏我，非尊我，直以国最大，天时地利物产无不甲于地球而已。

而今顾靦然屈于四国之下者，则非天时地利物产之不如也，人实不如耳。彼人非瞳首重瞳之奇，我人非僬侥三尺之弱，人奚不如？且中华扶舆灵秀，磅礴而郁积，巢、燧、羲、轩数神圣，前民利用所创始，诸夷晚出，何尝不窃我绪余，人又奚不如！则非天赋人以不如也，人自不如耳。天赋人以不如，可耻也，可耻而无可为也。人自不如，尤可耻也。然可耻而有可为也。如耻之，莫如自强。夫所谓不如，实不如也。忌嫉之无益，文饰之不能，勉强之无庸。向时中国积习长技，俱无所施。道在实知其不如之所在。彼何以小而强？我何以大而弱？必求所以如之，仍亦存乎人而已矣。

以今论之，约有数端。人无弃材，不如夷；地无遗利，不如夷；君民不隔，不如夷；名实必符，不如夷；四者道在反求。（以上诸议备矣。）惟皇上振刷纪纲，一转移间耳。此无待于夷者也。至于军旅之事，船坚炮利，不如夷；有进无退，不如夷。（夷人练兵首重行步，先较定远近若干丈尺，行若干步，又较定钟表若干分秒〔秒〕，行若干步，千人一律，行军时两胯齐举，其间虽流矢洞穿，无碍阵法之整，实胜于我。然岂我不能为之事乎？《书》曰：不愆于六步七步，乃止齐焉。古法本如是，亦礼失求野之一证。又以《左传》“视其辙乱”之说言之，则古时车战，虽乘马之步亦齐也。）而人材健壮，未必不如夷。是夷得其三，我得其一。故难胜。此兵亦能有进无退，是我得其二。故间胜。粤人军械，半购诸夷，而不备，并能有进无退，是我得其二有半，故半胜。然即良将劲兵，因械于敌，如天之福，十战十胜，而彼能来，我不能往，犁庭扫阖，固无其事。后患正无已时，而况乎胜负未可知也。得三与得二有半，究有间也。何如全乎其为得三之相当也。果全乎其为得三，不特主客异形，劳逸异势，且我有可以穷追之道，彼有惧我报复之心，殆不啻相当焉。斯百战百胜之术矣。夫得二之效，亦道在反求，而无待于夷。然则，有待于夷者，独船坚炮利一事耳。

魏氏源论驭夷，其曰：以夷攻夷，以夷款夷。无论语言文字之不通，往来聘问之不习，忽欲以疏间亲，万不可行。且是欲以战国视诸夷，而不知其情事大不侔也。魏氏所见夷书新闻纸不少，不宜为此说。盖其生平学术，喜自居于纵横家者流，故有此蔽。愚则以为不能自强，徒逞谲诡，适足取败而已。独师夷长技以制夷一语，为得之。夫九州之大，亿万众之心思材力，殚精竭虑于一器，而谓竟无能者，吾谁欺！惟是输偁之巧至难也，非上知不能为也；圬镘之役，至贱也，虽中材不屑为也。愿为者不能为，能为者不屑为。必不合之势矣。此所以让诸夷以独能也。道在重其事，导其选，特设一科，以待能者。

宜于通商各口，拨款设船炮局，聘夷人数名，招内地善运思者，从受其法以授众匠。工成与夷制无辨者赏给举人，一体会试。出夷制之上者，赏给进士，一体殿试。廪其匠倍蓰，勿令他适。夫国家重科目，中于人心久矣。聪明智巧之士，穷老尽气，销磨于时文试帖楷书无用之事，又优劣得失无定数，而莫肯徙业者，以上之重之也。今令分其半以从事于制器尚象之途，优则得，劣则失，划然一定，而仍可以得时文试帖楷书之赏，夫谁不乐闻！且其人有过人之禀，何不可以余力治文学，讲吏治。较之捐输所得，不犹愈乎？即较之时之试帖楷书所得，不犹愈乎？即如另议改定科举，而是科却可并行不悖。

中华之聪明智巧，必在诸夷之上。往时特不之用耳。上好下甚，风行响应，当有殊尤异敏，出新意于西洋之外者。始则师而法之，继则比而齐之，终则驾而上之。自强之道，实在乎是。昔吴受乘车战阵之法于晋，而争长于晋。赵武灵为胡服，而胜胡。近事俄夷有比达王者，微服佣于英局，三年尽得其巧技，国遂勃兴。安南、暹罗等国，近来皆能仿造西洋船炮。前年西夷突入日本国都，求通市。许之。未几日本亦驾火轮船十数，遍历西洋，报聘各国，多所要约。诸国知其意，亦许之。日本蕞尔国耳，尚知发愤为雄。独我大国，将纳污含垢以终古哉！孟子曰：国家闲暇，及是时明其政刑。又以敌国外患，同于法家拂士。尹铎曰：委士可以为师保。今者诸夷互市，聚于中土，适有此和好无事之间隙，殆天与我以自强之时也。不于此急起乘之，只迓天休命，后悔晚矣。

或曰：管仲攘夷狄，夫子仁之。邾用夷礼，《春秋》贬之。今之所议，毋乃非圣人之道耶？是不然。夫所谓攘者，必实有以攘之，非虚憍之气也。居今日而言攘夷，试问其何以攘之？所谓不用者，亦实见其不足用，非迂阔之论也。夫世变代嬗，质趋文，拙趋巧，其势然也。时宪之历，钟表枪炮之器，皆西法也。居今日而据六历以颁朔，修刻漏以稽时，挟弩矢以临戎，曰：吾不用夷礼也，可乎？且用其器，非用其礼也。用之，乃所以攘之也。以经费言之，军械之价，常十倍。然利钝所分，胜败系之。固当别论。轮船亦然。然彼船一年而一运，此船一年而一二十运。移往时盐船粮船费用，改造轮船，即百船已不止千船之用。无事可以运盐转粟，有事可以调兵赴援。呼应奔走，无不捷。岂特十倍之利哉！或曰：购船雇人何如？曰：不可。能造，能修，能用，则我之利器也。不能造不能修，不能用，则仍人之利器也。利器在人手，以之转漕，而一日可令我饥饿。以之运盐，一日可令我食淡。以之涉江海，一日可令我覆溺。仓卒有隙，幡然倒戈。舟中敌国，遂为实事。而购值不赀，岁修不赀，赏犒不赀，使令之不便，驾驭之不易，其小焉者也。是尚不如借兵雇船之为愈也。借兵雇船，皆暂也，非常也。目前固无隙，故可暂也。日后岂能必无隙，故不可常也。终以自造，自修，自用之为无弊也。夫而后内可以荡乎区宇，夫而后外可以雄长瀛寰，夫而后可以复本有之强，夫而后可以雪从前之耻，夫而后完然为广运万里，地球中第一大国。而正本清源之治，久安长治之规，可从容议也。

夫穷兵黩武，非圣人之道，原不必尤而效之。但使我有隐然之威，战可必克也，不战亦可屈人也。而我中华始可自立于天下。不然者，有可自强之道，暴弃之而不知惜；有可雪耻之道，隐忍之而不知所为计，亦不独俄英法米之为患也！我中华且将为天下万国所鱼肉。何以堪之！此贾生之所为痛哭流涕者也。（《校邠庐抗议》下篇）

薛福成

上阎中堂书

年伯中堂钧座：数月以来，时事益艰，不敢以肤末之辞，渎陈清听。中法之事，决裂至此，法人之蛮横无礼，妄肆侵欺，殆习知昔日之中国，不肯启衅，漫谓示将用武，必可得所欲以去。今彼既得越南，复以观音桥一役为辞，责偿兵费，奋其诈力，谋夺台湾。若使得志，彼不娄索巨款，即当久踞不还。倘台军再能与法相持数月，则彼国议院，必以开衅为非，而归咎于始谋之人，可使各国渐知悔祸，懔然于中国之不可侮。得失之机，在此一举。惟中法业既开战，而法使巴德诺脱尚留驻上海之租界，暗中侦探消息，购募汉奸，办运煤粮，散布谣说，为害甚巨。盖法使在沪，则彼可以联络各国，而敌军之声气灵通；法使离沪，则彼不能布置一切，而敌军之援应自绝。巴使所居，虽名为法租界，然仍系中国之地。按之公法条约，无两国业既开战，而使臣仍居其地者，即指名擒捕，或限期驱逐，谁曰不宜。今福成审时度势，拟请朝廷密敕南洋大臣，派兵会同江海关道，严密擒拿，拿到后，应遴派和平稳练之妥员，伴送至内地河南等处安置，严兵守卫，而优礼款待，无论巴使如何咆哮，均置之不理。一面布告各国，以法人毁我船厂，攻我台湾，而巴使仍居上海，与公法条约不合，且其谋害中国，实有不得不拿之势，仍许俟议和后释还。窃闻巴酋系法相斐礼之死党，法之用兵，惟斐礼、孤拔与巴酋等三数人实主其谋，国人皆不愿也。彼既煽法人以扰中国，复逗遛中国之境，侦我虚实，制我要害，听其所为而不之禁，窃于古今两国交兵之例，未之前闻。而狃于西人之说者，动曰法人尚未宣战，法使尚难驱逐。不知法既逞雄马江，袭踞基隆矣。此其欲以不宣战之说误我，而彼收速战之利也。凡和约之绝与否，当以战不战为凭，不以宣不宣为重。设令法人乘胜长驱而终不宣战，我仍将束手受攻乎？此可决其无是理矣。即如中国驻法大臣曾侯，因争论越南之事，与法人意见不合，早离法境。独巴使不肯循例出疆，徘徊沪上，肆其诡谋，潜相毒害，直轻中国为无人，是迫我以不得不拿之势，即请诸国秉公评论，亦断不能归曲于我。福成愚以为庚申年僧邸之擒巴夏礼，实系失着，以其正在议和而忽起波澜，致圆明园被焚也。今若擒巴德诺脱，最为先着，以法人肆扰，业已尽其力之所至，不能再加暴横，或因去其耳目，失其谋主而自绌也。夫法自构衅以来，着着占先，今我若出其不意而擒巴酋，似亦争先之一说。盖在我既有辞可执，足以骤夺其气，且待之以礼，则不至重激敌怒，而操纵变化，权仍在我，上策也。明降谕旨，声明不能容留之故，严行驱逐，中策也。由南洋大臣督同江海关道隐为防范，下策也。若听其久留，肆行无忌，受害实深，是谓无策。福成用是不揣冒昧，抒其一得之愚，幸财择焉。肃此虔叩钧安。九月十二日。年愚侄薛福成谨上。

　　阎相得书，颇善其策，然以事关重大，恐妨和局，遂不果行。附识。
（《浙东筹防录》卷二）

郑观应

道器

《易·系》曰："形而上者谓之道，形而下者谓之器。"盖道自虚无，始生一气，凝成太极。太极判而阴阳分，天包地外，地处天中。阴中有阳，阳中有阴，所谓一阴一阳之谓道者是也。由是二生三，三生万物，宇宙间名物理气，无不罗括而包举。是故一者奇数也，二者偶数也，奇偶相乘，参伍错综，阴阳全而万物备矣。

故物由气生，即器由道出。《老子》云："无名，天地之始；有名，万物之母。"昔轩辕访道于广成，孔子问礼于老氏，虞廷十六字之心传，圣门一贯之秘旨，自天子以至于庶人壹是，皆以修身为本。盖人受天地之中以生，天地有中，人亦同具。秦、汉以降，群言淆杂，大抵失中之旨。《大学》云止至善，止此中也。《中庸》云得一善则拳拳服膺，服此中也。致中和，天地位焉，万物育焉。此中国自伏羲、神农、黄帝、尧、舜、禹、汤、文、武以来，列圣相传之大道，而孔子述之以教天下万世者也。

夫道弥纶宇宙，涵盖古今，成人成物，生天生地，虽《中庸》《周易》已详，要非俗儒所能知，亦非后天形器之学所可等量而齐观也。《易》独以形上形下发明之者，非举小不足以见大，非践迹不足以穷神。自《大学》亡《格致》一篇，《周礼》阙《考工》一册，古人名物象数之学，流徙而入于泰西，其工艺之精，遂远非中国所及。盖我务其本，彼逐其末。我穷事物之理，彼研万物之质。秦、汉以还，中原板荡，文物无存，学人莫窥制作之原，循空文而高谈性理。于是我堕于虚，彼征诸实。不知虚中有实，实者道也；实中有虚，虚者器也。合之则本末兼赅，分之乃放卷无具。

昔我夫子不尝曰由博返约乎？夫博者何？西人之所骛格致诸门，如一切汽学、光学、化学、数学、重学、天学、地学、电学，而皆不能无所依据，器者是也。约者何？一语已足包性命之原，而通天人之故，道者是也。今西人由外而归中，正所谓由博返约，五方俱入中土，斯即同轨、同文、同伦之见端也。由是本末具，虚实备，理与数合，物与理融，屈计数百年后，其分歧之教必浸衰，而折入于孔孟之正趋；象数之学必研精，而潜通乎性命之枢纽，直可操券而卜之矣。《新序》曰："强必以霸服，霸必以王服。"
恭维我皇上天亶聪明，宅中驭外，守尧舜文武之法，绍危微精一之传，诚使
设大、小学馆以育英才，开上下议院以集众益，精理农商，借植富国之本；
简练水陆，用伐强敌之谋。由强企霸，由霸图王，四海归仁，万物得所，于
以拓车书大一统之宏规而无难矣。

观《易·系》下传第二章，包牺、神农、尧、舜诸帝，以及后世圣人之
制器尚象，莫非斯道之流行，器固不能离乎道。又《阴符经》谓："爰有奇
器，是生万象。"则道又寓于器中矣。盖太极未判，形体未坏者，即乾坤成
列，絪缊元气，而易立乎其中。乾坤毁即形体已坏，无以见易，是朴散而为
器，不得谓之道矣。然道之见端不能不散而为器。凡天下有名相者，莫非
道朴之所散。道非器则无以显其用，器非道则无以资其生。所谓物由气生，
即器由道出。《中庸》曰："率性之谓道。"《易》曰："一阴一阳之谓道。"故
天下无离性之道，亦天下无离阴阳之器。凡有性必有情，有体必有用。喜
怒哀乐之未发谓之中，中即性也。发而皆中节，谓之和，和即情也。寂然
不动无声无臭者，道之体；感而遂通有情有信者，道之用。欲澄其体妙其
用，错综变化，必不外乎易道。故庄子《南华经·天地外篇》云："以道观
言，而天下之君正；以道观分，而君臣之义明；以道观能，而天下之官治；
以道汛观，而万物之应备。通于天地者德也，行于万物者道也。"即形而上
焉者也。"上治人者事也，能有所艺者技也"。即形而下焉者也。"技兼于事，
事兼于义，义兼于德，德兼于道，道兼于天"。兼者合而一之之义，分而两
则道、器离矣。其所论精当，虽圣人复生不易斯言矣。溯自三代以上，君
师合一，政教并行。三代以降，君师判位，政教殊途，不讲精一执中之旨。
名曰教师孔、孟，政法唐、虞，实则徒托空言，未能躬行实践，岂但失《周
官·考工》之政而已哉！然尧、舜、禹、汤、文、武、周、孔之道，为万
世不易之大经。大本篇中所谓法可变而道不可变者。惟愿我师彼法，必须
守经固本；彼师我道，亦知王者法天。彼此洞识阴阳造化之机，形上形下
之旨，无分畛域，永息兵戈，庶几一道同风之盛，不难复见于今日。余拭
目而俟之矣。(《盛世危言》卷一)

西学

今之命为清流，自居正人者，动以不谈洋务为高，见有讲求西学者，则斥之曰名教罪人，士林败类。噫！今日之缅甸、越南，其高人亦岂少哉！其贤者蹈海而沉湘〔渊〕，不贤者觍颜而苟活耳。沟渎之谅，于天时人事何裨乎？且今日之洋务，犹时务也，欲救时弊，自当对症以发药。譬诸君父之有危疾，为忠臣孝子者，将百计求医而学医乎？抑痛诋医之不可恃，不求不学，誓以身殉，而坐视其死亡乎？然则西学之当讲不当讲，亦可不烦言而解矣。

古曰："通天地人之谓儒。"又曰："一物不知，儒者所耻。"今彼之所谓天学者，以天文为纲，而一切算法、历法、电学、光学诸艺，皆由天学以推至其极者也。所谓地学者，以地舆为纲，而一切测量、经纬、种植、车舟、兵阵诸艺，皆由地学以推至其极者也。（中国独京师有天文台，讲求者甚少。查西国无县不有天文台、地理会，讲求者甚多。日本亦有天文台二十处，地理会设已多年。法国之地理会岁铸金牌数枚，以赠各国测地之士。英京伦敦旧有地理会，纵论古今沿革，探讨舆地源流。入是会者，尤多学问渊博之士。近复辟会聚议，遣人分往各部，探地者刻已陆续回英。其赴亚非利加者共有一百五十人，以栗味斯敦为首，自西历一千八百七十八年十二月十四日伦敦起程，南往亚非利加。其领袖者道卒，有一弱冠少年起而代领，相率前进，至罢倍凹地方访寻金、银各矿，知前人传述不尽可信，而所过之处亦有前人所未至者，均笔之于书，泰西考核地理，不惮缒幽凿险，以资印证，宜其精辟罕俦也。亚墨利加洲之中境，近闻新立一格致会，其领袖者名夏而纳，素精舆地之学，足迹所涉，遍跨数洲。其经费半由该处某富商捐助，半由法国公家核给。乃选人四出探察物产，详别道里，如其物能自取携者，则挈以归，否则，画图贴说，储诸夹袋，亦足以资考订，而勒之成书。章程极为尽善。我国亦当仿而行之，以资多识。）所谓人学者，以方言文字为纲，而一切政教、刑法、食货、制造、商贾、工技诸艺，皆由人学以推至其极者也。并有益于国计民生，非奇技淫巧之谓也。此外，有剽窃皮毛、好名嗜利者，则震惊他人之强盛，而推崇过当，但供谈剧，亦实不能知其强盛之所以然，此则无本之学也。

夫所贵乎通儒者，博古通今，审时度势。不薄待他人，亦不至震骇异族；不务匿己长，亦不敢回护己短，而后能建非常之业，为非常之人。中外通商已数十载，事机迭出，肆应乏才，不于今日急求忠智之士，使之练达西国制造、文字、朝章、政令、风化，将何以维大局制强邻乎？且天下之事业、文章、学问、术艺，未有不积小以成高大，由浅近而臻深远者，所谓合抱之木生于毫末，九层之台起于垒土，千里之行始于足下是也。（西人谓华人所学西法，皆浅尝辄止，有名无实。盖总其事者，不精其学，未识师授优劣，课艺高下，往往为人蒙蔽，所以学生所习每况愈下，历日虽久，仍不如人。西报云：日本幼孩已得教训，与泰西不甚相悬。其教习之法，仿照英国北省章程；男女皆分塾督教，穷究诸学，博考各国疆域甚详。其房屋亦高大爽垲，并令学徒通晓保养身体脏腑方法，虽英之伦敦、法之巴黎斯学校，亦无以复加云。）

论泰西之学，派别条分，商政、兵法、造船、制器，以及农、渔、牧、矿诸务，实无一不精，而皆导其源于汽学、光学、化学、电学，以操御水、御火、御风、御电之权衡，故能凿混沌之窍，而夺造化之功。方其授学伊始，易知易能，不以粗浅为羞，反以躐等为戒。迨年日长，学日深，层累而上，渐沉浸于史记、算法、格致、化学诸门，此力学者之所以多，而成名者亦弥众也。今人自居学者，而目不睹诸子之书，耳不闻列朝之史，以为西法创自西人，或诧为巧不可阶，或斥为卑无足道。噫！异矣！

昔大挠定甲子，神农造耒耜，史皇创文字，轩辕制衣冠，蚩尤作五兵，汤作飞车，挥作弓，夷牟作矢，当其创造之始，亦何尝不惊人耳目，各树神奇。况夫星气之占始于奥区，钩股之学始于隶首，地图之学始于髀盖，九章之术始于《周礼》，地圆之说创自《管子》。不仅此也，浑天之制昉于玑衡，则测量有自来矣。公输子削木人为御，墨翟刻木鸢而飞，武侯作木牛流马，则机器有自来矣。祖冲之之千里船，不因风水，施机自运，杨么之楼船，双轮激水，行驰如飞，则轮船有自来矣。秋官象胥，郑注译官，则翻译有自来矣。阳燧取明火于日，方诸取明水于月，则格物有自来矣。一则化学，古所载烁金腐水，离木同重，体合类异，二体不合不类。此化学之出于我也。一则重学，古所谓均发，均悬轻重而发绝，其不均也均，其绝也莫绝。此重学之出于我也。一则光学，古云"临鉴立影"，二光夹一光，足被下光，故成影于上，首被上光，故成影于下，近中所鉴大影亦大，远中所鉴小影亦小。此光学之出于我也。一则气学，《亢仓子》："蜕地之谓水，蜕水之谓气。"此气学之出于我也。一则电学，《关尹子》："石击石生光。"雷电缘气以生，亦可为之；《淮南子》："阴阳相薄为雷，激扬为电；磁石引针，琥珀拾芥。"此电学之出于我也。

古神圣兴物以备民用，曰形、曰象、曰数、曰器、曰物，皆实征诸事，非虚测其理也。童子就学，教以书数，穷理精艺，实基于此。（余见同乡幼童读书数年，非但不知地理、算学、应对礼节，欲其作一文、写一信亦不能。竟有读书十余年或数十年并不识权衡斗量数目，惟专攻八股而已。且见读书久者，其背如驼，盖缘终日伏案读书写字，未教以舒筋活络养生之法，亦无礼、乐、射、御、书、算六艺之学故也。）自学者骛虚而避实，遂以浮华无实之八股与小楷试帖之专工，汩没性灵，虚费时日，率天下而入于无用之地，而中学日见其荒，西学遂莫窥其蕴矣。不知我所固有者，西人特踵而行之，运以精心，持以定力，造诣精深，渊乎莫测。所谓礼失而求诸野者，此其时也。近人江慎修融贯中西测算，兼能制造奇器，尝制木牛以耕，造木驴代步，应声筒之制，亦先生创之，谁谓中人巧思独逊西人哉？以中国本有之学还之于中国，是犹取之外厩，纳之内厩，尚鳃鳃焉谓西人之学中国所未有，乃必归美于西人。西人能读中国书者，不将揶揄之乎？

且夫国于天地，必有与立，究其盛衰兴废，固各有所以致此之由。学校者人才所由出，人才者国势所由强，故泰西之强强于学，非强于人也。然则欲与之争强，非徒在枪炮战舰也，强在学中国之学，而又学其所学也。今之学其学者，不过粗通文字语言，为一己谋衣食，彼自有其精微广大之处，何尝稍涉藩篱？故善学者必先明本末，更明大本末而后可言西学。分而言之，如格致、制造等学，其本也（各国最重格致之学，英国格致会颇多，获益甚大，讲求格致新法者约十万人），语言文字，其末也。合而言之，则中学其本也，西学其末也。主以中学，辅以西学。知其缓急，审其变通，操纵刚柔，洞达政体。教学之效，其在兹乎。

或者曰："如子之言，其将废时文而以西学考试耶？必以西学为足以培植人材，是时文不足用也。然何以数百年来，科举之制未尝变易，而人材辈出？近时如林文忠、胡文忠、曾文正诸公，皆以词科出身，掌握兵权，平定发、捻、回、苗，功烈垂诸竹帛，声名播于寰区。此数公者，何尝从西学中一为考究耶？况今京师则有同文馆，各省则有广方言馆、水师武备学堂，以西学培植人材，可谓盛矣！然卒未闻有杰出之士，非常之才，有裨于国计民生者出乎其间。然则西学之效，果何在欤？"余曰不然。方今各国之人航海东来，实创千古未有之局。而一切交涉之事，亦数千百年以来所未有之科条。而犹拘守旧法，蹈常习故，其将何以御外侮，固邦本哉？且以西学与时文相较，则时文重而西学轻也。上之所重，下必有甚焉者矣；上之所轻，下必有不屑为者矣。若夫胡、曾诸巨公，皆少年登第，抛弃八股敲门砖，重研精于经济之学，故能出身加民，立功不朽。是科第以人材重，非人材从八股出也。是以时文不废，则实学不兴；西学不重，则奇才不出。必以重时文者而移之于重西学，俾人人知所趋向，鼓舞而振兴之。数年之后，有不人才济济者，吾不信也。况向时发逆、回、苗，皆乌合之众，非比日本、泰西训练节制之师。使移胡、曾诸公于今日，亦必讲求西法，乃足御外侮耳。至如广方言馆、同文馆，虽罗致英才，聘师教习，要亦不过只学言语文字，若夫天文、舆地、算学、化学，直不过粗习皮毛而已。他如水师武备学堂，仅设于通商口岸，为数无多，且皆未能悉照西法认真学习，不如科甲之重，轻视武员，良以上不重之，故下亦不好。世家子弟皆不屑就，恒招募窭人子，下及舆台贱役之子弟，入充学生。况督理非人，教习充数，专精研习，曾无一生，何得有杰出之士，成非常之才耶？呜呼，亚洲之事亟矣！强邻窥伺，祸患方萌，安可拘守成法哉？
（《盛世危言》卷一）

陈 炽

自强

自黄帝以来，重贤累圣，文章功业震古铄今，至于秦而天下之祸亟矣。先王之典章制度，经春秋战国之乱而大半凌夷，及秦政并兼，鞅、斯变法，焚书坑儒，以愚黔首，乃一切澌灭净尽，而百无一存。天恻然闵之，于其间生一孔子，宪章祖述，删诗书、定礼乐，表纲常名教之大，以维天道、正人心。然名物象数之繁，器也，而道亦寓焉。

中国大乱，抱器者无所容，转徙而之西域。彼罗马列国，《汉书》之所谓大秦者，乃于秦汉之际，崛兴于葱岭之西，得先王之绪余而已足纵横四海矣。阅二千载，久假焉，而不能不归也。第水陆程涂逾数万里，旷绝而无由自通，天乃益资彼以火器、电报、火轮、舟车，长驱以入中国，中国弗能禁也。天祸中国欤？实福中国也。天厌中国欤？实爱中国也。譬我有奇宝焉，遗之道路，拾遗者秘而不出，亦人之常情耳。今彼日饴我以言，日挟我以势，若惟恐我之不受，然者我之却之也愈坚，彼之欲归我也愈甚。物各有主，天实为之，彼虽欲自私自秘焉而有所不得也，我而终拒之，是逆天也，逆天者，不祥莫大焉。

君子观于此，而中国之当变不当变者，从可识矣。形而上者谓之道，修道之谓教，自黄帝、孔子而来，至于今未尝废也。是天人之极致，性命之大原，亘千万世而无容或变者也。耶稣何人？天主何教？乃欲以彼易此乎？形而下者谓之器，是道之粗迹，先王遗意之所存，经秦政之酷烈熏烁而迁流于西域者。天将以器还中国，而以道行泰西，表里精粗，交易而退，人情之所便，天意之所开，虽圣人复生，其能拂人情、违天意，而冥行独往、傲然其不顾哉！

故知彼物之本属乎我，则无庸显立异同；知西法之本出乎中，则无俟概行拒绝。然而受之则富，否则贫，得之则强，否则弱者，何也？曰：天也。为迂远空疏之论者，不知彼不知己，不知今不知古，不知人不知天，嚣嚣然曰：我大国也，彼小国也；我中国也，彼外国也。不观于东南诸国之已事乎？缅甸、越南、琉球，不变者也，其亡不旋踵焉？日本，变法者也，而至今存焉，强且富焉；暹罗、朝鲜，欲变而未变者也，其势岌岌然，如不终日。此言虽小，可以喻大，空谈无补，实丧易危。霸术之终，王道之始，君子不观之今而观之古，不求之人而求之天，知几其神，殷忧启圣，而一切牖下书生之议论，皆可息矣。（《庸书·内篇》卷上）

自叙

《续富国策》何为而作也？曰：为救中国之贫弱而作也。

　　通商六十年矣，中外之不通如故，意见之不同如故，议论之不合如故，此中国贫弱之原也。此其故，由中国政教合一，泰西各国则政自政，教自教。彼思以教行中国，中国防其教，而因以并弃其政也。泰西之教不周不备，可以诱愚民、化野民，而决不足以惑俊民。所刻教书，无一通者，通人不译教书也。迩来彼之教士，亦言敬父母矣，睦兄弟矣，重伦常矣，不及数十年，将全为圣人之道所变。所谓"凡有血气莫不尊亲"者，而我之猜而防之也，何为也哉？泰西之政，则近百年间上下一心，讲求而得，清明整肃，俨然官礼成法及三古遗规，安可以教例之也？而中外之格格然终不能相入者，则中国求之理，泰西求之数；中国形而上，泰西形而下；中国观以文，泰西观以象；中国明其体，泰西明其用；中国泥于精，泰西泥于粗；中国失诸约，泰西失诸博。一本一末，相背而驰，宜数十年来彼此互相抵制，互相挤排，而永不能融会贯通，合同而化也。

　　虽然，塞之者人也，限之者地也，通之者天也。中国自经秦火，《周礼》之《冬官》既逸，《大学》之《格致》无传，图籍就湮，持论多过高之弊，因循简陋，二氏承之，安常守经，不能达变，积贫积弱，其势遂成，迄于今亦二千有余岁矣。当日者，必有良工硕学抱器而西，故泰西、埃及、罗马之石工，精奇罕匹。明季以后，畸人辈出，因旧迹，创新器，得新理，立新法，著新书，及水火二气之用成，而轮舟、轮车、火器、电报及各种机器之制出。由是推之于农，推之于矿，推之于工，推之于商，而民用丰饶，国亦大富。乃挟其新器新法，长驱以入中国，中国弗能禁也。中国生齿四万万人，为开辟以来所未有。土地之所出，人力之所成，不能自给，则刀兵、水火、瘟疫之劫生。得新法以养之，而后宽然有余裕也。又复载以轮舟，运以火车，通以电报，使分散于东南洋新辟之各洲各岛，而生事益饶。故西人之入中国也，天为之也。天特辟此二途，以养此中国溢郭圜城之百姓也。泰西诸国虽上下一心，然三纲不明，五伦攸斁，墨氏之教，无父无君，即强盛于一时，终不可以持久也。中国圣人之教，亲亲、仁民、爱物，各有差等，不能话途人而语之。乃使彼之教士唇焦舌敝，日以彼教话吾民，而彼国之民乃阴入于范围曲成之中，而不自觉。今天下车同轨，书同文，行同伦，必同文同轨，而后乃可同伦也。此天心之妙也。

　　《易》："穷则变，变则通，通则久。"天无不久，惟通能久；天无不通，惟变故通；天无不变，惟穷始变。故《易》者，天心也，即天道也。惟明者而后能知天，惟贤者而后能顺天，惟圣人而后能先天，惟神人而后能配天。维天为大，圣人则之。大哉孔子，时乎时乎，中而已矣。成之者仁也，仁者人也。无古今，无中外，无华夷，无物我，人而已矣。其于政与教也，善者取之，不善者弃之，有益于民、有益于国者行之，否者斥之。无町畦，无畛域，无边际，无端倪，一而已矣。圣人不可见矣，民犹是民也，国犹是国也。积贫积弱，以受制于外人，使圣人而有知，当亦有所大不忍也。

昔者吾友尝言之矣，曰："三代后之言财用者，皆移之耳，或夺之耳，未有能生之者。"移之者何？除中饱是也；夺之者何？加赋税是也。然亦未有能移夺外国之财，以归中国者。若生财之道，则必地上本无是物，人间本无是财，而今忽有之。农也、矿也、工也、商也，为华民广一分生计，即为薄海塞一分漏卮；为闾阎开一分利源，即为国家多一分赋税；为中国增一分物业，即为外国减一分利权。此伊古圣王生众食寡、为疾用舒之大道也。天生民而立之君，百姓足，君孰与不足？天无私覆，地无私载，日月无私照。养民之道，富国之源，可百世以俟圣人而不惑矣。

嘉、道间，英与法战，禽拿破仑，流诸海岛。虽自矜战胜，而本国之商务顿衰，政府复曲徇富民，创为保业之法，重征进口税以困行商，商情益窘。有贤士某著《富国策》，极论通商之理，谓商务衰多益寡，非通不兴。英人举国昭若发蒙，尽涤烦苛，以归简便，而近今八十载，商务之盛，遂冠全球。尝谓一日十二时中，地体浑圆，时时有日，英国旗号，亦时时可见日光。盖英之属地，遍于六洲。商船多至数万，无论为昼为夜，在陆在海，阳乌所照，必值英旗。此非夸词，乃纪实耳。英国区区三岛，户口三千五百万人，综计产业之丰，截长补短，人得三千六百镑，约合华银二万六千两有奇。其国势之盛，人民之富，商力之雄，天下无与为比。识者推原事始，归功于《富国策》一书。彼仅商务一端，而四海方行，遂成此亘古未有之盛事。

中国之膏腴最广，则农利当何如？中国之地产最丰，则矿利当何如？中国之人民最多最巧，则工作之利又当何如也？孔子之策卫也，庶加以富，富加以教。《大学》平天下之道，言絜矩，言理财。《中庸》归美至诚，遂推极于天覆地载，日月所照，霜露所队，舟车所至，人力所通。我时中位育之圣心，其前知之矣。

彼英人者，披榛辟莽，亦圣主之驱除矣。天地之理，日出而不穷；学问之功，日新而不已。惟此仁民爱物之一念，上与彼苍真宰息息相通，下与万古圣人心心相印，名以《续富国策》。明乎古今，虽远天壤，虽宽他日，富甲环瀛，踵英而起者，非中国四百兆之人民莫与属也！此言虽小，可以喻大。谓即地球大一统之权舆焉，亦可也。光绪丙申夏月，瑶林馆自叙。（《续富国策》卷一）

何启、胡礼垣

新政真诠五编·《劝学篇》书后

天下之言有公言焉，有私言焉。公言者何？一人言之，天下之人皆以为然者是也。私言者何？一人言之，天下之人皆以为不然者是也。公言者，可行能行，而行之必见其利。私言者，不可行不能行，而行之必见其害。盖公言者，理必出以至平，情必求以至近，道必行乎至顺，量必极乎至公，而私言者反是故也。南皮张公之洞，今两湖总督，近著《劝学篇》，为论凡二十四首，分内外二篇，内篇九首，外篇十五首。内篇曰同心、曰教忠、曰明纲、曰知类、曰宗经、曰正权、曰循序、曰守约、曰去毒是也；外篇则益智、游学、设学、学制、广译、阅报、变法、变科举、农工商学、兵学、矿学、铁路、会通、非弭兵、非攻教是也。二篇之作，张公自言，规时势，综本末，以告中国士人。其志足嘉，诚今日大吏中之矫矫者矣。独惜其志则是，其论则非，不特无益于时，然且大累于世。初仅欲将其《正权》一首为书后以辩。继而思之，本不立者道不生，体不明者用无济，故取其全书，每首要节，略为折辩，而置《正权》一篇于末，而节节辩之，一语无遗，以明其弊端实由于此。所以然者，深恐似此之说出自大吏，不难如曾侯中国已醒之论，又害我中国十年也。书成，请还以质之张公，并以质之天下后世。或谓张公身为大臣，立言之体，自应尔尔。不知大臣者以道事君，不可则止，从无有以容悦之言，为固宠邀荣之计，而能不愧为大臣者。保一官而亡一国，智者之所不为也；倾天下以顾一家，仁者之所不忍也。况身为大臣，而使国家倾败，则虽欲保官顾家，亦不可得。张公之清，颇为遐迩所信，纵有背道之言，原可置之不议。然而不得不辩，且不得不详辩者，诚欲为中国保其国，并为张公保官阶。《书》曰："有言逆于汝心，必求诸道。"请为张公诵之。

同心篇辩

忠爱之于人心也，犹见闻之于耳目也。耳目无，无见闻，即人心无，无忠爱。故为国家者，不当责一国之忠爱于人民，但当行其所以致人民之忠爱于一国。父兄有患难，子弟无不竭其能以救之者，则以子弟有患难，父兄先无不竭其所能以救之也。是故亲亲长长而天下平之说，非专为子弟言之也。君君、臣臣、父父、子子，君不君则臣不臣，父不父则子不子，此天下之通理也。故为国而欲同心，须合君民而言，不能舍其君而专责其民也。舍其君而专责其民，是不通之论也。

合一国君民之智勇以为智勇，而一国以强，此而谓之"同心"，谁曰不信？若人人自智其智，自勇其勇，则是乱也，非强也。强与乱貌则相似，实则迥殊，不可不辨。

周祚之不能延，非孔孟之过也。孔孟之无其位亦无其权也，而乃谓其能延周祚二百余年，则转失之诬矣。且周祚亦何尝延哉？卫成，天子之昆弟也，而其罪则襄王不能平矣。周公，天子之大臣也，而其讼则匡王不能主矣。当时为天子者，枵然建空名于六服之上而已。此而谓之"延祚"，想孔孟必不屑居。

孔子曰："君子和而不同。"又曰："君子群而不党。"使人人沾其教泽，孔子之愿也。使朋党布满天下，则非孔子之心也。西河诸子，未明大道，分门别户，伐异党同。其后秦散三千金，而天下之士自相残，坑诸生四百六十余人，而天下之士不相救。沿及后世，庆历之党，洛蜀之党，莫不以师友渊源有所不同而生衅隙，意气偶异，入室操戈。以此知门生布满天下，未必即为文人之福也。东汉之末，三国鼎峙，皆有英雄所见略同之才，知己知彼，故曹操不能遽篡。然桓、灵以后，天子无权，虽未篡而同于已篡。

刘备之于孔明，如鱼得水，故能据有西蜀，非诸葛讲学之功明矣。若当时文士如祢衡、孔融，经学如蔡邕、马融，则皆身败名裂。以此见门人虽布满天下，亦复何济？隋之王通，献策不行，乃隐居不仕；唐之韩愈，上表不省，则听其贬流。儒者之道，如是而已。宋代理学，如朱子者，强国学之必致于衰，弱国学之必致于灭。非惟不可以救当时，而且足以累后世。《劝学篇》中往往称述，知其于误世之学得之独深矣。夫今之所言意为保国也，而乃举不能保国之人以为是固吾之师焉，是直师其不能保国而已。持论若此，可怪孰甚？元时隶儒于娼后，而许衡辈犹出仕，直谓元无儒可矣，乃反谓得诸儒，而元之暴虐以减，不知元世祖自即位以来杀人一千八百四十七万有奇，其不杀宋时妃后者，以弘吉剌后设身处境之谏耳。然则消减元时之杀气者，举诸儒之众曾不及一妇人。明怀宗临终之言曰："君非亡国之君，臣乃亡国之臣。"又曰："宁裂朕尸，毋伤百姓。"夫有君如此，而忍使之国破家亡、授首流贼，吾不能为谈理学而居权要者恕也。今何为称以"臣忠"也？岂以能亡人之国谓之"忠"耶？李闯入京，表告天下，其词曰："比尧舜而多武功，迈汤武而无惭德。"噫，为此言者，盖八股之高手也，经师之上座也。

　　夫为学之事不妨用劝，保国之要厥惟同心，而扶危持颠，抱冰握火，此心此志，所谓忠爱者，人皆有之。然国家必有致此之功，乃能得此之效，若以讲学聚徒，虚声相结，使门生布散天下，谓能保国，其不流为植党营私，一出即败者鲜矣。

　　土耳其，欧亚两洲之乱国也，而其得存至今日者，非以其教存，乃以其地存。其地居欧亚两洲之间，而吞地中海及黑海之半，欧洲各国，恐俄人独有其地，而全收两海之利也，故每有战务，必为之居间调停，或为之贷资相助，虽往往挫败而犹能保全。土著之民，岁无宁宇，诸酋崛起，据地自王。谈国是者，以土为戒。而阀阅之家，方自矜其为圣裔之种，鱼肉平民，教门虽存，民心已散，猛鸷敢战，不足为土国贺，反足为土国吊，盖战斗好杀，种类日渐衰微也。

　　今日"保种必先保教"，又曰："教何以行？有力则行，力者，兵之谓也"云云。是明明教人以兵行教也。夫孔孟之教，数千年来未闻有以兵力行之者，今当败绩之余，民不堪命，而忽为此论，其将欲中国步土人之后尘耶？抑欲比土苴而尤甚也？乃复恐人之或疑其说，则又曰："天主耶稣之教，行于地球十之六，兵力为之也。"是则诬之又诬，可谓目无虚鉴，耳失兜元者矣。外国以兵力得土地，非以兵力广教门，土地既得，教堂旋设，胜国之民，多有从教者耳。昔法人初至广州，雇用幼童，教织花缎，而御史某奏其蒸食小儿。二百年来，中外疑忌，未始不由于此。立言失实，最足为害。

孔孟之道，情理而已。情理者，人所同具，孔孟不过于情理之中能造乎其极，而先觉牖民耳。孔孟不生于欧美二洲，而欧美之人未闻不以情理为重；孔孟不生于尧舜二代，而帝王之世何尝不以情理为归。西人读中国书籍译文者，其著书立说，皆言孔孟之道为德行阶梯，寻常日用之不能离也者，其道决无弃若土苴之理。

夫情理因事而形，世易时移，人事迁变，则经书所载用于今日，原有不合之端，何须讳饰？《康说书后》辩之颇详。是故尽信书则不如无书，尽信史亦不如无史。若谓中国经书，字字皆宝，则吾宁收三教之珠英，不作六经之奴婢也。夫事有不同，虽圣人岂能在数千年之前而代后数千年之人先立之法！若情理既具，则善法可期。孔孟之教人自用其情理而已。情理必求其实际。天之所祐，必有与立，而所祐所立，必在情理兼尽之人。尽之云者，务其实非徒其名也。中国自汉而后皆尊孔孟，然而国祚之或兴或废，难更仆数，此非孔孟之灵有时左袒也。其所以兴者，行情理之实；其所以废者，失情理之真耳。不然宋之理宗、明之光宗，尊崇孔孟，殆无以过，而终无补于亡者，何哉？是故情理在则孔孟在，情理亡则孔孟亡。

今谓外人之来必将土苴孔孟，则是嚚言惑听，果将谁欺？他可勿论，即如我朝起于蒙古，夫蒙古素非尊崇孔孟者也，而定鼎已后，即推尊其道，于礼有加，未闻其弃若土苴也。不特此也，虽风俗异同，苟其无害，亦必不禁。是故自古以来，中国之国经数十朝之变易，中国之君历数百王之不同，然而孔孟之道未之或改者，则以人之情理未尝一日或亡于天下也。然则孔孟之道与人同为无尽者也。与人无尽，则其道当不止行于中国，方将施及穷远，赖及万方，舟车所至，人力所通，天之所覆，地之所载，日月所照，霜露所坠，凡有血气，莫不尊亲，固无庸倡会以保之者也，况乎以兵力为之也。事必求实，理必寻源，中国之既贫且弱，为其离乎情理，以异乎孔孟之道之故。外国之既富且强，为其近乎情理，以合乎孔孟之道之故。乃反欲以异于孔孟者，攻其合于孔孟者，窃恐攻之愈坚，败之愈速耳。往者伊里之役，则言俄兵不能飞渡而来；中东之战，则欲悬赏平民使击铁甲；其言可谓妄矣。然大敌当前，虽甚妄而人犹为之谅。今者孔孟之教，羌无变故，乃忽作以兵从事之言，察其所以为是言者，则恐儒服儒冠之无望于仕进也。夫言者，心之声也。即此一心，亦已失孔孟之道矣。孔子弃摄相之事于鲁，孟子辞十万之禄于齐，何尝以仕进坏道？

今惟宦情过溺，故西人瓜分中国之事初见于胶州，次见于旅顺，三见于威海卫，四见于大连湾，五见于广州湾，形迹昭著，犹谓之妄言也。夫瓜分之说纵使不行，为国家者亦当存虎尾春冰之戒，乃目为妄言，上以欺人君，下以罔百姓，是岂孔孟之道哉？或谓瓜分之说，岂臣子之所敢言？曰：孔孟既已言之矣。孔子曰："事君勿欺也而犯之。"孟子曰："入则无法家拂士，出则无敌国外患者，国恒亡。"

教忠篇辩

此篇陈述我朝仁政，如薄赋、宽民、救灾、惠工、恤商、减贡、戒侈、恤军、行权、慎刑、覆远、戢兵、重士、修法、劝忠，凡十五事，意使薄海臣民，咸怀忠良也。虽然，此十五事者，谓之仁心仁闻则可，谓之仁政则不可。吾独惜乎今有仁心仁闻而民不被其泽也。此无他，君民相隔，官府蒙蔽之故耳。

是故谓田赋薄，货税轻，仁矣。然纳赋者以钱数折银，按时价每银一两，值钱千二三百文者，须纳至三四千文，其浮收已倍于正数。且耗羡解费等名目为粮米言，何以易之以银？犹须此项。且不独耗费也，而又有库平之加额。不独加额也，而又有火耗之重轻。带征带解，无名之费正多；赔累赔偿，额外之求无厌。税者一而已矣。值百抽五，其数本微，而加之以厘，则为二税。且厘有五，以五合一，是为六税。一货六税，天下罕见。即不苦其重，亦必苦其烦。中国之官惟烦是务，以谓烦然后意外之财可得耳。而厘之外又有落地税。夫使不准入内地，何为抽之以厘？亦既抽之以厘，何为不准落地？总而言之，赋税一两者非三四两不能完。仁而不仁，其如薄赋何？

谓蠲租以宽民，赈恤以救灾，仁矣。然康熙、乾隆两朝，以吾闻而知之者，可无间然。若同治光绪之朝，以吾见而知之者，则大吏之勒捐，富家之徙避，官场之中饱，贫户之无依，灾歉之区，其民反不愿朝廷有此蠲赈之法也。今之昭信股票，可以反观而自明，盖上费虽多，下惠实鲜，惟富民行赈，其力转胜于身，膺民社之官，仁而不仁，其如宽民何？其如救灾何？

谓河工岁费数百万或千万以惠工，官府买物，发帑购办，一不累民以恤商，仁矣。然天下各国，未闻有不给食之工，不需钱之货，且河工之惠，沾其益者，官也，非民也。织造之价，润其膏者，亦官也，非民也。然此犹曰积弊未除也。今朝廷有可以大惠其工，大恤其商之新政焉，一曰开矿，二曰铁路是也。而大吏则交章入奏，务使其事为官督商办而后已。官督商办者，是使工商不得实沾其利也。此犹得曰旧弊哉？仁而不仁，其如惠工何？其如恤商何？

谓任土作贡，唐虞已然，今广东贡石砚木香黄橙干荔之属，江南贡笺扇笔墨香药之属，湖北贡茶笋艾葛之属，他省类推，由官发钱，不扰地方。以是为仁，仁过二帝。然减贡者君，而不减者官也。略举其一二言之，则盐课茶厘是也。课其盐则平价之盐不能入，是以贵食病民。厘其茶则茶值以昂不能出，是以贵货困贾，而官府之忍于为此者，名为国也，实为己也。仁而不仁，其如减贡何？

谓我朝南巡以及东巡西巡供张多由官款，以是为仁，仁过汉宋。然侈不在巡游，而在服御也。刻玉游河，披图巡洛，尚已。即夏王游豫，齐侯省耕，何损民力？若乃衣食则同也，而君之价比民之价相去天渊。用物则同也，而君之需比民之需相悬百倍。为君者纵不欲有此侈，而为官者仍必视为成法之不能除；无他，以利存焉也。仁而不仁，其如戒侈何？

谓前代征伐多发民兵，我朝制军，农民不累，是亦仁矣。然亦思今之应募为兵者，果得饷而喜乎？军器之不给，饷糈之扣折，九钱七之可笑，押枪铳之陋风，无事相安，尚堪藏拙。若乃法越之役，中东之战，体统所争，安危所系，而其时将官有有经费而无薪水者，有有薪水而无经费者，有经费薪水俱无着落者，而军粮一项，则扣克竟至三月之多，致败之故，实由于此。究不若寓兵于农，犹为得计。而农兵之法不能复行，则以官场利禄之源在彼，不在此也。仁而不仁，其如恤军何？

谓前代国有大事，财用不足，则科敛于民。我朝每遇河工军旅，则别为筹饷之策，不以科派民间，是亦仁矣。然亦思财用非出之自民，则更无从筹办乎，是不能以奖官爵加学额为辞也。天下古今，最弊之政，莫如鬻爵卖官。汉武行之，为勤边略，自是师行三十年，而有轮台之悔。明季行之，为御流寇，由是蹂躏遍中国，而有鼎革之忧。国家为大事，动大众，自有大道之可循，岂可行捐输之下策？秦始皇最无道，而爵人必以实功，只此一端亦能扫八荒而统六合。若捐纳行，则文员鲜清廉，武员少勇猛，国内之人，寡廉鲜耻，纲维不张，其国未有不败者也，而巧宦为之借以自利。仁而不仁，其如行权何？

谓暴秦以后，刑法滥酷，我朝立法平允，比之于天，是亦仁矣。然朝廷虽有此心，官府不行其意，国家虽有此法，吏胥借以为奸。夫中国苛刑，言之可丑，天下怨积，内外咨嗟。华人入籍异邦，如避水火，租界必思会审，如御虎狼，莫不由此。乃反援引故事虚文，而顿忘眼前实事。今无灭族，何以移亲及疏？今无肉刑，何以毙人杖下？今无拷讯，何以苦打成招？今无滥苛，何以百毒备至？若夫监牢之刻，狱吏之惨，则虽比之九幽十八狱，恐亦过之无不及也。吾不意礼义之邦，有此淫刑之敝典也。吾尤不意居今之世，尚言刑讯之非苛也。仁而不仁，其如慎刑何？

谓我朝仁及海外，凡古巴诱贩之猪仔，美国被虐之华工，特遣使臣与立专约，保护其身家，禁除其苛酷，是亦仁矣。然覆远者，非谓遣使立约即可得而托也，华人被告，决无愿中国之官审办者，刑政如何，其情可得而知。华商受亏，鲜能借中国之官伸理者，保卫如何，其事可得而见。中国数十年来捕务无闻，境内莫保，水师不振，卫远奚能。故其出洋之民，初则见拒于美国，继而并拒于新山，而檀香山等处，亦已效尤。地球虽大，华人之怀远志者，将置身于无所矣。其有执照准入境者，则必重抽身税。堂堂中华，其民竟欲比茸发重唇之族而不可得也。谁秉国成使至此极哉？仁而不仁，其如覆远何？

谓道光以至今兹，外洋各国，屡来构衅，苟可以情恕理遣，即不惜屈己议和，不过为爱惜生民，不忍捐之于凶锋毒焰之下，是亦仁矣。然洋人之至，专为通商，我苟明于消长盈虚之理，何为欲禁往来？我苟达于怀徕柔远之情，何至靳其保护？至谓假使因大院君之乱而取朝鲜，乘凉山之胜而收越南，夫亦何所不可，则是乘人之乱患，以为己功，贪天之幸，以为己力，稍近情理，决无此言。何则？大院君之乱，是朝鲜者我之所宜悯，非我之所宜取也。取朝鲜则日本必不服，不可取而犹谓之可取，此中东之战机所由伏也。凉山纵曰胜，而越南者未尝得吾援，岂能为吾之收也。收越南则法人必不甘，不可收而犹必曰可收，广州湾之割，感以此心也。惟贪功多言战之臣，故朝廷受屡败之辱。是故铁甲战船外国虽精，未尝轻用，中国则购他人之物，而首试其锋，师和者克，兵偾者败，古之明谟，今世则驱不教之民而使之临阵。仁而不仁，其如戢兵何？

谓我朝立贤无方，待士有礼，是亦仁矣。然非高官不能奏事，则贤已蔽于见闻；必限额以取人才，则贤止求诸幸进；是其于贤也相需殷而相遇疏者，其法未善也。覆试而几桌不具，待国士如囚徒；赐宴而尘饭涂羹，视文人如犬马；簪花之袍，仅存腰幅；棘围之膳，卵作鸭烹；一入官场，即成儿戏。是其于士也名恩荣，而实羞辱者，其法不行也。由是士也髫龄入学，皓首穷经，夸命运祖宗风水之灵，侥房师主司知音之幸，百折不磨，而得一第，其时大都在强仕之年矣。而自顾余生吃着，犹不能沾天位天禄毫厘忽末之施，于此而不鱼肉乡愚，威福梓里，或恤含冤而不包词讼，或顾廉耻而不打抽丰，其何能赡养室家，撑持门户哉？然则今中国之士不特不能为民之所望，而反为民之所憎者，皆国家不能厚待之之故也。至谓汉魏诛戮大臣，习为常事；唐则捶楚簿尉，行杖朝堂；明则东厂北司，毒刑廷杖，天日晦暗，尤为千古未有之虐政。又唐宋谪官于外，即日逐出国门，程期不得淹留，亲友不得饯送；明代宰相被逐，即日柴车就道。且前代每有党锢学禁，罚及累世，株连亲朋；惟我朝进退以礼焉。则吾亦不欲辩，惟以戊戌八月初七日之变征之耳。仁而不仁，其如重士何？

谓我朝政令清肃，民安其居，是亦仁矣。然苞苴载道，官吏方援为美谈；盗贼公行，有司且置诸不论。一盐枭而重劳巡抚，一闹教而辄烦重兵，间阎以讳盗为常，殷户以徙避为计。仁而不仁，其如修法何？

谓我朝笃念勋臣，优恤战士，是亦仁矣。然有其官而无其俸，则人何愿乎为官也，而况乎赠官于身后也。禄而不能养其人，则人何思乎食禄也，

而况乎并禄亦无之也。为爵主而形同乞丐，则爵位反为其人之辱，而不能
为其人之荣。食半菽而困以终身，则天禄反破其人之家，而不能存其人之
命。夫都尉等职，年俸不过百两，扣折而外，所余仅数十金，曾不足以当
中人一月之费，而舆马衣服须称其名，所出浮于所入者十倍。今徒夸封荫
之虚文，不问恩施之实际，祸福利害，曷其能分泰西之政？凡行恤典，必
先计赡养其人之家属，教训其人之子女，而不徒以虚衔为笼络者，职此故
也。仁而不仁，其如劝忠何？

　　要之《教忠》一篇，所举十五仁政，我朝非无欲迈前古之心，然而不能
行者，以官俸之薄之故。此则《新政安行》一书言之详矣。其不能厚俸者，
以不知理财之故。此则《新政始基》一书言之悉矣。今欲振兴治道，而不能
直探其源，立言之所以昧昧也。且犹谓中史二千年之内，西史五十年以前，
其国政未有如今中国之宽仁忠厚者，其戏言耶？抑反言也？

明纲篇辩（节选）

　　三纲之说出于《礼纬》，而《白虎通》引之，董子释之，马融集之，朱
子述之，皆非也。夫《礼纬》之书，多资谶纬，以谶纬解经，无一是处，为
其无实理之可凭也。孔子之教人详于《论语》。《论语》者，情理也。孔子之
救世见于《春秋》，《春秋》者，公论也。自公羊子不明孔子所以诛乱臣贼
子之大道，而已见妄参，故不问其事之情理如何，而但执《春秋》所书所
不书之字以为断。夫纪事者，以日系月，以月系时，以时系年，一定之理。
其书日不书日、书月不书月，以及书爵不书爵，书人不书人者，简策原文，
有全缺之不同耳，何得以是为褒贬？后世祖之，遂有煆〔煅〕炼周内、作奸
犯科之弊。且灾祥者偶然耳，而董子辈师其变古易常、天灾是应之说，遂
令中国儒者板执古法，习成拘墟，振作之机，无从而起。一为揭其解经之
谬，亦觉支离怪诞，无异于痴人说梦矣。如庄公三十四年，《春秋》书大水，
则以为夫人哀姜淫乱不妇，阴气太盛之应。僖公二十一年，《春秋》书夏大
旱，则以为外倚强楚，炕阳失众，内作南门，劳民兴役之应。一雨木冰也，
而以为叔孙侨如出奔，公子偃诛死之兆。一御廪灾也，而以为夫人潜桓公
于齐侯，齐侯杀桓公之兆。一宣榭火也，而以为王子札杀召伯毛伯，天子

不能诛之应。一雉门两观灾也，而以为昭公见逐于季孙，定公不能用孔子之应。无事不以五行定凶吉，无人不以阴阳决休咎，而后世禄命之篇作焉，葬经之说出焉，堪舆之惑生焉，学士研经同于巫史。一物有失，灾及死生，六合三刑，言满天下，附妄凭妖，世益拘畏，谬伪浅恶，性乃失真，中国之无格物，无实学，失随时之义，亡日新之功，莫不由此。以谶纬谈经，岂非累世？

至若舍情理而论威权，其妄尤甚。如《春秋》书元年春，王，正月者，谓公即位之元年，周纪岁之正月耳。而乃曰：此建五始之义也。政莫大于正始，故《春秋》以元之气，正天之端，云云。书王，正月者，只言王之正月耳。而乃曰：此大一统之义也。大一统者，天地之常经，古今之通谊也。今师异道，人异论，百家殊方，指意不同而上不能统；法度数变而下无所守。故不在六艺之科，孔子之术者，宜绝其道，勿使并进，云云。如此解经，是欲明义理而不知所以明，欲尊孔子而不知所以尊矣。元之气何气？天之端何端？窃恐解之者必无以白之于人，由其先不能明之于己也。夫建子、建丑、建寅，乃人之所为，非天之所为也。非天之所为，则其为非气之元，亦非天之端也，明矣。中国地气，寅月适当万物发生之时，故孔子有行夏时之说。然言之非竟行之也。宋时理学如程朱辈不能辨正，而胡安国竟以夏时冠周月，是诬孔子以改周之正朔也。正朔改矣，由是笔削直行于君父，儒生可称为素王，治统道统乃竟离而为二，作君作师不能合而为一。持此一偏理解，岂复有能通之日哉？统者，有其权之谓也。权者，能制人之谓也。非道何以能治？非治何以见道？合而为一则两美，分而为二则两伤。其将以素王统周王耶？抑将以周王统素王耶？夫师何妨于异道，人何妨于异论，百家何妨于殊方，意指何妨于不同，法制何妨于数变，特求其合于情理斯可矣。孔子岂别有术哉？纵其有之，亦情理而已。情理之行，蟠天际地，乃仅以六艺观孔子，是犹以蹄涔而概沧海之深，以邱陵而测日月之高也。舜之称也以大智，而自耕稼陶渔，以至为帝，无非取之于人，旦之号也以多才。而自三公九卿，以至廿人尚可勒成《周礼》，中国奇才异能，如公输、墨翟、扁鹊、华佗，历代间出，而必不能昌明其道，虽有秘籍，终亦失传。如泰西辣丁希腊等古书，即其国人今亦不能读，能读亦不能解者，未始非败于董子，勿使并进之一言也。今欲振兴中国，而犹引取其解经之妄言，岂曰知务？

"道之大原出于天，天不变，道亦不变。"此说近是矣。然道之大原究属何物？想董子亦未必能解。董子之所知者，惟阴阳五行而已。彼以三年不窥园之功，冥搜暗索，以日求乎所以异于孔子之言，情理而遁于灾祥应兆之说，行虽未怪，而其言则已怪矣。今反曰圣人所以为圣人，中国所以为中国，实在于此。是岂能知圣人，岂能知中国者哉！子思曰："天命之谓性，率性之谓道，修道之谓教。道也者，不可须臾离也，可离非道也。"然则天命者，情理而已。率性者，行其情理而已。修道者，明其情理而已。情理之用之在人心，犹呼吸之气之在人身，故曰不可须臾离也。是岂三纲谬说可得而托者哉！

惟至中也，故能裁天下之不中。惟至正也，故能正天下之不正。夫中与正受之于天，人皆有之，所以不能者，则由心之私未化也。故立言者必本以至公无私之心，其言乃能至中至正，而辟天下之不中不正。孔孟之言得以传至今日者，此也。东汉班彪作《王命论》以媚光武，而赤伏符真人之说不能以服隗嚣。其子固作《白虎通》以媚肃宗，而引《礼纬》三纲之说，乃欲以欺天下。马融党于梁冀，当时曾以偏私著其《说经》，岂能公道？《朱子集注》引之，无识之甚。窃尝考朱子之为人，盖人云亦云，而未尝一用心者也。而一用其心，则又鲜有不错。佛之教无用，朱子则以为禅语高超。道之教失真，朱子又以为祷禳可信。《四书集注》乃其生平竭四十余年之精力而后成者，然其谬误之处不胜枚举。即如《论语》"殷因于夏礼"，"周因于殷礼"，此礼字明指尚质、尚文、威仪、法度而言。如元之兴也，科举等事多依宋时，我朝之兴也，官秩等事多从明制。子张爱奇，以为易世当有奇观，故以十世可知为问，而孔子答以虽百世亦无奇异耳。所以然者，尧舜之世，四方从欲，地平天成，可谓奇矣，然尧舜不过尽情理之常。成周之世，王会图成，每牛虽马，可谓奇矣，然成周不过行情理之至。是岂父子、君臣、长幼、夫妇、朋友、亲义序别信之谓哉？信如朱子所引马融之说，则是子张问十世之父子、君臣、长幼、夫妇、朋友可知否，而孔子应答以亲义序别信不可或改，如此云云可矣，何必答以夏礼、殷礼、周礼。况明明有所损益可知也之言，安可引《礼记》大传亲亲尊尊不可得与民变革等语以释之哉？夫五帝殊时，不相沿乐；三王异世，不相袭礼。孔子虽周人，而深明夏殷之制作，故尝有吾说夏礼，杞不足征，吾说殷礼，宋不足征之言，亦可见礼是制度，不是伦常矣。至于伦常，则岂能加以"所损益"三字？即以伦常而论，而伦有五纲，乃仅得其三，然则长幼之纲何如耶？朋友之纲又何如耶？故三纲者，不通之论也。

圣者，通明之谓。中者，不偏之谓。舜使契为司徒，教以人伦，父子有亲，君臣有义，夫妇有别，长幼有序，朋友有信，是五常之道在孔子二千余年之前而已然，是孔子不得独为圣人也。外国当孔子之世凡尚理学，如希腊等国亦莫不以五伦为重，是中国亦不得独为中国也。然而孔子独能于情理精思覃虑而出之以极公，故中国圣人以孔子为冠。而中国之所以异于外国者，亦以独崇孔子之故耳，非谓五伦之说，惟中国有之，外国则无也。

三纲之说既自觉其不通，乃牵扯五伦之说以为助，既而知外国亦重五伦，则又复引三纲之说，其意谓外国虽有五伦，其如无三纲何哉？以此鸣异，是不通之中又不通焉。五伦既以亲义序别信名之矣，岂亲义序别信即谓之纲耶？亲义序别信而谓之纲，则外国且有五纲，中国仅存三纲，是反逊其二纲也。

然且沾沾自喜以中国之三纲为宝，若有诘以其宝安在者，则曰：知君臣之纲，则民权之说不可行也；知父子之纲，则父子同罪免丧废祀之说不可行也；知夫妇之纲，则男女平权之说不可行也。嘻，怪矣！夫《礼纬》《白虎通》以及董子、马融、朱子书说，惟未明五伦之要本于天而不可违，欲以人力胜之，立为三纲之说，意谓比五伦为尤重，使人以不得不从也。不知大道之颓，世风之坏，即由于此。何则？君臣不言义而言纲，则君可以无罪而杀其臣，而直言敢谏之风绝矣。父子不言亲而言纲，则父可以无罪而杀其子，而克谐允若之风绝矣。夫妇不言爱而言纲，则夫可以无罪而杀其妇，而伉俪相庄之风绝矣。由是官可以无罪而杀民，兄可以无罪而杀弟，长可以无罪而杀幼，勇威怯、众暴寡、贵陵贱、富欺贫，莫不从三纲之说而推，是化中国为蛮貊者，三纲之说也。

而或者曰：中国历古至今，君之以无罪戮臣者多矣，而臣亦何尝无弑君；父之以无罪杀子者多矣，而子亦何尝无弑父；夫之以无罪杀妇者多矣，而妇亦何尝无弑夫；以此反观，毋亦三纲之说未修乎？曰：此非三纲之说之未修，实乃三纲之说所使然也。五伦者，尊卑先后也。尊卑先后本之于天也。本之于天者，公也。三纲者，强弱轻重也。强弱轻重操之自人也。操之自人者，私也。情理者，公则平，私则不平。今既以不平为情理，则无往而非不平矣。虽然，以不平为情理者，必视乎其势；视乎其势者，必因乎其时；时若不同，则势必变易。是故君也、父也、夫也，当得势之时而为臣纲，为子纲，为妇纲，生之惟命，杀之惟命，则臣也、子也、妇也，一旦得势，亦必反而为君纲、为父纲、为夫纲，骑虎难下，宁我负人，出尔反尔，势所必至，而报复循环，矫枉过正，其祸害有不可胜言者矣。是故，但愿来生勿作天子。此言也，其初若非误于君为臣纲之说，断不至是也。便欲杀我，请熟熊蹯。此言也，其初若非误存父为子纲之意，断不至是也。至若汉高帝所以有人彘之祸，唐高宗所以有武氏之篡，晋献公所以有里克之衅，隋文帝所以有张衡之逐，齐简公所以有田阚之乱，齐王芳所以有曹马之争，晋元帝所以有武昌之叛，唐明皇所以有范阳之变者，莫不误于夫为妻纲之一言。

夫中国六籍明文初何尝有"三纲"二字。尧曰："允恭克让。"舜曰："温恭允塞。"禹曰："克俭克勤。"汤曰："制心制事。"文曰："止仁止慈。"武曰："胜欲胜怠。"孔子曰："求寡过。"孟子曰："务养心。"凡夫涉世持身，齐家治国，以至于范围天下而不过，曲成万物而不违者，所为皆属克己自修之道，未闻敢以胁制加于人者也。是故君若尽其敬，则臣必尽其忠；父若尽其慈，则子必尽其孝；兄若尽其友，则弟必尽其恭；夫若尽其义，则妇必尽其顺；而朋友则彼以诚信而来者，此亦必以诚信而往也；此五常之道天性使然也，奚以三纲为哉？汉之儒者不明此旨，既以灾祥之说胁其君，又以三纲之说制其民，宋儒庸劣，复张其焰而扬其波，竟以为道统所存即在于是，遂令历古圣贤相传之心法晦盲否塞，反复沉痼者二千余年。惟外洋君民男女无不平之权。其说本为情理之正，而与中国古圣贤之心法相符。今乃一则曰不可行，再则曰不可行，毋乃不欲葆彝伦和气之休征，而必欲寻杀伐凶残之覆辙哉？平权之说详于此书末篇，兹不多赘。若夫丧祀等事，则是风俗之无关于治要者，可以不辩。

知类篇辩

乾，天也。离，日也。天者，高也。日者，明也。天以无私覆而成其为至高，日以无私照而成其为至明，此伏羲氏所以画为同人之卦也。同人者，谓与人同也；与人同者，谓既为人类即不得而异视之也。文王释之曰："同人于野，亨利涉大川，利君子贞。"言同人者，乃大同之道，至公之真。人苟能取其同于远，合其同于外，如于旷野之地而获同心，则四海之内皆兄弟，天下之大合一家，攸往皆坦途，无不通之道矣。此由君子之心正而无私也。周公释之曰："同人于宗，吝。"言朋党是求，祖庇亲昵，则隙末凶终，必贻后悔。此由小人之心不正而多私也。孔子释之曰："唯君子为能通天下之志。"言人之所以不同者，私故耳，吾有私，而人不我知，则人不我同；人有私，而我不人知，则我不人同；唯君子去私而言公，则天下之志可得而通也。同人一卦，大义如此，其言以类族辨物者，为分别公私而言、谓审不同以致其同耳。忠之事容有不同，而其志则一也。孝之事容有不同，而其志亦一也。此同人之大旨也。今天下通商，往来不禁，正属同人之象。《劝学篇》以知类为言，题目已错，而复引程朱谬解，不求其公之同，而一视同人，但求其私之异，而严分畛域，是厚诬伏羲、文王、周公、孔子也，不亦异乎？

　　孟子乍见孺子以及四端等说，其谈名理，可谓既明且澈矣。知此，则《左传》"非我族类，其心必异"二语，为私言之可也，为公言之不可也。不然，桓庄之族之于晋献昆弟也。昆弟则其族同之至也，而献公灭之惟恐其或遗。申生重耳之于骊姬母子也，母子则其类同之切也，而骊姬杀之惟恐其不尽。果何为哉？是故私念一起，虽至亲至切亦无心腹之人；公道不忘，则至远至疏亦肝胆相照。读书者毋为字句所误。

　　左氏记狐突告共太子之言曰："神不歆，非类；民不祀，非族。"此一人之私言也，且有同于梦中呓语。其记宫之奇谏虞君之言曰："若晋取虞，而明德以荐馨香，神其吐之乎？"此亦一人之私言也，而有近于名臣善谏。至其记刘康公之言曰："民受天地之中以生，故有神，夫神聪明正直而壹者也。"云云。此则天下之公言也。今为士子劝学，舍天下之公言而不言，是为学之大道已失。然此犹曰：常人之私未能尽泯，听其言也，视其所以可矣。身为大吏，其以区区保国之心，发而为言私意，容或有之，不谓就其所引左氏一传而论，则名臣善谏之言绝不介意，而惟节取其同于梦中呓语者，真可怪也。由"若晋取虞，而明德以荐馨香，神其吐之乎"二语，绎而得之，则戒慎恐惧之心生，国虽危亦可置之于安。由"神不歆，非类；民不祀，非族"二语，信而怵之，则时日不丧之念起，国虽安亦必置之于危。夫禹汤罪己，其兴勃焉；桀纣罪人，其亡忽焉。综《劝学》诸篇而观，俱是罪人之言，自难逃识者之鉴别。

凡生天地之间者，有血气之属必有知，有知之属莫不知爱其类。此《礼记》三年问之言也。然三年丧以为隆绝，小功以为杀，期九月以为间，皆教人以尽礼而已，非教人以别类也。且丧者以亲言之，非以类言之也。人各有亲，人各有丧，各丧所亲，从无丧人之亲者也。爱者以类言之，非以丧言之也。秦越不同，而人类无异。秦人死而越人亦为之悲者，为同类也。除类而外，则恩我者爱，仇我者憎，一定之理。故言种类不若言恩仇，言丧服不若言憎爱。

孔子教人，必择人所能为者而教之，决无教人以所不能为者也。有教无类之说，乃人人所能为，何得谓惟我圣人如神之化能之？我中华帝王无外之治能之，未可概之他人也哉！王安石五诣周濂溪之门而不纳，后安石得志，乃故为执拗，以与一时之名士贤人抗，卒之以此祸国。人知王氏之误宋，而不知周子之误宋也。虽然，周子之误尚属无意，知类篇之误转觉有心，使天下各国，人人自安于不能为圣人如神之化，不能为帝王无外之治，由是亚洲、欧洲、美洲、非洲之族，黄人、白人、红人、黑人之类，各顾族类，日寻干戈，至于异我者靡有孑遗而后已。问其残贼，一何至是？岂不闻孔子有教无类之说乎？作知类篇者则将应之曰：孔子之教人，盖教人以所不能为者也。私意既胜，其讲经岂复有一毫通趣？

中国积文成虚，积虚成弱；外国积惧成奋，积奋成强，是则然矣。然三军虽众，惟一将之命是听。船行万里，惟一舵之向是依。中国政令尽操诸当道之人。曩者归政而后，中东之事皇太后欲参以己意，而御史某即奏其干预政事。然则士夫庶民例不得言政事也，可知矣。濡迹匡时之士感慨发愤求纾国难者，亦以忌讳之心，不能敌其忠义之气，故敷衽陈辞，为民请命。其心曰：庶几哉或可以动当道之听耳。非谓其权在己，己欲为之则能为之也。作知类篇者，权司当道，得君之专，行政之久，方之古人实所罕觏，苟欲振作，尽可有为，乃今者情见势绌，外侮亟矣，犹不知自责，而曰独我中国士夫庶民懵然罔觉，五十年来屡鉴不悛，守其傲惰，安其偷苟，云云，是何异于战阵而败者，舍统兵诸员之失计，而反责平民之不能手杀敌人；船行而沉者，恕舟师伙长之无才，而反怪搭客之不能乘风破浪哉？

事必有其故，理必有其情。华人之合西伙、为西商、徙西地、入西籍者，原非得已，亦当道者之所知也。夫为渊驱鱼者，獭；为丛驱雀者，鹯；是其罪在獭、在鹯，而非在鱼、在雀也。孔子曰：虎兕出于柙，龟玉毁于椟中，是谁之过与？孟子曰：求牧与刍而不得，则反诸其人与，抑亦立而视其死与？

篇内援引印度、古巴之所以待土人及越南、美国之所以待华人者，以为外国人知类之证，不知此正为其知类之过，而非知类之功也。知类者，以别善恶而言则可；以分种类而言则不可。印度土人不得为武员，故有土兵之变。古巴土人不得为议员，故有民主之变。然今皆酌以通融矣。若夫越南商务不能大振者，则以其税华人之故。美国工务未能大兴者，则以其禁华工之故。惟其分别种类，所以不能道洽风同，是外国之所失者在此，吾何为而学之哉？至若财无主名则银行不肯交还，而惟给以利息，此天下通理，与知类无涉者也，更何须为吞蚀公款之道员争也。

《左传》定公九年春，宋公使乐大心盟于晋，且逆乐祁之尸，辞伪有疾，乃使向巢如晋，且逆子梁之尸，子明谓桐门右师曰："吾独衰经，而子击钟何也？"右师曰："丧不在此故也。"既而告人曰："己衰经而生子，余何故舍钟？"子明闻之怒言于公曰："右师将不利戴氏，不肯适晋，将作乱也，不然无疾。"乃逐桐门右师。是乐大心之亡其家，实非因其卑宋之故。今之为使臣者，称人之国曰贵国，称己之国曰敝国，岂亦谓之卑其本国而足以亡其家乎？读书者不能自见性灵，惟倚傍注疏，割裂经义，已属不妥，况可征引失实以诬古人而欺当世。

韩非之杀其身亦非因覆韩之故，非盖未尝覆韩也。《通鉴辑览》第十卷言，韩诸公子非，善刑名法术之学，见韩削弱，数以书干韩王，王不能用，非作《孤愤》《五蠹》《说难》等篇十余万言，至是王使纳地效玺于秦，请为藩臣，非因说秦王曰：大王诚听臣说，一举而天下之从不破，赵不举，韩不亡，荆魏不臣，齐燕不亲，则斩臣殉国，以戒为王谋不忠者。王悦之，未用，李斯谮之，下吏自杀。夫秦王悦之而未用，则非何能覆韩？其所谓赵不举，韩不亡，云云，乃富贵功名之念逼切于中，一时发为此言耳。今读《韩非子》一书，其第一篇题曰"初见秦"，其第二篇即曰"存韩"，是其心盖拳拳然以保韩为急务者也。李斯忌其才，呕令自杀，是杀非者，李斯之忌刻，而非非之覆韩也。西汉书言张良韩人，五世相韩，秦灭韩，良散千金为韩报仇。及郦食其劝立六国，后汉王曰："善，趣刻印，先生因行佩之。"良从外来，谒王方食，良曰："臣请借前箸为大王筹之。"遂发八难。汉王辍食吐哺，骂曰："竖儒，几败而公事。"趣销印。夫始志为韩报仇，及立六国后，则又不肯，是良不特不能报韩，而且忍于灭韩也，不特仅灭一韩，而且尽灭六国也。然而名臣传中之人必以张良为第一者，为其急流勇退，不以功名富贵介怀耳。苟存患得患失之心，是直孔子之所谓鄙夫，虽有韩非子之智术文章，亦无所取。

知类一篇所引经史全属差谬，所论事势绝无分晓。总而言之，止是教人以分畛域而已。不知畛域之不可分，其说已详于《新政安行》一书矣。由畛域之分而推之，则此时所谓新党者之设局办事，裁汰员弁，诬罔人才，以及旧党之诛党人，忌民权，禁日报，皆从此起。但见其累学累世而已，何居乎以劝学劝世名？

宗经篇辩

"宗经"二字亦非孔孟之言也。孔孟未尝宗经也。孔子之答哀公问政，孟子之告齐梁二君，若问以所宗何经，想孔孟必无以对也。夫孟子之去孔子为时非远，而其论政几于无一相同。然迄今二千余年已后，但觉孟之与孔其道如出一辙者，何也？则以其揆一也。其揆既同则无不同，不必问其时之相去几久，地之相隔几远也。是故由中国而言，则汤武与尧舜同；合外国而言，则君主与民主同。同者，同之以其揆也。其揆何在？曰：情理而已。同其揆者，宗其情理而已。宗经云乎哉？

九流者，儒家、道家、阴阳家、法家、墨家、纵横家、杂家、农家、小说家也。是儒者不过九流之一。夫各流皆有其所谓精，亦有其所谓病，未可以一流而概众流也。以一流而概众流，势必是非蜂起，是率天下以相争也。且阴阳纵横等事，明系孔孟之所不取。孔子以阴阳言易，不过就人事而探其消息盈虚。孟子虽好辩见称，何尝以说词而求其富贵利达。今以孔孟之道概众流，搔痒不着，虽赞何益？

　　老子之尚无为，非竟无为也，谓因势而利导也。老子之主守雌，非甘于弱也，谓后乐而先忧也。老子之任自然，非忘作用也，谓无所用其矜伐也。朱子书祖护道家，而谓祷禳之可信，则已失于见理之未明。宗经篇诋毁老子，而谓其必生实祸，则又失于解书之差谬。夫言各有取尔，老子之尚无为，主守雌，任自然诸说，其视《论语》之"无为而治"，以及"以能问与不能，以多问于寡""有若无""实若虚""犯而不校"等语如出一口，然则帝舜、颜渊所为皆非耶？孔子、曾子称之亦非耶？若夫礼者，治也，非乱也，而曰礼为乱首，吾安知其不指礼多必诈而言。强者，生也，非死也，而曰强为死徒，吾安知其不指过刚必折而言。有忠臣，为乱国，吾安知其不指家贫显孝子，世乱识忠臣而言。观书者出以公心，虽俗语亦能得解；苟存私意，则深文转觉不通。若史迁引老子之言，谓"至治之世，邻国相望，鸡犬之声相闻，民至老死不相往来"云云，此则大不合于时事，鄙人尝论及之。

　　管子，天下才也，而其道尤善在通商以富国，富国以强兵。其铸币借以黄金刀布，而并及于针铁鱼盐，其选士首以好学孝慈，而且及于股肱拳勇，以区区之齐，在海滨通货积财，崛然而起，岂学无本源而能至是？故其言曰："仓廪实而知礼节，衣食足而知荣辱；上服度则六亲固，四维不张国乃灭亡；下令如流水，务顺人心，故论卑而易行；俗所欲则予之，俗所否则去之，故能因祸为福，转败为功。"迄今读《管子》书《牧民》《乘马》诸篇，而知泰西大国之所以富强，实不外是，亦可谓遥遥数千年，鸯鸯数万里，不期而合矣。中国近二十年间，居上位握权要者，倘有管仲其人，方将物阜民康积余藏羡待之于国，外邦不服，吾可以战，外邦宾服，吾可以布义行仁，岂有屡戒不悛，屡辱不悔，乞怜俯首，仰息于人者哉！孔子曰："桓公九合诸侯不以兵车，管仲之力也。"又曰："管仲相桓公，霸诸侯，一匡天下，民到于今受其赐，微管仲吾其被发左衽矣。"诸葛亮为三代下第一流人物，而其生平所自期许者首为管仲。夫亮岂不知古人中有胜于仲者哉？以时势处此，非仲之事不为功也。白刃捍胸则流矢不见，拔戟加首则断指不辞。孟子言仲尼之徒无道桓文之事者，期以致君为尧舜耳，不然仲之功未可轻议也。今乃执其"惠者，民之仇仇；法者，民之父母"二语而辟之，则过矣。夫管子之书其不合于时用者甚多，然非今所执之言也。管子之言曰："不法法则事毋常，法不法则令不行，令而不行则令不法也，法而不行则修令者不审也，审而不行则赏罚轻也，重而不行则赏罚不信也。"又曰："赦出则民不敬（谓有罪不诛，则安用敬也），惠行则过日益（谓恃恩不恭，非过而何也），惠赦加于民，而囹圄虽实，杀戮虽繁，奸不胜矣（谓造奸以赦也）。"又曰："惠者多赦也，先易而后难，久而不胜其祸；法者，先难而后易，久而不胜其福。故惠者民之仇雠也，法者民之父母也。"云云。今不按其上文而专取其后二语以为断，割裂之弊，上篇已见于读经；此篇复见于读子。持此私心欲以得一书之大义，不亦难乎？况惠者生其祸，故为仇雠，法者生其福，故为父母，此即孟子生于忧患，死于安乐之意，其理甚明，今以私意蒙之，即句解亦不能通也。

　　荀子之言性恶，犹孟子之言性善，是二说者，各有所偏，不若《中庸》言天命之谓性，率性之谓道，修道之谓教也。然孟子言性善，是欲人之返其天良，荀子言性恶，是欲人之化其气质，言虽不同，其欲人之同归于善则一。荀子《性恶篇》其末段曰："繁弱巨黍，古之良弓也，然而不得排檠则不能自正；干将莫邪，古之良剑也，然而不加砥厉则不能自利；骅骝骐骥，古之良马也，然而前必有衔辔之制，后必有鞭策之威，加之以造父之驭，然后一日而致千里也。夫人虽有性质美而心辩智，必将求贤师而事之，择良友而友之，则所闻者尧舜禹汤之道也，所见者忠信敬让之行也，身日进于仁义而不自知者，靡使然也。今与不善人处，则所闻者欺诬诈伪也，所见者污漫邪淫也，身且加于刑戮而不自知者，靡使然也。《传》曰："不知其子视其友，不知其君视其左右。靡而已矣！靡而已矣！"（靡谓相从顺也。）荀子《性恶篇》之言如是，是岂可以厚非者哉？惟其篇以性恶名，遂为宋儒所訾议。抑知其吐辞为经，优入圣域，与孟子并称者一人而已。观书者须自出心裁，无为陋儒所误。至其言法后王者，谓论王道不过夏殷周之事，过于久远，则难信耳。夫荀卿，战国时人也，故谓复三代故事，即是复古不必远求。如此立言甚属切当，何反讥之？岂治国家之法必须求之于羲轩巢燧之前无怀葛天之世耶？其言勿溺诗书者，谓诗书但载古人陈迹，而不能委曲切近于今人，故崇诗书不若崇贤师，如无贤师则不若崇礼法，不然处事而不能合宜，徒假诗书以为挡塞，则是顺诗书而已，苟顺诗书，则虽苦学终身仍不免陋儒之诮。此荀子《劝学篇》大旨也。荀子去今二千余年，而其劝学之言乃能真切若是，不谓今之劝学者竟欲反其言而行之，是因一人之陋而直欲率天下之人皆为陋儒也。可叹也夫！

《宗经篇》始末皆以老氏之教为言，始则谓其害政害事，末则言其功在汉初，而病乃发于二千年之后，今日中华顽钝积弱不能自振皆老氏之学为之也，云云。味其言若甚，有憾于老子者。不知考汉文帝赦田租，治养老，减笞背，除肉刑，此四事，安知其不本于《孟子》省刑薄税而来？其露台费惜百金，后宫衣不曳地，此二事安知其不本于《论语》节用爱人而来？其遣柴武以击兴居，命陆贾而臣南越，安知其不本于《中庸》柔远人怀诸侯而来？至其赐吴王以几杖，馈张武以金钱，廷尉劾梁藩而不嫌，丞相橛弄臣而不拒，中郎撤夫人之坐席而不罪，将军遏天子之乘舆而不诛，以及止辇而受善言，达聪而除诽谤，凡其忠厚宽仁、恭俭礼下，稽之于四子书所以教天下之为君者无一而悖。今乃从葛洪谬说，意谓文帝诣河上公得道经，即以为西汉之初太平之治其功由于老子，不亦惑乎！果使功由老子，则汉武之世去文帝之世为时不远，何以除孔子六艺之科而外屏斥百家？夫董子崇《春秋》，赵岐注《孟子》，是孔孟之道已行于两汉三国，自是而后迄晋、魏、唐、宋、元、明，以至于今，自天子以至于庶人，所诵所言无非孔孟之道，国虽废兴迭换，斯道未尝一日或息于中华也。孔子曰："人能宏道，非道宏人。"孟子曰："然而无有乎尔，则亦无有乎尔。"今以中国之不能自振而归其咎于老子之《道德经》，指甲骂乙，狂妄无有过于此者。功非老子之功，而谬许之曰老子；过非老子之过，而乱毁之曰老子；且使其言既有功矣，又安得有过？其言既有过矣，又安得有功？然则功与过皆不能委之于其言也，委之于行其言之人可矣。夫文帝为高帝侧室之子，初封于代，习见民间疾苦，故其治之天下以情理不以意气，以谦慎不以骄盈，持此一心，虽无孔子、孟子、老子之书亦能致治。不然三子者不生于泰西，何以泰西诸国亦多有致治之人哉？彼其致治之人果何经之是宗哉？近十余年法越中东二役，陆军之枪法未娴，而当国柄者必求陆战；水师之驾驶未熟，而任军机者辄动水师；是特未知老子之教而已，于老子乎何尤？

循序篇辩

中国之不肯变法自强，其弊在于不行孔教，非在于专信孔教也。孔子生平所执，以为寡过之用者唯《易》。易有变易，有交易、有反易、有对易、有移易，消息盈虚之理，顺逆向背之机，刚柔对待之情，类聚往来之数，凡所以成其吉凶悔吝者，莫不于《易》得之。易者，变动之谓也。穷则变，变则通，君子处事无往而不吉者，以其善变也。圆明之火，热河之狩，宜变者也，乃一不变，而琉球县矣，再不变，而台湾侵矣；三不变，而越裳灭矣；四不变，而暹罗削矣；五不变，而缅甸割矣；六不变，而西藏改矣；七不变，而有中东之役也；八不变，而有胶州、旅顺、威海卫、大连湾、广州湾之据矣。过此以往，未之或知，然其善不善，皆视变不变以为准绳。外国报谓中国专信孔教，所以不能变者，误也。而《循序篇》谓固守孔教，则中国可以无庸变者，则尤误之误也。使其固守孔教，则中国之变法自强不待言之于今日矣，故读孔子之书，当思行孔子之道。

英人理雅觉所译四书五经以日讲解义为宗，其有一字之未详，一解之未妥者，皆援引四库所载之书旁稽侧证，以期无背于大义，故其所译，实为西人问孔孟之教者之津逮。今乃谓彼之所翻，皆俗儒村师解释之理，固不知孔教为何事，云云。不知是指理氏所翻者而言否？果尔，则吾愿闻其错解错译者系在何章何节也，如不能揭以示人，则是无端漫骂而已，此非特骂理氏也，直是骂国朝圣祖神宗并历代名儒理学而已。

夫五经大义，《经解》一篇言之已悉。然内圣外王之道备于孔子，孔子之心法寓于六经，六经之精要括于《论语》，而曾子、子思、孟子递衍其传。故《论语》始于言学，终于尧舜汤武之政；《大学》始于格物致知，终于治国平天下；《中庸》始于中和位育，终于笃恭而天下平；《孟子》始于义利之辩，终于尧舜以来之道。其立言大旨本不难窥，今如所云，则是天下之人除作《循序篇》者一人而外，无人能读孔孟之书者矣。岂不谬甚？毛奇龄驳朱子《四书注》，谓其人错天类、错地类、错物类、错官师、错朝庙、错邑里、错宫室、错衣服、错饮食、错井田、学校、礼乐、政刑，几于无一不错。驳极辩矣，而识者谓其无关大义，何必嚣嚣然。毛氏之辩亦实能深究其解而后敢言，不谓《循序》一篇竟不问其事之是非，而肆口漫骂，叫嚣之习何尚未化？

　　浅陋之讲章，腐败之时文，禅寂之性理，杂驳之考据，浮诞之词章，谓为非孔门之学，是则然矣。然试问中国今以之取士者，非浅陋之章句而何？否则非腐败之时文而何？又否则非禅寂性理而何？又否则非杂驳之考据而何？又否则非浮诞之词章而何？作《循序篇》者有转移风气之责，乃不思所以去其旧染之污，而行乎新政之善，惟是于其生平所最侥幸之事诟诈之不已，以此鸣高，其高安在？孔子曰："君子疾乎舍曰欲之，而必为之辞。"孟子曰："如知其非义，斯速已矣，何待来年？"

　　未学为兵而忽加以为将之任，则其为将也鲜不取法于兵者矣。不习为吏而乃授以为官之责，则其为官也鲜不以吏为师者矣。将之教兵，官之教吏，理之正也。然而未明其事，则将不如兵，官不如吏。若使强不知以为知，则无异斧锯未习而训大匠以程材，雕琢不知而教玉人以治玉耳。中国之弊惟用非所学，韩非、李斯之过乃持论太苛，皆不在簿书文法以吏为师也。不然质剂之法，圜土之刑，姬旦何尝不以致成康之治哉？今言惟俗吏始用簿书文法以吏为师，则是因噎废食，截趾适屦之类耳，迂腐可笑。

　　道教托于老子，而符箓丹铅祈福禳灾之说实足以蛊惑天下，故明理者所不为。若《道德经》之大旨，则与孔孟四勿三无养心寡欲诸说相符，无容轻议者也。今世诵法一惟孔教是遵，乃执政之人以避事为老成，以偷惰为息民，以不除弊为养元气，则《循序篇》又独归咎于老子，僵李代桃，张冠李戴，持此心以观人，几何不颠倒黑白？持此心以听讼，奚能不枉屈斯民？

　　博文约礼，温故知新，参天尽物，以此数者谓为孔门之学，是门面语耳。尊尊亲亲，先富后教，有文备武，因时制宜，以此数者谓为孔门之政，是亦门面语耳。昔朱子题建宁府学明伦堂联云："师师庶僚居安宅而立正位，济济多士由义路而入礼门。"又题松溪县学明伦堂联云："学成君子如麟凤之为祥，而龙虎之为变；德在生民如雨露之为泽，而雷霆之为威。"人谓安宅、正位、义路、礼门、麟凤、龙虎、雨露、雷霆等字为儒门套语，讥朱子不能道圣贤之真。虽然，套语而用于楹联犹有可说，今以《循序》劝人为学，而圣贤真际绝不能发其毫厘，则何可说也。孔子所博之文，何文？所约之礼，何礼？所温之故，何故？所知之新，何新？所参之天，何天？所尽之物，何物？以及孔子如何而尊尊？如何而亲亲？如何而先富？如何而后教？如何而有文？如何而备武？如何而因时？如何而制宜？窃愿作《循序篇》者略言其一二，实际不然，则是以其昏昏使人昭昭也。夫孔门之学在明其情理而已。孔门之政在行其情理而已。曾子为孔门高弟，独得心传，其言曰："夫子之道忠恕而已矣。"忠恕者，情理之谓也。一以贯者，一之以情理贯之以情理也。《劝学·内篇》言学言政，皆舍情理而他务是遑，故愈言孔教，而愈与孔教相背。

中国十三经欲字字求解，非十年不为功。二十四史及诸子百家欲兼收并蓄，则非二十年不为功。中材之人十岁始为学，及其博通经史，已在四十已后之年，而所知者尽属古法陈言，用在今时必多阙失，乃欲于斯时始择西学之可以补吾阙者用之，西政之可以起吾疾者取之，不知凡学以先入为主，童时用功之事，至老亦不能忘。今作《循序篇》者，绝不肯行新政，由先有中学之见横梗胸中也。至其仿效西法则又无有不败，由不忖其本而姑欲齐其末也。屡挫屡折，犹作今言，是直欲误尽天下后世而后已。

才必有阙，然后以学补其阙；政必有疾，然后以学去其疾。今于通经考史之后，乃言以西学补吾阙，以西政起吾疾，是未学已前吾本无阙无疾，既学已后吾则有阙有疾，须用西学西政以救之也。今之齐谐言有医士，谓人曰：何不服吾药？其人曰：吾无病，何须服药？医士曰：子服吾之药，自然生出病来，勿愁无病也。读《循序篇》，辄欲赠以此谐。

孔门之学在明其情理，孔门之政在行其情理，予既言之矣。经史者，古人之陈迹。情理者，圣贤之心传。夫情理之在天下，无人不同者也，而操之则存，舍之则亡。故篇内所谓不知己姓，以及无辔之骑，无舵之舟诸说，为不明情理，以及不行情理之人言之，则可；为未能读三坟五典八索九邱之人言之，则不可。夫士生中国，岂必板床坐锐兀兀穷年，使其笔则铸史熔经，口则咬文嚼字，然后谓之通中学哉？宋时赵普其勋业只在《论语》下十章，晋代阮咸其超悟仅得"将毋同"三字，信如《循序篇》之言，则赵普不得为名相，阮咸不得为名贤，而中国之人能解四子书者，万中无一矣。夫幼学壮行之志，尊君亲上之心，民康物阜之怀，近悦远来之念，凡知情理莫不有之，惟其愈欲救时，是以愈求西学；惟其愈深西学，是以愈能救时。今反谓西学愈深，则其疾视中国亦愈甚，虽有博物多能之士，国家亦安得而用之，如此立言，是何异直谓中学西学有不能两立之势哉？虽然，今中国所用西学，如洋关之会计，洋枪之教习，何尝责以必通中学之人？我国家之任用西人其宽如此，《循序篇》之论用华人其苛则又如彼，是岂衷于情理之言耶？不衷于情理犹得谓为孔门之教耶？孟子曰："诐诐之声音颜色，拒人于千里之外。"今读《循序篇》末一语，盖赫赫然有诐诐之声音颜色在此，所以日求士而天下之士终不一至也。

守约篇辩

日本海禁既开而后，举凡习汉文者，悉易以习西文之法。止依字而读，不须背诵生眼之字，以及握要之节，为师者略一指明，读毕，反质诸学者，务令知其大意而已。此善法也。夫中国之书止求明理，与格物者不同，格物必观之于微，情理则实备于己，历代之事具于书史，读之者如在目前，然其是非可否则自有时势之不同，学者惟情理是求，不能借口于故事，是以孔明读书，止知大略，渊明读书，不求甚解。不欲以古说惑今时，情理之真也。中国自明经帖括之法出，学者以记诵为能，脑气过动，贻患终身。十三经之试，为聪明子弟之殃。日本一知其然，即行改辙，易背诵为目诵，化苦境为乐境，且能一日而兼数日之程，学者不厌，而教者有功，儒术之安，无过于此。今《守约篇》开口则曰：儒术危矣，以言乎迩，我不可不鉴于日本。云云，岂知言哉？

古人著书不过记录其事，非有著书之例，谓某书以何者为例也。据如《守约篇》之言，谓《诗经》以音训为例，是学之者则为杂凑之文；《春秋》以褒贬为例，是学之者则为舞文之吏。

作五经者，其人距今三四千年，最近亦在二千年前，置其事于今日，可行者实少，乃反教人取其事以为今时法式，而名之曰要指，何其谬也！

康熙朝尝聚翰林学士询以埙篪为何物？知之者竟无一人。中国诸经图表可谓略矣，国朝戴震之《考工》，以及阮元之《车制图考》《钟彝款识》，胡渭之《九河源流》《禹贡水道》，最称详究。然法物既非，山川顿改，试问商彝夏鼎古法职方，纵使辨识无道，于时事有何用处？故古之图表乃今日不急之务也，以不急之务教人，然且名之曰守约，其义何居？

一事自有一事之言，事不同则言亦异。且同一事而言亦各有不同者，则以言各有所为也。如《论语》言管仲之器小，乃鲁论记之之辞，齐人记之则有如其仁之誉。《檀弓》记丧欲速贫，为南宫敬叔而言；死欲速朽，为宋桓司马而言。其实速贫速朽，皆非孔子之心也。就一经而论矛盾已多，今曰合群经而会通之，强矣！妄矣！

读书贵自用心思，不可依傍前人之说而漫无可否也。今谓宜主先儒之说，不必再考云云，以是教人，性灵塞矣。

隐奥难明碎义不急者，置之不考，此而谓之阙疑。似也，然不独此也。孔子读唐棣之诗，而斥其未之思；孟子读《武成》之篇，仅取其二三册；必如此，方可谓之阙疑。阙疑者，岂徒夏五郭公之谓哉？

本经授受之源流，古今经师之家法，考之以为流别，则是党同伐异之见。自此而兴，文人相讥之习因之而结，读书者本以求益而反以招损，皆流别之说误之也。于人类则务分畛域，于经师则又务为流别，私意所到，无往而非私矣。

总之，书说须以情理而断，其说揆之情理而安者，则为得；揆之情理而不能安者，则为失。苟非情理是求，岂能别有是处。宋之濮议，明之大礼议，皆学经而不能衷于情理之过。是故经术之祸，遭之者非独王莽、安石也。今若依《守约篇》所详之法以求之，则其祸亦正非小，由其株守古说，不问情理之故耳。

经部之书共一万零二百五十五卷，史部共二万零八百四十四卷，子部共一万六千三百五十四卷，集部共二万八千九百六十一卷，合经史子集而计为书共七万六千四百一十四卷。此四库总目所载也，四库未收不在其内，中国之书读之不胜读矣。然苟以情理求之，虽未读而胸中之书正多；不以情理求之，则虽尽读此七万余卷，亦非徒无益，害且随之。夫四库所载诸书得失互见，要在读之者之自出聪明耳。《商君书》为贤人君子所羞称，孔明独好之，而蜀称治。是以人读书非以书读人也。今乃条举经史诸书，谓守约者宜以某经某史为诵习，一何所见之偏且卑也。且以守约为名而即其所引之书，还以质之其人，亦恐终身有未能尽读尽看之卷。子部之一万六千余卷，集部之二万八千余卷，是也合两部而计四万余卷，就使由堕地之日起计日读一卷。而人未百岁亦焉能竟此四万余卷之功？未能竟读，又安能辨其为有用无用？而能与经义相发明，否也。司马温公作《资治通鉴》，当时唯刘原父能读一过。夫以温公之时人材最盛，通鉴之作复绝古今，犹不能卒读，况于全经全史之外而尽读子与集乎？今以虽竭尽人力亦断不能为之事，而教人，名之曰守约，约果如是耶？守果如是耶？

篇内标列之书见于《四库总目》以及《皇清经解》者，为程伊川《易传》四卷，孙星衍《尚书今古文注疏》三十九卷，顾栋高《春秋大事表》五十卷，舆图一卷，附录一卷，孔广森《公羊通义》十二卷，焦循《孟子正义》三十卷，郝懿行《尔雅义疏》二十卷，王引之《经义述闻》三十卷。即此一百八十七卷之书，以一月读两卷而论，亦须七八年方能了，加以三礼等书，则非十年不为功。由是而观史，如其所标者取而阅之，则《资治通鉴》为书二百九十四卷，《通鉴前编》二十一卷，《续编》二十四卷，《纪事本末》四十二卷，正史之书三千七百三十九卷，奏议之属七百二十六卷，《通典》二百卷，《文献通考》三百四十八卷，《续文献通考》二百五十二卷，止此而计已及五千六百四十六卷，以每日阅两卷而论，亦须七八年方能了，加以涉猎诸子百家之书，以知其涯涘，亦非十年不为功。综经史而考究之，又须十年。使十岁而志于学，已比孔子早五年，然仍须年至四十岁以来读书之功，未尝一日或歇，方可名之为通中学。此其所谓守约也。虽然，约则守矣，学则通矣，其如古法古方置诸今日多不合用何哉？

古人之心与今人同，而古人之事则多不能行于今日，《康说书后》言之颇详，兹不复赘。然若谓古人之事不克复行于今日，则恐有经籍道熄之忧，此又必无之理也。今外洋诸国于中国典籍方将搜罗之不已，翻译之不已，设华文书院，设华文博士，以此知凡载道之文，世无祖龙，必不为六丁摄去也。若乃虽读其书，而于圣贤之道貌合神离，则梁元帝文武道尽之忧，恐不能免。

人生日用之字为数无多，而义理见闻则日推日广，未闻有以多识古字多记古音为学者，以古字古音无用于今世也。中国字书之学，自篆、籀、八分以来变为楷法，各体杂出，今古代异，学之者非终其身于雕虫篆刻断简残篇，与蠹鱼为邻，以毛锥为命，必不能原原本本殚见洽闻。至于音韵之学，则不特古音无稽，虽今音亦难考，省省不同，府府自异，即县县亦各别，此由以六书制字尚义不尚声之故。夫声与义本两事，义即意也，声即言也，人必先有意而后发而为言。中国制字不以声而以意，故有六书。外国制字不以意而以声，故用切韵。切韵则能读其音即能知其意，六书则虽知其意不得其音，而读书之难易判然矣。何以知其然也？以切韵为字，而字母之音不过二十有六；以意义为字，而部首之字竟至二百十四，而加以六书之法，则条例逾千数百矣。学者学其二十六之为功易乎？抑学其千数百之为功易也？故以切韵之法行之，为学仅半载，字无不晓读之音；以六书之法行之，虽苦学一生，音有实难通之解。沈约之雌霓，郝隆之娵隅，谓才语欺人可矣，谓使人共晓不可也。吾未闻使人不能晓而可以为学者也。近世深思之士，知以义求字之难，不若以声求字之易，各出心裁，作为减笔切音之法，以利便斯世。此诚趋时急务也。至于六书之区分，古今之音韵，籀文之源委，则所谓毕生用不着者也，今以《守约》劝学而先教人为此，是舍易而求难，南辕而北辙耳。且其理之不通言之无作，尤在于谓古字不讲，则经典之古义茫昧仅存迂浅俗说，后起之士必皆薄圣道为不足观，云云。信如此言，则《康熙字典》所详解之六书音韵古字俱不足凭，而才智之士必当去今之行楷而复古之籀篆矣。

去毒篇辩

　　鸦片之害，始则见于林则徐之告示，继则见于中外戒烟会之论说，既而质诸嗜此物之人，其言亦信。然以洪水猛兽比之，实为不伦。洪水猛兽害及无辜，其权操之于天也；鸦片之害，害由自取，其权操之于人也，此其所以不同也。夫操之于天者，犹能底厥绩而地平天成，岂操之于人者不能牖人心而明罚敕法，故以鸦片为天祸，中国谁能除之者，妄也。

　　中国民籍称四万万人，则受鸦片之害者，其人安得有数十万万之众？略考其实，毋乃失之于夸。综四万万人而观，吸烟者从少而算百人而一，从多而算百人而五，百人而一其数似也，百人而五其数未必然也，然即以百人而五论之，中国吸烟者为二千万人，二千万人中可以吸可以不吸者居四之二，虽吸而不至于废事者居四之一，吸而至于废事者亦四之一耳，积四之一于二千万人中是五百万人也，而其中全废事者半，半废事者亦半，去其半废计其全废，是受烟害而等于残疾不可任事者仅二百五十万人。外洋诸大国民籍多不过四五千万人。中国虽去二千万人，以大局而论，民之数亦未为伤也，而况实弱其民者仅二百五十万至五百万人哉！今曰鸦片之害灭绝人类，则言之过矣。

洋人之酒无异于中国之烟，烟之为祸其性柔，酒之为祸其性烈，性柔者未尝害物止害其身，性烈者既害其身兼之害物，况西人之嗜酒甚于华人之嗜烟，而洋酒之耗财又更甚于鸦片，是酒之为祸大矣，而外洋诸邦不闻以嗜酒之故一损其富强，以是知中华之国未必以嗜烟之故谓能阻其振作也。然而物既有累，则无论受害者为数百万之人，耗费为数千万之款也，即所害甚寡，所耗甚轻，亦当禁戒，卖砒毒者岂以其害未及众，耗未及多而不加之意哉？且烟毒之禁与他毒之禁不同，宁严毋宽，宁急毋缓。盖水狎民玩，滋蔓难图，患贻子孙，累及宇内，未始非宽与缓阶之为厉也。然而禁之行不行，则视乎法之善不善。

政令教化，相辅而行，而政令必先于教化，未有国无政令，而能专以教化服民者也。孔子言道之以政，齐之以刑，民免而无耻；道之以德，齐之以礼，有耻且格者，谓为国者勿以政刑为止境，须以德礼为上治耳，非谓但求德礼勿事政刑也，亦非谓未立政刑先行德礼也。子产治郑，先猛后宽，民歌其德。诸葛治蜀，靳于用赦，民戴其恩。故存心愈宽，其法愈宜用猛；爱人愈切，其法愈宜用劳；猛非好杀之谓也，劳亦非过苛之谓也，惟使民知所警惧，以勉强为善而已。今谓政刑皆穷于所施，惟欲化民以德礼，且谓各省之兴学会可以戒烟，云云，一何其迂阔之甚，而于实事无济也。清谈误国，断推此种。

《大学》曰："无诸己而后非诸人。"《孟子》曰："教以正者，必出以正。"是故父兄之教不先，则子弟之率不谨；官师之责不守，则下民之志弗从。此天下定理，不能或移者也。今于戒烟乃谓年在四十岁已上者戒否听其自便，云云，是所谓以私为政，不平之甚者也。不平之政，势不能行。夫今之居高位、握权要、司木铎、作衿耆者，多属四十岁已上之人，而其不染烟霞之癖者实鲜，以戒否自便许之，是何异其所令反其所好哉？民之弗从，即愚夫稚子亦知其理，独奈何读书五十年，为官二十载，而犹未之或知也？

今中国如欲禁烟，必不容以昔之禁烟为口实。昔之禁烟或则失于刚愎自用，或则失于借势行私，皆非法也。非法者比无法为尤甚，又安得谓之法？今乃谓虽有善法亦不能治，则不特抹煞爪哇，而且抹煞日本矣；不特抹煞日本，而且抹煞美邦矣。夫美邦可勿论，若乃日本小国，尚能风清弊绝，爪哇孤屿，犹知令出惟行，独至中国则竟目之曰：法所不能治，政所不能化，云云，不亦谬哉！

或问戒烟之法究当如何？曰：入芝兰之室者，久而不闻其香；入鲍鱼之肆者，久而不闻其臭；鸦片之瘾习为之也。谚曰：少成若天性，习惯如自然。鸦片之味苦而焦，初嗅之必不喜。吸烟之法奇而巧，骤学之未必能。然而人之嗜其味而不惮其难，且有以不解吸烟为讳者，则习为之也。近朱者赤，近墨者黑，此之谓也。戒烟者，戒其习而已；为中国禁烟者，禁其习而已矣。禁戒必自长上始。为一家而言，则其父有瘾者，不特不能禁其子之吸烟，且使其子虽少不更事，素不喜此，亦多导之成瘾，习使然也。而店户之内，东家之于伙记，视此可知矣。官场之中，上司之于下属，视此可知矣。君子之德风，小人之德草，草上之风必偃。是故上有好者，下必有甚，随波逐浪，愈超愈靡，而狂澜遂莫能回。夫年在四十岁已上之人，于家多为父兄，于店多为伙长，于官多为上司，今欲杜绝烟风，必当自年老而为长为上之人始矣。此外则市镇不得货烟膏，街坊不得开烟馆，店户人家不得设烟局，应试办公之辈不得携烟具，如此则鸦片之风稍息矣。然若欲去其习之根，则宜昂烟价；欲昂烟价，则宜减种烟。盖价平则得之易，价贵则得之难，易则习之便，难则习之疏也。而种之者少，则价必贵矣。他日环球升平，宇内清晏，将欲求一丸之烟而不可得者，盖罂粟之苗绝矣，而在今日则亦惟渐次减种可矣。

或曰：中国虽禁，其如外国之不禁何？曰：否，不然也。昔者非洲卖奴之风由来已久，英国以其有乖天地生人之理，而主可虐仆，尊可虐卑，众可役寡，强可役弱，殊失持平之道也，于是捐出重资以赎其奴，使奴贩不致吃亏，而鬻卖人口之风乃熄。夫非洲黑人与英国白人言语不通，风俗各异，彼奴自为奴，于英何涉？然犹能出巨资以为之赎，况鸦片出自印度，印度实为英藩，则移烟土之种植而为麦禾，原属易易，纵使年中捐去税项千万两之数，而以英之富厚，加以别项之补弥，似此不义之财，不取亦何难之有？且积年以来，戒烟之会林立，戒烟之药多方，亦可谓情见乎词，言见乎事矣。往者中国请英国禁印度鸦片，英之所以未能从者，以中国自种之故。夫中国自种而欲他人之不种，是谓绝他人之进口，以自浚其利源，然则中国国家之为是请者，徒欲以禁烟为名，而全收鸦片之大利，使勿润分于人而已。英之不许，曷怪其然。若果以实心行实政，则禁烟之举，窃以为英国必乐其成也。

或又曰：朝廷虽禁，其如庶民之不从何？曰：否，不然也。烟害既去，则偷闲之人自少，兴作之事必多，舍黑米而植白米，化害人而为养人，饥荒之患既轻，康乐之风必至，有余之粟且可贩于外而易取多金，又何至有禁米出口之患？故禁烟之令为庶民所必从，自不必说。若谓官虽禁植而民实违官，则曾亦思植烟者须在原野非可于暗室为之，而使人不能见者乎？且植烟者需以岁月非可以卒然成之，而令人不及觉者乎？平畴广壤而不见，动众数月而不知，则是无政刑而已，岂可诿之曰民弗从？

然而居今之时，处此之势，而欲为中国策禁烟，则又似乎极难，非禁烟之难也，不行新政所以难也。新政若行，则鸦片虽或未至于不禁而自禁，然欲禁之，则正易如反掌耳。往者《新政论议》之作于禁烟之事未遑条举者，正为此故。今新政不行，而中国国家拒敌无方，已见于救贫之无术，为大吏者明知其事之不可行，而犹强为此，必无所济之说以挡塞天下之口，而蒙混斯世之聪，徒令濡迹匡时之士不辩则于心不安，辩之则重劳其笔。何以言之？今中国所急者财用，而厘税之入以鸦片为大宗，洋药进口厘税六百万两，土药厘税名虽二百二十余万两，而实则二千余万两，是合洋药土药而计每年值二千六百余万两，国家之利赖在此，官府之调剂在此，若舍此项则补救无从，此所以禁烟之举近年缄默无言。且外国产鸦片之地仅四省：曰八那，曰马路华，曰边泥亚士，曰德基而已。中国则种烟之地日见其增，而江苏、江西、山东、直隶、山西、陕西、河南、湖北、湖南、四川、浙江、福建、广东、广西、贵州、云南，无在而不种烟也。入口之烟每年仅四五万担，自产之烟乃竟至于三四十万担也。立论者不探其源，不求其实，不切其要，不持其平，则一揆之情理大觉不通。夫是非可否，君子之所必争者也，鄙人之所以不能已于言也。

而或者曰：《劝学篇》去毒一首，劝人戒烟，未尝不是，奈何辩之？曰：不乐而笑者，其笑虚；不悲而哭者，其哭假。今谓鸦片为贫弱死亡之物，其言似是矣，然官府知此而犹许人种，毋乃乐于贫弱死亡其民乎？今谓吸烟为殊不知耻之徒，其言或然矣，然官府知此而犹利其税，毋乃竟为无耻之尤乎？不知而为，犹可恕也；知而为之，不可恕也。以此推之，而知其啼笑皆非也；啼笑皆非者，私之故也；惟私之故，所以无公论也；论之不公，必至误世，焉能不辩？

自"同心"至"去毒"，所谓内篇者，细按其自治之法，竟无一是处，而由此以观其外，则外篇虽有趋时之言，与泰西之法貌极相似者，苟仿而行之，亦如无源之水，可立而待其涸，无根之木，可坐而见其枯。其说本可不辩而自破，然《劝学·外篇》所举益智、游学、设学、学制、广译、阅报、变法、变科举、农工商学、兵学、矿学、铁路、会通、非弭兵、非攻教，凡十五事，已括于鄙人《新政论议》一书。《新政论议》成于乙未岁之春，其时中东和局犹未大定，盖早于《劝学篇》之出者三年矣。其书初成时全文登诸日报，而同人复分任为邮呈总理衙门王公大臣，海疆大吏督抚司道，并点石重刊，辗转遗赠，以故一时志欲维新之士亦备闻其说，今若不于此十五篇而辩其异同，则人或以此为同是维新之事，而概其不可行也。夫异同之分，仍以公私而别，往者法越之事甫平，鄙人见曾喆刚袭侯中国已醒之论大不惬怀，恐其累世，曾急为书后一篇以辩之，并邮寄当道诸公，其时乃光绪十三年也。大意谓本末先后不能混淆，苟不以公严为政而先得民心，则虽有铁甲、炮台，亦可预知其败。迨中东之役，凡见于曾论之辩者无一不验，想亦作《劝学篇》者之所知也。夫袭侯幼习中西之学，名重外邦，功成樽俎，外膺使命之重寄，内为策画之能臣，其言偶涉于私，以饰智为英明，以恫喝为得计，当国者意其能抑外而扶中也，于是循之而不变，虽变亦不离乎其言，本末一淆，皮毛是袭，中东之败，今竟难救，前车宜鉴，立论者岂可复效其尤哉？今欲详辩之，恐致烦冗，故唯逐首疏其大意，或于其最不合之端略一折辩，以见立说之公私各自不同耳。

益智篇辩

泰西何为而富强？以其有富强之学也。泰西何为而有富强之学？以其有富强之政也。然则中国而欲富强，必须先立其政矣。《益智篇》论富强之实，但言为学，而不言立政，是本末体用先后缓急之未能明也。富强之政不立，则虽有富强之学，将安用之？外篇各论俱是外本内末之言，识者自辨。

游学篇辩

《游学篇》谓出洋一年，胜于读西书五年；入外国学堂一年，胜于中国学堂三年。此虽臆断之词，而为勉人游学起见，亦无庸辩。然学者非徒学也，盖志于用也。今之游学十余年，西学既通，西艺亦熟者，未尝乏人，而苟非捐纳夤缘，则国家从无授以司权之任者。回视绝不通西学之人，犹得以庸庸而膺重寄。虽曰劝游学，恐游学者愈疏耳。

设学篇辩

为学之法在乎兴起，不在乎胁从。泰西凡幼童不入学堂则罪及其父母，胁之至矣，而民无怨者，以教子之功官司力任，教育既成，国家分用，从无弃才也。中国未明其事，而《设学篇》之论，乃急欲设学堂万间，缓急失调，虽善亦恶。夫我国家苟能取现在西学已成之士授以厚禄高官，则兴感者深，发愤者众，官府虽不设西学，民间亦必设之，观于向日之八股私塾可见矣。立言者何不反求实济，而徒欲博其虚名也哉？且西学有人而不用，则学堂虽设而何为？乃竟谓宜以善堂、祠堂甚至以寺观为之，其言曰：今天下寺观何止数万，皆有田产，其物业皆由布施而来，若改作学堂，则屋宇田产悉具，方今西教日炽，二氏日微，其势不能久存，若得儒风振起，中华乂安，则二氏固亦蒙其保护，云云。呜呼，其言若此，其为政岂复有公平之望哉！使佛、道两家耳食其言，疑彼教之不行，乃为外国教所蹙之故，由妒生争，由争生杀，则中国必乱，索地索偿，作《设学篇》者何以处置？且犹引北魏李唐故事以证其废僧寺之说为可行，不知此以兼学西文为公事，则彼之慈悲渡世者独非公事乎？不平而已，何得为公？读经读史而不求之于情理，其不为书所累者几希。

学制篇辩

《学制篇》历叙东西洋之教法、学法，谓宜取以为式，是正今学之当然，可勿置辩。然泰西各大国学费每年常一二万万或二三万万圆，其民籍之数仅中国十之一耳，移其制于中国，则中国每年学费宜在十余万万圆之数。泰西之费其中虽薄有官款，然官款无非出之自民。今观中国政令，果能使其民出此重资否？即使出以极廉省其几倍，亦须数万万圆。然则欲变学法，宜先变政法矣。

广译篇辩

《医宗金鉴》人多有之，而良医实鲜。武备韬钤人多阅之，而良将缺如。岂以能读其书，能记其说，即谓能于其学哉！学焉而未思，思焉而未习，犹未学也，况仅得其书，而所得之书又仅为译本也哉。中国译万国公法在日本之前，乃中东之役，日人知公法之用，而中国则否，日人得公法之益，而中国则无者，为与不为之分也。欲为则虽无其书不失其意，不欲则书虽满架心亦茫然。《广译篇》但言译而不言为，意谓苟得其书，则他人之伎俩我已知之，是亦足矣。以此为学，不亦颠乎？

阅报篇辩

中国之弊政，虽在平民亦多知之，在官者岂有不知之理？无如或则知而不言，如王安石之吝于改过；或则知而故犯，如武三思之笑骂由人；或且变羞成怒，如秦赵高之偶语弃市。此中国日报馆虽设，而非借洋人之保护，断不敢效直言敢谏之风也。西人诋訾中国，比之醉人，比之朽物，在盱衡当世者闻之，犹不过太息长叹，姑付之于无可如何，若其分裂争先之议，则未有不闻而发指者。乃《阅报篇》竟谓此不足怒，云云。初读之，以为其必有法以处此也，既而淡焉，既而寂焉，未几而封禁报馆之令且下矣。然后知吝于改过，笑骂由人，以及偶语弃市之风于今为烈也。

变法篇辩

中国宜变之法，何法哉？曰：君民隔绝，其法宜变；官府蒙蔽，其法宜变；诬罔人才，其法宜变；商务无权，其法宜变；衙门刑讯，其法宜变；理财失实，其法宜变；俸禄不称，其法宜变。变隔绝则应设议员，变蒙蔽则应行选举，变诬罔则应行实学，变商务则应去官督，变刑讯则应设陪员，变理财则应核进支，变俸禄则应行厚给，此所谓变法也。变法者，非徒设各项机器厂之谓也。机厂者，皮毛耳；已上各事，则命脉也；命脉不变，而变皮毛，宜其无济也。《变法篇》谓中国近年仿行西法者，不可因其无效而弃之，因又缕陈其故，谓人顾其私，故止为身谋而无进境，此人之病非法之病也；爱惜经费，故左支右绌而不能精，此时之病非法之病也；朝无定论，故旋作旋辍而无成效，此浮言之病非法之病也；有器无人，未学工师而购机，未学舰将而购舰，此先后失序之病非法之病也，云云。不知惟其皮毛是务，故有此种种不谐。若命脉一变，则百病皆除，清明在躬，志气如神，嗜欲所至，有开必先，此之谓也，毋以设机局即谓之变法也。夫命脉之事，在作《变法篇》者未必不知，而乃仅为此皮毛之语，公耶？私耶？于此可见。

变科举篇辩

诏旨特科岁举，讲求经济，海内之士方以为喜，及读《劝学·外篇·变科举》一议，则嗒然若丧，既而曰：有是哉，中国虽有愿治之君。亦必误于庸臣之手哉。夫经济特科者，意在救时，以为中国自海禁大开以来垂五十年，东败西辱，其咎皆坐于帖括空言，宜别求人才以洗此耻。乃今读《变科举》一首，其名虽曰变也，而其实仍不离乎八股经史，仍不离乎一二三场，仍不离乎百人取一，是不除旧习其弊愈滋耳。西政西艺，岂能以不识者妄厕主司？今其言曰：应试难，试官易，近年来上海编纂中外政学、艺学之书不下二十种，闱中例准调书，据书考校，何难之有？云云。果尔，则考其藏书可矣，何必特科试士？既用主司足矣，何必另取人才？此种议论非精于八股者，必不敢言。

农工商学篇辩

荀卿谓儒不能知农工商之所知，此本心之言也。其言曰：君子之所谓贤者，非能遍能人之所能之谓也；君子之所谓知者，非能遍知人之所知之谓也；君子之所谓辩者，非能遍辩人之所辩之谓也；君子之所谓察者，非能遍察人之所察之谓也。相高下，视硗肥，序五种，君子不如农人；通财货，相美恶，辨贵贱，君子不如贾人；设规矩，陈绳墨，便备用，君子不如工人；此即孔子所谓不如老农、不如老圃之说，何可鄙以为不睹儒效哉？若《农工商学》一篇，集采时人农工商之说，则是儒者竟无不能为之事矣。抑知其所能者，止在剿说而已，施之于事，有济者鲜。

兵学篇辩

"兵事为儒学之至精"，斯言也，窃未敢附会。孔子曰："军旅之事，未之学。"孟子曰："善战善阵大罪也。"然则孔孟之于儒皆不能至其精耶？夫儒者之极功安在？曰：上则使其君为尧舜之君，下则使其民为尧舜之民，是也。尧舜君民者，无杀戮之谓也。无杀戮者，无兵事之谓也。是儒学以无兵事为至精。今《兵学篇》乃谓儒学至精为兵事，何其与圣贤之道相反若是哉？夫今天下各国尚力者多，尚德者少，则武备原不可弛，然亦虽存神武不杀之心，勿致蹈佳兵不祥之祸。且兵法自有派别专门之学，何可概归于儒？孔子曰："知之为知之，不知为不知，是知也。"孟子曰："人之患，在好为人师。"

矿学篇辩

天下之利当与天下共之，必不可独揽其权者也。独揽其权，则利不能溥；利不能溥，必不能大。非惟利不能大而已也，己不利人则人亦不利己，此絜矩之道，所好与之，所恶勿施也。中国国家未必有掊克其民之心，而官府则事事有与民争利之意。夫矿务之开，成功非易。日本煤矿初开时数百家而今存者数十家，著名者仅十余家耳，以日本之厚恤商民犹尚如是。今中国凡初开矿，官府不问其得丧如何，先索黑钱，次抽矿税，且捕役不设，保护难期，搬运艰辛，舟车缚束，矿功之不成情形已可概见。窃愿作《矿学篇》者先明矿务不行之所以然，毋徒论矿务欲开之所当然。

铁路篇辩

铁路之利无穷，前于《新政论议》曾举其要矣。铁路创于泰西，各国仿行，其精日进。中国取他人功利大著之事而则效之，是为最便，独惜《劝学·外篇·铁路》一论，止知泰西之道路灵通，而不知泰西之心法感应耳。泰西之于铁路也，倡建之人苟能成一公司，则无论数十人或数人，国家皆立行批准，必无阻挠；路之两旁如其地系属官荒，则无论数里或数十里，国家亦给与公司以为产业；功程浩大，所集资本容或未足，国家则为之包备，以底其成；股份分息，初办之时或虞失望，国家则为之担保，以期民信；此四者乃其心法之大凡也。作《铁路篇》者止知有官督商办，不入洋股，借取洋款，以及抽取公款等事之可行，如曩者《新政始基》之所辩而已。如此则铁路虽有万般之利，亦安能溥其利于中国之民哉？甚矣，心法之不讲，而皮毛之徒矜也！

会通篇辩

天下之理，一可散而为万，万亦可合而为一，然苟非推本以求，而徒知逐末，则未有能会而通之者也。《会通篇》言西人化学即《周礼》之土化，西人铁路即《大学》之生财，西人兵备即《论语》之教民即戎，西人听讼即《吕刑》之简孚有众，凡举十余事皆如此类，是所谓逐末也。不知古人虽有其意，未有其法；虽有其法，未见诸行；虽见诸行，未能传至今时，以为今人之法守。然则直谓无是事可矣。西人格致，岂为读《周礼》化治丝枲而知？西人轮行，岂因读《大学》为之者疾而得？《论语》之教民即戎，岂今之枪炮铁甲？《吕刑》之简孚有众，岂今之断狱陪员？悠谬枝梧，适足以长骄傲之心，而阻思齐之念。若夫《春秋》即是公法，孔教合于耶稣，自是推本之言，《会通篇》又目之为自扰，斥为眩惑狂易，丧其所守，不知公法即是公论，《春秋》非公论而何？孔子以道自任，道非出于天而何？心法不明则歧途杂出。故其言曰："中学为内学，西学为外学；中学治身心，西学应世事。"不知无其内安得有其外？苟能治身心即能应世事，苟能应世事即可知其能治身心，身心世事，一而二，二而一也。无实学之心，焉能为格致？无富国之心，焉能为铁路？无自强之心，焉能为兵备？无持平之心，焉能设陪员？今止言学其外而不学其内，此而名之曰会通，何会之有？何通之云？

非弭兵篇辩

和可以守，严可以守，而严不若和之固也；和可以攻，严可以攻，而严不若和之德也；和可以战，严可以战，而严不若和之胜也。则惟由和而可以也，此鬻熊子之言也。利天下者，天下启之；害天下者，天下闭之；生天下者，天下德之；杀天下者，天下贼之；彻天下者，天下通之；穷天下者，天下仇之；安天下者，天下恃之；危天下者，天下灾之。天下非一人之天下，惟有道者处之，此张子房之言也。鬻熊为文王之师，开周家八百之祚，而其言独重于和。子房为刘季之师，创汉朝四百之基，而其言惟知有道。弭兵之说今纵不能行，决无可非之理也。孔子为国，能以礼让；孟子论战，不如人和；岂有非人之弭兵者哉！向戌之举，楚围衷甲，奚能借口于今时？今者中国之兵可谓弱而至于极矣，若以弭兵为愚而非之，则是愚而好自用而已矣。

外国弭兵会谓同盟之国，凡在会内者如兵事可敛则敛之，一为惜民生，二为惜国帑耳。然会内会外若遇不得已之故，未闻禁人之用兵也。此亦大道之行，时犹未可之故。然事有其渐，则美宜乐成，故谓弭兵勿恃则可，谓弭兵为非则不可。且其言曰："海有战舰五十艘，陆有精兵三十万，兵日雄，船日多，炮台日固，军械日富，铁路日通，则各国相视而不肯先动，有败约者，必出于战，不恤孤注，不求瓦全，如是则东洋助顺，西洋居间，而东方太平之局成矣。"云云。读此殊令人忆甲午中东之役，牙山决战而后中国则大败随之者，未必非任气之辈成之也。纣王悔不杀周文王、武王，以致天下之失；王雾悔不斩司马光、程颐，以致新法不行；是皆不任理而任气之所为也。当今之时，宇内各国比权度德，力敌势均，苟兵士之练，军火之数，民心之向，有一分之不能及人，其败即能预决。若战而曰"必出"，是和局必无挽回之日也。窃未闻血气不平至于如此而能为国者也。且注而已至于孤，犹曰"不恤"；全而仅剩其瓦，犹曰"不求"。细察其言，使秉国钧，决非斯民之福也。

又曰：今日五洲各国之交际不同，小国与大国交不同，西国与中国交又不同，即如进口税，主人为政，中国不然也；寓商受本国约束，中国不然也；各国通商止及海口，不入内河，中国不然也；华洋商民相杀，一重一轻，交涉之案西人会审，各国所无也；不得与于万国公会，奚暇与我讲公法云云。则是明于责人，昧于责己。今试问厘金收法果能服外人之心，使之允加进口税否？捕务之法果能保护西商，使之就我约束否？既曰通商，则轮船无不准入之理，今云止及海口不入内河，果有何据？且中国既不许其民自设内河轮船，则洋船之来势所必尔。各国审案皆奉行陪员公断之例，以示持平，中国则但凭独断，兼用酷刑，而且贿赂风行，曲直莫辨，华洋命案一重一轻者，惟审于中国衙门则然，若审于外国衙门则不然也。会审衙门所以独设于中国而他国无闻者，为压止中国之毒刑枉法得赇忘公也。盖西人以中国未知听讼之方故耳，不然岂其不惮烦若是。凡此数者，皆于一国治法有未能明也；一国治法犹未能明，万国公法如何能晓？此中国之所以不能与于万国公会，而外国不暇与中国讲公法也。不知自责，徒知责人，中国自振之基何时可望？

非攻教篇辩

名异实同者，但言其异而不言其同不可也。有善可称者，仅言其非恶而不言其善不可也。言其异而不言其同，闻其说者必将党同而伐异；言其非恶而不言其善，闻其说者或疑无益之可求。以此解纷，纷何能解？以此劝化，化必无成。《非攻教》一篇凡劝人以勿焚毁教堂，勿殴击教士，皆专为目前利害而言。至于孔子耶稣设教，一则曰：忠恕而已；一则曰：爱人如己。一则曰：己所不欲，勿施于人；一则曰：己之所欲，必以施人。道济天下名异实同者，以及救世教之入中国设学，施医、译文、劝善、救灾、恤难、济弱、扶危，见义必为，闻善必赴者，则一概阙而不言，遂令读其论者知救世教中虽无挖目剖心之事，而有异端害道之疑，以此而非人之攻，人心何由而服哉？或谓细读《劝学·外篇·非攻教》一首，但观其言在此而意在彼，全篇之意皆劝人以攻外教，全篇之言又皆劝人以勿攻外教，项庄舞剑，其舞为项羽，其意则在沛公。读此然后知文人之笔亦果有此神理云。斯言未免过苛，然而立论之得失是非亦可见矣。惟不以公而以私，故虽四平八稳题目，亦复任意轩轾，使人读之而不能安。

综观《劝学·外篇》各论，其合于西法者不无一二，然皮之不存，毛将焉傅？以内篇诸说蔽塞于中故也。是故由其内篇诸说而观，则中国振兴之机无由而冀。虽然，论必有其源，说必有其本，其所以颠倒错乱，或不自知其非者，则以民权之理绝未能明也。今取其内篇《正权》一首节节辩之如左，以知中外古今大同之道实具于此，中国今者而欲施其挽救，亦舍是更无别法之可从云尔。

正权篇辩

天下之所谓乱者，非必喋血战斗杀人如麻也。外人欺陵，将士畏葸，大臣玩法，学校不兴，工商不讲，即所谓乱也。而外人何以敢欺陵，将士何以敢畏葸，大臣何以敢玩法，学校何以不能兴，工商何以不能讲，其故实由于民之无权。民若有权，则外人畏、将士勇、大臣法、学校兴、工商利，虽欲乱而不可得也。是止乱者，民权也。今既知欺陵玩法等弊，而又诬民权为召乱，岂中国必须受外人欺陵，将士误国，大臣敝法，学校荒废，工商窒塞，安其危而利其灾，乐其所以亡者，方可谓之治耶？

四犊可以伏一狮，而犊心离则狮胜。三猰可以搏一豹，而猰意散则豹强。外国之势之所以雄者，以四五千万人合为一人；中国之势之所以弱者，以四万万人散为一人也。殷有臣亿万，惟亿万心；周有臣三千，惟一心；是故君民合则国势隆，君民分则国势去。民权者，合一国之君民上下而一其心者也。今曰合群自振之议不可倡，是欲拘中国为夏末殷季之衰，而不得复见文、武、成、康之世也。

夫权者，非兵威之谓也，非官势之谓也。权者，谓所执以行天下之大经大法，所持以定天下之至正至中者耳。执持者必有其物，无以名之，名之曰权而已矣。

以大经大法之至正至中者而论，则权者乃天之所为，非人之所立也。天既赋人以性命，则必畀以顾此性命之权。天既备人以百物，则必与以保其身家之权。是故有以至正至中而行其大经大法者，民则众志成城以为之卫；有不以至正至中而失其大经大法者，民则众怒莫压而为之摧；此非民之善恶不同也。民盖自顾性命、自保身家，以无负上天所托之权，然后为是已。

讨曰天讨，伐曰天伐，秩曰天秩，位曰天位，一切之权，皆本于天。然天不自为也，以其权付之于民，而天视自民视，天听自民听，天聪自民聪，天明自民明，加以民之所欲，天必从之，是天下之权，惟民是主。然民亦不自为也，选立君上以行其权，是谓长民。乡选于村，邑选于乡，郡选于邑，国选于郡，天下选于国，是为天子。天子之去庶民远矣，然而天子之权，得诸庶民，故曰：得乎邱民而为天子也，凡以能代民操其权也。选于村者不善，则一乡废之；选于乡者不善，则一邑废之；选于邑者不善，则一郡废之；选于郡者不善，则一国废之；选于国者不善，则天下废之。故曰：失其民斯失天下也，凡以不能代民操其权也。尧舜三代之隆，莫不由此。泰西富强之本，亦莫不由此。今曰无一益而有百害，则是孔孟垂教之书可以焚，外国持平之政可以反矣。

中国民权之说，尧舜三代无不率循，虽其事不及今日泰西之昌明，然其义则见于《尚书》古史。自秦而后，其理顿晦，二千年于兹，未能复矣。苟其能复，则中国国祚断不至移于五洲天限之人。

夫民权之复，首在设议院，立议员。今乃诿于中国士民不知环球之大势，不晓国家之经制，不闻外国之立政、立教、制器、治兵。不知此数者皆非议院议员之事也。议院议员之所知者，惟务本节用之大经，安上全下之大法，以及如何而可以兴利，如何而可以除弊，凡有益于地方者，务求善策以使之行，凡有害于人民者，务必剔厘而使之去，因时者在是，制宜者在是，其志首行于一乡、一邑，次及于一县一府，至于环球之大势，非其所须知也，国家之经制，非其所必守也，外国政教兵器等事知之也可，不知亦可，皆非议员之责也。议员之责，在决其事之可行与否，非在能督办其事也。一国之事正繁，岂能责之于未学未习？然其事之是否可行，则虽未学未习，而以情理揆之，而切合于时势地位人事，则无有不得其至当，而能决其可行不可行者。此议员之所以可贵，而亦人多能之者也。据如《正权篇》之说，以求议员，则是欲以天下之事，苟责在一人之身，将自古至今天下各国无一人堪为议员者矣。夫讲地球，自有地学之人；讲经制者，自有律学之人；至于兴学、立政、练兵、制器，莫不各有专门学业之人以为之，奚能以议员越俎代庖哉？

中国以八股经史取士，凡诵读四书五经涉猎诸史诸子者，苟其科举得隽，即以为无不能之事。由是水师统带为战舰之队之所寄者也，而可以未闻驾驶之学士为之；陆军督兵为三军之命之所托者也，而可以偶读兵书之文员为之，其废败公事，贻误国家，是亦必然之数。夫武侯儒者能将伐魏之师，陆逊书生曾破攻吴之卒，用人者岂有定论。然而今非昔比也。昔之敌在中国，今之敌在外洋，智力相若，则幸胜可期；智力不侔，则败征立见。今之动辄得咎，由用非其人也。用非其人者，所习非所用也。议院一开，则用人之法必变，无论科甲之士，商贾之家，皆得为议员，但须由民公举。无责备无求全，而惟取其断事公正，忠爱君民，闻善必兴，行义必勇而已。至于专责之事，如练兵制器则分门选士，用当其能，自不必说。故议院之法一行，外国定当刮目。挽回中国，在此一举，猥曰将焉用之哉？

然且谓外国筹款等事，重在下议院，立法等事，重在上议院，故必家有中资者，乃得举议员，今华商素鲜巨资，华民又无远志，议及大举筹饷，必皆推诿默息，议与不议等耳，云云。此则未明议院之实利也。天下之事筹款最重，筹款之权在下议院，而立法之权则上下议院均同，此外国今法，惟取于民权之重也。其重民权者，何则？以款项无非出之于民故也。然而筹款立法二者，皆属利国与民，若非大致有违，则亦必无相忤，固不能以筹款立法二者分别言之，谓其为严立两院之界限也。且所筹之款出自民庶，议员者不过代宣民隐，至于科出筹项，议员亦仅按计派出一分耳，非谓毁家纾难，责在议员也。是故外国今例，凡人衣食能自给者，皆得举议员，近虽工作之流，亦得应举，专求才德之称任，不问财产之丰盈，举人之法愈觉公平矣。吾愿作《正权篇》者，勿妄毁他人之善政也。

夫议院之设，所以宣上德，通下情，使平日一政一令，必归于和，非特为大举筹饷而设也。外政而有大举筹饷，其事多为战争；内政而有大举筹饷，其事多为兴作。战争者，以理胜固也，即不幸而疆场之事，势非得已，亦必策其万全乃可以战。夫策至万全，民未有不欲捐资者也。不然胜负未卜，则毋宁民之不愿出资，以省其累。至若兴作之事，如铁路，如轮船，则是庶民谋生之要，固无虑其不竭资以赴者矣。中东未战已前，中国政府于军装、海防、铁路、矿务等事，尝欲从民借贷，而终莫能为者，由官民不相信之故。使议院之法彼时行之，则岂有借自外洋之虑？曩者先睡后醒论书后一篇，力言中国须以公平为政，使民勿疑，正为此也。是故议员者，非必定属富商，亦非必定怀远志也。凡生于其处，而与其地方有忧戚相关之心者，皆足以为之。今如所云，则是国家之设议员，专为敛财之故，而敛财之故，又如汉武帝之驰心域外，黩武穷兵也者，诚如所谓不如勿设。人苟存一骄傲自贤之心，则他人虽有至善之政，足以大致富强，渐臻隆盛者，若于己稍有不便，亦必妄訾其短，读《正权篇》，此节可见矣。

中国有资者可以营运，有技者可以造机，其理固然。然谓本非官法所禁，则又不然。是盖未知不禁之禁，有甚于禁也。往者羊城之水局长堤，九龙之火车铁路，以及今日汉镇之内河轮舶，所以不能举办者，皆为官禁使然。其何能淑载胥及溺，外人之来，执政者招之而已。向使君民不隔，上下情通，何至若是？是故中国二千年之天日晦暗，琐尾流离，而欲廓云雾而睹青天，奠宏规而清海宇，其惟开议院，设议员乎。夫道无颇而不平，势无往而不复，他日外人之所以能入中国者，以能公其政之故；华人之所以不能主中国者，亦即以不能公其政之故耳。《易》曰："开国承家，小人勿用。"《诗》曰："周虽旧邦，其命维新。"

人之所以敢行欺骗者，或借官权以为恐吓，或倚官势以为护符故也。苟官民之等胥平，则枉屈之情必少，故借招股以行其欺骗者，名曰华官陋习可也，今曰华商陋习不可也。前于《新政始基》官督商办一节论之详矣。今商立之公司，其董事有不称职，若欲其告退者十人而六，则此董事不得不辞。官立之公司，则虽十人而九，亦不能罢之也。即此一端，可明得失。

华人之商于外洋者，凡富豪通达之辈，无不以忠信见重于外人。若金山若南洋诸埠，固无论矣，即如香港华商，其忠信之见赏于西人者亦正不少。

诸家日报之言，未必尽为虚誉。且华商之忠信，不惟不减于洋商，有时实比洋商而更胜。合伴生意，有阅十世而不散者乎。贸迁折阅，有虽倾产而不恤者乎。情必察其久长，人必观于困厄。是故英国银行于华商交易最多者，其大班之言曰：吾视华商，非各国之商可及也。华商之口齿，吾不以口齿视之，而直以金珠宝钻视之也。英国爵臣于中国体察独深者，其著论之言曰：吾料中国必非居人之后者也。其必居他国之后者，以其官场之坏知之也；其必不居他国之后者，以其行商之好知之也。官场之坏何谓？谓其少忠少信也。吾未闻失于忠信而不居人后者也。行商之好何在？在其以忠以信。吾未闻能以忠信而犹居人后者也。此种议论，盖统大局而言。由此观之，他日中国之能信服外人，维持全局者，必在商民。若华商联合，则其力足以显作长城，隐若敌国。今乃诬之以欺骗，毁之曰陋习，毋乃舍其重而论其轻，涉以私而失其实哉！

釁财废著之谋，贸迁有无之事，非盈则亏。使必保其盈，恐天下无此官，无此权也。即使中国有此官权，吾料中国之商亦必不愿。盖以枉倾人家以偿我失，揆之情理，毋乃不平。今谓公司资本不至无存者，因有官权惩创之故。然则公司生意之盈亏，惟视惩创之轻重如何可矣。背理妄言，不值一噱。且资本之所以不亏，乃谓由商民怵于官府之惩创，然则资本在官无惩创之可惧者，其为必亏无疑矣。诚不料论之不通，有如是者也。

民之设官，以备非常，故械斗之事，官差弹压，分所当为。不然，官差之俸何为？而至此则各循其职，无待于言者，何与于议院议员之事。今谓无议院则官有此弹压之权，有议院则官无此权，是直不知议院为何物而已。既不知之，不如勿论。且今之官府不惟于假冒招牌等事未能杜绝，即强横亦未能严禁，劫掠亦鲜所驱除，而机器工厂种种制作，民不敢竭力倡造者，则以议院未开，民欲大授官司以严令之权而不可得。故不设议院则民无以兴其业，官亦无以见其才，孰益孰损？必有能辨之者。

创立书院、义学、善堂者，国家不惟不禁，且予旌奖。以此谓无须设立议院议员是也。然议院议员虽设，其于学校善堂等事亦究有何害？且一二人之捐资，其为数必不能及千人万人之巨；一二人之出力，其为继必不能及千人万人之长；旌奖等事，止及于一二人，何如使人遍及于一乡一邑一县一府之为愈也。一二人者私也，千人万人乡邑县府公也。善与人同可矣，何为必欲揽之以私？英之本国为地未及中国三省之广，每年学校之费约三万万元，而其中由议员筹款者十居八九，以此知为善者须集众力，而其善始能久大也。中国人心散失，善举难成，正坐无议员之故。不谓时至今日，此理犹未能明其一二。

民权一复，则官权必明；民权愈增，则官权愈重；其情如此，其理如此，即其势亦如此。而稽之天下各大国之所为，其效验莫不如此。今曰民何必有权，又曰若尽废官权，云云，是直未知民权官权之别，故此篇竟无一节能通。

国家用人，岂能拘于一格？亦岂必问其从何处学堂出身？中国最重之缺，如洋关等职，最要之任，如练兵等官，非皆以洋人为之耶？又何尝计及其人，非由中国国家所设之学堂读书者耶？外国之人不计，中国之人则必须计之，岂理也哉！信斯言也，是用人者非以其才也，以其由某学堂而来可也。私意之存，必无通论。

饩廪非学人之志也。学者所志，上则为国为民，下则为身家。使志在饩廪，则其学之成就如何，不问可知矣。华人之学于外国者，岁费数千金，即学于香港者，亦岁费数百金，而非十年不为功，否亦须六七年，是岂为饩廪而来耶？学在于外，犹不惮往；学在于内，胡宁不来？今谓议院所设之学堂，学成之材既无进身之阶，又无饩廪之望，其谁肯来学，云云，真乃梦梦之言。不然则是国家之于议院，互相抵牾，常为仇雠而已。

君民本一体也，上下本同心也，自民权之理不明，于是君民解体，上下离心。此由居于君民之中而名之为官者，未尝于君民之际一探其源耳。今读其言曰：议员者无机厂以制利械，无船澳以造战舰，即欲购诸外洋，非官物亦不能进口，无国法以抽军需，无官权以担保洋债，徒手乌合，岂能一战，云云。然后知作《正权篇》者恰如混沌未开，乾坤未奠，此非不读书之咎也，乃读书而不能明理之咎也。不明理而居高位，其害非轻，吾为此惧，是以辩之愈不容缓也。练兵御外国，其事为君事耶？为民事耶？抑亦君民相为之事也。君民相为者，君为民，民亦为君，是君民相为，而终以为国也。外国凡铸造枪炮各大工厂，制造铁舰诸大船澳，其主人不特能图大富，而且坐致大名，袭爵封君，利赖勿替，以其所作之物，能护卫国家也。惟其民权之理明故也。中国则不然，虽武生不能家置一枪，虽将军不能多备利器，使有机警，富豪之民出而设机厂、制利械、创船澳、造战舰，或以巨资购办外洋之枪炮火药、铁甲战舰，凡此所为，不特破家，且干宪典，除以此为报效之外，其人必不免于刑戮矣。此无他，民权之理不明故也。惟民权之理不明，故欲其明之而设议院议员，以上为君，下为民，而终以为国也。乃为君为民为国，而犹曰无机厂、无船澳、非官物、无国法、无官权，则是以未设议院已前之言，而言诸既设议院之后也。曾谓君民相维之理，稍有心得者，犹作此言哉！

夫徒手乌合者，乱贼也，非议员也。今天下各大国之能坐致富强者，皆议员之力，愿毋以乱贼目之。今者中国惟官权可设机厂、制利械、设船澳、造战舰、购官物，然试问设厂、制械、造船、购物诸费，出之自官乎？抑出之自民乎？且今者惟官权可征军饷、抽厘捐、借洋债，然试问军饷厘捐之项，以及清还洋债之资，出之自宫乎？抑出之自民乎？民为邦本，本固邦宁，其谓之何？百姓不足，君孰与足，其谓之何？民亦无恙，君亦无恙，其谓之何？尔俸尔禄，民脂民膏，其谓之何？孰轻孰重，吾愿作《正权篇》者，一正其权也。夫天下事必以出钱者为主，若钱则必须其人出之，至其事之是非可否，则其人无得过问，是则自古至今，普天之下，所无之理也。

民权之理，不知所谓，则亦已矣。乃复谓民权为乱阶，是直欲以一人之偏私龌龊，而忘却天下之大道为公也。夫中国之所以不能雄强，华民之所以无业可安，朝廷之所以不能维系，愚民所以喜，乱民所以作，纪纲所以不行，大乱所以四起，市镇所以劫掠，教堂所以焚毁，如篇内所举此数者，皆惟中国之民失其权之故。而外国将借保护为名，兵船陆军深入踞占，而有全局拱手属他人之虑也。若民权之理明，议院之法立，则中华雄强，百姓兴盛，朝野一德，上下同心，愚民不敢喜，乱民不敢作，纪纲无不行，大乱无由起，市镇无劫掠，教堂无焚毁，外人无不保护，敌兵无能闯进，而中国土宇，固若金汤。

夫立言者有征则信，无征则妄。试举今天下环球各国而观，惟问民之无权者，其国能昌盛否？又问民之有权者，其国能衰败否？求其质实，则不辩而知。今反因外人非理要求之事，中国朝廷不能诿之于民权不愿，以止其贪，以此谓为民权无用之证，则是妄言耳。夫中国平日既禁民权，及至有事，又欲以民权推委，是内则诬民，外则欺敌，诈伪之术。其不能信服外人也，宜矣。

民权之国与民主之国略异，民权者其国之君仍世袭其位，民主者其国之君由民选立，以几年为期。吾言民权者，谓欲使中国之君世代相承，践天位于勿替，非民主之国之谓也。二百年前，英国始大行民权之说，既而若法、若普、若奥、若瑞士、若瑞典、若那威、若荷兰、若西班牙、若葡萄牙、若比利时、若意大利、若俄罗斯，虽其政令宽猛不同，实无一而非民权之国。欧洲诸国民权之理未能大明者，惟土耳其与希腊耳。土耳其本秦时匈奴，希腊则拘守古学，一则性很，一则俗拘，以故维新之事独居各国之后。然而土耳其日即于削，希腊全倚外人，近亦于民权之理颇明其端矣。总之，天下各国政教禁令，不论如何，而要不离乎民权愈盛，则其国愈强，民权稍衰，则其国亦削，此则近世之实在情形也。然其君之位，则继继承承未之或改。日本维新之政，必借民权而始行。是故由今日而论，民权自不得以法国一时之事，而混民权为自立其君之说也。民之于国，苟其无君则已，如有君，而其君又非大无道，则必以常得一君为荣。法国之为民主者，诚如所谓因暴君虐政，举国怨愤，上下相攻而然。夫虐政而至于愤攻者，乃因其屡夺民权之故。惟其屡夺民权，是以法国之民不得已而改为民主。此纵无杀戮之事，亦非其民之所愿为也。我朝历代之君，行谊非过，德泽有加，惜格于官司，而君民之情不能通达。以故利不兴，害不革，而实惠不流于百姓，怨讟每积于编氓。苟复民权，而设议院，则兴利、除弊，雷厉风行，远至迩安，君民惬洽，诚中国之福也。反谓之祸，其说何居？

读其谓考外洋民权之说所由来，其意不过曰国有议院，民间可以发公论，达众情而已，但欲民申其情，非欲民揽其权云云，是亦未明议院之实功，不知民权之实在也。公论之发，岂徒托诸空言，众情所趋，必且见之行事。论而不行，是为无权，虽设议院无益也。论而必行，是为有权，虽无议院亦可也。王者必顺民情，自是中国历古圣贤之笃论，亦为外国今日设立议院之大纲。何可矫诬其实，谓止许民有申其情之言，不许民有行其言之权哉？揽者，自无而有之谓也。民权者，授之自天，前言既已明之矣。授之于天，何得谓揽？

夫中国自三代而后，所谓争权、夺权、窃权、攘权者，其事亦至纷而无所极，其祸亦至烈而无以加矣。曰秦，曰两汉，曰晋，曰隋，曰唐，曰元，曰宋，曰明，称一统者八。曰蜀汉，曰东晋，曰宋，曰齐，曰梁，曰陈，曰后梁、后唐、后晋、后汉、后周，曰南宋，其为偏安者十有其二。蜀汉时曰魏，曰吴；晋宋间曰二赵，曰三秦，曰五凉，曰四燕，曰成，曰夏；北朝曰后魏，曰东魏、西魏，曰北齐，曰北周；五代时曰吴，曰南唐，曰西蜀、后蜀，曰南汉、北汉，曰楚，曰吴越，曰闽，曰南平；两宋时曰辽，曰夏，曰金；其为割据者三十有六。核计二千余年以来，寇贼奸宄，日寻干戈，天下汹汹，嚣然不靖，何莫非揽权者之所为。今使谓吾畏此揽权之祸，因以揽权为戒，谁曰不宜。而吾以为议院若设，必无此虑者。何哉？曰：揽权之祸，由不知权之主为谁耳，其主既明，则何虑之有？今人分所应得之物，而欲求而得之者，必其所欲得而未能得者也。即曰得之，而未能如愿相偿，则亦容有未能已于得者，然后出之以求；求之不得，然后出之以争；争之不已，然后出之以杀；其始止欲杀一二人，而其后乃至于杀数十数百数千数万数十万数百万至于千万人而后已，或仍未能已，是杀人无算者，乃揽权之结局也。而其始皆由于权之不能均也，权之不能平也，而实皆由于民权之不能明也。不均，不平，本之以不明，而思欲独揽之，此天下之所以多灾，民物之所以不幸也。民权之说一明，则国家之所谓权者，人皆有之，人皆足之，人亦孰有出争之者，且争之而至于杀人者哉？有言必辩，辩而至于合理，则必听也。有行必察，察而至于至当，则必成也。国君之所为，一如其民之所欲出也。如是而犹不能安，思欲妄逞者，天下无此民也。借曰有之，天下之人，亦必不与。故知权之所在，则民权之理明；民权之理明，则揽权之事绝。若谓权必有揽之之人，则揽之者亦惟一君而已。公司之设也，其事如何，办法章程定于董事诸员，则行其章程者则司理人。司理人力不暇给，则分任掌柜等人以办之。此行店之常规也。移之一国，则董事者议员也，司理者国君也，掌柜等职百官之任也。董事举于股东，何异议员举于民庶。此理易晓，奈何不思。

至谓美国公举之弊，下挟私，上偏徇，深以为患，云云，是又未知天下无无弊之法，要视乎行法之何如也。机事偶坏，则轮船或因而沉沦；铁路偶乖，则火车且为之颠覆；然而人必不以偶坏偶乖之故，而废轮船火车之制者，则以其所失者少，而所得者多也。美国公举之法虽有弊，而其兴盛之机，大局实由于民主，此则天下共见，不能或诬者也。虽然，欲其国之愈大而愈尊，弊之愈久而愈尽，而举办之初，绝无窒碍者，莫若国为君主而独重民权。国为君主，独重民权，则是立国者以有君为荣，利民者以通商为要也。若是者，今之英国，其足为中国之法哉。

《易》曰："各正性命，保合太和。"《书》曰："罔拂百姓，以从己欲。"《诗》曰："民之秉彝，好是懿德。"此皆中国古书，童蒙即须成诵者也。而人人有自主之权，其义已昭然若揭，何可目自主之理为怪妄，而谓出自外国之教之书哉？苟以自主之理为怪妄，则"志士不忘在沟壑，勇士不忘丧其元"二语，孔子奚取焉？孟子奚述焉？

然且其说曰：外国言上帝予人以性灵者，谓人人各有智虑聪明，皆可有为耳，译者竟释为人人有自主之权，尤大误矣，云云。不知聪明智虑赋之于天，而所以用其聪明智虑者，其权则自主于人。视者，人之所能也，而不欲视，则不视；听者，人之所能也，而不欲听，则不听。上帝予人以性灵，而使之大有可为者，惟其视所当视，听所当听，无勉强，无缚束，天君泰然，百体从令耳。此而谓之有为，则真有为也。今欲用之人聪明智虑，而独夺人自主之权，乃饰词曰"可以有为"，是何异烹搏兔之犬，而誉之曰"犬有聪明智虑者也，可以搏兔"；馁得鱼之鹭，而称之曰"鹭有聪明智虑者也，可以得鱼"。然且其言曰，泰西诸国，无论君主、民主、君民共主，国必有政，政必有法，官兵工商各有其律，律师习之，法官掌之，君民皆不得违其法，政府所令，议员得而驳之，议院所定，朝廷得而散之，云云。以为是固无大异于中国也，不知中外之所以大为不同者，实由于此；而外国之所以大善，中国之所以大不善，亦在于斯。是必不可以混浊含糊而不明为辨别也。政府所令，议员得驳，议院所定，朝廷得散，此政府自有政府之权，议院自有议院之权也。政府之权非以议院主权较之，则不知其平。议院之权非以政府之权较之，亦不知其平。惟两两相较，而其平出焉。是即古之圣帝明王，执其两端，用其中于民之谓也。且政府所令，议院得驳者，其驳之也，非但腾其口说也，果其不合，则必不措之于行，议院所定，朝廷得散者，其散之也，非谓竟废其议也，俟其斟酌尽善，然后施之于事。其孜孜然侧重于民者，是即古之圣帝明王，乐取于人以为善之意也。

盖尝论之苟无民何有国，苟无国何有君，苟无议院何有朝廷。是故庶民者，国君之所先也。议院者，朝廷之所重也。夫民之于君，贵贱悬殊矣；

议院之于朝廷，尊卑亦异矣。然不有卑者，奚以知其尊？不有贱者，奚以明其贵？至于卑而能重之，则尊者愈尊；贱而能先之，则贵者愈贵。舜之德何以名之为大德，其道在于舍己从人。禹之功何以名之为大功，其道由于绝无矜伐也。天下之理，有一人明明知其为善，及措之于事则又见其不然者；天下之事，有一人明明见其为宜，及施之于行则又见其不便者；此非事与理之无一是处也。理非一人所能尽澈，事非一人可能尽知，力有未逮，智有未遑也。然则竭一人之力，不如合众人之力；运一人之心，不如合众人之心。是故不特未行之政，固宜辨析精详，即已行之政，亦时有修明更正，此日臻上理、渐致休明之功也。中国则不然，每一令出，事在必行，虽主谏之官，或有据理以争，亦未必尽明民隐。王臣赫赫于上，百官憬憬于下，令典之颁，辄至于偾事然后知其非，及于无成然后悉其谬，苟非大致不便，必将苟且顺从，而阳奉阴违之事自此生，假公济私之弊由此出矣。外国昭而中国聋，其辨莫不由此，岂可混而同之哉！中国之法，谓民不得违者是则然矣，谓君不得违，其谁则信？夫立法非难也，难在于立法之善。行法非难也，难在于行法之善。中国立法行法权皆由君，苟有不善，何以能救？

　　人人有权，其国必兴；人人无权，其国必废；此理如日月经天、江河行地，古今不易，遐迩无殊。议院者，合人人之权以为兴国之用者也。《正权篇》既不知民权之说，因又谓人人无自主之权。夫自主之谓，何谓哉？盖以人之一身而言也。人之一身而不能自主，此说也，虽极至下愚之辈，绝无学问之人，亦断断乎不谓其然。一身而不能自主，为受缚之禽畜言之则可，禽畜而非受缚，仍不能以此说加之也。至于人之能自主其身，则推而极之于五大洲数十国二十万万之人，无一不然。今独谓不然，何其不思之甚，抑亦私意之深也。昔者阿非利加有卖奴之俗，南北花旗有禁奴之战，自卖奴者既赎，禁奴者既胜，三十年来，天下无奴矣。今天下无一人无自主之权矣。虽然，此犹谓为奴风既熄言之耳，若其奴风正炽时，而自主之权亦正无人或失。夫奴者，主之对也。易主而奴，其权安在？不知身可奴，心不可奴也；心可以主其身，身不可以主其心也。凡属为人，莫不各具志气。气者体之充，志者气之帅也。养其气以持其志，则其志气可以贯日月而铄古今，而况区区一身哉？是故富贵不能淫，则人得自主其身而不失身于富贵矣。贫贱不能移，则人得自主其身而不失身于贫贱矣。威武不能屈，则人自得主其身而不失身于威武矣。《易》曰："不有躬，无攸利。"不有躬者，无自主之权之谓也。其利安在？愿得而闻。

然且其言曰：一哄之市必有司，群盗之中必有长，若人皆自主，家私其家，乡私其乡，士愿坐食，农愿蠲租，商愿专利，工愿高价，无业贫民愿劫夺，子不从父，弟不尊师，妇不从夫，贱不服贵，弱肉强食，不尽灭人类不止，环球万国，必无此政，生番蛮獠，亦无此俗，云云。不知虽市司盗长，亦必其人于平权之义知之差胜群众，故市以之为司，盗以之为长耳。苟其不然，谁则奉之？若家私其家，乡私其乡，是正自主之权，而为设立议院之根柢者也。盖由家乡推而至于各国，再推而极于五洲。私之一念皆未尽泯，无容为今天下讳也。大道之行，今犹未极，天人大合之旨，未可以旦夕期。是故为今日言，则家不妨私其家，乡不妨私其乡，即国亦不妨私其国，人亦不妨私其人。但能知人之私之未能一，如己之私之未尽蠲，如此则合人人之私以为私，于是各得其私，而天下亦治矣。各得其私者，不得复以私名之也，谓之公焉可也。议院之设，谓欲各得其私耳。商之私在专利，工之私在高价，理则然矣。至于士之私未必其为坐食，农之私未必其为蠲租，贫民之私未必其为劫夺，以是而谓为其愿，未免于冤。然正惟士农工商以及无业贫民，各有其私，而但能不以己之私，夺人之私。不为人之私，屈己之私，则国家亦无患其不富，并无忧其不强，而天人大合之旨，亦庶几其可望。人苟无情，赤子何以既号而又笑；心如可委，大人何以后乐而先忧。今异国远人互市者，乃涉重瀛而至，布帛菽粟相资者，不辞万里而来，所为无非私也。而以其自为之私，适以遂吾之私焉，是有私胜于无私矣。彼闭关自守，岑寂自甘，于世无缘，于人无益，是亦大负天地弥纶无外之心者矣。

若夫以子不从父、弟不遵师、妇不从夫、贱不服贵等说而谓权必操之尊长，则是未知权之用矣。权之用者，情理之谓也。是故为人父者所为，有合于情理，其子固当顺而从之，即为人子者所为有合于情理，其父亦当顺而从之。而师之与弟，夫之与妇，贵之与贱，强之与弱，可以类推矣。此环球万国自然之政，生番蛮獠亦将必行。反是则子有不必从其父，弟有不必从其师，妇有不必从其夫，下有不必从其上者矣。顽嚚之父，而有温恭之子；流言之兄，而有元圣之弟；嬖惑之夫，而有守正之妇；昏庸之主，而有直亮之臣；卑之于尊，下之于上，岂以柔媚为事哉！弑父与君，虽具臣亦不可从；枉尺直寻，虽御者亦羞与比。顺逆之故，向背之机，惟情理是视焉耳，奚能以尊卑贵贱为哉？甚矣，欲立议院则人人自主之权，其说愈不容以不讲也。

西语里勃而特，谓犹言事事公道，于众有益，其说似近之矣。乃忽曰：译为公论党可也，译为自由非也，云云，则又以中国伪学、俗学套语而失泰西之义矣。夫里勃而特，与《中庸》"天命之谓性，率性之谓道"，其义如一。性曰天命，则其为善可知矣。道曰率性，则其为自由可知矣。是故凡为善者，纯任自然之谓也。凡为恶者，矫揉造作之谓也。强暴必御，讼狱必平，奸宄必除，冤抑必白，是使人得以率性也，是自由也。强暴不御，讼狱不平，奸宄不除，冤抑不白，是使人不得率性也，是不自由也。泰西以自由为显忠遂良明罚敕法之谓，今乃诬之为荡检逾闲、肆无忌惮之谓，故虽知其为事事公道，于众有益，而又只许之为公论，而非其为自由。不知天下之善，不在乎能论，而在乎能行。伊古以来，朝廷举事，大违公论者，史不胜载。焚书坑儒，公论之所必不与者也，而秦始皇行之。无民非贼，公论之所必不然者也，而隋炀帝行之。事事公道，于众有益，行之不得，何为自由？晋与楚不同域也，楚与鲁不同方也，晋之史曰《乘》，楚之史曰《梼杌》，鲁之史曰《春秋》，其名可谓大相径庭矣。而孟子断之曰，其义一也。是故译文者，苟以至公之道行之而无秦越之见存，则不难窥其义蕴。若私心一胜，则扞格必多。予向译干沙滑地付为守经之党，译里勃儿剌里为达权之党，以议院议员不外此两党人，而两党各有是处，未可偏胜也。

里勃而特译为自由者，自日本始。虽未能尽西语之意，然以二字包括之，亦可谓能举其大由。自由二字而译为民权者，此必中国学士大夫，读日本所译书者为之，其以民权二字译里勃而一语，吾无间然，独惜译之者于中外之理未能参究其同，阅之者或至误猜其意，如《劝学篇·正权》一论，竟谓民权者可以无官，并可以无君，操纵予夺，民皆可任情自恣也者。此所以名则谓为保国利民，实则见为误国害民也。见解失之毫厘，祸福隔以千里。今试将民权二字，详其一二如左。以见中外之理无不同，然而中国学士大夫之疑，亦可以破矣。

国者何？合君与民而言之也。民，人也，君，亦人也。人人有好善恶恶之心，即人人有赏善罚恶之权。然就一人之见而定，则易涉私心，就众人之见而观，则每存公道。是故以好善恶恶之心，行赏善罚恶之权者，莫若求之于众，民权者，以众得权之谓也。如以万人之乡而论，则五千人以上所从之议为有权，五千人以下所从之议为无权。以中国四万万人而论，则二万万人以上所从之议为有权，二万万人以下所从之议为无权。有权者必须行之，无权者不能行也。以国内一人而论，则无论其人为民者无权，即为官者亦无权，即为君者亦无权。以国内大众而论，则无论君在其列者有权，官在其列者有权，即君与官俱不在其列者，亦有权。凡以善善从长，止问可之者否之者人数众寡，不问其身分之贵贱尊卑也，此民权之大意也。其所以为此者，则由于人人有自主之权之故。而人人自主之权，则不问其人所居之位何位，所为之事何事，其轻重皆同，不分轩轾故也。

自主之权从何而起？曰：此由人与人相接而然也。今人独在深山之中，与木石居，与鹿豕游，则其人之权自若，无庸名以自主之权矣。惟出而与人遇，参一己与群侪之中，而自主之权以出，是自主者由众主而得名者也。众主者，谓不能违乎众也。人人有权，又人人不能违乎众，其说何居？曰：权者，利也，益也。人人皆欲为利己益己之事，而又必须有利益于众人，否则亦须无损害于众人，苟如是，则为人人之所悦而畀之以自主之权也。人之畀我者如是，则我之畀人亦必如是。是即忠恕之道，挈〔絜〕矩之方也。自主者必以众为务。一事也，受其利者百人，受其害者十人，则不能以十人之故，阻其事而不行。一说也，沾其益者百人，致其损者十人，则不能以十人之故，挠其说而不恤。惟其务虽从众之理愈明，则好善恶恶之心愈切，故苟能卫国，有不惜身家以为之者，此即孔子所谓杀身成仁，孟子所谓舍生取义也。人之生于天地也，必彼此相资而后利益始大，是故有患疾病者人或见之，虽其人素昧生平，不关己事，亦必欲其痊愈，盖以为此人若不死，必于我有利益也。有欲自杀者，官若知之，虽其人自寻短见，无害于人，亦必科于罪刑，盖以为此人之立心欲靳众以利益也。故曰：人人自主之权，其权由众而成也。由众而成者，即人与人相处而得之谓也。推而至于一国自主之权，则此理愈明。

今使一国舟车杜绝，与他国不相往还，则其所谓自主之权，亦无从而见。惟与各国往来交际，互市通商，而自主之权乃显。是故此国公使驻彼者，不受彼国之约束；彼国公使驻此者；不向此国而称臣。战务之开也，不得以两国仇雠之故，而碍及诸邦；和局之成也，亦不得以两国亲昵之情，而有害各国。是其以众主之权而成为自主之权者，一问而知，不言可喻矣。人生之代代无穷也。天地之生生不已也。东海西海，南海北海人类之相遭无处无之也。一乡之内，人人有自主之权，则其俗清。一国之内，人人有自主之权，则其国宁。环宇宙之内，人人有自主之权，则天下和平。民权之说如此，自主之权如此。

　　是故中国之不能富强者，由不明民权之故。然则立强中御外之策，而欲以忠义号召天下之心，以朝廷威灵合九洲之力，以成天经地义之道，而行古今中外不易之理者，其为设议院，立议员，而复民权矣。今乃谓民若有权，则不能强中御外。持论之谬，抑何与孔孟之心传、群经之精义，相反一至于斯也。孔子曰："恭则不侮，宽则得众，信则民任焉，敏则有功，公则说。"孟子曰："得道者多助，失道者寡助，寡助之至，亲戚叛之，多助之至，天下顺之，以天下之所顺，攻亲戚之所叛，故君子有不战，战必胜矣。"《易》曰："无思也，无为也，寂然不动，感而遂通天下之故，非天下之至神，其孰能与于此。"《书》曰："在知人，在安民，知人则哲，安民则惠，能哲而惠，何忧乎驩兜？何迁乎有苗？何畏乎巧言令色孔壬？"《诗》曰："民亦劳止，汔可小康，惠此中国，以绥四方，无从诡随，以谨无良，式遏寇虐，憯不畏明，柔远而迩，以定我王。"《礼》曰："大道之行也，天下为公，选贤与能，讲信修睦，故人不独亲其亲，不独子其子，使老有所终，壮有所用，幼有所长，矜寡孤独废疾皆有所养，男有分，女有归，货恶其弃于地也，不必藏于己，力恶其不出于身也，不必为己，是故谋闭而不发，盗窃乱贼而不作，故外户而不闭，是谓大同。"《传》曰："齐师伐我，公将战，曹刿入见，问何以战？公曰：'衣食所安，弗敢专也，必以分人。'对曰：'小惠未遍，民弗从也。'公曰：'牺牲玉帛，弗敢加也，必以信。'对曰：'小信未孚，神弗福也。'公曰：'小大之狱，虽不能察，必以情。'对曰：'忠之属也，可以一战。'"由此观之，为国而欲以忠义号召天下，决不能不设议院、复民权，而徒以空言为之也。夫中国虽自古不闻有议院之设，如外国今法者，然而辟四门，明四目，达四聪，何莫非议院民权之真谛，强中御外，舍此奚能。今《正权》一篇，排击外国议员不遗余力，是直谓唐虞之盛治，不及秦隋之暴苛，外国之富强，不若中华之贫弱矣。

是故为国之大道，先在使人人知有自主之权，此不特为致治之宏规，亦且为天理之至当。盖各行其是，是谓自主，自主之权，赋于之天，君相无所加，编氓亦无所损，庸愚非不足，圣智亦非有余，人若非作恶犯科，则此权必无可夺之理也。夺人自主之权者，比之杀戮其人，相去一间耳。是故今人犯罪，除杀人案外，惟科以监禁之刑。科以监禁之刑，即夺其自主之权之谓也。监禁一月，夺一月自主之权；监禁一年，夺一年自主之权；十年者十年，终身者终身。吾不知中国之民何罪，而夺其终身自主之权也。夫罹此厄者岂惟中国之民哉？即中国之君亦然。君者，民之望也。中国之君，驭千余万方里之地，抚数万万恒性之民。方之地球各国，众庶则无其伦，礼教则为之祖，而束缚驰骤，不能行其所是，一如庶民焉。名曰深居九重，实则情同幽禁。吾不知中国之君何罪，而夺其终身自主之权也。乃今知之矣。中国君民人人自主之权非靳之于彼苍，非削之于强邻，实夺之于腐儒为官者之伪学俗学。

国家之设议员，非为却敌起见也。用于平日，使之兴利除弊，凡以为地方之福而已。今乃谓盗跖不能据邑，是以大贼目议员矣。谓田畴不能拒敌，是以土豪目议员矣。大贼土豪，乃议员之所必禁者。今以为言，则是除中国而外，欧美各国抑何大贼土豪之多也。安言至此，何解于天下各国通士之胡庐？

至谓祖逖，惟依晋而能御石勒。南渡用韩岳，始能破辽金。太行民勇，惟刘锜用之，而有顺昌之捷。关中义兵，遇王师一败，而其众遂散，迨宋用吴玠、吴璘为将，而后保全蜀之险。盖惟国权能御敌国、民权断不能御敌国，云云，则直不知国权之从何而得，是舍民而言国也。天下有无民之国哉？天下苟无无民之国，则是国权即民权矣。何为出此呓言。历稽中国创业垂统之君，并吞列国之主，除弑逆篡夺之外，凡其履至尊登大宝者。所费财力，无非得之自民。今曰是国权也，非民权也，无民而可谓之国，非忘本而何？论事而忘其本，奚足与言？

夫仁者无敌于天下，尧舜之仁至于不闻兵革，可勿论矣。若禹、若汤、若文、若武，何尝有不胜之兵。且仁者不独有兵，而用之无有不胜，即无兵而用之，亦断无不胜。昔者太王避敌而邑岐，其民曰：使吾民无怨无旷

者，此君也，仁人也，不可失也，从者如归，而岐于是国焉。卫文避敌而
迁邢，其民曰：使吾民通商惠工者此君也，仁人也，不可失也；结旅以从，
而邢于是亦国焉。议院议员，正今日以仁治国之实事，乃反讥之，而必欲
出之以暴，抑何其嗜杀之深也。曾亦思今天下民权之国，虽一兵不蓄，而
各国亦无有攻伐之者哉。目今小吕宋为美国所胜，而其土人民权一定，美
国亦降心相从，于此可见矣。西班牙平日待土人暴虐，不畀以权，此其所
以失此一隅耳。是故今中国虽为外国所逼，然苟能复民权以自卫，实贤于
百万之师。吾安得贤执政而与之言匡济哉？

　　然且谓曾文正所以成戡定之功者，在募勇营、造师船、济以国家饷需，
非在团练，非在民权，云云。夫勇营师船之费，以及饷需之项，苟非取之
于民，则亦何由而至。无本之言，何堪一驳。夫议员者非带兵官之谓，吾
既言之矣。然即不幸而至于战，而以中国四万万人之众，一千五百县之地，
为议员者每县出其团练之兵一千人，已可得一百五十万人，若县出二千人，
是常练之兵三百万也。设议员者有三百万真兵之众，不大愈于不设者竟无
一真兵可求乎？是故设议院，而复民权者，乃铸剑戟而兴农，洗甲兵而不
用之法也。独奈何欲以伪学俗学败之也？

　　又谓凡遇有大政事，诏旨交廷臣会议，外吏作绅局公议，一省有大事，
绅民达于院、司、道、府，或呈于都察院，国家有大事，京朝官可陈奏，
可呈请代奏，何必袭议院之名，此时纵欲开议院，其如无议员何，此必俟
学堂大兴，人才日盛，然后议之，今非其时，云云。夫议员所司，非必大
政大事也。地方之利弊，钱谷之收支，预筹来岁之应供，考核政教之得失，
事必求实，言必求详，议主于行，行主于善，无委曲，无扞格，无观望，
无隐情，无瞻徇，无贿托，意苟在是，任人折驳，其理若绌，敬谢不敏，
其理若胜，必底于成。议员之职若此，此其所以在县则有补于县，在府则
有补于府，在省会朝廷则有补于省会朝廷也。天下事耳闻者虚，目见者确，
目见之事，而以耳闻出之，多一转折，事之成败顿易矣。中国廷臣会议，
则有忌讳之弊，外吏局议，则有回护之弊，院司道府，则有隔涉之弊，都
察院则有臆见之弊，京朝官则有嗾令之弊。颠倒黑白、拨弄是非，不惟无
益于民，兼之有害于国，盖其不能正谊明道，而惟迕言是争之故。戊戌八
月党人之祸，无非由此而成。今以为如此便足，何须议院议员，苟于斯世

有心，未必肯为此语。昔沈幼丹谓中国如欲振兴，则铁路之开，必不能免，然不可使中国铁路开之自我云。读《正权篇》议院之设，今非其时之句，阻塞风气，如出一口。

夫今之中国，贫弱极矣，外侮日亟，内讧滋深，思欲挽回而匡救之者，惟有大张民权之说，同好恶，使人得尽其言，布公平，使民得共其利，民志定则反侧靖，民心结则外患消，此实眼前急务也。今日此时纵欲开议院，其如无议员何，必俟人才日盛，然后议之，不知外国初设议院时，其议员岂必先读外国之书，深知洋务之人哉？绎斯言也，何异于明知勤俭所以致富贵，乃谓贫贱者曰：尔未可为勤俭也，必俟富贵既至方可为之；明知耕织所以为饱暖，乃谓饥寒者曰：尔未可为耕织也，必俟饱暖无忧方可为之也。试问似此之言，果属通论否？缓急不分，后先倒置，岂有他哉，论之不能公而已。论之不能公者，由不能平理近情、顺道公量而已。惟其不能平理近情、顺道公量，是以质其所学，则孔孟要旨，徒负虚名，大相违背；考其所行，则铁政等事，耗财千万，终少成功；而使中国儒学可羞，洋务裹足，为外洋各国所指笑，匡时之士心滋惜之。窃欲献一计焉，以代解此辱，再四思维，仍不外以平理近情、顺道公量八字进。

读其《正权》一首，然后知《劝学》一书，内外各论，见解谬妄，首尾乖方，靡不由此。或谓张公《劝学》虽多謇言，保国之心，要自可谅。且今者国家多故，时事艰虞，大吏焦劳，日不暇给，《劝学》二十四首，安知非其门下士所为，何不为张公恕？曰：辩者，辩其保国之不能，非谓保国为不合也。使由其言而见诸行，则祸国殃民，指日可见。闻其书已刊印数万部，由政府分发十八省，以为士子循习，谓非张公之笔不可，是其聋瞽人心，翳障风气，害将不浅。昔曾袭侯喆刚偶为中国已醒之论，中国则大败随之。中东战后，不堪再挫矣。今之辩，所以比曾论为尤详也。若保国之心，则人所同，然何辩之有？

夫中国之所以不保者，由官禄不称，理财非法，裁制无方，用人失实，利源不开，商务不恤，听讼不平，捕卫不设也。海禁既除，而后朝廷虽讲求时务，惟空言徒托，以故实效全无。曩曾指陈实济，谓俸禄必酌以丰盈，而一切衙门经费，皆国家支理，如此则人无他营，官方整肃矣；国课必设法清理，而一切进支数目，皆登列报章，如此则欺伪不作，财用裕如矣；

冗员必调为有用，凡疲软不胜任者，皆蠲恤归田，如此则同寅协洽，济以和衷矣；用人必以实艺，凡各科目考试得隽者不限额，主试者必真才，必称职，而后办公有凭照方能行世，如此则艺事日进，不患无才矣；裕国必开其源，而铁路矿物等事，由民自立公司，勿用官员督办，招股无分畛域，洋款由民担当，如此则惠及百姓，足以作忠矣；内外尽为通商，凡外国教师，商旅，听其传道，任其游行，贸易不拘，居处不禁，如此则芥蒂胥捐，远人悦服矣；讼狱必以其情，宜免刑讯而重质剂，设陪员以凭公断，如此则冤抑必伸，人戴其德矣；闾阎必为保护，宜设捕役以警凶顽，严巡逻以防草窃，如此则地方清肃，民安其居矣。此皆着实易行功效立见者也。乃泄沓依然，委靡尤甚，起而视其在上者，则仰屋兴嗟，计臣有支绌之虑；其在下者，则尽室而去，富民为适彼之思。政散民流，国将何保？

瓜分之说，英国虽从长计议，未便允行，然若中国纪纲终堕，不能与英深相结纳，协力维持，则鹿失中原，逐之者众，英虽强盛，岂能止各国之争？既不能止其争，必将自顾其利，四分五裂，势所必然。况今者铁路矿产，利权多属他人。利权既属他人，则民心必将外向；民心苟一外向，土地亦将与俱。是瓜分实事，今已举行矣。

夫割据之行，失土宇者君王，失爵秩者官府，至于士民则未尝有所失者也。然而食毛践土之伦，如有隐忧不能自慰者，则以堂堂五千年立国之中华，至今日竟不能以自治。彼数万里重瀛隔阂之人，其始之来不过仅借立足之区以为贸易，乃为时未几，我则称臣仆，而乞逮岈嵝，殷士肤敏，裸将于京，读之有余痛焉。

夫拘墟之见，化之何难，乃蔽痼自深，牢不可破，是既无以对天帝之公，谓其厚泰西而薄中土；又无以慰祖宗之魄，叹其无肖子而乏贤孙。此保国之心非直为公室之谋，实且有切肤之惨者也。天下有大耻大屏，而不可以告人，并不能以自白者，则惟己非不若人，而必为人所制是也。欲免其制，何道之从？曰：仍在行新政而已。

新政之行，其道有五。一曰名义，二曰贯通，三曰程功，四曰虚己，五曰性真。图新者必舍旧，外攘者必内修，此名义之说也，已详于《曾论书后》。本心法为治术，斯纲举而目张，此贯通之说也，已详于《新政论议》。握其要而图之，使众效而立见，此程功之说也，已详于《新政始基》。谦者其益斯受，满则其损必招，此虚己之说也，已详于《康说书后》。纯任吾之自然，不假人之勉强，此性真之说也，已详于《新政安行》。信能行此五者，于中国新政其庶几矣。（《新政真诠》五编）